Belas Letras

**MÚSICA** CULTURA POP ESTILO DE VIDA COMIDA
CRIATIVIDADE & IMPACTO SOCIAL

Matt Richards e Mark Langthorne

# Somebody to Love

## Vida, Morte e Legado de Freddie Mercury

*Tradução*
Mayumi Aibe e Paula Diniz

Belas Letras

Publicado originalmente pela Blink Publishing, London



Este livro é o resultado de um trabalho feito com muito amor, diversão e gente finice pelas seguintes pessoas:

**Gustavo Guertler (*publisher*), Fernanda Fedrizzi (coordenação editorial), Germano Weirich e Maristela Deves (revisão), Celso Orlandin Jr. (capa e projeto gráfico), Mayumi Aibe e Paula Diniz (tradução) e Denis O'regan (foto de capa)**
Obrigado, amigos e amigas.

2021
Todos os direitos desta edição reservados à
Editora Belas Letras Ltda.
Rua Antônio Corsetti, 221 – Bairro Cinquentenário
CEP 95012-080 – Caxias do Sul – RS
www.belasletras.com.br

Dados Internacionais de Catalogação na Fonte (CIP)
Biblioteca Pública Municipal Dr. Demetrio Niederauer
Caxias do Sul, RS

---

M517s Richards, Matt
Somebody to Love: vida, morte e legado de Freddie Mercury / Matt Richards e Mark Langthorne; tradutoras: Mayumi Aibe e Paula Diniz. - Caxias do Sul: Belas Letras, 2021.
528 p. : il.

ISBN: 978-65-5537-051-5
ISBN: 978-65-5537-050-8
ISBN: 978-65-5537-128-4

1. Rock (Música). 2. Músicos de rock - Inglaterra – Biografia. 3. Queen (Conjunto musical). 4. Mercury, Freddie, 1946-1991. I. Langthorne, Mark. II. Aibe, Mayumi. III. Diniz, Paula. IV. Título.

21/4 CDU 784.4(420)

---

Catalogação elaborada por Vanessa Pinent, CRB-10/1297

*À Rhoda Charlotte, que em tão pouco tempo trouxe*
*tanta alegria e continua trazendo*
– Matt

*Este livro é dedicado ao meu amigo muito especial,*
*Misha Kucherenko, extraordinário em diversos aspectos*
– Mark

*A Richard e Leigh, obrigado por acreditarem neste*
*livro e por todo o seu apoio*

*A vida sem reflexão não vale a pena ser vivida.*
SÓCRATES

© DENIS O'REGAN

# SUMÁRIO

# PRÓLOGO

Novembro de 1991.

Londres, domingo, dia 10. O tempo na capital está melancólico como de costume. Os jornais do fim de semana estão repletos de especulações sobre a morte do polêmico magnata da imprensa Robert Maxwell, ocorrida uns dias antes, na costa de Tenerife. O enviado da Igreja Anglicana Terry Waite acaba de ser libertado do cativeiro no Líbano. Os filmes *O exterminador do futuro 2: o julgamento final* e *Robin Hood, o príncipe dos ladrões* disputam a liderança das bilheterias britânicas. E as esperanças do Partido Trabalhista de vencer as eleições com Neil Kinnock aumentaram após uma pesquisa de opinião mostrar uma vantagem de seis pontos em relação ao candidato do governo, o conservador John Major.

Provavelmente, nada disso importa para o passageiro debilitado de um jato privado que aterrissa em solo britânico após um voo curto vindo da Suíça. Como não consegue andar sozinho e está com dificuldade de enxergar, ele é conduzido com cuidado para descer a escada do avião. Recebe uma autorização especial para passar à frente na fila da alfândega, o que possibilita evitar o público, a imprensa e as câmeras que o aguardavam. Assim que passa pela Imigração, é levado para a Mercedes à sua espera, cujos vidros fumê ajudam a preservar sua identidade. Mais de uma hora depois, o carro o deixa em sua mansão em Kensington. Os portões eletrônicos de segurança o isolam do mundo lá fora.

E o mundo fica isolado dele.

No espaçoso hall de entrada, decorado com a bela porcelana de Dresden, algumas gravuras foram então penduradas de volta na parede. A imensa galeria de salões anexos é abarrotada de arte e móveis japoneses, pinturas a óleo e vasos requintados, no estilo Lalique. No salão de música, um piano de cauda repousa sobre o piso de madeira, e os porta-retratos prateados em cima dele exibem imagens de uma vida desconhecida por muitos. A tampa do teclado está fechada.

A escada para o piso superior tem um corrimão crucial para o enfermo em suas jornadas cada vez menos frequentes rumo ao quarto principal. O hábito de descer para tomar uma xícara de chá pela manhã foi praticamente abandonado. Ele passa o dia no quarto. No andar de cima, o cheiro de aromatizador de ambiente se mistura a resquícios de desinfetante. Ao redor, prevalece a sensação de que não há nada a fazer.

No quarto principal, as paredes amarelo-claras, antes impecáveis, agora apresentam um aspecto doentio, desbotado. A cama, que fica de frente para o janelão, tem a cabeceira embutida na parede. Em cada lateral, há uma cômoda de mogno, com aplicações delicadas de marchetaria. Encostadas nas paredes, cristaleiras francesas do Segundo Império, de frente abaulada, guardam coleções caras de esculturas de cristal e potes de cristal veneziano.

À direita do quarto, fica a sala privada, com uma *chaise longue* da Era Eduardiana e uma poltrona do século 17 prontas para receber amigos e convidados. Mas o número de visitantes diminuiu. Quem vai à residência não espera grandes festas e celebrações como antigamente. São apenas recordações. O suporte para soro na lateral direita da cama – que está ali por conta das transfusões de sangue – denuncia a doença que agora habita a casa.

O paciente está deitado na cama, semiacordado. Respira com dificuldade. O antiemético prescrito funcionou contra a náusea, e o analgésico também está começando a agir, após ter sido ministrado por um dos empregados fiéis, que permanece ao seu lado noite e dia. O coquetel de remédios é injetado através do cateter de Hickman, uma cânula inserida em uma veia do pescoço. Essa operação simples foi realizada vários meses antes e facilita a administração dos medicamentos necessários para manter o paciente vivo, ou pelo menos sobrevivendo e sem dor. O implante também resolve o inconveniente de ter um enfermeiro a postos para inserir a cânula intravenosa todas as vezes que é preciso ter acesso à veia, o que atualmente ocorre pelo menos uma vez ao dia. A alergia do paciente à morfina não facilita as coisas, pois, em casos assim, normalmente esse seria o sedativo ideal para o tratamento contra dor.

Poucos reconheceriam o morador da casa nesse momento, embora seja uma pessoa bastante conhecida. Como está praticamente incapacitado, sua cama serve de bote, uma espécie de fragmento dos destroços, e ele é prisioneiro dentro dos muros da propriedade. Fora do santuário de seu jardim japonês, do outro lado daqueles muros, a imprensa e os *paparazzi* criaram um frenesi. Permanecem à espreita, em busca de um rumor, uma fofoca ou um cochicho que possam gerar manchetes para o apetite cada vez mais insaciável do público por qualquer notícia de dentro da mansão. Eles montaram o cerco e estão aguardando. São tantos que, do leito, o doente consegue escutá-los tagarelando sem parar. Além de ouvi-los logo ali, do outro lado do muro, de vez em quando vê subirem ao céu ondas azuladas da fumaça dos cigarros.

Mas essa gente toda é só um dos motivos pelos quais o homem no quarto é impedido de sair da própria casa. A principal razão é que ele tem Aids. A esperança de cura, a crença parcial nos tratamentos que poderiam prolongar a vida, tudo isso acabou para ele. Sem mais nada a oferecer, os médicos especialistas recuaram.

Na verdade, daqui a poucas semanas, o homem nunca mais irá descer as escadas, muito menos cogitar sair do confinamento delimitado pelos muros da casa.

Como não consegue se alimentar com regularidade, sua existência se baseia em menos do que o mínimo. Arroz, sempre frito, nunca cozido. E líquidos: água e chá feito com leite. Algumas vezes, embora agora isso seja menos frequente, consome frutas frescas.

Não há mais um lugar assegurado para a esperança nem meios para resgatar quem ele foi no passado. O sistema imunológico está tão comprometido que seu corpo se tornou totalmente incapaz de combater infecções. O médico está sempre ligando e o visita quase todos os dias, mas, de qualquer forma, o paciente necessita de equipamentos para poder respirar e perdeu quase toda a força muscular.

Na TV, está passando um vídeo do filme de 1959 *Imitação da vida*, estrelado por Lana Turner, um de seus favoritos. Antigamente, acabava-se em lágrimas com o desfecho da trama e sentia que suas emoções tinham sido capturadas pelo diretor, da mesma maneira que ele próprio manipulava as emoções de quem ouvia as canções que lançou ao longo de duas décadas. Só que desta vez não houve lágrimas. Desde a última estada em Londres, seu estado de saúde se deteriorou. Isso preocupa as pessoas mais próximas, aquelas a seu redor. Mas essa piora foi acelerada pela decisão que tomara havia menos de uma semana: largar os remédios.

As drogas que ele recebeu nos últimos três anos, um coquetel experimental que acabaria sendo letal, não contribuíram muito para adiar o inevitável. Não ofereceram esperança, ao contrário do que tinha imaginado, e sim um sistema destrutivo que reduziu a qualidade do que lhe restava de vida.

A esperança de um milagre não se concretizou. Agora a questão não é mais *se* ele vai morrer, apenas *quando* isso vai acontecer. Foi assim que a vida dele terminou.

E que a morte começou.

# PARTE UM

# – 1 –

Tudo tem um começo.

O deste livro é no Congo Belga, no coração profundo da África. O ano é 1908, quando o país tentava se reconstruir logo após o regime brutal do Rei Leopoldo II.

Nesse ano, o Estado Livre do Congo foi abolido e anexado como colônia da Bélgica, tornando-se conhecido como Congo Belga, uma área setenta e cinco vezes maior do que a própria Bélgica. O Rei Leopoldo morreu um ano depois, sem jamais ter colocado os pés na região do Congo.

Não demorou muito para o Congo Belga se tornar, para muitos, uma "colônia modelo" e a transferência de responsabilidade para Bruxelas garantir que boa parte da riqueza produzida no Congo fosse reinvestida na região. Missionários foram para lá e construíram hospitais e clínicas. Além disso, a Igreja administrava escolas. Uma infraestrutura de rodovias, portos e estradas começou a ser construída, e companhias de mineração disponibilizavam casas para seus funcionários, assim como benefícios sociais e treinamento técnico.

Embora as mudanças tenham trazido grandes melhorias para os moradores de cidades e vilarejos como Boma e Leopoldville,[1] os lampejos de progresso pouco atingiram os habitantes dos locais mais remotos da floresta tropical. Eles viviam em tribos e mantinham modos de subsistência milenares, sobrevivendo à base da caça e da coleta. Iam aos vilarejos mais próximos para negociar a carne de caça ou o precioso mel que coletavam na copa das árvores. Na vasta área florestal congolesa, havia diversas tribos.

A mais famosa era a dos "pigmeus", conhecidos como os Mbuti da floresta Ituri, na região norte do Congo, mas também existiam as tribos Aka, Twa e Baka, além de seus vizinhos mais altos e poderosos, os Bantu – com os quais morava um jovem caçador.

Esse rapaz vivia nas profundezas da selva congolesa como membro do pequeno grupo étnico Bantu, que habita a área superior da baía do rio Sangha. Nômades por natureza, os Bantu sobrevivem da caça na floresta. Jovem, atlético e musculoso, o caçador é um dos melhores da tribo, e não somente caça, como também é encarregado de levar de barco, pelo rio, a carne de caça, as carcaças e as peles até a cidade de Leopoldville, a fim de trocá-las pela raiz da mandioca, com a qual se faz o pão de mandioca para toda a tribo. Contudo, primeiro ele precisa capturar a presa.

Equipado com uma lança comprida, uma faca de ferro fundido e cordas para preparar as armadilhas, ele adentrou a floresta e montou uma emboscada de véspera. Usou um graveto para fixar o laço mortal no chão e o cobriu com folhas. Um pequeno arbusto arqueado por outra corda forneceu a tração para atar o nó. Agora, após uma noite e um dia desde essa montagem, ele checa as arapucas para ver se teve algum sucesso.

Ao se aproximar da primeira armadilha, o caçador escuta um ruído no matagal mais à frente. Caminha devagar nessa direção, silenciosamente, com cautela para não perturbar as mambas verdes e mortais, brilhantes como lâminas de capim, que ficam à espreita na terra ou nas árvores da floresta. Por fim, alcança a arapuca e, ao olhar através do emaranhado de cipós que parecem uma trepadeira, percebe que capturou um jovem chimpanzé macho. Antes enérgico e cheio de vida, o animal parece estar exausto e quase morto.

Ao chegar ainda mais perto, nota que o macaco arrancou um pedaço da própria perna, no desespero de se libertar. Corre até ele e o espeta com rapidez, porém não o suficiente. O dente do chimpanzé afunda em sua mão. Ao sentir a pontada de dor subir o braço, o caçador recua. Com toda a força, empurra a lança fundo no peito do animal. Agora sim é o suficiente: o chimpanzé perde a vida.

O homem examina a mão machucada. Como o bicho havia perdido sangue e estava fraco, a mordida não foi tão profunda. Após limpar o ferimento do melhor jeito possível, corta a carne e, com a faca de ferro, descarta as vísceras. Ao concluir a tarefa, ergue o animal até os ombros e segue em direção a seu barco. O sangue quente do macaco se mistura com seu próprio sangue, que escorre da ferida aberta.

O caçador não sabia, mas aquele chimpanzé que caçou e matou está contaminado por um vírus. Após entrar na corrente sanguínea do homem através da ferida, o vírus entende que não há muita diferença em relação ao sangue do macaco e se instala. Esse é o hospedeiro perfeito, dado que o genoma do ser humano é mais de 98% idêntico ao do chimpanzé. O vírus começa a se replicar imediatamente, de forma agressiva. Alheio ao fato de que está com uma infecção nova, o caçador joga o macaco morto no barco, no topo de uma pilha de carcaças de vários animais que já havia capturado – espécies como pangolim e antílope pequeno –, e parte da margem do rio. Segue a corrente em direção a Leopoldville, uma viagem de três dias descendo o rio Sangha.

Nesses tempos, Leopoldville era uma cidade mercantil próspera e movimentada, com uma população em crescimento. Enquanto Boma, a mais de trezentos quilômetros a oeste, era a capital do Congo Belga e residência do governador-geral, Leopoldville era bem dispersa, com casebres margeando o rio Congo – uma poderosa extensão de água de quase cinco mil quilômetros, que serpenteia para norte e leste em direção a Kisangani, a cerca de mil quilômetros de distância. Para aquela antiga vila de pescadores, a inauguração recente da linha ferroviária Matadi-Leopoldville significava que o local tinha se tornado um centro comercial. Com isso, era para lá que comerciantes, vendedores ambulantes e caçadores de todo o Congo Belga iam para oferecer suas mercadorias. E, para onde eles vão, também vão as prostitutas.

Após três dias no rio, o caçador chega a Leopoldville. Ele já fez essa viagem várias vezes, geralmente com as mesmas espécies que rastreou e caçou na selva. Dessa vez foi igual. As carcaças que transportou, incluindo a do chimpanzé que o mordeu, são cortadas para serem vendidas, cozidas ou defumadas. Por conta do cozimento, a carne do macaco provavelmente não infectará mais ninguém. Ele negociará a pele e o couro com outros comerciantes, em troca de milho e mandioca. Já a carne de caça rende alguns francos belgas – na verdade, dinheiro suficiente para comemorar com uma bebida e um programa com uma das várias prostitutas que desfilam pelas ruas. Seja no encontro de hoje ou em algum mais adiante, o caçador transmitirá o vírus que, sem que ele saiba, permanece em seu organismo. E isso basta para o vírus começar a se disseminar entre os seres humanos.[2] É provável que a transmissão ocorrida do chimpanzé para o caçador tenha sido a única vez que essa cepa específica do HIV cruzou de uma espécie para outra, do macaco para o homem, para depois se estabelecer e virar a pandemia que enfrentamos até os dias de hoje.

Densamente habitada, Leopoldville apresentava uma desproporção entre o número de homens e o de mulheres, e a prostituição imperava por lá. Nesse ambiente, o vírus do caçador se espalhou com relativa facilidade. Era ainda mais perigoso o fato de que, entre a infecção e a morte, poderiam se passar alguns anos – e isso ocorria com frequência – até o vírus comprometer o sistema imunológico do hospedeiro, o que dava tempo suficiente para ser transmitido de forma silenciosa da primeira para a próxima vítima humana. A mulher com que o caçador passou a noite em Leopoldville e as outras prostitutas com que ele dormiu nas idas seguintes à cidade transmitiram o HIV para seus clientes, que, por sua vez, retornaram para casa para ficar com as esposas, namoradas e parceiras. Assim, começou lentamente o ciclo fatal.

# - 2 -

Uma década após os acontecimentos de 1908, a cadeia de transmissão do vírus continuava ativa, embora limitada ao Congo. Nas décadas seguintes, a doença decorrente do HIV não chegou a explodir como um surto notório, e foi necessário um alinhamento perfeito de circunstâncias para que a propagação ganhasse velocidade.

Esse alinhamento começou a ocorrer durante uma série de campanhas médicas bem-intencionadas, porém malfadadas, realizadas no Congo Belga entre 1921 e 1959. Determinadas a tratar certas doenças tropicais debilitantes, que muitas vezes causavam a morte dos pacientes, como a doença do sono, as autoridades coloniais de saúde usaram pela primeira vez seringas descartáveis produzidas em massa, as quais possibilitavam a execução dos programas sistemáticos.

As seringas hipodérmicas já existiam desde 1848, mas mesmo no final da Primeira Guerra Mundial eram feitas somente à mão, com componentes de vidro e metal moldados por artesãos especializados, o que as tornava extremamente raras. Durante uma expedição médica na parte superior do rio Sangha, entre 1917 e 1919, o médico francês Eugène Jamot tratou mais de 5.300 casos de doença do sono usando apenas seis seringas.[1]

Na década de 1920, esse cenário mudou com a fabricação em massa de seringas hipodérmicas. Isso foi crucial para as equipes médicas que atuavam na África, em especial no Congo Belga e no país vizinho Camarões, embora os recursos ainda fossem escassos – as seringas não eram descartáveis – e a esterilização das agulhas e seringas fosse praticamente inviável.

As campanhas para combater a doença do sono apresentavam as condições ideais para a disseminação do vírus levado involuntariamente para Leopoldville pelo jovem caçador. No Congo Belga, as injeções eram aplicadas por equipes itinerantes sem educação formal, que tinham sido minimamente treinadas. Elas iam aos vilarejos para dar a injeção uma vez por mês para tratar os moradores e também para proteger os trabalhadores locais e os administradores da colônia. Eram tantas pessoas que não havia tempo para ferver e esterilizar cada agulha após o uso. A equipe simplesmente lavava rápido o material, com água e álcool, antes de utilizá-lo no próximo paciente.

Desse modo, era comum haver pequenos resquícios de sangue nas seringas. Apenas uma porção ínfima de sangue contaminado era o suficiente para transmitir a doença. Mesmo depois de 1956, quando as seringas descartáveis de plástico chegaram ao mercado (elas foram inventadas pelo farmacêutico e veterinário neozelandês Colin Murdoch, com o objetivo de desenvolver uma técnica de vacinação que eliminasse os riscos de infecção), muitas vezes o material ainda era reutilizado, devido aos custos.

Essa prática foi mantida e levou Jacques Pepin, professor canadense de Microbiologia, a propor em 2011 que a conexão entre a fonte humana inicial e a pandemia global do vírus seria a seringa hipodérmica.[2] Ele descobriu que cerca de 3,9 milhões de injeções foram aplicadas no combate à doença do sono e que 74% delas eram intravenosas – ou seja, injetadas na veia, não no músculo. A técnica da injeção intravenosa não somente é a maneira mais direta de introduzir uma droga no corpo, como também é a forma mais eficiente de propagar involuntariamente um vírus transmissível pelo sangue.[3] Ademais, antes de 1950, só duas colônias da África Subsaariana tinham programas de transfusão de sangue. Uma era o Senegal, que deu início a seu programa em 1943, e a outra era o Congo Belga, onde havia programas rudimentares de transfusão de sangue desde 1923, destinados em específico a tratar crianças com anemia grave, decorrente principalmente da malária. O medo dessa doença era tão grande que os benefícios da transfusão de sangue pareciam compensar de longe os riscos de infecção por outras doenças ou por um vírus transmissível pelo sangue, como o vírus da imunodeficiência humana (HIV).[4]

Existem perspectivas divergentes: alguns especialistas não acreditam que foi necessário esse uso das agulhas para o HIV se estabelecer entre os humanos e sugerem que o contato sexual foi o suficiente. Porém, mesmo eles concordam que as campanhas de injeção e, numa dimensão menor, os programas de transfusão de sangue podem ter desempenhado um papel em uma etapa posterior, quando o vírus já estava estabelecido entre a população, e certamente o disseminaram pela África.

De acordo com Pepin, no entanto, as injeções podem ter sido responsáveis pela intensificação das contaminações por HIV para além de um limite crítico. Ou seja, o momento em que o vírus foi injetado, sem que ninguém soubesse, em um número tal de pessoas que não poderia mais ser erradicado naturalmente, o ponto a partir do qual bastaria a transmissão sexual para fazer o resto do serviço. E, nessa época, era crescente o número de viagens na África, graças à construção de estradas e ferrovias, de modo que ocorreu uma transmissão acelerada pelo continente. Do final dos anos 1930 ao começo dos anos 1950, o vírus se disseminou por linhas ferroviárias e pelo rio até Mbuji-Mayi e Lubumbashi, no sul, e Kisangani, no norte. No começo, tratava-se de uma infecção restrita a grupos específicos. Mas logo o vírus contaminou a população em geral e se espalhou, principalmente após o Congo Belga conquistar a independência, em 30 de junho de 1960, e se tornar a República Democrática do Congo. A partir daí, o HIV avançou e formou reservatórios secundários, disseminando-se para países das regiões sul e leste do continente, além da região subsaariana, em um ritmo irrefreável.

E, em pouco tempo, espalhou-se pelo resto do mundo.

# - 3 -

*Busque sua felicidade na felicidade de todos.*
Zoroastro

Em 14 de dezembro de 1908, o mesmo ano em que o vírus da imunodeficiência símia (SIV), que depois se transformaria no HIV, passou do chimpanzé para o caçador do Congo, uma mulher deu à luz um menino de dois quilos e oitocentos gramas, em uma pequena cidade da Índia, ao norte de Bombaim, atual Mumbai. Os pais deram ao recém-nascido o nome de Bomi, e ele recebeu o sobrenome Bulsara, uma referência à sua cidade natal, Bulsar.

Bomi nasceu em uma família de parses, um grupo religioso de seguidores do profeta iraniano Zoroastro. O grupo, cujo nome significa "persas", imigrou no século 8 do Irã para a Índia, com o objetivo de fugir da perseguição religiosa brutal por parte dos muçulmanos, e se estabeleceu predominantemente em Bombaim, e nas cidades e vilarejos ao norte da cidade.

Os parses desenvolveram a aptidão para os negócios e foram receptivos à influência europeia na Índia. Ao longo do século 19, tornaram-se uma comunidade rica, graças à linha ferroviária de Bombaim e à indústria naval. Os Bulsara, no entanto, não viviam na próspera Bombaim, e sim a quase duzentos quilômetros de distância, no estado de Gujarat, a oeste. Para muitos moradores de lá, a única fonte possível de renda era a colheita de manga nos pomares que se estendiam pela paisagem. Por isso, a comunidade parse de Gujarat estava longe de ser rica, e muitos rapazes da região eram obrigados a procurar trabalho fora dali, não apenas na Índia, mas também em locais ainda mais longínquos.

Bomi, um dos oito irmãos, não foi exceção. Por conta das necessidades e dificuldades financeiras, seus irmãos deixaram a Índia, um após o outro, e cruzaram o Oceano Índico por quase cinco mil quilômetros, em busca de emprego em uma ilha de nome exótico, Zanzibar.

Ao chegar lá, Bomi teve sorte e conseguiu quase imediatamente um emprego no governo britânico, como tesoureiro de um tribunal superior, na Cidade de Pedra. Ele se adaptou rápido e sem problemas à vida na ilha e passou a se dedicar ao trabalho, conquistando aos poucos, com afinco, um estilo de vida privilegiado. Contudo, desejava uma família para compartilhar o alto padrão de vida, já que tinha chegado a Zanzibar sozinho e solteiro. Uma parte das responsabilidades de Bomi era viajar com frequência pelo país e para a Índia. Em um desses retornos à terra natal, conheceu Jer, uma jovem delicada, que usava óculos e era quatorze anos mais nova. Foi amor à primeira vista, e eles se casaram pouco depois em Bombaim. Jer deixou a família para trás e partiu com o marido na direção oeste, cruzando o Oceano Índico até Zanzibar, onde eles esperavam criar uma família.

Os recém-casados moraram em um apartamento de dois andares, ao qual se chegava por uma escada na Rua Shangani, na Cidade de Pedra, no lado oeste da ilha. Em comparação a outros zanzibaritas, os Bulsara desfrutavam de um alto padrão de vida, pois o salário de Bomi permitia que tivessem um empregado doméstico e até um carro compacto. Quase sessenta anos depois, Jer Bulsara descreveu essa fase como “uma vida confortável”.[1]

Em 5 de setembro de 1946, dia do ano-novo parse, que caiu em uma quinta-feira, nasceu o primeiro filho dos Bulsara no Hospital do Governo, na Cidade de Pedra. O bebê pesava três quilos e recebeu o nome de Farrokh Bulsara. Uma prima, Perviz Darukhanawalla, falou anos mais tarde das lembranças que tinha de Farrokh: “Quando ele era muito novo, ainda pequeno, bem novinho, ou seja, com uns três ou quatro anos de idade, na época em que a mãe dele saía para trabalhar, ela costumava deixá-lo com a minha mãe, que era dona de casa, porque tanto o pai quanto a mãe dele trabalhavam".[2] Ao conversar com a escritora Lesley-Ann Jones, Perviz recordou: "Ele era muito pequeno, que nem um bichinho. Mesmo quando era um bebezinho, os pais o levavam para a minha casa. Deixavam-no com a minha mãe e saíam. Quando era um pouco mais velho, ele brincava pela nossa casa. Era muito travesso. Eu era bem mais velha do que ele e gostava de cuidar dele. Era um garoto miúdo, uma criança muito boa".[3]

A partir dos cinco anos, Farrokh passou a frequentar a Escola Missionária de Zanzibar, uma instituição administrada por freiras anglicanas, na Cidade de Pedra. Segundo Jer, o menino já demonstrava interesse por música e apresentações: "Ele adorava ouvir discos o tempo todo e depois cantar – qualquer tipo de música: folk, clássica ou indiana."[4] Quando os pais saíam para eventos ou festas, sempre carregavam o pequeno Farrokh. Nessas ocasiões, era de praxe ele ser chamado para cantar. Sempre disposto a agradar, quem sabe inclusive a se exibir, o garotinho soltava a voz com entusiasmo e se sentia orgulhoso de trazer felicidade para as pessoas com sua música, mesmo sendo tão novo.

Em 1952, nasceu a irmã de Farrokh, Kashmira. "Ele tinha seis anos quando nasci, então só convivemos durante um ano, mas eu sempre tinha em mente que meu orgulhoso irmão mais velho me protegia", lembra ela.[5] O fato de Kashmira só mencionar um ano de Farrokh é porque, em fevereiro de 1955, ele foi enviado para um internato na Índia. No dia de São Valentim daquele ano, logo após passar pela cerimônia Naojote, o ritual de purificação parse, que o iniciou na fé zoroastrista, Farrokh foi matriculado na St. Peter's School, um internato nos moldes britânicos localizado em Panchgani. Essa instituição educacional foi fundada em 1902 e se estabeleceu durante as últimas décadas do domínio britânico na Índia. A escola ficava a quase cinco mil quilômetros de Zanzibar, e nos anos seguintes, até 1963, Farrokh só via os pais uma vez por ano, quando passava um mês em casa durante o verão.

A jornada de Farrokh até a nova escola começou de navio, com os pais, indo de Zanzibar a Bombaim. Pararam em Mombassa e nas ilhas Seychelles e depois desembarcaram na Índia, de onde viajaram para Bombaim e em seguida para Panchgani. A escola, com o lema "Ut Prosim" ("Que eu sirva"), seria o lar do menino nos anos seguintes.

"Chorei quando o deixei lá, mas ele simplesmente se enturmou com os outros garotos", conta Jer Bulsara. "Ele estava bem feliz e enxergava aquilo como uma aventura, pois os filhos de alguns amigos nossos tinham frequentado essa escola", acrescenta.[6]

É difícil julgar se essa felicidade era autêntica e se o jovem Farrokh realmente encarava a vida nova no internato como uma aventura. Qualquer criança de oito anos que fosse enviada para uma escola a quase cinco mil quilômetros de casa poderia muito bem ter dificuldade em se adaptar ao novo ambiente, não só no começo, mas possivelmente também em outras fases da vida. No livro *The Making of Them: The British Attitude to Children and the Boarding School System* (A criação: o modo britânico de lidar com as crianças e o sistema escolar em regime de internato), publicado pela Lone Arrow Press, em 2000, o autor Nick Duffell alega que colocar em um colégio interno crianças tão novas, de oito anos, equivale a maltratar menores. Ele afirma que recebeu milhares de cartas de pessoas que "sentiam que tinham sido prejudicadas pela experiência de terem sido enviadas para um internato na infância. Elas não conseguem formar laços com as outras pessoas. As crianças precisam crescer na companhia de quem as ama. Por melhores que os professores sejam, eles não conseguem suprir esse amor. Crianças dessa idade não têm inteligência emocional nem maturidade para lidar com esse sentimento de perda. Elas desenvolvem o que chamo de uma personalidade de 'sobrevivência estratégica'. Por fora, são competentes e confiantes. Por dentro, são reservadas e inseguras. Essa insegurança acompanha muitas delas pelo resto da vida".[7]

Mais tarde, quando Farrokh Bulsara já tinha se transformado em Freddie Mercury, ele raramente falava dos anos de escola e do tempo no internato na Índia durante as entrevistas. Um dos melhores amigos de Freddie na vida adulta foi o cantor Peter Straker, estrela da área de West End, em Londres. Mesmo com ele, Freddie raramente conversava sobre a infância. "Tenho a impressão de que ele não entrava muito nesse assunto da infância porque tinha frequentado a escola na Índia e não queria ser visto como indiano", sugere Straker. "Agora não faria diferença, mas naquela época, sim. Ele costumava dizer que era persa. Gostava da ideia de ser persa, o que eu considero muito mais exótico, seja você uma estrela do rock ou um lutador".[8]

Uma das poucas vezes que Freddie falou publicamente sobre sua formação escolar foi em uma entrevista em 1974. Ao ser indagado sobre os tempos de colégio, ele foi categórico: "Eu tive pais da classe alta que investiram muito dinheiro em mim? Fui mimado? Não. Meus pais eram muito rigorosos. Não era só eu, tenho uma irmã, passei nove anos em um colégio interno, então não via meus pais com muita frequência. Essa experiência me ajudou bastante porque me ensinou a me defender sozinho".[9]

Em outra entrevista sobre a questão do internato, também em 1974, Freddie reforçou essa opinião: "Meus pais pensavam que o internato me faria bem, então me mandaram para um quando eu tinha sete anos, querida. Eu relembro do colégio e acho que foi maravilhoso. Aprendemos a nos cuidar sozinhos, e isso me ensinou a ter responsabilidade".[10]

Sem dúvida, o ambiente do colégio interno às vezes é associado a *bullying* e abuso sexual, e eventos como esses podem moldar o indivíduo na vida adulta. A doutora Joy Schaverien, analista junguiana, psicoterapeuta e orientadora, sugere que o dano psicológico sofrido especialmente por meninos nos internatos, sobretudo devido à perda da família, que é substituída por muitos desconhecidos do mesmo sexo, também pode ter um efeito drástico no desenvolvimento sexual.[11]

É impossível determinar se Farrokh teve alguma experiência sexual na St. Peter's, e nunca saberemos se a escola influenciou sua orientação sexual. Nas entrevistas que concedeu na vida adulta, Freddie quase não falava sobre *bullying* e sexualidade no internato, mas chegou a tocar na questão do violência escolar em uma entrevista para a *NME*, em março de 1974, ao responder sobre comportamento agressivo e experiências homossexuais: "É burrice dizer que isso não acontece no colégio interno. Todas as coisas que falam sobre o internato são mais ou menos verdade. A coisa toda do *bullying* e todo o resto. Tinha um professor estranho que me perseguia. Não me surpreendeu porque, de certa forma, o colégio interno não nos confronta, nós simplesmente vamos tomando consciência pouco a pouco. É enfrentar a vida". Quando a repórter perguntou se ele era o garoto bonito com quem todos queriam se deitar, Freddie respondeu: "Por incrível que pareça, eu era. Todo mundo passa por isso. Achavam que eu era a bichona". A jornalista provoca: "Então te sacaram?". E Freddie retruca: "Você é danada. Digamos o seguinte: houve ocasiões em que eu era jovem e inexperiente. É uma coisa pela qual os garotos passam no colégio. Eu tive a minha cota de travessuras. Não vou dar mais detalhes".[12]

Peter Patroa, que dava aulas na St. Peter's na época em que Farrokh estudou lá e foi seu professor de Matemática, lembra que os indícios da homossexualidade de Freddie Mercury já eram bem conhecidos na instituição. "Existe homossexualidade em qualquer escola", afirmou Patroa em 2008. "E certamente existia na St. Peter's na época em que Freddie estudava. Quando ele se mudou para Bombaim, parece que ele era próximo de um amigo de lá. Seu pai teria sido informado, e tenho certeza de que ficou muito decepcionado. O histórico da família era de ser muito rígida havia gerações, e os zoroastristas proíbem totalmente a homossexualidade".[13]

Uma professora de Panchgani, Janet Smith, que morou na St. Peter's porque a mãe dava aulas de artes para Freddie, também tinha convicção de que, desde cedo, os sinais da homossexualidade dele eram evidentes: "Dava para ver que Freddie era diferente dos outros garotos. Ele corria pelos cantos chamando todo mundo de 'querido' e era comum ficar muito entusiasmado. Na época, não entendíamos o que era ser gay. Uma vez, perguntei à minha mãe por que ele era daquele jeito, e ela apenas me disse que algumas pessoas são diferentes".[14]

Nos primeiros anos na escola, Farrokh era extremamente tímido e, em especial, tinha vergonha da arcada superior proeminente por conta de quatro dentes a mais na parte de trás da boca, que deixaram salientes os demais. Os colegas de classe o apelidaram de Bucky. Porém, ele logo adotou outro nome, assim que os professores começaram a chamá-lo carinhosamente de

Freddie. Apropriou-se na hora do nome, e desde então Farrokh Bulsara se tornou Freddie Bulsara.

Apesar da distância dos pais, em pouco tempo Freddie superou a saudade de casa e se dedicou às atividades escolares, especialmente ao esporte. "A escola dava uma ênfase muito forte ao esporte, e eu acabei passando por todos eles. Pratiquei boxe, críquete, tênis de mesa, no qual eu era realmente muito bom", relembrou Mercury.[15] Ele também tinha um desempenho favorável na corrida e no hóquei, que recebiam uma aprovação bem maior por parte da mãe do que o boxe. "Freddie era excelente em todos os esportes, mas quando ouvi falar do boxe, eu escrevi para ele de Zanzibar, onde estávamos morando, e falei para parar com aquilo. Não gostava da ideia, era violento demais", recordou ela.[16]

Aos onze anos, em 1958, Freddie ganhou o troféu de Atleta Polivalente Juvenil na escola. Com um orgulho tremendo dessa conquista, escreveu para os pais:

> *Queridos mamãe e papai, espero que estejam todos bem e que o resfriado da Kashmira tenha melhorado. Não se preocupem, estou bem. Eu e meus amigos da Casa Ashleigh somos como uma segunda família. Os professores são muito exigentes, e a disciplina é muito importante aqui na St. Peter's. Estou muito feliz em contar para vocês que recebi o grande prêmio, o de Melhor Atleta Polivalente Juvenil. Ganhei um troféu enorme, e eles até tiraram um retrato, que vai sair na revista anual da escola. Estou muito orgulhoso e espero que vocês também estejam. Mandem um beijo para a Kash. Eu amo minha irmãzinha como amo vocês todos. Farrokh.*[17]

Embora fosse bom nos esportes, Freddie se interessava cada vez mais por temas como arte e literatura e, é claro, música. Ele já havia sido apresentado ao mundo da música – sobretudo à ópera – pelos pais, em Zanzibar, mas também tinha desenvolvido o gosto pelo pop ocidental, especialmente pelo rock com base no piano, o som de artistas como Little Richard e Fats

Domino. No período em que estudou na St. Peter's, além de participar do coral escolar e de várias apresentações teatrais, Freddie conheceu as gravações de Lata Mangeshkar, uma das cantoras de *playback* mais conhecidas e respeitadas da Índia. Esse tipo de cantor gravava canções para trilhas sonoras de filmes para que os atores e as atrizes fizessem a sincronização labial. Freddie ficou fascinado com Mangeshkar e foi a um show dela em Bombaim, em novembro de 1959. Dois anos depois, ela visitou a St. Peter's School e se apresentou no festival de verão para ele e os demais estudantes.

Quanto ao jeito de Freddie cantar, a tia por parte de mãe, Sheroo Khory, foi a primeira a realmente notar seu dom musical nato. "Uma vez, quando ele tinha nove anos, eu acho, Freddie veio correndo para o café da manhã, e o rádio estava ligado. Então, quando acabou a música, ele foi para o banco [do piano] e tocou a melodia. Eu pensei: Preciso arranjar umas aulas de música para ele. Ele tem um bom ouvido para música"[18], contou ela. A tia persuadiu os pais dele a pagarem por aulas particulares de música e, em seguida, ele conseguiu passar nos exames teóricos e práticos do quinto ano. Em 7 de novembro de 1958, recebeu o certificado na cerimônia anual de premiação da St. Peter's School. "Fiz aula de piano na escola. Eu realmente curtia. Isso foi um feito da minha mãe. Ela fez questão de que eu continuasse", contou Freddie, anos mais tarde.[19]

Em 1958, Freddie formou a primeira banda. Na época, ele tinha criado uma forte amizade com quatro alunos da St. Peter's: Bruce Murray, Farang Irani, Derrick Branche e Victory Rana. Todos eram fãs de Elvis Presley e resolveram lançar uma banda, usando a sala de artes da escola como estúdio para os ensaios. Escolheram o nome da banda, os Hectics, e começaram a batucar a própria versão rudimentar de rock. Para alguém que viria a ser um dos músicos mais expressivos e extravagantes do mundo, o papel de Freddie nessa banda iniciante era bem apagado, no piano, com seu estilo boogie-woogie de tocar, e nos *backing vocals*, enquanto Bruce Murray assumiu a função de vocalista principal.

"O que a gente queria mesmo era impressionar as garotas da escola só para meninas que ficava ali perto", comentou Murray. "Cantávamos sucessos como 'Tutti Frutti', 'Yakkety Yak' e 'Whole Lotta Lovin'. Freddie era um músico incrível. Podia tocar praticamente de tudo. E tinha o talento de ouvir a canção uma só vez no rádio e ser capaz de tocá-la. O resto de nós só conseguia fazer uma barulheira terrível, com violões baratos, uma bateria e uma caixa de chá antiga que transformamos em um baixo de uma corda. Mas a banda cumpriu seu propósito: as garotas realmente adoravam a gente".[20]

Os Hectics, vestidos com o uniforme de roqueiro – camisa branca, gravata preta, calça pregueada e cabelo cheio de brilhantina –, logo se tornaram a principal atração em qualquer evento da escola e ainda ficaram populares em Panchgani, onde eram conhecidos como "Os Hereges", por serem muito diferentes e radicais para a época. Contudo, quando Freddie deixou Panchgani e a St. Peter's School, em 25 de fevereiro de 1963, após ser reprovado nas provas do décimo ano, os Hectics acabaram, e ele retornou a Zanzibar para um futuro incerto.

# - 4 -

De volta a Zanzibar, para a casa dos pais, Freddie se matriculou na escola na Cidade de Pedra para tentar terminar os estudos, mas, ao mesmo tempo, estava sempre em busca de qualquer coisa relacionada à cultura pop que, de alguma forma, pudesse levá-lo até a ilha britânica. O mundo ocidental, com sua música e moda, era uma atração constante para o adolescente Freddie Bulsara, fato já bem conhecido por sua mãe, Jer: "Ele queria muito ir para a Inglaterra. Como era adolescente, ele conhecia essas coisas do mundo ocidental, e isso o atraía".[1] No início da década de 1960, como Freddie morava com os pais e estudava em tempo integral, parecia pouco provável que fosse seguir o seu sonho e viajar para a Inglaterra. No entanto, acontecimentos importantes estavam prestes a causar uma grande revolta em Zanzibar, o que acabaria levando toda a família Bulsara, que corria perigo, a juntar as coisas e fugir para o Reino Unido.

Nessa época, Zanzibar possuía uma herança cultural extremamente rica, dada a grande diversidade étnica da população. Ao longo dos séculos, o comércio da África, da Ásia e do Oriente Médio foi convergindo para Zanzibar, levando uma infinidade de influências. Nos primeiros anos da década de 1960, a tensão entre grupos étnicos começava a aumentar por causa do povo árabe, que, apesar de representar menos de 20% da população de Zanzibar, era dominante econômica e politicamente. Em 1963, quando a Grã-Bretanha concedeu a independência a Zanzibar, foram convocadas eleições, nas quais o Partido Afro-Shirazi (ASP) enfrentou o Partido Nacionalista de Zanzibar (ZNP), do sultão Jamshid bin Abdullah. O ZNP venceu as eleições com 54% dos votos, mas isso só aumentou o ressentimento na população negra, e um golpe liderado pelo autoproclamado marechal de campo John Okello ocorreu logo em seguida. Okello acreditava que ele fora divinamente escolhido para derrubar os árabes do poder e, em 12 de janeiro de 1964, com o apoio popular da maioria africana oprimida de Zanzibar, os revolucionários foram em direção à Cidade de Pedra.

Os Bulsara ainda moravam no apartamento da família na Cidade de Pedra na época e sabiam muito bem dos assassinatos e saques promovidos por Okello e seus revolucionários a caminho de Zanzibar. Nenhum árabe ou asiático parecia estar seguro. Jer Bulsara lembra desse período: "Foi realmente assustador. E todo mundo estava correndo e não sabia o que fazer exatamente. Com filhos pequenos, precisávamos tomar uma decisão também, tínhamos de deixar o país".[2]

Juntando todos os pertences possíveis em duas malas, a família fugiu de Zanzibar. Todos poderiam ter viajado para a Índia, mas, como o pai de Freddie, Bomi Bulsara, tinha um passaporte britânico e trabalhara para o governo da Grã-Bretanha em Zanzibar, eles escolheram viajar para a Inglaterra. Em maio de 1964, Bomi, Jer, Freddie e a irmã mais nova, Kashmira, chegaram no Aeroporto de Heathrow.

Eles se instalaram em uma casa de quatro quartos, na 22 Gladstone Avenue, Feltham – uma cidade no subúrbio do London Borough of Hounslow, no oeste de Londres, um pouco antes e na mesma direção da pista de pouso e decolagem de Heathrow. Freddie estava muito empolgado por finalmente estar em Londres, mas a vida foi dura com seus pais. Eles estavam acostumados a um padrão privilegiado em Zanzibar, com empregados domésticos, sem mencionar o clima tropical. Agora viviam sob o céu cinzento de Londres, com o barulho incessante das aeronaves sobrevoando a cabeça. E a própria Inglaterra não era o lugar mais acolhedor para os imigrantes no início dos anos 1960.

Desde o fim da década de 1940, a população negra e asiática na Grã-Bretanha vinha aumentando por causa da migração do Caribe, da Índia, do Paquistão e de Bangladesh. Uma maré de ressentimento começava a crescer, e raça e imigração passaram a ser grandes questões políticas domésticas. No verão de 1958, houve uma deflagração violenta de um motim contra os negros em Notting Hill, em Londres, e um jovem negro de trinta e dois anos, Kelso Cochrane, foi assassinado. Em 1964, quando os Bulsara chegaram no Reino Unido, as eleições gerais daquele ano destacaram a notória eleição para o cargo vago em Smethwick, em que raça se tornou um assunto que semeava tanta discórdia que uma filial britânica da Ku Klux Klan foi criada no final daquele ano. Em meio a esse cenário de tensão, Bomi e Jer Bulsara optaram por evitar conflitos e simplesmente buscaram sustentar a família da melhor maneira possível enquanto estabeleciam uma nova vida no Reino Unido. Percebendo que o custo de vida era muito mais alto do que estavam acostumados, pai e mãe tiveram que trabalhar. Bomi conseguiu um emprego como contador de uma empresa de serviço de alimentação local, enquanto Jer foi trabalhar em uma loja da Marks & Spencer da região.

Prestes a completar dezoito anos, a emoção de Freddie Bulsara de finalmente estar na Inglaterra foi amenizada pelo fato de sua vida estar em uma espécie de encruzilhada. Sua educação na Índia e em Zanzibar havia sido um fracasso, mas ele estava ansioso por retomar os estudos em Londres em uma escola local de artes. Mas não era o que os pais queriam para o filho – a vontade deles era que seguisse uma carreira mais estabelecida e sólida. "Ele sabia que queríamos que fosse um advogado, contador ou algo assim, porque a maioria dos primos era", explica Jer Bulsara. "Mas ele dizia: 'Não sou tão inteligente, mãe. Não sou tão inteligente assim'."[3] Só para que os outros vissem que não estava à toa, Freddie preenchia formulários em busca de vagas de emprego, mas lá no fundo esperava que não desse em nada.

O desejo de entrar em uma escola de artes não era tanto uma paixão por estudar pintura, escultura ou artes têxteis, mas sim uma determinação em seguir um caminho que muitas estrelas pop inglesas haviam trilhado anteriormente. Enquanto estava em Zanzibar, ele lera nas poucas revistas ocidentais que chegavam à ilha que era costume os aspirantes a estrelas pop frequentarem primeiro a escola de artes, e seu foco estava voltado para a Ealing Technical College & School of Art, que tinha como ex-alunos famosos Ronnie Wood, Roger Ruskin Spear e Pete Townshend. "Ele costumava falar sobre isso", lembra a mãe, Jer, "que muitas pessoas da faculdade de artes tinham feito música, música pop, e eu não dei muita importância naquele momento, porque pensei: Bem, é uma daquelas coisas, vamos ver".[4]

Mas a falta de sucesso de Freddie na escola na Índia e em Zanzibar era sinônimo de falta da qualificação necessária para ser aceito na Ealing. A única opção disponível para ele era frequentar um curso básico em outro estabelecimento educacional. A trinta e cinco minutos de ônibus da casa de Freddie em Feltham, ficava a Isleworth Polytechnic, onde, em setembro de 1964, ele iniciou um curso básico de artes. Lá, Freddie esperava obter as notas altas de que precisava para entrar na Ealing.

Embora ainda não estivesse onde almejava, Freddie Bulsara chegara em Londres. E na hora exata. Era a época dos Beatles, Kinks e Rolling Stones, dos Mods e dos Rockers em confrontos nos balneários, da Radio Caroline transmitindo das águas territoriais do Reino Unido e do início da transmissão do *Top of the Pops* pelo canal da BBC TV. Pela primeira vez, Freddie sentia que pertencia àquele universo e estava determinado a aproveitar ao máximo a oportunidade que o destino lhe dera.

Mal sabia ele que, a poucas ruas da casa da família Bulsara, também morava um estudante de Física de dezessete anos. Esse adolescente era um guitarrista entusiasmado, mas não tinha como pagar pela cobiçada guitarra Fender Stratocaster que tanto desejava. A única solução era fazer a própria guitarra. Então, nos dezoito meses seguintes, com a ajuda do pai, ele construiu uma guitarra elétrica com especificações precisas.

Alguns anos depois, Freddie seria apresentado a esse adolescente fera em guitarra em um encontro aleatório em Londres. Seria um momento crucial na música. A vida de Freddie Bulsara e o curso da história do pop nunca mais seriam os mesmos, pois a base do Queen foi estabelecida naquele primeiro encontro.

# - 5 -

Na época em que a família Bulsara estava fugindo de Zanzibar em busca de uma nova vida em Londres, o HIV começava a migrar para o mundo todo.

Durante décadas, desde a transmissão inicial do vírus de um chimpanzé para um humano por volta de 1908, ele permaneceu, de modo geral, contido na República do Congo. O país se tornou independente da Bélgica em junho de 1960 e depois dispensou o nome Congo Belga. De fato, o ano em que a Bélgica abriu mão do interesse e do controle do governo da região foi identificado como um momento importante e crucial de meados do século marcado pela divergência com relação à disseminação do HIV no mundo.

Foi a própria ambição das grandes potências ocidentais de desenvolver o oeste da África que acabou gerando essa situação e viabilizando as rotas para o HIV se espalhar para além do "continente sombrio". O interesse em saquear a região do Congo para extrair marfim, borracha e diamantes e a subsequente construção da rede ferroviária para atender a essa industrialização intensa proporcionaram o ambiente perfeito para a propagação do vírus. Kinshasa (anteriormente Leopoldville) logo se tornou a cidade africana mais interligada e, por isso, virou o canal perfeito da possível rápida disseminação do HIV. Por volta de 1948, mais de um milhão de pessoas por ano passavam pelas ferrovias em Kinshasa, e isso, sem querer, permitiu a transmissão do HIV-1 por todo o país. Em algum momento entre o final da década de 1930 e o início dos anos 1950, o vírus se espalhou para além de seu epicentro.

Sinais da disseminação do vírus estavam lá para todos verem, mas ninguém sabia para o que olhava ou o que procurava. Já na década de 1930, o médico militar francês Leon Pales passou algum tempo observando as altas taxas de mortalidade entre os homens que construíam a ferrovia Congo-Oceano. Depois de realizar autópsias, o médico encontrou em vinte e seis dos trabalhadores mortos uma condição desgastante que ele chamou de *caquexia de Mayombe*. Essa condição, que recebeu esse nome por causa do trecho da selva onde os homens morreram, resultou em cérebros atrofiados, linfonodos intestinais inchados e uma série de outros sintomas que mais tarde se tornariam sinônimos de HIV. Mas, durante a década de 1930, era simplesmente mais um dos males tropicais não identificados.

Portanto, o HIV conseguiu se espalhar muito rápido pela República Democrática do Congo, um país do tamanho da Europa Ocidental, por causa da rede ferroviária e, em menor grau, das hidrovias. A mudança de hábitos sexuais da população do país, em particular o aumento do comércio sexual, também contribuiu muito para permitir que o vírus se tornasse uma pandemia. As mudanças sociais após a independência em 1960 também foram fatores determinantes. Um estudo do doutor Nuno Faria, do Departamento de Zoologia da Universidade de Oxford, afirma que o ano de 1960 "viu o vírus 'fugir' de pequenos grupos de pessoas infectadas para atingir a população em geral e, por fim, o mundo".[1]

Apesar da medicina e da criação de infraestrutura, o método mais eficaz de transmissão do vírus permanecia sendo o mesmo – o sexo. O comércio sexual na República Democrática do Congo floresceu em decorrência da construção de estradas e ferrovias e do aumento da indústria na região. Os trabalhadores da construção civil, os mineiros e os administradores que invadiram a região em busca de emprego eram predominantemente do sexo masculino (para cada dois homens havia uma mulher na cidade de Kinshasa) e procuravam as prostitutas que, ao aceitarem um grande número de clientes e praticarem sexo sem proteção, sem saber, acabaram ajudando o vírus a se estabelecer na cidade. A partir dali, o vírus se espalharia para as regiões vizinhas através das estradas e ferrovias que esses mesmos operários estavam construindo. Um estudo publicado na revista *Science* sugere que, por causa dos programas médicos e do aumento do comércio sexual, o HIV se espalhou rapidamente de Kinshasa, à medida que indivíduos infectados viajavam pelas ferrovias e estradas recém-construídas e até pelas antigas hidrovias. Em 1937, o HIV havia se espalhado para a cidade vizinha de Brazzaville, a um pouco mais de seis quilômetros de Kinshasa; em 1946, alcançara Buamanda, a aproximadamente 940 quilômetros de distância, e em 1953 atingira Kisangani, a quase 1.200 quilômetros de Kinshasa. Os autores do estudo afirmam que, em 1960, a propagação do vírus se tornou exponencial na África Ocidental, embora ninguém tenha percebido isso.[2] A quantidade de africanos que morreram da doença só pode ser especulada – em mais de oitenta anos, pode ter atingido a casa dos duzentos milhões de pessoas.

Em meados da década de 1960, o HIV atravessou o Atlântico e desembarcou no Haiti. O catalisador dessa transmissão do HIV foi outro gesto de boa vontade, que acabou sendo um tiro pela culatra impressionante. Quando a independência foi concedida à República Democrática do Congo em 1960, a maioria das autoridades belgas – se não todas – se retirou apressadamente da região, deixando um vácuo crítico no centro da então recém-nascida República.

Para preencher esse vazio, a UNESCO enviou milhares de professores e tecnocratas haitianos para a África, especificamente para a República Democrática do Congo. Grande parte deles se instalou em Kinshasa. Eram recrutas ideais para ocupar o lugar deixado pelos belgas, pois falavam francês, eram instruídos, negros e estavam mais do que felizes em abandonar o Haiti e a ditadura brutal de François Duvalier, o "Papa Doc". Eles passavam semanas, meses ou anos trabalhando na África Ocidental, em países como a República Democrática do Congo, Angola e Camarões, antes de retornar à terra natal. Foi quando esses profissionais retornaram para casa, por volta de 1964, que o subtipo HIV-1 chegou ao Haiti.

Essa escala de tempo corresponde exatamente aos milhares de haitianos que foram para a África em 1960 para trabalhar e que retornaram entre meados e fins da década de 1960 e início dos anos 1970, quando o Zaire (a República Democrática do Congo passou a ser denominada Zaire em 1971) havia completado o treinamento dos administradores locais do país. Os haitianos começaram a deixar em massa a África Central depois de 1968, embora muitos já tivessem voltado para casa. Em 1998, J.F. Molez escreveu um artigo para o *American Journal of Tropical Medicine and Hygiene* que afirma: "Investigações médicas realizadas no Haiti de 1985 a 1988 e observações clínicas relataram a suspeita de que a morte de administradores haitianos aposentados que viveram e trabalharam no Zaire e depois retornaram ao Haiti (e tinham morado lá durante um período de dez a quinze anos) havia sido causada pela Aids". Como o período de tempo entre a infecção pelo HIV e a morte por Aids na década de 1980 era de sete a dez anos, essas datas batem perfeitamente com a teoria de que o Haiti estava enfrentando uma epidemia de Aids por volta de 1970, após o retorno dos trabalhadores haitianos vindos do Zaire no final da década de 1960.

Mas não foi apenas a relação sexual no Haiti – seja heterossexual ou homossexual – que levou o vírus a se espalhar por lá. Algo mais estava acontecendo na capital do Haiti que exacerbou o problema, do qual ninguém tinha ciência na época, é claro. O doutor Jacques Pepin afirma que outro fator na rápida expansão do HIV no Haiti foi um centro de plasma em Porto Príncipe. O centro só operou por dois anos, entre 1971 e 1972, mas era conhecido por apresentar baixos padrões de higiene. Durante esses anos, os haitianos empobrecidos foram incentivados a vender seu plasma sanguíneo para os EUA por quantias irrisórias, já que os norte-americanos precisavam desesperadamente de plasma para realizar transfusões, bem como dos elementos proteicos que ele contém, como a gamaglobulina, para inocular o vírus da hepatite. Os EUA não conseguiram atender à própria demanda por plasma porque não havia doadores saudáveis suficientes dispostos a doar sangue. Isso, em parte, se deve ao fato de que, como a maioria dos americanos era abastada, doar sangue em troca de dinheiro não era um atrativo, enquanto os haitianos, atingidos pela pobreza, estavam mais do que dispostos a se inscrever para receber três dólares por doação.

Uma empresa chamada Hemo-Caribbean negociou um contrato de dez anos com o Ministro do Interior do governo haitiano, Luckner Cambronne, líder dos Tonton Macoutes, a temida polícia secreta do Haiti, e apelidado de "Vampiro do Caribe".[3] A Hemo-Caribbean usou um procedimento relativamente novo, que envolvia a doação de um litro de sangue, do qual o plasma de cor âmbar era separado. Em seguida, o sangue era bombeado de volta para a pessoa que o doara. Tudo isso para receber um pagamento de três dólares, que poderia chegar a cinco dólares se o doador estivesse disposto a receber uma vacina antitetânica, o que tornaria o plasma mais valioso, porque então poderiam ser colhidas doses adicionais dele. Depois disso, o próprio sangue era bombeado de volta, o que significa que eles podiam voltar e doar diversas vezes, sem se tornarem anêmicos.

No entanto, havia um problema catastrófico nisso tudo: o sangue de inúmeros doadores inadvertidamente misturado na máquina de plasmaférese antes de ser bombeado de volta para eles, infectando potencialmente todos os doadores – e, portanto, os receptores – com qualquer vírus transmitido pelo sangue de que eles pudessem ser portadores... como o HIV.

Mas a Hemo-Caribbean parecia perfeitamente feliz com a maneira como o plasma era coletado. Em uma entrevista ao *New York Times* de 28 de janeiro de 1972, Joseph B. Gorinstein comentou a respeito de seus procedimentos, com uma indiferença um tanto assustadora, que o plasma processado por sua empresa era "muito mais limpo do que aquele oriundo das favelas de algumas cidades americanas".

Somente em 1972 o presidente Richard Nixon solicitou uma investigação sobre o comércio de sangue nos EUA, mas, a essa altura, sem o teste de triagem para o HIV, porque essa questão ainda não estava no radar de ninguém, o vírus já circulava pelo Haiti e é bem possível que já tivesse entrado nos EUA através do plasma contaminado ou de um único imigrante infectado que chegara em uma cidade grande como Nova York ou, mais provavelmente, Miami, a apenas um pouco mais de 1.100 quilômetros de distância.

Essa migração única do HIV do Haiti para os EUA é chamada de "clado pandêmico" pelos pesquisadores e representa um ponto-chave de virada na história da pandemia da Aids. Chama-se de migração única apenas quando o vírus se estabelece com êxito. Indivíduos com HIV podem ter atravessado os EUA e infectado várias pessoas, mas a linhagem de infecção foi extinta. Estima-se que o único evento bem-sucedido tenha ocorrido entre 1969 e 1972. Isso se encaixaria na epidemiologia subsequente do HIV nos EUA, pois os primeiros casos de Aids foram relatados cerca de dez anos depois da época em que se pensava que o HIV tivesse entrado no país a partir do Haiti, o intervalo preciso entre a infecção pelo HIV, a progressão para a Aids e, em seguida, a morte.[4] Assim como ocorrera no Congo, nas décadas anteriores às viagens em massa (e nos programas médicos coloniais usando uma agulha oca), o vírus continuou à espreita por quase dez anos antes que alguém o detectasse.

A morte de um adolescente em St. Louis, em 1969, decorrente de uma doença não especificada, desconcertou os médicos da Universidade de Washington e sugeriu a alguns a possibilidade de o vírus da Aids já estar circulando nos EUA antes do início da epidemia da década de 1980. O afro-americano de quinze anos, chamado apenas de Robert R., mas posteriormente identificado como Robert Rayford, foi a uma clínica em 1968 com várias queixas, incluindo linfonodos inchados, edema nas pernas, na parte inferior do tronco e nos órgãos genitais. Durante quinze meses, ele foi tratado em três hospitais diferentes, mas foi ficando cada vez mais exausto, perdeu muito peso e sofreu de infecção grave por clamídia. Ninguém que o tratava em qualquer dos hospitais conseguia diagnosticar a doença. Robert acabou morrendo de pneumonia brônquica, e uma autópsia descobriu que ele tinha lesões por sarcoma de Kaposi (SK) em todos os tecidos moles do corpo, uma característica típica do que mais tarde passamos a conhecer como Aids.

Só a partir de 1986 é que os médicos foram capazes de realizar testes específicos em amostras de tecido de Robert Rayford. Foram realizados dois testes: o de *blotting* de seu soro, um teste preciso para anticorpos contra o vírus da Aids, e também um teste para o antígeno P24, uma proteína viral que fornece mais evidências de infecção. Os dois testes foram positivos, porém, o mais importante, não era a cepa que se tornou conhecida no final da década de 1970 e que espalhou a Aids pelo mundo inteiro. Os médicos continuaram confusos. Rayford nunca havia feito transfusão de sangue, não usava drogas, nunca saíra daquela área e nenhum outro caso fora relatado nas proximidades. A conclusão geral foi que já deveria haver diversas cepas diferentes do HIV em níveis baixos fazendo incursões em diferentes países, incluindo os EUA, e em algum momento uma delas se estabeleceu e espalhou a pandemia. É possível que, assim como na África, outras pessoas nos Estados Unidos tenham tido HIV e morrido em uma data muito anterior, mas que essas mortes nunca tenham sido relacionadas à Aids porque ninguém estava à procura de um vírus desconhecido.[5]

A maioria das evidências aponta para o fato de que, embora várias cepas de HIV possivelmente já existissem nos EUA ou em outras partes do mundo antes dos anos 1970, a rota mais provável é que o HIV-1 mortal tenha chegado aos Estados Unidos a partir do Haiti através de uma migração entre 1969 e 1972, se estabelecido no país e, em seguida, se espalhado de forma imperceptível. Nos anos seguintes, o vírus se aproveitou do acaso e da oportunidade em certas subcategorias da população americana.

"O vírus atingiu hemofílicos por causa da transfusão sanguínea. Chegou a viciados em drogas por meio de agulhas compartilhadas. Atingiu os homens gays – alcançou de forma profunda e devastadora seus círculos amorosos e de amizade – por transmissão sexual", sugeriu David Quammen.[6]

Por cerca de dez anos, passou silenciosamente de pessoa para pessoa. Os sintomas demoravam a surgir; a morte vinha um pouco depois. Ninguém sabia a causa e ninguém associava as mortes.

Em algum momento da década de 1970, alguém transmitiria o vírus a um comissário de bordo canadense chamado Gaëtan Dugas. Então outra pessoa o passaria para o ator de Hollywood Rock Hudson.

E, pouco mais de uma década depois de chegar do Haiti, alguém o transmitiria a Freddie Mercury.

# - 6 -

Em 24 de maio de 2006, na casa de leilões Bonhams, em Londres, um rolo de três minutos de filme Super-8mm foi leiloado, atraindo grande interesse global. O lote 474 datava de 1965, aproximadamente, e era significativo, pois continha filmagens raras e inéditas de Freddie Bulsara na Isleworth Polytechnic.

O filme mudo, gravado por um dos amigos de Freddie, Brian Fanning, mostra um grupo de seis jovens caminhando em direção à câmera e se afastando dela, em pé em posições encenadas e sentados em um banco do parque fumando e gesticulando em direção ao céu com os braços. O silêncio aumenta o mistério. Vestido com um blazer vinho e camisa branca com calça azul, Freddie chama a atenção por sua nítida timidez. Não sorri uma vez sequer, o que leva as pessoas a especularem que os dentes salientes o deixavam bastante constrangido. Não há sinais do *showman* que ele se tornaria mais tarde, embora os movimentos e os gestos já indiquem uma natureza extravagante e um elemento de afetação, principalmente quando enterra o queixo no ombro com um sorriso envergonhado depois de lançar as mãos teatralmente para o alto.

Freddie frequentou a Isleworth Polytechnic de 1964 a 1966, e isso certamente serviu de trampolim para entrar na Ealing School of Art. Ele já havia conseguido se formar em Artes, História e Inglês na primeira parte do Ensino Médio e obteve a nota crucial para avançar em Artes e Moda. Mas o curso lhe ofereceu muito mais do que isso: possibilitou uma maior exposição à moda, aos filmes, à cultura pop inglesa da época e, é claro, à música.

A metade da década de 1960 foi um ponto de virada para a cultura popular no Reino Unido. Naquela época, os *baby boomers* britânicos estavam chegando à maioridade, e a cultura pop, a arte e a política se uniram para abalar a sociedade britânica de baixo para cima. Pela primeira vez, a criatividade se voltou para o povo e não buscou o aval dos escalões superiores. Os Beatles estavam mostrando como o pop podia ser arte sem deixar de ser extraordinariamente popular, além de apresentar sotaques regionais às massas. Filmes como *Darling: a que amou demais*, *A bossa da conquista* e *Repulsa ao sexo*, de Roman Polanski, estrelado por Catherine Deneuve, estavam redefinindo o cinema britânico, enquanto documentários como *O jogo da guerra* literalmente levavam o público à loucura com a descrição dos horrores de um ataque nuclear. No mundo do teatro, *The Killing of Sister George* (O assassinato da irmã George), de Frank Marcus, estreou em Londres e foi uma das primeiras peças de teatro britânicas com personagens lésbicas. E *Meu passado me condena*, com Dirk Bogarde – notável na história do cinema por ser o primeiro filme em inglês a usar a palavra "homossexual" –, também entrou em cartaz.

*Meu passado me condena* se tornou um filme sociologicamente muito significativo, pois desempenhou um papel influente na liberalização de atitudes (bem como das leis da Grã-Bretanha). Quatro anos depois, o conde de Arran, membro da Câmara dos Lordes, propôs a descriminalização dos atos homossexuais masculinos, o que levou o parlamentar Leo Abse a apresentar, em 1965, o projeto de lei de crimes sexuais. Quando foi aprovada dois anos depois como Lei de Ofensas Sexuais, finalmente descriminalizou os atos homossexuais privados entre dois homens com mais de vinte e um anos na Inglaterra e no País de Gales. E, como se isso não bastasse, 1965 também viu o crítico de teatro Kenneth Tynan provocar indignação ao usar a expressão "foda-se" na BBC1.

Estudar na Isleworth Polytechnic e morar em Londres durante os *Swinging Sixties*, a vibrante década de 1960, provou ser fundamental para a transição de Freddie Bulsara para Freddie Mercury. Ele chegara na hora certa. Bulsara observou e absorveu o que estava acontecendo ao redor e, como um acumulador, apropriou-se do que brilhava na música, no cinema, na dança e na moda. Após guardar esses elementos para uso futuro, Freddie os adaptaria à própria música, estilo e aparência nas décadas seguintes. É claro que não era o único a fazê-lo, mas era inigualável, enquanto outros copiavam ou bebiam da fonte do blues, do skiffle ou do rock'n'roll, Freddie copiava Puccini, Porter e Presley. Era essa mistura cultural desordenada que apareceria em suas composições para criar algo extraordinário.

Mas tudo isso aconteceria no futuro. Por ora, em 1965, estava demorando para ele se adaptar e se sentir confiante. Adrian Morrish, um de seus amigos mais próximos na Isleworth Polytechnic, lembra como Freddie se destacou desde o início: "Ele se vestia de maneira estranha, com calças justas que não eram suficientemente longas e jaquetas pequenas até demais, que pareciam ser para pessoas mais velhas. Imagino que ele tenha trazido essas roupas de Zanzibar ou da Índia. Ele parecia muito *gauche*, mas queria desesperadamente se enturmar".[1] Sua irmã, Kashmira, também se lembra da excêntrica falta de estilo de Freddie no início: "Freddie se destacava entre os outros garotos da idade dele porque, naquela época, a moda de penteados era [ter] cabelo comprido e desgrenhado, mas quando nós chegamos, Freddie tinha aquele visual antiquado de Cliff Richard, com muito brilho, cabelo para trás, um topete, esse tipo de visual, então, para onde quer que fôssemos, ou quando íamos do ponto de ônibus de volta para casa ou algo assim, eu gostava de andar atrás dele porque não queria que as pessoas pensassem que estávamos juntos".[2]

A determinação de Freddie em "se enturmar" o levou a se juntar ao coral juvenil e ao grupo de teatro da Polytechnic, participando de duas produções: *The Kitchen* (A cozinha) e *Spectrum* (Espectro). Mas a música ainda era a principal paixão, e ele continuava inquieto tentando buscar um meio de expressar sua criatividade musical.

À noite e nos fins de semana, às vezes se juntava aos amigos em pubs locais, onde assistiam a bandas e cantores como Rod Stewart e Long John Baldry e, de vez em quando, iam a festas depois, apesar de Freddie beber pouco e normalmente ir embora cedo. Havia poucos sinais do homem que, décadas depois, sediaria algumas das festas mais ultrajantes da história do rock'n'roll – fora isso, se nenhum dos amigos da época da Isleworth Polytechnic se lembra de Freddie ter uma namorada, tampouco algum deles se recorda de qualquer indicação explícita de que ele fosse gay. Ele simplesmente assistia às aulas, brincava um pouco com os amigos, ganhava um dinheirinho extra fazendo bicos, como lavar panelas no Aeroporto de Heathrow ou empilhar caixas em uma propriedade industrial próxima, e até recebia cinco libras por sessão como modelo de nu artístico.

Quando deixou a Isleworth Polytechnic em 1966, Freddie tinha adquirido confiança e se sentia mais à vontade na Inglaterra. Além disso, o jeito de se vestir melhorou consideravelmente, e ele trocou as roupas ultrapassadas que trouxera de Zanzibar e passou a adotar um visual mais boêmio da Londres dos anos 1960. Freddie Bulsara enfim começava a se enturmar.

Em setembro de 1966, matricular-se na Ealing School of Art para fazer um curso de design de moda era tudo o que Freddie sonhara: a chance de estudar artes e seguir os passos dos astros do rock e do pop que fizeram o mesmo. Além do mais, ele estava em Londres no auge do poder e relevância cultural da cidade. O que mais poderia querer?

Depois de um tempo, o trajeto diário de Feltham para Ealing ficou cansativo para Freddie, então ele começou a dormir no chão do apartamento de Chris Smith, um amigo da faculdade que alugou uma propriedade na 42b Addison Gardens, Kensington. Apesar de seguir seu sonho, não demorou muito para que ele se desiludisse com o curso na Ealing, onde passava o tempo estudando impressão em tecidos e design têxtil, então logo começou a procurar alternativas. Mas, acima de tudo, Freddie estava desesperado para seguir suas ambições musicais. Isso só se tornou mais forte ainda em 16 de dezembro de 1966, quando o programa de TV da BBC *Ready Steady Go!* transmitiu a primeira performance do guitarrista americano Jimi Hendrix na televisão britânica. Ao tocar "Hey Joe", Hendrix se apresentou de forma espetacular, com seu estilo virtuoso de tocar e o personagem enérgico e selvagem no palco. Tudo na apresentação de Hendrix cativou Freddie: a música, a moda, o cabelo e, acima de tudo, o domínio de palco do artista.

Freddie ficou tão fascinado por Hendrix que foi vê-lo se apresentar quatorze vezes, incluindo nove noites seguidas em pubs por toda Londres. "Eu vasculhava o país inteiro para vê-lo sempre que ele tocava, porque Hendrix realmente tinha tudo o que qualquer estrela do rock deveria ter: todo o estilo e presença", diria Freddie mais tarde. "Ele não precisava forçar nada. Bastava que ele entrasse no palco e o local inteiro ia abaixo. Ele estava vivendo tudo o que eu queria ser".[3]

Hendrix era menos de quatro anos mais velho e serviu de inspiração para que Freddie seguisse seu sonho. Determinado a ser uma estrela, Freddie já havia começado a compor letras de música em casa, como recorda sua mãe, Jer: "Ele compunha desde pequeno. Eu dizia, como todas as mães, continue seus estudos e limpe o quarto. Uma vez, quando entrei no quarto dele em nossa casa em Feltham, eu disse que iria retirar todo o lixo, inclusive os papéis debaixo do travesseiro. Mas ele respondeu: 'Não se atreva'. Ele estava escrevendo umas músicas e letras e colocando tudo debaixo do travesseiro antes de dormir. Era mais música do que estudo, e meu marido dizia que não entendia o que esse garoto iria fazer".[4]

Freddie sabia exatamente o que queria fazer, mas precisava estar rodeado de músicos com ideias semelhantes. Como não encontrava alguém que compartilhasse sua paixão, ambição e talento bruto, consolava-se nas aulas desenhando imagens de seu ídolo e depois as grudava nas paredes do quarto. "Ele era um grande artista, sabe, fazia desenho de linha, a lápis. Ele tinha todo esse catálogo de coisas. Ele fez muitos retratos de Hendrix que eram brilhantes", lembra um de seus amigos da época de faculdade, John Taylor.[5]

Em algum momento entre 1967 e 1968, Freddie foi convidado a se retirar do curso de Design de Moda na Ealing pelo diretor, James Drew, principalmente porque estava passando muito tempo longe da faculdade (em parte assistindo a Jimi Hendrix), em vez de estudar. O incrível é que ele conseguiu convencer o diretor a deixá-lo mudar de curso em vez de expulsá-lo e, consequentemente, Freddie se viu no curso de Design Gráfico. Foi lá que ele encontrou três alunos que compartilhavam o interesse pela música. Além de Chris Smith – que Freddie já conhecia – havia Nigel Foster e, talvez o mais importante, Tim Staffell.

Staffell era um músico mais do que talentoso. Ele tocava harmônica no início dos anos 1960, antes de passar para o violão e, enfim, escolher o baixo como seu instrumento. Em uma noite de 1964, tocou harmônica para uma banda chamada Chris & The Whirlwinds, no Murray Park, em Whitton. Naquela noite, na plateia, estavam um jovem baixista e um guitarrista, que também frequentavam a Hampton Grammar School e que haviam formado a própria banda, chamada 1984. O baixista era Dave Dilloway. O jovem guitarrista era o garoto de Feltham que construiu o próprio violão com a ajuda do pai em uma oficina. O nome dele era Brian May.

Após o show, Dilloway e May foram atrás de Staffell e o convenceram a ingressar na nova banda deles para cantar e tocar harmônica e, em 28 de outubro de 1964, com Tim Staffell na banda, a 1984 fez seu primeiro show no St. Mary's Church Hall, em Twickenham. Em 1967, quando Freddie Bulsara se tornou amigo de Staffell, a 1984 já estava se apresentando constantemente em Londres e até chegou a gravar várias músicas no Thames Television Studios. A banda também abriu um show de Jimi Hendrix em 13 de maio de 1967, quando ele tocou no Imperial College London, um concerto a que, possivelmente, o próprio Freddie assistiu da plateia.

Depois de mudar de curso na Ealing, Freddie rapidamente se encontrou com Staffell e os outros alunos que tinham inspiração musical. "Minhas primeiras impressões a respeito de Freddie foram que ele era culturalmente hétero. Ou seja, conservador – eu nem pensei na sexualidade dele. Você não o descreveria como 'alguém que dava pinta'. Ele era um tanto humilde. Freddie, em particular, não brilhava. Dito isso, porém, ele era intuitivamente um artista, e sua personalidade estava, mesmo naquela época, desenvolvendo-se rápido. No que diz respeito a ser uma estrela, eu pessoalmente acho que ele já estava em ascensão. As pessoas reagiam a ele", lembra Staffell.[6]

Durante o inverno de 1967, os amigos de Staffell foram apresentados à banda que ele liderava, a 1984, e Freddie e Chris Smith se tornaram frequentadores assíduos na plateia, não importava quando e onde o grupo tocasse em Londres. Segundo Smith, era bastante óbvio que Staffell e May tinham um talento muito maior do que o resto da banda. Isso seria uma observação profética, já que, em maio de 1968, Brian May deixou a banda de forma repentina porque queria fazer parte de um grupo que apresentava trabalho autoral em vez de versões *cover* e também porque tinha que dedicar mais tempo aos estudos – ele havia se matriculado no Imperial College em 1965 para estudar Física e Astronomia infravermelha, tendo deixado a Hampton Grammar School com notas boas no Ensino Médio e na preparação para entrar na faculdade. No entanto, May manteve contato com Staffell depois que a banda 1984 se separou, e alguns meses depois eles se juntariam novamente.

Enquanto isso, quando não estava vivendo como um cigano no chão do apartamento de Chris Smith em Kensington, Freddie continuava compondo músicas ou letras simples no quarto da casa de seus pais em Feltham, estudando na Ealing e seguindo Jimi Hendrix fervorosamente sempre que podia. "Acho que Hendrix representava algo para ele, uma meta que poderia alcançar", sugere Tim Staffell.[7]

Mas, em 1968, apesar da influência de Hendrix, ainda havia poucos sinais do personagem extravagante que Freddie Bulsara se tornaria um dia, como lembra o colega de classe John Hibbert: "Olhando para trás, você acharia que ele deve ter se destacado, deve ter sido o líder da gangue e, na verdade, ele não era, porque era muito educado, gentil e relativamente quieto".[8]

Ainda desesperado para, de alguma maneira, entrar na música, Freddie, até então, só podia surfar na onda dos amigos e teve a sorte de que um dos mais próximos da época, Tim Staffell, estava prestes a formar outra banda.

Staffell e Brian May continuaram empenhados em ir em busca das próprias ambições musicais após o fim da banda anterior, a 1984, e, no outono de 1968, May se encontrou com Staffell, que ainda estava na Ealing School of Art, e eles decidiram formar outra banda. Staffell ficaria nos vocais e tocaria baixo, enquanto May tocaria guitarra. Eles precisavam de um baterista para formar o trio musical de baixo, guitarra e bateria que estava totalmente em voga em meados de 1968, graças à popularidade da The Jimi Hendrix Experience. Então, com isso em mente, eles publicaram um anúncio no quadro de avisos do Imperial College, onde May estudava, em busca de inscrições para a vaga de "baterista do estilo Mitch Mitchell/Ginger Baker" para ingressar em uma nova banda.

O anúncio foi visto por vários bateristas, que se inscreveram; no entanto, nenhum deles atendia ao padrão exigido. Mas o destino já iria intervir. Um dia, o aluno do Imperial College Les Brown passou pelo quadro de avisos. "Pelo que me lembro, no primeiro dia de volta ao Imperial College, fui ao Student Union Bar, vi o anúncio de 'Procura-se baterista' escrito à mão por Brian e o trouxe para o apartamento", recorda ele.[9]

Les Brown não era baterista. Mas seu colega de apartamento, Roger Taylor, era.

# - 7 -

Roger Taylor era apaixonado por música desde a infância, tendo formado sua primeira banda de skiffle, The Bubbling-over Boys, ainda na escola primária. Aos doze anos, Taylor recebera seu primeiro kit de bateria rudimentar e treinava diligentemente na garagem de casa, nos arredores de Truro, na Cornualha. Em 1965, ele ingressou em uma banda que acabaria se tornando conhecida como The Reaction e que, ao longo dos anos seguintes, estaria bem estabelecida em todo o cenário musical da Cornualha. Apesar do sucesso provinciano, The Reaction se separou no verão de 1968 e, duas semanas depois, Roger Taylor foi de carona para Londres no Triumph Herald roxo de Les Brown para começar os estudos em Odontologia na Royal London Hospital Medical and Dental School.

"Eu vim para Londres para ir à faculdade e conhecer outras pessoas, fazer parte de uma banda, e esse era o meu plano, e a faculdade era uma maneira de chegar em Londres e conhecer pessoas com o mesmo tipo de pensamento", lembra Taylor.[1]

Roger e Les moravam juntos em um apartamento alugado no andar térreo, em 19 Sinclair Gardens, em Shepherd's Bush, e foi a esse apartamento que Les retornou uma noite com o anúncio de Brian May em busca de um baterista. Roger se inscreveu imediatamente, e logo Brian May e Tim Staffell apareceram no apartamento dele com seus violões para ensaiar. Os três começaram uma amizade instantânea, Roger foi contratado e logo depois começaram a ensaiar de maneira adequada no Imperial College.

"Eu me lembro de ficar perplexo quando Roger montou seu kit no Imperial College", recorda May. "Só o som da afinação da bateria era melhor do que tudo que eu já tinha ouvido até então. Foi incrível".[2]

A banda precisava de um nome. Os integrantes escolheram Smile, sugerido por Staffell, e começaram a ensaiar intensamente. Não satisfeita com as versões *cover*, a banda, especificamente May e Staffell, começou a compor as próprias músicas.

Os três continuaram os estudos durante o dia e passavam o restante do tempo livre disponível ensaiando ou discutindo sobre música. Como resultado, o apartamento de Taylor em Shepherd's Bush se tornou um ponto de encontro frequente dos membros da banda e sua comitiva, incluindo Freddie Bulsara, que estava lá por causa do amigo e colega de classe, Staffell. Freddie imediatamente iniciou uma amizade com Roger Taylor, despertada pela paixão dos dois por Jimi Hendrix, e ele se tornou frequentador dos shows do Smile, o primeiro deles realizado no Imperial College em 26 de outubro de 1968, quando a banda abriu para o Pink Floyd.

Em fevereiro de 1969, o Smile fez seu segundo show importante no Richmond Athletic Club e, apenas algumas semanas depois, veio o terceiro show importante (embora a banda não fosse a atração principal), que aconteceu no Royal Albert Hall e foi uma apresentação de caridade para o Imperial College. Isso resultou na primeira crítica do Smile, em que um jornalista do *Times* os chamou de "o grupo mais barulhento do mundo ocidental".

Após uma breve turnê pela Cornualha, Tim Staffell levou Freddie para um dos ensaios da banda em Londres. "Ele veio com Tim um dia", lembra Roger Taylor, "e acabou se tornando um membro do círculo. Estava cheio de entusiasmo – cabelos pretos longos e esvoaçantes e essa grande imagem dândi".[3]

Freddie imediatamente gostou do som e começou a assistir aos shows com regularidade, até mesmo oferecendo conselhos, fossem eles necessários ou não. "Freddie era um grande defensor e apreciador de nossos talentos", lembra Brian May. "Ele achava que estávamos nos apresentando de forma toda errada. Ele gostava do show como um espetáculo, o que era uma ideia bastante incomum naquela época, porque a moda era usar jeans com a boca da calça aberta, e você tinha que ficar de costas para o público; caso contrário, era pop. Freddie tinha a ideia de que o rock deveria ser um show, que deveria oferecer algo avassalador em todos os sentidos".[4]

Freddie estava desesperado para se juntar ao Smile, mas a única vaga disponível para ele era na van, quando acompanhou a banda em shows por Londres e, mais tarde, no mesmo ano, em outra turnê pela Cornualha, onde o grupo tocou em locais tão diversos quanto a Fowey Royal Regatta, o Falmouth Art College e o St. Minver's Perceval Institute. A essa altura, Roger Taylor havia interrompido os estudos para se concentrar na carreira musical, e parecia que sua decisão valera a pena quando o Smile recebeu a oferta de contrato de Lou Reizner, da Mercury Record, para gravar um single para os EUA. Em junho de 1969, o Smile mudou para o Trident Recording Studios, no Soho de Londres, onde, com o produtor John Anthony, gravou três músicas.

Ver o Smile no estúdio de gravação com um contrato para lançar um single nos EUA deve ter tido um gosto amargo para Freddie. A impressão era a de que a porta de entrada para a banda estava fechada para sempre, e qualquer esperança de carreira musical parecia minguar, enquanto as possibilidades para seus amigos eram potencialmente ilimitadas. Para piorar a situação, ele concluíra os estudos, e a única fonte de renda era a barraca chamada "Kasbah", que ele havia então recém-montado com Roger Taylor no mercado de Kensington. "Tínhamos o sonho de fazer parte de uma banda em atuação, mas a única maneira de se sustentar era vender o tipo de roupa estranha que adorávamos", lembra Taylor. "Então desfilávamos com capas de veludo e calças apertadas e vendíamos as roupas para outras pessoas".[5]

A salvação musical pela qual Freddie esperava chegou enquanto o Smile aguardava o lançamento de seu single de estreia nos EUA. Uma banda de Liverpool, chamada Ibex, chegara em Londres buscando fama e fortuna. Como o Smile, a banda era formada por um trio, que tinha Mike Bersin na guitarra e nos vocais, Mick "Miffer" Smith na bateria e John "Tupp"

Taylor no baixo. O empresário deles era Ken Testi, de dezessete anos, que os acompanhara de Liverpool. Ken namorava Helen McConnell na época, cuja irmã, Pat, conhecia Roger Taylor e o Smile. Consequentemente, todos eram frequentadores regulares do pub The Kensington e, em 31 de julho de 1969, o Smile e o Ibex comemoraram juntos o aniversário de Pat, na companhia do principal seguidor do Smile, Freddie Bulsara.

Mais tarde naquela noite, todos foram para o apartamento de Pat McConnell, na 36 Sinclair Road. Enquanto a festa rolava, Brian May começou a tocar violão. Em pouco tempo, acabou virando um show acústico improvisado do Smile, mas agora, em vez de gritar sugestões, Freddie simplesmente se juntou à cantoria. Mike Bersin, o guitarrista e vocalista do Ibex, sabia de suas limitações como vocalista principal e percebeu que Freddie Bulsara poderia ser a pessoa que eles estavam procurando. O empresário da banda, Testi, concordou: "O Ibex não iria a lugar algum rapidamente. Mas a banda tinha tanto talento, e isso não passou despercebido por Freddie".[6]

Uma noite, depois que as bandas se encontraram de novo em um pub local, Freddie deu uma sugestão a Mike Bersin: "O que vocês precisam é de um cantor". Testi sabia muito bem que Freddie estava decidido a se juntar ao Smile, "mas isso não iria acontecer, por isso ele voltou as atenções para o Ibex".[7]

Logo depois, Freddie Bulsara fez o teste para o Ibex e foi rapidamente aceito na banda como vocalista. "Quando conseguimos o Freddie, ainda éramos uma pedra bruta, mas mostramos muito potencial", lembra o baterista Mick "Miffer" Smith.[8] A mistura de três garotos do Norte, vindos da classe trabalhadora, com um dândi de Londres, criado em Zanzibar, era uma combinação estranha, mas Freddie enfim estava liderando uma banda. No entanto, como ele logo percebeu, o empresário de dezessete anos do Ibex não estava tendo sorte em encontrar oportunidades para a banda fazer shows em Londres. Por fim, Testi conseguiu marcar dois shows em Bolton, e a primeira dessas apresentações, um almoço no Octagon Theatre em 23 de agosto, foi o primeiro show do Ibex com Freddie Bulsara como vocalista principal.

Ken Testi lembra mais da encenação de Freddie naquele primeiro show do que de sua performance vocal: "Freddie era tímido fora do palco, mas ele sabia como liderar um show. Era o jeito que ele tinha de expressar esse lado de sua personalidade. Tudo que aconteceria no palco mais tarde no Queen, ele estava fazendo com o Ibex em seu primeiro show: marchando de uma extremidade à outra do palco, da esquerda para a direita e vice-versa. Pisava com força. Ele trouxe dinâmica, frescor e presença para a banda, tudo que faltava antes".[9]

Após o segundo show, no dia seguinte, em um festival ao ar livre no Queen's Park de Bolton, o Ibex só foi se apresentar ao vivo de novo em 9 de setembro, em Liverpool. Nesse meio-tempo, eles ensaiavam sempre que possível, praticando as canções de Rod Stewart, do Yes e dos Beatles. A maioria desses ensaios acontecia em Londres, e Freddie já havia se mudado da casa dos pais em Feltham e estava morando em um apartamento na Ferry Road, em Barnes. Mas ele não ficava sozinho lá; a maioria dos membros do Smile e do Ibex também acabava capotando em qualquer quarto disponível, e os instrumentos e equipamentos musicais ocupavam o espaço livre que restasse. No quarto da frente havia três camas de solteiro, e uma delas era onde Freddie dormia, junto a qualquer combinação de pessoas que por acaso estivessem ocupando as outras duas.

Denise Craddock era aluna do Maria Assumpta Teacher Training College, assim como Pat McConnell, e as duas dividiam moradia também. Ela se lembra dos esquemas em Ferry Road: "As pessoas só dormiam na sala de estar. Havia sofás e almofadas, e outras coisas que poderiam ser arrumadas. Acho que custava vinte e cinco libras por mês, o que parece nada agora, mas, como éramos estudantes, tínhamos dificuldade para juntar dinheiro, não éramos ricos. Freddie, principalmente, estava passando aperto. Ele tinha pouquíssimas roupas e os sapatos eram furados".[10]

Freddie aceitou algumas comissões como artista gráfico para ganhar qualquer dinheiro que aparecesse, mas ainda tinha a ideia fixa de ter a música como profissão. No dia 9 de setembro, o Ibex fez seu show seguinte, novamente no noroeste. A performance foi no The Sink, um porão em Liverpool, e passaria despercebida se não fosse pelo fato de que, durante o bis, o Ibex recebeu no palco dois membros da plateia: Brian May e Roger Taylor, que estavam em Liverpool se apresentando com o Smile em outro local.

A essa altura, a performance de Freddie no palco já tinha melhorado muito, e ele já havia adotado um instrumento que mais tarde se tornaria uma de suas marcas no Queen. "A técnica dele com o microfone, essa coisa de usar o meio pedestal para o microfone, acho que vem desde o Ibex", lembra o baixista John Taylor. "Naquela época, estamos falando de 1968, 1969, os equipamentos não eram muito bons ou profissionais, e acho que ele estava apenas girando o pedestal quando a parte de baixo caiu, e ele não conseguiu colocá-la de volta. Ninguém tinha produtor, bem, nós não tínhamos, então ninguém foi correndo para ajudar a encaixar o microfone, e ele estava apenas andando alegre e confiante e aproveitou a situação ao máximo".[11]

Sem apresentações agendadas em Londres, Freddie e outros membros da banda estavam se cansando das constantes viagens de ida e volta para Liverpool, no norte da Inglaterra. Para Freddie, Londres era onde ele deveria estar, embora tivesse pouco dinheiro e a vida em Ferry Road se resumisse a pular de cama em cama em uma casa repleta de maconha.

Enquanto o Smile se dedicava a fazer o máximo de apresentações possível, Freddie estava começando a planejar o próximo passo. Ele achava que mudar o nome da banda Ibex poderia resultar em mais sucesso. Uma noite, telefonou para o guitarrista Mike Berson, que tinha ficado em Liverpool, e sugeriu que a banda passasse a se chamar Wreckage. O restante do grupo concordou, mas nem todos apareceram no primeiro show do Wreckage na Ealing em 31 de outubro de 1969. O baterista Mike "Miffer" Smith havia deixado a banda. A decisão de Smith de deixar o Wreckage irritou Freddie. Ele escreveu uma carta para a amiga Celine Daley em 26 de outubro, na qual criticou Smith: "Miffer não está mais conosco porque o desgraçado se levantou numa manhã dizendo que seria leiteiro em Widnes". A carta continua: "O idiota do Miffer disse a todos aqui que eu tinha me transformado em uma verdadeira bicha".[12] Certamente, outros membros do Ibex estavam zombando do fato de Freddie ser afetado. "O apelido de Fred... dentro da banda, ele era bastante afeminado e todos caçoávamos dele à beça. Nós costumávamos chamá-lo de '*the old queen*' (a velha rainha)".[13]

Se Freddie sabia ou não como os colegas de banda se referiam a ele pelas costas, o fato é que, quase com certeza, ele estava lutando com a própria sexualidade naquele momento. Seu jeito dândi e afeminado eram óbvios, mas, para disfarçar, em 1969, ele começou a namorar uma de suas antigas colegas de classe da Ealing, Rosemary Pearson. Ela se sentiu atraída por ele na primeira vez que o viu – e ele, por ela. "Ele não teve tanto trabalho. No estúdio, ele cantava o tempo todo. Era carismático, vestia-se de forma escandalosa – às vezes usava short, sem camisa e um casaco de pele – e estava determinado a ser cantor. Era um palhaço, era muito divertido estar com ele. Freddie também foi a única pessoa verdadeiramente destemida que eu já conheci".[14]

Eles passariam cada vez mais tempo juntos; ela o levava para as galerias de artes de Londres, e ele a apresentava a diferentes tipos de música. "Ele sempre se comportou como se estivesse na frente de uma plateia, mesmo se estivesse só comigo. Os gestos eram teatrais, e muitas vezes começava a cantar de forma constrangedora na rua. Sim, ele gostava de ser o centro das atenções, mas às vezes sentia remorso por isso e sempre estava genuinamente interessado em mim e no meu trabalho", lembra ela.[15]

Ela o acompanhava às compras na Portobello Road, eles iam a festas juntos, e logo o relacionamento deles engatou. "Estávamos em um restaurante de mãos dadas e nos beijando. Depois estávamos de volta ao apartamento dele em Barnes. Não era como se um romântico estivesse me arrebatando. Eu andava falando sobre ir para Moscou sozinha, então iríamos ficar distantes, e estávamos nos sentindo realmente atraídos um pelo outro, íntimos e à vontade. Ele adorava ser carinhoso, sempre abraçava, beijava e gostava de ficar agarrado. Não era como se ele de repente forçasse algo, porque não éramos assim de forma alguma", lembra ela.[16]

Quando eles se conheceram, Rosemary não tinha ideia de que Freddie poderia ser gay, mas, como o relacionamento deles se tornou cada vez mais próximo, ela começou a perceber que Freddie mostrava um interesse cada vez maior pelo círculo de amigos gays dela, que incluía o cineasta Derek Jarman e o artista David Hockney. Rosemary era a única mulher convidada para os jantares, e Freddie a amolava para apresentá-lo ao círculo. Ela começou a ficar confusa, especialmente quando Freddie expressou desejo de explorar relacionamentos gays. "Eu sentia que, se ele conhecesse essas pessoas, seria o fim. Elas o tirariam de mim, e eu seria excluída".[17]

Relutante, Rosemary decidiu terminar o relacionamento em 1970, depois de ficarem um ano juntos. "Foi terrível. Ele me pedia para não o deixar e disse que não entendia. Eu sabia que não iria suportar ser só amiga dele, ouvindo sobre os outros relacionamentos. Então, tinha que terminar ali".[18] Olhando para trás, trinta e cinco anos depois, ela disse: "Ele era um amante muito ardente, fiel, dedicado a mim, embora não morássemos juntos. Não era como se tivéssemos acabado de nos conhecer, e era um sexo de pessoas loucamente apaixonadas, uma intimidade muito boa. Não acho que eu poderia dizer que estava perdidamente apaixonada por ele. Nunca fomos a pessoa certa um para o outro".[19]

O relacionamento de Freddie não era a única parte de sua vida que terminara naquele momento. Depois de fazer apenas dez shows, o Wreckage chegou ao fim logo antes do Natal de 1969. Freddie fez testes para algumas outras bandas e acabou se juntando ao Sour Milk Sea depois de ver um anúncio na *Melody Maker*. "Freddie fez o teste conosco em um clube juvenil na cripta de uma igreja em Dorking", lembra o baterista Rob Tyrell. "Todos nós ficamos impressionados. Ele estava muito confiante. Não acho que tenha sido uma grande surpresa para ele quando lhe oferecemos o trabalho". O guitarrista base Jeremy Gallop concorda: "Ele tinha um carisma imenso, e foi por isso que o escolhemos".[20] O guitarrista Chris Chesney também se recorda do teste: "Lembro que Freddie era muito enérgico e se movimentava bastante nos testes, vindo em minha direção e apontando o microfone para mim durante solos de guitarra. Ele era tão impressionante. Houve uma *vibe* imediata. Ele tinha um ótimo alcance vocal. Cantava em falsete; ninguém mais tinha a coragem de fazer isso".[21]

Quando foi aceito na banda, Freddie fez vários shows em Londres e arredores, mas logo seu desejo por criatividade e controle se tornou excessivo para os outros membros. Chesney lembra: "Quando Freddie entrou, a banda perdeu o foco. A coesão entre nós quatro diminuiu de maneira significativa. Musicalmente, éramos muito pastorais para o gosto de Freddie; ele tinha um *background* diferente. Ele gostava muito do Led Zeppelin. Eu achava que os atritos musicais eram muito empolgantes. Passamos a ter uma base *unblues*, enquanto antes estávamos presos ao modelo R&B".[22]

Jeremy Gallop também recorda a dinâmica da época: "De forma muito rápida, Freddie queria mudar a gente. Eu me lembro de ele tentar nos fazer aprender a tocar 'Lover'. Ainda me recordo como foi. Estávamos todos pensando – especialmente eu – 'Caramba, esse não é o caminho que queremos seguir!' Se pudéssemos reviver tudo de novo... mas Freddie era um homem muito doce. Ele era um mediador muito bom. Chris e eu costumávamos discutir muito. Eu sempre brigava com o baixista – e levava porrada dele – e Fred era quem acalmava a situação com diplomacia. No palco, Freddie assumia uma personalidade diferente – era tão elétrico quanto foi depois na vida adulta. Fora dali, ele era bastante calmo. Sempre me lembrarei dele sendo estranhamente quieto e bem-educado. Extremamente bem-educado, na verdade. Minha mãe gostava dele".[23]

O baterista Rob Tyrell, apesar de gostar de Freddie, sentia que o cantor tinha outro objetivo com o Sour Milk Sea. "Nós gostávamos de Freddie", admite. "Ele era divertido, mas, de certa forma, estava maquinando algo. Ele tinha um plano por trás. Eu tinha certeza de que ele não estava realmente interessado na gente. Ele sabia que era bom. E nos usou como uma espécie de trampolim".

Na primavera de 1970, o Sour Milk Sea se separou, e Freddie se viu, mais uma vez, sem banda. Em pouco mais de sete meses, ele passara por Ibex, Wreckage e Sour Milk Sea.

Enquanto isso, o Smile também estava passando por um momento difícil. O single americano desapareceu sem deixar rastro. Em seguida, a banda fez um show no Marquee Club, em Londres, em dezembro de 1969, que não causou alvoroço, e acabou sendo abandonada pela Mercury Records. Para piorar a situação, o baixista e vocalista Tim Staffell encheu o saco e deixou a banda. De repente, Brian May e Roger Taylor ficaram sem grupo. "Nós nos perguntamos se deveríamos desistir", lembra May, antes de acrescentar: "Mas aí o jovem Freddie Bulsara entrou em cena".[24]

Freddie esteve rondando o Smile por alguns anos e assistia com inveja enquanto a banda flertava com o sucesso. Agora, de repente, ele se viu sem banda, e o Smile se viu sem cantor. Como May lembra: "Freddie esteve sempre lá, ele sempre dizia: 'Bom, eu vou cantar, nós podemos fazer isso, sabe, juntar a banda assim, etc, etc, e podemos fazer isso, isso, isso e aquilo', e nós meio que fomos gradualmente dizendo bom, tudo bem".[25]

Freddie aproveitou a chance de ser o vocalista da banda e, no início de 1970, embora ainda se chamasse Smile, três do quarteto que viria a ser o Queen estavam prestes a subir ao palco pela primeira vez. A jornada de Freddie ao estrelato do rock'n'roll havia começado para valer e bem.

"Foi perfeito", diz um gracioso Tim Staffell. "Freddie queria fazer o tipo de coisa teatral que o Smile estava inclinado a fazer, e eu fui me sentindo desconfortável com isso e me afastei. Fiz o certo. Fico feliz por ter saído do caminho porque, se não o tivesse feito, o mundo não teria tido o Queen".[26]

# - 8 -

No começo de 1970, Freddie tinha vinte e três anos e, após unir forças com Roger Taylor e Brian May na banda Smile, estava prestes a dar mais um passo na busca por sucesso musical. No entanto, independentemente das convicções que tivesse sobre seu talento como cantor e compositor, a angústia em relação à própria sexualidade o deixava confuso, cheio de preocupações e dúvidas.

O relacionamento com Rosemary Pearson havia esfriado desde que ela soube dos sentimentos ambíguos e andróginos dele. Por mais que nos meses seguintes Freddie fosse iniciar um relacionamento com outra mulher, Mary Austin, ele estava com dificuldade de se entender como hétero, gay ou bissexual. E não estava sozinho nisso: apesar de a descriminalização da homossexualidade ter ocorrido três anos antes no Reino Unido, nenhum homem gay estava livre de enfrentar hostilidade, violência e até a prisão. Foi um momento particularmente difícil para alguém como Freddie, um jovem criado com valores e costumes que não apenas refletiam a Ásia colonial, mas também a rigidez da religião parse de seus pais, uma fé que via a homossexualidade como uma forma de adoração do Diabo. Como consequência, pela influência da geração anterior e da comunidade religiosa parse, ele havia interiorizado a baixa autoestima e um sentimento de vergonha associados à homossexualidade. Afinal, Freddie era cria da década de 1950, na qual muitos acreditavam que a noção de homossexualidade era uma doença mental.

Entre 1945 e 1955, o número de processos por comportamento homossexual no Reino Unido cresceu de oitocentos para dois mil e quinhentos ao ano, sendo que mil desses casos envolviam pena de prisão. Em 1955, 30% dos acusados acabaram indo para a cadeia – ao que parece, o sistema não detectava a ironia em encarcerar homens homossexuais em instituições exclusivamente masculinas.

Na década de 1950, o número de homens homossexuais presos aumentou devido à política mais rigorosa do Ministério do Interior para processar os infratores, que também estava ligada à paranoia da Guerra Fria. Os homens gays sabiam que, se relatassem um crime, a denúncia seria ignorada caso a polícia suspeitasse que eram homossexuais, e a atenção se voltaria sobretudo para a questão da homossexualidade *deles*. Uma das vítimas mais conhecidas de um incidente desse tipo foi o matemático Alan Turing, decodificador da máquina Enigma. Ele chamou a polícia para reportar uma invasão, mas acabou condenado por atentado violento ao pudor em 1952, desencadeando, assim, uma série de acontecimentos que levou ao seu suposto suicídio, em 1954.

Quem não ia para a cadeia muitas vezes era "encorajado" a se submeter à "terapia de aversão" – o novo brinquedinho da psiquiatria dos anos 1950. Esse tratamento brutal, no qual o "paciente" via imagens de homens nus e recebia uma sequência de choques elétricos ou drogas como a apomorfina para induzir o vômito, pretendia afastá-lo da homossexualidade para sempre. Para confirmar a "cura", por fim eram exibidas imagens de mulheres nuas ou filmes de colônias nudistas para lhes proporcionar o alívio da dor. A terapia de aversão continuou a ser realizada nos anos 1960, e ao longo dessa década a homossexualidade não somente era criminalizada, mas também classificada como doença mental.

É quase impossível imaginar o quanto a homofobia estava presente na atmosfera social como um todo em 1964, ano em que Freddie Bulsara chegou ao Reino Unido. Onde quer que ele procurasse, não havia referências de gays assumidos nem grupos de apoio. No entanto, os jovens da década de 1960 que o cercavam tinham aderido ao chamado "Verão do Amor" e, nos EUA, no Reino Unido e na Europa, aproveitaram a oportunidade para se livrar não apenas das roupas, mas também dos valores sociais conservadores incutidos pelo ambiente social do pós-guerra vivido por seus pais. A juventude usufruía desse momento para experimentar livremente as drogas e o sexo. Para muitos, a segunda metade dos anos 1960 foram tempos de despertar e de experimentações sexuais, mas essa demonstração de liberdade sexual não se estendia à maioria dos homens homossexuais, então vistos como prova da degradação moral. Com isso, muitos ocultavam a homossexualidade para tentar ter uma vida heterossexual "normal".

Entretanto, em 1967, um projeto de lei para legalizar parcialmente os atos homossexuais foi aprovado na Câmara dos Comuns. Isso ocorreu após uma década de duras campanhas desde a divulgação do relatório de Sir John Wolfenden, de 1957, o qual afirmava que a homossexualidade não deveria ser classificada como crime e que a sociedade e a lei deveriam respeitar "a liberdade individual de ação em assuntos relacionados à moral privada". Para que o projeto chegasse a esse estágio, houve um debate longo e arrastado, e inúmeras concessões foram feitas. Portanto, todos que esperavam a igualdade de direitos entre heterossexuais e homossexuais ficaram decepcionados: o projeto de lei ficou bem longe de alcançar isso. Quem esperava o fim das prisões ficou igualmente desapontado. Entre 1967 e 2003, cerca de trinta mil homens gays e bissexuais foram condenados por comportamento indecente, o que incluía dar as mãos na rua ou beijar em público. E o projeto de lei só descriminalizou a homossexualidade em ambientes privados, em casos envolvendo dois homens com mais de vinte e um anos. Ou seja, quem demonstrasse ser gay abertamente, em público, ainda corria o risco de ser condenado à prisão. Em ambientes fechados, homens gays podiam se expressar e ter orgulho, mas do lado de fora continuavam sendo banidos, criminalizados e em geral vistos como pessoas doentes. De fato, a prática homossexual permanecia ilegal, a não ser que acontecesse entre quatro paredes e com apenas um homem.

Naqueles tempos, era quase insuportável para muitos a vergonha de ser homossexual – vergonha, esse sentimento que devora a alma. Ser gay desapontava a todos, trazia vergonha para as famílias e suas crenças. Quem nasceu depois de 1980 talvez tenha dificuldade de compreender o que essa situação significava, embora anos mais tarde o estigma de ser HIV positivo e de ter Aids tenha se aproximado disso.

Do outro lado do oceano, os americanos notaram o que acontecia na Inglaterra e no País de Gales (a Escócia e a Irlanda do Norte só descriminalizariam os atos homossexuais privados em 1980 e 1982, respectivamente). Em 1969, os protestos de Stonewall em Nova York desencadearam o movimento moderno pelos direitos dos gays nos Estados Unidos. Um ano depois, aconteceu a primeira Parada do Dia da Libertação Gay, em Nova York; a primeira parada LGBT (lésbicas, gays, bissexuais e transgêneros), anunciada como "Parada do Poder Gay", em Los Angeles; e o primeiro grande encontro gay de São Francisco. Durante esse período, também foi publicada nos EUA a primeira matéria de capa que mostrava gays e lésbicas. A reportagem, publicada na revista *Time*, em 1969, afirmava que, "embora pareçam bastante bizarros para a maioria dos americanos, os homossexuais nunca tiveram tanta visibilidade e voz ou foram tão minuciosamente examinados pela pesquisa". Foi um período de mudanças notáveis para gays e lésbicas nos EUA, que se estendeu até o início dos anos 1970 e deu mais visibilidade para o movimento gay. Como Rebecca J. Rosen escreveu: "A garrafa pesada que continha toda uma cultura foi aberta em 1969; em alguns anos, ela estaria estilhaçada em mil pedaços".[1]

Na Inglaterra e no País de Gales, mesmo com a criação da Frente da Libertação Gay na London School of Economics, em 1970, o movimento tinha dificuldades para acompanhar o ritmo da mudança que ocorria nos Estados Unidos. O *slogan* da Frente da Libertação era "Gay é bom", mas o preconceito continuava presente nas ruas da Grã-Bretanha. Em 1971, com o apoio de Cliff Richard, Mary Whitehouse e Malcolm Muggeridge, cristãos anglicanos realizaram o Festival Nacional da Luz. Eles estavam ávidos por demonstrar a crescente preocupação com o florescimento de uma sociedade permissiva no Reino Unido, e um dos principais motivos de angústia era como a homossexualidade poderia influenciar e corromper as pessoas.

Para Freddie Bulsara, e outros inúmeros homens gays, a impressão era a de que, apesar da aprovação do projeto de lei, eles nunca poderiam realmente se assumir. Para um aspirante excêntrico a estrela do rock como Freddie, que ansiava pelo sucesso e tinha uma ambição ardente de provar seu valor, isso deve ter sido uma tortura interna. Afinal de contas, suas principais paixões eram a ópera, a moda, o balé e a arte.

Essa foi uma das razões pelas quais Freddie raramente falava com clareza sobre a própria sexualidade. Com jornalistas mais curiosos, ele fez comentários espirituosos, soltou frases de duplo sentido e usou uma linguagem cifrada, mas também sabia que, apesar da mudança na lei, a homossexualidade continuava sendo um tabu – o que não mudaria nas duas décadas seguintes. Assim, como outras pessoas que mascaram seu verdadeiro eu, Freddie navegava certos círculos sociais usando a ambiguidade como uma forma de proteção para evitar ser descoberto e sofrer discriminação. Ele percebeu que o próprio *showbiz* como tal o preservaria do escrutínio, como ocorrera décadas antes com artistas como Noël Coward, Ivor Novello, Dusty Springfield e Timi Yuro. E talvez tenha sido isso que Freddie fez nos anos 1970: agiu como um gay da década de 1950, soltando a franga a portas fechadas, sem perturbar o *status quo*, o sistema. Embora os tempos estivessem mudando, ele ainda não estava confiante o suficiente em relação à própria sexualidade para se assumir e não podia correr o risco. Essa decisão ficaria para outro dia, para outra vida.

Em 1972, na primeira parada britânica do Orgulho Gay, em Londres, cerca de setecentos participantes marcharam da Trafalgar Square até o Hyde Park. Além da curiosidade e perplexidade dos moradores, os manifestantes enfrentaram intimidações, hostilidade e a presença agressiva da polícia. Ao chegarem ao Hyde Park, divertiram-se com comidas, bebidas, maconha, música e versões exageradas dos jogos típicos de festa, como verdade ou consequência e chicotinho queimado. Aconteceu ainda um beijaço entre pessoas do mesmo sexo, que, dependendo das circunstâncias, ainda poderia ser um ato ilegal em 1972. Mas, como lembra um dos participantes, o ativista dos direitos gays Peter Tatchell, "a Polícia Metropolitana covarde teria nos detido se fôssemos casais gays se beijando isolados, mas não ousaram deter setecentos de nós".[2]

Esse mesmo ano testemunhou ainda o lançamento da *Cosmopolitan*, uma revista voltada para a nova geração de jovens mulheres que trabalhavam fora e eram ambiciosas. A publicação repensava os homens como "seres humanos vulneráveis, dependentes e emotivos", que também tinham pavor de serem julgados somente pelo desempenho sexual. A briga iria começar, à medida que questionamentos ao modelo tradicional de homem ganhavam evidência. A aprovação da Lei da Igualdade Salarial, em 1970, se somou à Lei do Aborto, de 1967, e ajudou as mulheres a conquistarem mais igualdade e se tornarem mais independentes dos homens. O conceito do macho provedor e chefe de família estava sendo contestado como um todo, o que gerou uma inevitável sensação de insegurança e incerteza entre os homens, tanto no ambiente de trabalho quanto em seus relacionamentos. Nessa época, os sentimentos de insegurança do homem britânico foram agravados pelo fato de que a indústria local estava em declínio, o que gerou uma crise da masculinidade, conforme ruía o domínio do homem na sociedade.

Enquanto as gerações mais jovens adotaram essas atitudes, as mais velhas, tanto dos anos anteriores quanto dos anos posteriores à Segunda Guerra Mundial, sofreram para se adaptar às novidades da década de 1970. Mas as coisas estavam mudando. Atitudes pré-históricas de homens que não lavavam a louça nem faziam tarefas domésticas eram cada vez menos aceitáveis entre a geração mais nova de jovens casais. Nos primeiros anos da década, tornou-se mais comum homens da nova geração passarem tempo com a família e ajudarem em casa, fosse fazendo jardinagem, bricolagem ou acompanhando as mulheres às compras. Essa transformação foi representada com perfeição em *sitcoms* da época, como *Man About the House*.

Ao mesmo tempo, a moda masculina passou por uma tremenda revolução, e entraram em voga colarinhos avantajados, tecido poliéster, calças boca de sino, camisetas coladas na pele e permanentes meticulosos. Chapéus saíram de moda, já pelos faciais e medalhões de ouro estavam muito em alta. A publicidade reconheceu as mudanças de comportamento e exibiu jovens bonitos e musculosos, confiantes e orgulhosos, em calças de cintura alta, camisas florais e blusas de tricô, enquanto os comerciais usavam as celebridades para anunciar loções pós-barba de perfume forte, da colônia Denim para "*o homem que não precisou se esforçar muito*" à loção pós-barba Brut para "*passar à vontade*".

Para a sorte de Freddie, à medida que os estilos se diversificavam, foram a cultura popular e, em especial, o mundo da música, do cinema e do teatro que ousaram experimentar até onde seria possível desafiar os limites. E esse era o mundo de Freddie. A salvação veio em 1972, na forma do filme *Cabaret* (baseado no romance de Christopher Isherwood publicado em 1939, *Adeus a Berlim*). Ao chegar às telas de cinema no mundo todo, *Cabaret* quebraria "a fama dos filmes musicais de serem muito água com açúcar, com sua ousada abordagem sobre o antissemitismo, o nazismo, o aborto e inclusive a homossexualidade reprimida".[3] Ambientada na Berlim de 1931, a produção faz uma crônica sobre o hedonismo prevalente durante o declínio da República de Weimar e a ascensão do Partido Nazista, ao enfocar o relacionamento entre Sally Bowles, uma aspirante a atriz, e Brian Roberts, um professor de inglês de classe média alta. Sally logo descobre que, embora Brian ame o jeito de ser dela, ele está realmente apaixonado pelo porte físico de Maximilian von Huene. O problema é que ela também está! As histórias por trás desses personagens e seus conflitos de relacionamento ajudaram a tornar *Cabaret* um sucesso de bilheteria, mas foram o visual, as performances, a trilha sonora, a coreografia e o design inovadores que lhe proporcionaram oito Oscars. Sobretudo, *Cabaret* foi uma das primeiras películas comerciais a celebrar a homossexualidade. Era um filme que Freddie adorava. "Gosto dessa coisa do cabaré", afirmou em uma entrevista de 1977. "Aliás, uma das minhas primeiras inspirações veio de *Cabaret*. Eu simplesmente adoro a Liza Minnelli, ela é de deixar a gente de queixo caído. A maneira como interpreta as músicas, aquela energia contagiante. O jeito com que a iluminação aprimora cada movimento do show".[4]

*Cabaret* continuaria a ter um efeito profundo em Freddie, primeiro na juventude, quando estava descobrindo e se sentindo atraído pela temática da homossexualidade. E, como assistiu ao filme repetidas vezes na vida adulta, passou a notar e dar importância a outros temas que ele trazia: a futilidade dos sonhos ilusórios, a decadência, a solidão, a mortalidade e o lugar central da verdade. Era um musical clássico de Hollywood, baseado nas tradições do teatro e da literatura, duas esferas que seduziam Freddie, das quais ele já sentia que fazia parte. O filme alterna entre naturalismo e não naturalismo e recorre a uma grande variedade de influências musicais – cada uma delas, por sua vez, chamava a atenção de Freddie, por conta da sua vasta gama de interesses e da sua curiosidade cultural inata. Dados o clima de decadência do filme, a ampla cena cultural retratada, as questões relativas à orientação sexual e o fato de *Cabaret* não só nos permitir compartilhar a vida dos personagens principais, mas também nos colocar na plateia, é fácil perceber hoje o quanto a película influenciou Freddie em diversos aspectos. Ao mesmo tempo, deu-lhe a confiança de que deveria aceitar quem ele era naquele momento e ficar à vontade com as decisões que estava tomando sobre si mesmo, seu presente e seu futuro.

Pouco mais de um ano depois, para a alegria maior de Freddie, *The Rocky Horror Show* aterrissou em Londres, trazendo referências do travestismo (era só mais um exemplo da longa tradição de garotos interpretando garotas, que remete às peças de Shakespeare, passando por homens interpretando mulheres na pantomima inglesa, até a posterior androginia dos roqueiros britânicos do estilo glam rock, da qual em breve Freddie Mercury seria um dos representantes). No musical, Freddie se identificava com a condenação implícita de Rocky ao puritanismo sexual e à hipocrisia, algo que faz esse espetáculo ser relevante ainda hoje.

*The Rocky Horror Show* foi uma revelação quando estreou. Homens e mulheres gays experimentavam pela primeira vez um grau mínimo de genuína liberdade sexual. Enfim podiam se encontrar em público, namorar abertamente (comparado às décadas anteriores) e passar a se ver representados de maneira positiva em filmes e livros, como pessoas atraentes, sexuais e sensuais. *Cabaret* e *The Rocky Horror Show* estão entre as primeiras obras a retratar homens e mulheres gays como pessoas bonitas e sedutoras, de visual deslumbrante. Com toda essa visibilidade súbita, não existia mais a obrigação de esconder a identidade sexual e viver no armário, embora muitos ainda o fizessem, ou tivessem de fazer, como foi o caso de Freddie pelo resto da vida. De todo modo, assim como muitos outros artistas criativos, Freddie seria levado pelos novos ares de mudanças em potencial e, se ousarmos pensar lá na frente, talvez até mesmo de aceitação. A reação deles a essa liberdade, é claro, foi a de enlouquecer.

Nas décadas seguintes, *The Rocky Horror Show* iria adquirir um significado novo e distinto, pungente e triste, mas isso ainda estava por vir. Em 1973, quem poderia ter adivinhado o futuro e qual seria o preço da liberdade sexual?

Em paralelo a esses acontecimentos no cinema e no teatro, a música pop, com o surgimento do glam rock, também adotou a androginia. Os primeiros traços culturais do glam rock ganharam destaque em 1971, com T. Rex e seu single "Bang A Gong (Get It On)", mas, na verdade, isso já vinha sendo cultivado nas performances e na personalidade de Mick Jagger ao longo da segunda metade dos anos 1960, em suas aparições em vídeo vestido de enfermeira ou de Oscar Wilde, além das letras compostas por ele (há comentários de que "Honky Tonk Women" é sobre uma drag queen). Ao somarmos a isso o visual incomum, que ele manteve inclusive ao atuar em filmes como *Performance*, de 1970, de Nicolas Roeg, é fácil entender por que Steven Simels escreveu sobre Jagger: "O corpo requebra descarnado, os lábios são de uma lascívia impressionante – tanto que, quando está no palco, nada se parece mais com ele do que um misto estranho de ambos os órgãos sexuais humanos".[5]

De repente, no início dos anos 1970, graças a ícones culturais como Mick Jagger, a androginia não só era aceita, como começava a ser estimulada. Setenta e cinco anos antes, no fim da década de 1890, o próprio termo "andrógino" designava um tipo de homem homossexual que por vezes se referia a si mesmo como um "imitador de mulheres". Agora isso tinha voltado à moda. Conforme escreve Marjorie Garber: "As décadas de 1960 e 1970, como a de 1890 de Oscar Wilde e Aubrey Beardsley, demonstraram uma vez mais que a androginia – ao menos a androginia 'ruim', a androginia do *bad boy* e da *bad girl* – poderia ser sexy. Foi emocionante, em parte porque violava as certezas dos pais sobre os gêneros e os papéis a serem desempenhados por cada um, mas também porque ler – interpretar os sinais – é sempre emocionante. Em outras palavras, foi emocionante porque era incerto. Significava um risco".[6]

Essa androginia, mais o pensamento do artista Andy Warhol de que qualquer um poderia ser uma estrela se tivesse a aparência necessária, marcou o início da nova moda do glam rock, e isso, por sua vez, atraiu Freddie. Todas as estradas atravessando décadas de mudanças sociais e culturais nos conduziram até aqui.

No Reino Unido, a primeira versão clássica do glam rock surgiu de várias tendências musicais distintas: em especial, o amor pelo rock'n'roll retrô de três acordes dos anos 1950, a androginia generalizada que foi desencadeada pelas guerras culturais da época e a mídia e a tecnologia daqueles tempos e dos anos seguintes. Aconteceu o lançamento da televisão em cores. O pop dos anos 1960 era em preto e branco, mas explodiu com todas as cores nos lares britânicos na década de 1970, quando se tornou possível alugar um aparelho de TV que exibia as novas transmissões. De repente, o pop ficou colorido, resplandecente e glamoroso. Ao brilhar como gênero musical entre 1972 e 1975, o típico glam rock do Reino Unido era, portanto, um som alto, marcante, simples e extravagante, com longos riffs de guitarra e versos repetidos. A música glam típica da época também apresentava batidas tribais pesadas (algumas vezes, dois bateristas tocavam em uma faixa) e um vocal principal que, no mínimo, borrava algumas distinções de gênero. Isso se encaixava como uma luva nas ideias que Freddie vinha formulando ao longo da adolescência, todos aqueles rascunhos de letras e conceitos musicais que rabiscou em seu quarto, sobre os quais a mãe fora advertida a deixar intactos onde estavam, debaixo do travesseiro dele.

Então, em 1972, em meio à ascensão do glam rock, David Bowie criou a persona Ziggy Stardust e, na mesma hora, tornou-se o assunto do mundo do rock. Ninguém parecia se importar ou perceber as conotações homossexuais explícitas. Bowie foi uma personalidade cultural definidora do início dos anos 1970, não apenas pela sexualidade difusa, mas porque sua ênfase na imagem, na teatralidade e no pastiche, bem como no narcisismo de sua persona de palco, era característica da época. Ele definiu um estilo próprio com cores e roupas excêntricas, e Freddie pode ter achado que, de repente, tudo passara a ser possível. Philip Auslander discorre sobre as construções de gênero e as formações identitárias ao resumir o universo performativo do glam. Ele afirma: "A demanda pela liberdade de explorar e construir a identidade de um indivíduo, em termos de gênero, sexualidade ou qualquer outro, é o legado mais importante do glam rock".[7]

Para Freddie, o glam rock era um meio através do qual ele podia aludir à sua homossexualidade sem ter de se comprometer de forma direta ou declarar com todas as letras sua preferência por homens. Ele usou o Queen e outros trabalhos criativos como um espaço público de libertação, que se expressava em insinuações e alusões sexuais.

"Eu me lembro de ter dito em uma entrevista: 'Brinco com essa coisa do bissexual'. Claro que eu brinco com isso. É só uma questão de para onde meu estado de espírito vai me levar. Quando as pessoas me perguntam se sou gay, digo que cabe a elas descobrir", declarou Freddie.[8]

O cantor Marc Almond se lembra bem do período dos anos 1970, após Bowie e Marc Bolan, do T. Rex, encarnarem o glam rock e se esconderem atrás da androginia para ocultar ou insinuar preferências sexuais: "Depois de Bowie e Bolan, não havia mais problema em flertar com a androginia. Não me ocorreu na época que Freddie fosse realmente gay. Quando Bowie afirmou que era bissexual, nós sabíamos que, no fundo, era só encenação, fazia parte do choque de valores. Bowie tinha mulher e filho, assim como Marc Bolan. E Bolan também era cheio de afetação, esquisito, vaidoso, ainda por cima fazia beicinho e tinha um jeito de falar sussurrante. Eu gostava de imaginar que ele dormia com o tocador de bongô dele, Micky Finn, mas a gente sabia que ele não era gay de fato. Então, por que Freddie deveria ser gay?", comenta Almond.[9]

É de se imaginar que Freddie devia sentir algum grau de inveja de Bowie, cujo apetite heterossexual voraz lhe permitiu fingir que era gay com toda a segurança e garantia. Bowie, é claro, interrompeu a "encenação gay" em 1983, ano que coincidiu com o início da crise da Aids.

Mas, no mundo real, os fãs que foram influenciados por Bowie e saíram com cautela do armário encontraram com frequência hostilidade e violência.

"Olhando pra trás", diz Almond, "para Bowie e Bolan, foi fácil dizer que eram bissexuais porque, no fim das contas, podiam voltar à vida heterossexual deles. Os gays não podiam. Naquela época, alegar que eram bissexuais era um mecanismo de sobrevivência para os homens gays".[10]

Na maioria dos lugares, usar glitter e rímel era garantia de levar uma surra. Portanto, havia alguma dúvida de que, no cotidiano e no trabalho, homens e mulheres gays ainda se sentiam compelidos a esconder a homossexualidade? O risco era muito grande, não apenas para eles próprios e suas famílias, mas também em termos de carreira e oportunidades. Até estrelas como o patinador artístico no gelo e medalhista olímpico de ouro John Curry, que teve um longo relacionamento com o ator Alan Bates, permaneceu firme no armário. Os únicos gays de sucesso, embora nunca tenham de fato dito a palavra "gay" no *showbiz*, estavam na televisão: caricaturas dentro do padrão, figuras grotescas e palhaços. E não havia cantores ou músicos declaradamente gays. Ainda esperaríamos muitos anos para ver Tom Robinson fazendo parte do mainstream cultural e uma década ou mais para conhecer Jimmy Somerville e a banda Frankie Goes To Hollywood.

Assim, por enquanto, Freddie não tinha nenhuma intenção de se declarar gay, mesmo que no fundo se sentisse capaz de fazê-lo. E, infelizmente, é provável que estivesse certo em achar que isso teria estagnado sua carreira antes mesmo de ela começar. Além disso, no Queen, ele encontrou nos companheiros de banda heterossexuais mais uma cortina de fumaça conveniente para confundir as questões de sexualidade.

Um homem gay no armário fazendo o papel de um homem heterossexual líder de uma banda chamada Queen. O conjunto adotou a imagem e as atitudes de Freddie; ele se escondeu atrás do jeito normal e comum dos demais integrantes.

E, quando o Smile e Freddie começaram sua jornada, o público não suspeitou de nada.

# - 9 -

Em maio de 1970, Freddie Bulsara se tornou vocalista do Smile, e sua transformação começou. Era a posição que ele tinha desejado e aguardado desesperadamente e, afinal, ia substituir Tim Staffell, o homem que o apresentara ao grupo. Embora a ambição de Freddie fosse insaciável, não se tratava de um golpe de Estado – Staffell partira por vontade própria.

Com o novo cantor, o Smile começou a ensaiar em Londres, pra valer. "Tocamos juntos pela primeira vez em um auditório no Imperial College, e Roger levou um velho amigo dele, que tocava baixo", recorda Brian May. "Freddie chegou munido de ideias de músicas, e nós já tínhamos algumas nossas, então desde o começo produzimos somente material próprio e praticamente mais nada, com exceção de 'Jailhouse Rock' e 'Hey Big Spender', que incluímos por pura diversão".[1]

A banda também tinha um novo baixista, Mike Grose. "Eu os conheci na West Cromwell Road", lembra ele. "Estavam lá Roger, Brian e Freddie Mercury, que ainda era Freddie Bulsara na época, e todos nós nos cumprimentamos e foi isso. Supus que o nome da banda continuava sendo Smile, embora ninguém tenha entrado nesse assunto. Eles me explicaram que Freddie era membro da banda – que o tinham conhecido lá atrás e que, inclusive, já fazia tempo que ele queria entrar para o grupo. Eu gostava mais da voz do Tim do que da de Freddie. Tim era bom, muito bom mesmo. Freddie cantava muito grave. Quando atingia as notas altas, afastava o microfone da boca de um jeito que quase não dava para ouvi-lo. Mas

Brian falava bastante comigo sobre o Freddie, e acho que foi Brian quem realmente acreditou nele nessa fase".[2]

Grose se mudou para a Ferry Road, em Barnes, e, quando não tinha ensaio do Smile no Imperial College, os quatro integrantes da banda se reuniam na casa compartilhada para criar composições originais e aumentar o repertório ao vivo. "É claro que os compositores principais eram Freddie e Brian", lembra Grose. "Freddie simplesmente chegava, sentava no jardim, dizia o que queria e, por exemplo, cantava uma melodia. Ou ele vinha com uma letra, e a gente ia criando. Era simples assim. Uma vez ou outra, talvez ele tenha chegado com os acordes ou uns arranjos".[3]

Apesar de ser oficialmente um dos integrantes mais novos do Smile, por mais que já fosse do entorno do grupo havia alguns anos, Freddie queria desde o início impor sua visão à banda. "Ele tinha personalidade forte", diz Brian May. "Bem no começo, não enxergamos nele um grande cantor ou músico: era muito descontrolado e sem sofisticação. Só vimos alguém com uma convicção e um carisma impressionantes e gostamos dele".[4]

À medida que continuavam os ensaios no Imperial College e as sessões informais de composição no jardim em Barnes, começaram a surgir os elementos básicos do que se tornaria o repertório do Queen nos anos seguintes. "O que seria o primeiro single deles, 'Keep Yourself Alive', e também 'Seven Seas of Rhye' saíram dessas sessões", sugere Mike Grose. "Mesmo canções como 'Killer Queen', que vieram bem mais tarde, já estavam sendo esboçadas naqueles dias".[5]

Além da contribuição importante para as composições originais, Freddie também aproveitou as semanas anteriores ao show seguinte do Smile em Truro para percorrer o cenário da moda londrina e criar um visual para a banda. Ele ainda tinha a barraca no mercado de Kensington, em parceria com Roger, que havia interrompido os estudos de Odontologia, e considerava que criar o estilo da banda era um dever seu, como lembra Mike Grose: "Freddie e eu fomos comprar equipamentos para usar no palco – acho que foi na King's Road –, e ele me arranjou uma daquelas calças de veludo preto tão apertadas que eu mal conseguia andar!"[6]

Após o encerramento dos ensaios, quando Freddie já tinha montado algo que se assemelhava a um figurino de show, os quatro, junto aos roadies John Harris e Pete Edmunds, enfiaram os equipamentos na kombi de Mike e seguiram até a Cornualha para o primeiro show com a nova formação do Smile. O evento aconteceu na prefeitura de Truro, onde cabia um público de oitocentas pessoas. Porém, no máximo duzentas apareceram no dia 27 de junho de 1970 para assistir à primeira apresentação do Smile com o novo baixista Mike Grose e o cantor Freddie Bulsara.

Vestidos com os trajes recém-adquiridos, um figurino impressionante de seda preta composto por calças justíssimas de veludo preto, camisetas pretas e botas de salto alto grosso, adornados com anéis de prata, pulseiras e correntes no pescoço, os músicos do Smile abriram o show com "Stone Cold Crazy", uma canção que Freddie já havia tocado com uma de suas bandas anteriores, o Wreckage. Em uma entrevista em 1977, ele relembrou a música e o figurino: "Lá no começo, só vestíamos preto no palco. Bem ousado, meu bem. Depois, para dar uma variada, começamos a usar branco, que simplesmente foi ganhando cada vez mais espaço. 'Stone Cold Crazy' foi a primeira música que o Queen tocou no palco".[7]

Apesar dos ensaios, o show do Smile ficou longe da perfeição, como lembra Mike Grose: "Naquela noite, faltou aparar algumas arestas. Nós tínhamos praticado, mas tocar ao vivo é diferente de ensaiar em uma sala de aula da faculdade. Também ficamos um pouco perdidos quando um de nós lembrava do arranjo de um jeito diferente. Fizemos de tudo para esconder as gafes, mas digamos que ninguém achou que seríamos chamados de novo".[8]

A única crítica do show publicada em um jornal local compartilhou dessa opinião: "Quatro jovens rapazes com um visual muito peculiar, vestidos em seda e com um excesso de joias, fizeram uma barulheira grande o suficiente para acordar metade dos mortos na Cornualha".[9]

A mãe de Roger Taylor tinha organizado o show, e ele lembra que era um evento filantrópico, mas que ainda assim o Smile foi pago pelo trabalho: "Recebemos cinquenta libras, o que parecia uma bolada. Nós pensamos que estávamos ricos! Foi a primeira vez que Freddie se apresentou de fato conosco. Minha mãe ficou bastante chocada. E ele ainda não tinha a técnica que desenvolveu mais tarde. Parecia uma ovelha muito poderosa cantando!"[10]

Independentemente da reação ao primeiro show do Smile com a nova formação, Freddie estava cheio de adrenalina na viagem de volta para Londres e não parou de falar durante todo o caminho até em casa. "Freddie se dedicou muito a esse primeiro show", diz Mike Grose. "Lembro que ele pulou por todos os cantos, saltitando, um pouco como Mick Jagger – mas ao estilo de Freddie".[11]

O próximo show do Smile seria realizado no Imperial College, em Londres. Mas antes disso duas mudanças radicais ocorreram. A primeira foi no nome da banda. Mike Grose se lembra de uma conversa no jardim da Ferry Road, em Barnes. "Estávamos no jardim apenas aprendendo um número, e eles inventaram o nome Queen – foi uma ideia do Freddie, claro. Aí me perguntaram: 'O que você acha?' Sei que hoje parece ridículo, mas quarenta anos atrás era um tanto arriscado se chamar Queen. Eu disse: 'Bem, se não formos presos nem nada, pelo menos as pessoas se lembrarão de nós!'"[12]

Freddie já estava elaborando o nome havia um tempo e o mencionara de passagem para Sue e Pat Johnstone, duas irmãs da Cornualha que frequentavam a Ferry Road em 1970. "Pegávamos carona de volta para a Cornualha no começo da M4, e em uma dessas ocasiões Freddie nos acompanhou até o ponto de ônibus e disse: 'O que acham do nome Queen?'", conta Sue. "Nós achamos aquilo hilário, porque ele sempre foi muito afeminado. Apenas rimos e pensamos no mesmo instante na conotação gay, mas ele tentou torná-lo mais aceitável nos convencendo de que era 'majestoso'. Àquela altura, já havia começado a trabalhar no emblema e no logotipo. Pensou em todo o conceito desde o começo. Tinha muito tino para o marketing, e provavelmente foi isso que persuadiu os outros. E ele geralmente conseguia o que queria".[13]

"Foi uma ideia do Freddie", lembra Roger Taylor. "No começo, eu não gostei, e Brian também não, mas nos acostumamos. Pensávamos que, quando estivéssemos estabelecidos no mercado, nossa identidade seria mais a música, não o nome".[14]

"É só um nome, mas com certeza é muito majestoso, e a sonoridade é esplêndida", dizia Freddie. "É forte, bastante universal e imediato. Tinha um bom potencial em termos visuais e estava aberto a todo tipo de interpretação. Sem dúvida, eu estava ciente das conotações gays, mas essa era apenas uma de suas facetas".[15]

O Smile deixou de existir. A partir de então, a banda seria conhecida como Queen.

A segunda mudança que ocorreu antes do próximo show da banda também foi uma troca de nome – o de Freddie Bulsara. No verão de 1970, Freddie Bulsara, o garoto tímido de Zanzibar, tornou-se Freddie Mercury, o cantor extravagante do Queen.

"Ele escreveu uma canção para o primeiro álbum chamada 'My Fairy King', que tem um verso assim: 'Ó Mãe Mercúrio (Mercury), o que você fez comigo?'", lembra Brian May. "E foi depois disso que ele me disse: 'Bom, eu vou me tornar Mercury porque a mãe nessa música é meu mercúrio, então vou me tornar Mercury'. E todos nós ficamos naquela: 'Ele está louco', sabe, mas mais uma vez ele estava falando sério e mudou o nome para Freddie Mercury. Entendo que mudar de nome fazia parte do processo de assumir uma nova identidade. Acho que isso o ajudou a ser essa pessoa que ele queria ser, e o Bulsara ainda estava lá, mas para o público ele seria esse personagem diferente".[16]

Então, qual era a diferença entre esse novo personagem e o adolescente que fugiu com a família de Zanzibar e desembarcou em Heathrow em 1964? Seis anos haviam se passado, e Freddie tinha sido exposto a um estilo de vida totalmente novo no ápice de uma revolução cultural. Realizara o sonho de estudar artes antes de se lançar na música, traçando assim sua própria trajetória, em vez de seguir o caminho mais seguro que os pais desejavam para ele na Contabilidade ou no Direito. Além disso, sua confusão sobre a própria sexualidade estava em desacordo com a fé zoroastrista dos pais. Ao escolher um novo nome, Freddie estava (em parte) descartando seu passado, as raízes parses, a educação colonial? Um amigo íntimo dele, David Evans, tem uma teoria para essa mudança: "Farrokh Bulsara era um nome que ele havia enterrado. Nunca quis falar sobre nenhum período da vida antes de se tornar Freddie Mercury".[17]

Após a adoção dos novos nomes, Freddie Mercury e o Queen iniciaram a jornada para dominar o mundo da música com um pequeno show para amigos próximos no Imperial College London, em 18 de julho de 1970. Foi a primeira vez que os quatro subiram ao palco como Queen. "Não me lembro de um show propriamente dito. Talvez tivesse vinte ou trinta camaradas do Brian lá, mas foi só isso",[18] recorda Mike Grose.

Uma semana depois, em 25 de julho, a banda faria sua estreia como Queen diante de uma plateia cheia ao retornar ao local predileto de Roger Taylor na Cornualha. Anunciada como "Queen (antigo Smile)" em jornais locais, a apresentação no PJ's, em Truro, pode ter sido o primeiro show público do Queen, mas foi o último de Mike Grose, que deixou a banda pouco depois para retomar um emprego formal na Cornualha.

Como tinha outro show marcado para 23 de agosto, a banda precisava encontrar com urgência um baixista para substituir Mike. Um encontro casual na Cornualha levou Barry Mitchell a se tornar o novo baixista, e ele foi recebido pelo grupo: "Eram caras legais, muito legais", lembra Barry. "Brian, um sujeito especialmente agradável. Ele é uma pessoa maravilhosa e acolhedora. Freddie era um pouco enigmático, não era tão extravagante quanto se tornou, nem tão confiante quanto se tornou; muito pelo contrário, era bem tímido, na minha opinião. É, eles eram bons rapazes".[19]

Mas, em seu primeiro show, no Imperial College, em 23 de agosto, Mitchell descobriu que seu papel ia além de tocar baixo: "Foi um caso curioso, porque servimos aperitivos, que se resumiam a suco de laranja – bom, laranjada, como se chamava naquela época – e pipoca, sabe, coisas bem rock'n'roll, e eu que fiz a pipoca".[20]

Após servir os aperitivos, o Queen subiu ao palco com um figurino sofisticado. Mitchell já tinha ficado um tanto chocado ao encontrar Freddie alisando o cabelo antes do show e depois ficou mais ainda ao vê-lo subir ao palco com as unhas pintadas de preto. Ele também tinha sido provocado na véspera, quando Freddie sugeriu que todos se soltassem e vestissem roupas femininas no palco. "Ele realmente queria usar aquilo, mas não aconteceu, graças a Deus!", diz Barry.[21] Porém, Freddie estava ansioso para deixar sua marca no palco, independentemente da opinião dos demais integrantes da banda. Ele se apresentou com calças pretas brilhosas, blusa de veludo, uma pulseira de cobra, botas e cabelos prateados.

Depois de um show em setembro no Swiss Cottage, a próxima apresentação do Queen estava marcada para 16 de outubro, mas antes disso Freddie recebeu notícias que o abalaram. Em 18 de setembro, foi anunciado que Jimi Hendrix tinha morrido devido a uma suposta overdose de drogas. As notícias deixaram Freddie e Roger Taylor arrasados – os dois eram fãs fervorosos de Hendrix. Em sinal de respeito, eles fecharam naquele dia a barraca do mercado de Kensington.

Naquela noite, durante os ensaios do Queen, a banda só tocou uma série de hits de Hendrix, em vez de se concentrar nas canções próprias. Talvez tenha sido um erro, porque o show seguinte, no College of Estate Management, em Londres, foi um desastre. Eles receberam vinte libras por um set de setenta e cinco minutos, e um dos colegas de Freddie no mercado de Kensington, Alan Mair, que também era dono de uma barraca e estava na plateia naquele dia, não se esqueceu de como foi ruim: "Sem dúvida, Roger e Brian já eram muito bem-sucedidos, mas o problema era Freddie. No começo, ele meio que tinha o hábito de cantar muito agudo. Ficava entusiasmado demais e forçava a voz até subir ligeiramente acima do tom. E ele também era bem estranho no palco. Jogava a cabeça para trás e dava um passo para a frente, mas um pouco sem ritmo. Além disso, o salão estava bem vazio, não estava lotado, a divulgação tinha sido mínima. Lá caberia um número três ou quatro vezes maior de pessoas. Lembro que, depois do show, todos nós fomos a um pub, The Greyhound, que era o que sempre fazíamos num sábado à noite. Ficamos lá dizendo: 'O que é que vamos dizer ao Freddie, pessoal? Afinal, ele está muito animado com isso, e não foi grande coisa'."[22]

O Queen fez mais seis shows em 1970, incluindo um no famoso Cavern Club, em Liverpool. Embora a motivação e a ambição de Freddie fossem imensas, o sucesso e o estrelato ainda pareciam bem distantes. Mas, mesmo com o nervosismo esporádico no palco e a falta de avanços na indústria da música, a convicção de Freddie de que ele iria alcançar seu objetivo permaneceu inalterada: "Quando o Queen foi formado pela primeira vez, todos nós visávamos o primeiro lugar e não íamos nos contentar com menos do que isso. É preciso ter muita confiança para continuar nessa indústria. Não adianta dizer que não precisa disso. Se alguém ficar dizendo: 'Talvez eu não seja bom o suficiente, talvez seja melhor aceitar o segundo lugar', aí pode esquecer. Nós éramos cheios de confiança. É preciso ter isso. É preciso ter uma certa arrogância, muita confiança e uma determinação absoluta, além de todas as outras habilidades óbvias, como a música. Arrogância é uma coisa muito boa de se ter quando se está começando, e isso significa dizer para si mesmo que será a banda número 1, e não a banda número dois. Simplesmente tínhamos isso dentro de nós. E todos nós também tínhamos um ego enorme".[23]

Um integrante que não compartilhava dessa arrogância era Barry Mitchell. No começo de 1971, ele estava decidido a deixar a banda. O último show de Mitchell, em Ewell, também poderia ter sido o último de Roger Taylor com o Queen. O Genesis tocou nesse dia também, e depois Roger Taylor foi abordado por Peter Gabriel, que queria saber se ele estaria interessado em deixar o Queen e ingressar no Genesis. Taylor recusou a oferta sem hesitar; ele já havia investido muito no Queen e estava certo de que a banda tinha futuro. Mitchell tinha uma opinião diferente: "Eu continuava achando que eles não dariam certo porque não tinham uma originalidade genuína nem um forte apelo comercial".[24]

Diante da resolução de Mitchell de deixar a banda, membros do grupo pediram que reconsiderasse, mas ele foi inflexível: seus dias no Queen tinham terminado. Porém, essa decisão coincidiu com a presença cada vez maior de uma mulher na comitiva do Queen: Mary Austin.

# - 10 -

Mary Austin era uma adolescente bonita, loura de olhos azuis, vinda de uma família pobre de Battersea, no Sul de Londres. Dadas as pretensões culturais do grupo e sua formação universitária, ela parecia uma companhia improvável para o Queen. O pai trabalhava para um especialista em papel de parede, cortando o produto à mão, e a mãe era servente em uma pequena empresa. Os dois eram surdos, e ela se comunicava com eles através da língua de sinais e da leitura labial.

Aos dezenove anos, após a família se mudar para uma casa geminada em Fulham, Mary começou a trabalhar em Kensington como gerente de relações públicas da elegante loja Biba. Fundada pela designer polonesa Barbara Hulanicki, a Biba se tornou o epítome do estilo e da moda no fim dos anos 1960 e início dos anos 1970, quando todo mundo fazia compras lá, de Twiggy a Julie Christie e Sonny & Cher. Músicos como Paul McCartney e Mick Jagger também frequentavam a loja, interessados tanto na moda da chapelaria quanto nos gracejos das belas assistentes.

A Biba ficava na Rua Kensington Church, bem próximo à barraca de Freddie e Roger, e os dois costumavam ir direto lá. "Eu era louco pela Biba desde o começo, muito antes de se tornar uma grande loja de departamentos. Na época em que eu frequentava, era só uma pequena butique", lembrou Freddie.[1]

As jovens funcionárias da loja também eram parte da atração. No entanto, sem que Freddie e Roger soubessem, outro integrante do Queen já tinha chegado lá primeiro. "Parte do apelo da Biba era que as garotas que trabalhavam lá eram muito bonitas e se vestiam bem, além de serem bem-apresentadas, e sempre íamos na loja para apreciar a paisagem", conta Brian May. "Sei que Freddie também fazia isso. Uma dessas mulheres era Mary Austin, e a conheci em um show no Imperial College, onde eu estudava. Só conversamos porque ela estava sentada atrás de mim, e eu era muito tímido, mas de algum jeito arranjei coragem e pedi para sair com ela, aí saímos algumas vezes".[2]

Era 1970, e Freddie vivia um caos em relação à sua sexualidade. A última namorada, Rosemary Pearson, tinha terminado o relacionamento por causa da confusão dele quanto à própria sexualidade e do interesse que tinha em explorar a homossexualidade. No entanto, tudo indica que ele não se envolveu com nenhum homem no período que se seguiu ao relacionamento com Rosemary – com certeza, nenhum companheiro de banda ou amigo jamais sugeriu isso. Mas, conforme as visitas à Biba se tornavam mais frequentes, Freddie começou a se sentir cada vez mais atraído pela garota loura que trabalhava como relações-públicas, e Mary Austin, por sua vez, ficou intrigada com esse homem. "De vez em quando, ele era corajoso o suficiente para entrar sozinho", lembra, "mas na maioria das vezes ia com Roger ou com outra pessoa, sorria e dizia um 'oi' rápido, o que se tornou bem frequente, e acho que isso durou cerca de cinco ou seis meses".[3]

Só que ela estava namorando Brian May, embora em pouco tempo ele já tivesse certeza de que o relacionamento não iria dar em nada: "Ela era muito desconfiada com qualquer pessoa, e por isso geralmente a gente saía para beber e depois dava um boa-noite, um beijinho rápido na bochecha, e ficava só nisso. Realmente nunca passamos disso, mas teve um momento em que Freddie começou a falar comigo sobre ela, e ficou óbvio que ele queria sair com Mary. Então eu disse: 'Escuta, nós não estamos mesmo saindo nesse sentido, somos apenas bons amigos, então vou te apresentar a ela'."[4]

Brian cumpriu o prometido e conseguiu juntar os dois. A princípio, Mary tinha certeza de que Freddie estava interessado em sua amiga, e não nela, mas se sentia fascinada por esse homem, que achava ao mesmo tempo intimidador e atraente. "Nunca tinha conhecido ninguém como ele", afirma. "Era muito confiante – algo que eu nunca fui".[5]

Freddie enfim a convidou para sair em 5 de setembro de 1970, dia do aniversário de vinte e quatro anos dele, mas Mary recusou, tentando bancar a difícil. No entanto, ele não se deixou abater e continuou perturbando-a para saírem juntos. Após três semanas de insistência de Freddie, Mary não conseguiu resistir mais, e, em 30 de setembro de 1970, ele a levou ao The Marquee, em Londres, para ver um show do Mott The Hoople.

Nesse período, apesar das ambições musicais grandiosas, Freddie ainda sobrevivia fazendo shows com o Queen em várias faculdades de Londres e tentando ganhar o dinheiro que desse na barraca no mercado de Kensington, com a venda de roupas usadas e das suas obras de arte, mas Mary não se sentiu desencorajada com isso. Pelo contrário, pouco a pouco ela foi se apaixonando por ele.

Cinco meses depois, Freddie e Mary estavam dividindo um quarto alugado por dez libras por semana na 2 Victoria Road, em Kensington, com seus dois gatos, Tom e Jerry. "Só conseguimos comprar um par de cortinas, então as penduramos no quarto. Tínhamos que dividir o banheiro e a cozinha com outro casal", lembra Mary.[6] "Freddie não tinha muito dinheiro na época, por isso só fazíamos coisas normais, como qualquer jovem. Não teve nenhum jantar sofisticado – isso foi acontecer mais tarde, quando ele estourou. Demorou uns três anos para eu realmente me apaixonar. Mas nunca tinha me sentido assim por ninguém".[7]

Brian May se lembra de ver Freddie e Mary se aproximarem cada vez mais: "Freddie estava feliz com Mary, eles estavam muito apaixonados. Acho justo dizer que ela foi o amor da vida dele".[8]

Como Freddie tinha saído de um relacionamento com Rosemary Pearson fazia pouco tempo e agora estava em um namoro firme com Mary Austin, qualquer indício de que pudesse ser homossexual deve ter desaparecido da vista das pessoas. Barry Mitchell, que ainda esbarrava com Freddie de vez em quando no mercado de Kensington após ter deixado o Queen, recorda: "Eu sempre ia ao mercado ver Freddie e Roger, só pra passar tempo. Freddie sempre fazia um monte de trejeitos loucos, gesticulando muito com as mãos, e era muito efusivo na hora de cumprimentar. Não me interprete mal, ele era muito divertido, e todos nós nos acostumamos com ele, mas essa coisa toda de desmunhecar – eu tinha certeza de que tudo fazia parte do personagem. Já sabia qual era a dele em relação à imagem da banda e presumi que essa coisa de ser serelepe era só um desdobramento. Nunca pensei seriamente sobre ele ser gay, porque não havia nenhum indício de nada além do relacionamento heterossexual com Mary".[9]

É certo que, no início do relacionamento, Mary demonstrou que também não fazia ideia da homossexualidade de Freddie, e não demorou muito para que ela o levasse a Fulham para apresentá-lo ao pai: "Como não avisei meu pai sobre o quanto Freddie era diferente, até acho que ele lidou muito bem com a situação. Meu pai abriu a porta, continuou muito calmo e foi bastante simpático com Freddie. Houve alguns olhares e comentários dos vizinhos. Mais tarde, percebi que ter apresentado em casa um músico assim deve ter sido um choque e tanto para ele".[10]

Freddie, no entanto, não estava com tanta pressa de apresentar Mary aos pais dele. Seria por conta do medo de que Bomi e Jer a aceitassem com muita facilidade como a companheira perfeita para o filho e, logo, pressionassem-no a se casar e a dar a eles os netos que tanto queriam? Na verdade, apesar de se referir a Mary como sua companheira, nunca passou pela cabeça de Freddie se casar. "Trato Mary como minha companheira, e nos damos muito bem", costumava dizer. "Estamos felizes juntos, e não importa o que os outros pensam. Acreditamos um no outro, e isso é o suficiente para mim. Acreditamos um no outro, então foda-se todo mundo. Ninguém deve nos dizer o que fazer. Até onde eu sei, somos casados. Essa situação é um presente de Deus".[11]

A história de amor entre Freddie e Mary parece inquestionável: quem convivia com eles notava o amor e a paixão que nutriam um pelo outro. No começo do relacionamento, Freddie era totalmente obcecado por Mary, e o amor parecia florescer entre eles, embora Mary admita que levou tempo para o romance evoluir: "Demorou muito para eu realmente me apaixonar por esse homem, mas depois disso nunca mais consegui me afastar dele. A dor dele se tornou a minha dor, a alegria dele se tornou a minha alegria".[12]

Então esse tempo que Mary levou para se apaixonar seria um reflexo de como começou sua amizade com Freddie? Como era uma mulher cobiçada, ela tinha muitos pretendentes, mas ficou fascinada por Freddie desde o início, embora não tivesse caído de amores à primeira vista. Ficou apaixonada à medida que aquela amizade crescia e que se embriagava com o carisma, a personalidade, a extravagância dele. Sem saber que ele era gay, é possível que Mary tenha se apaixonado justamente por Freddie ser gay e oferecer tudo que um homem homossexual proporciona a uma mulher hétero. Conforme Seth Myers sugere em *Psychology Today*, "em geral, os homens gays aprendem a se aceitar e deixam de se esforçar tanto para ganhar a aprovação e a aceitação dos outros. Da mesma forma, a amizade com homens gays oferece algo diferente da companhia dos homens heterossexuais. Mesmo quando o elemento sexual é eliminado na relação entre uma mulher e um homem heterossexuais, o homem heterossexual fica muito mais restrito a desempenhar o papel do homem forte, que não se excede nas emoções. Já os gays têm licença social para serem tão escandalosos ou emotivos quanto desejam, porque não precisam se encaixar em um papel determinado de maneira rígida."[13] Só que, no caso, Mary não tinha a menor ideia de que Freddie era gay; até onde sabia, ela estava se apaixonando por um heterossexual que buscava virar uma estrela do rock.

Quanto a Freddie, o relacionamento com Mary era perfeito: ela era uma amiga, uma alma gêmea e uma figura materna. Ele a amava, sem dúvida, de uma maneira profunda e apaixonada. Mas, enquanto Mary deixou sua vida de lado por Freddie, ele ainda tinha a carreira e a caça por homens, que ocorreu com certeza mais adiante no relacionamento, para ocupar seu tempo. Era uma relação desequilibrada, fadada ao fracasso como romance, mas destinada a ser bem-sucedida como uma amizade que duraria até o dia da morte de Freddie.

# - 11 -

Enquanto o relacionamento de Freddie e Mary prosperava, o Queen estava à procura de um novo baixista. Um músico de dezessete anos chamado Doug Bogie, de Weybridge, em Surrey, respondeu ao anúncio deles.

"Eu era músico amador, mas sempre procurava testes no *Melody Maker*, um jornal semanal especializado em música. E um dos anúncios de janeiro de 1971 era apenas para 'uma nova banda fabulosa em busca de um baixista'", lembra Doug. "Liguei para o número e topei. Eu morava fora de Londres, fui de ônibus e fiz o teste em um auditório do Imperial College, a universidade do Brian, bem atrás do Royal Albert Hall".[1]

Doug foi aceito na banda bem a tempo, já que o próximo compromisso do Queen seria um show no Hornsey Town Hall, em 19 de fevereiro. Após chegarem ao local, Freddie, Brian, Roger e Doug ficaram consternados quando entraram no salão e encontraram uma plateia composta por apenas seis pessoas. "Era um salão enorme", recorda Doug. "Muito escuro, com algumas luzes e projeções de imagens psicodélicas na parede. Se existia algum público, estava a quilômetros de distância. Não tinha assentos, apenas algumas pessoas andando por lá".[2]

Na noite seguinte, 20 de fevereiro, o Queen abriu para o Yes e o Wishbone Ash, na Kingston Polytechnic. Embora estivesse fazendo o show de abertura para dois grupos que já tinham contratos com gravadoras, álbuns lançados e fãs dedicados, o Queen deixou sua marca no palco naquela noite, tanto musical quanto visualmente, como lembra Tony Blackman, uma das pessoas que foram ao evento: "Realmente ninguém conhecia o Queen naquela época, mas para minha surpresa eles não foram lá como inferiores de forma alguma nem ao Yes nem ao Wishbone Ash. Outra coisa foi que eles se destacaram. O figurino deles todos era uma roupa preta bem justa, de tecido fino. Sem dúvida nenhuma, estavam transmitindo de propósito – especialmente o cantor – uma imagem muito afeminada. Isso não estava em alta naquela época, mas lá estavam os caras se esforçando para exibi-la".[3]

Por mais que o Queen tenha caído no gosto de alguns dos presentes, Freddie, Roger e Brian já haviam decidido, após somente dois shows, que Doug não era o baixista que estavam procurando, e, de acordo com Doug, Freddie inventou uma história para tirá-lo da banda sem confrontá-lo.

"Achei que tínhamos feito dois shows excelentes e empolgantes", reflete Doug. "Porém, após o show do Yes na Kingston Polytechnic, aconteceu na parte traseira da van emprestada uma daquelas conversas sobre 'desfazer tudo': 'Então, tudo está terrível', 'É uma perda de tempo'. E Freddie anunciou que não queria continuar. Aí, sendo o novato que não sabia nada do que já tinham feito e como eram as relações entre eles, apenas aceitei que aquele era o fim do experimento! É uma pena, mas não é incomum acontecer isso com bandas que têm integrantes com criatividade. Alguns anos depois, quando o primeiro álbum saiu, eu supus que Freddie e os caras disseram tudo isso só para me despedir sem ter que me dizer na cara".[4]

Já foi dito que Doug foi demitido por ter roubado os holofotes para si. "Ele pulou de um jeito muito incongruente",[5] diz Brian May. E suas palhaçadas, se é que foi isso mesmo, devem ter ganhado mais destaque pelo fato de Doug ter convocado os próprios amigos para improvisarem como operadores de luz no show. Mas, até hoje, Doug reclama que nada disso faz sentido: "Que disparate! Eu era um cara bastante extrovertido, e quando se toca baixo, bem, é muito fácil acabar dando uns pulos. Eu estava me divertindo à beça, ao lado do Roger Taylor – que admiro muito, na bateria e nos vocais. Isso deve ter chateado o Freddie. Parece que Brian também não ficou muito impressionado. Por que não me disseram nada? Eu poderia ter me adaptado sem grandes problemas. Mas eu realmente adorava tocar.

Quem não iria sair pulando? E talvez eles tenham achado que eu não tocava bem o suficiente! Devo dizer que minha experiência com a maioria dos guitarristas 'sérios' é que eles podem ser bastante introspectivos e propensos ao mau humor. Mas, puxa, eu era jovem. Acho que eles eram quatro, cinco anos mais velhos".[6]

Assim, em 21 de fevereiro de 1971, acabou a carreira de Doug Bogie no Queen, e a banda voltou a buscar um baixista. Um pouco desiludidos, Brian e Roger foram a uma discoteca no Maria Assumpta Teacher Training College, em Kensington. Naquela noite, Christine Farnell os apresentou a um amigo em comum, um jovem estudante de Eletrônica. O nome dele era John Deacon. "Eu tinha ouvido falar que estavam atrás de um baixista, então conversei com eles. Até tinham feito testes algumas semanas antes, mas não tinham conseguido encontrar alguém que se encaixasse", lembra John.[7]

Deacon havia se mudado em 1969 de Leicestershire para Londres para fazer faculdade. Nascido em Leicester, em 1951, ele era um pouco mais novo do que os demais integrantes do Queen, mas também tinha vivência musical, por tocar violão desde que ganhou um dos pais, quando era pequeno. "Eu me lembro do meu primeiro instrumento musical", conta ele. "Era um violãozinho de plástico Tommy Steele, e eu devia ter uns sete anos. O violão estava sempre por perto, mas eu realmente não tocava muito, não gostava tanto. Mas alguns anos depois uns amigos que moravam perto começaram a praticar com dois baixos adaptados. Só fui junto porque tinha um gravador que eles podiam usar como amplificador, mas depois de umas semanas fiquei muito interessado, até que minha mãe comprou um violão acústico para mim, e foi aí que a coisa começou de fato".[8]

Deacon formou sua primeira banda, The Opposition, quando tinha quatorze anos, porém, como não viu muitas perspectivas de carreira na música, deu continuidade aos estudos. Em junho de 1969, ele terminou o Ensino Médio com notas boas em oito disciplinas e, em outras três, com a nota necessária para ingressar na faculdade. Com isso, foi aceito no curso de Eletrônica do Chelsea College of Technology. Passou o primeiro ano concentrado nos estudos, mas pouco depois percebeu que sentia falta da música e começou a frequentar shows pelas redondezas de Queensgate, em Londres. Com certeza ele viu a desastrosa apresentação do Queen no College of Estate Management, em Londres, em 16 de outubro de 1970, na qual Barry Mitchell tocou baixo. "Todos eles estavam vestidos de preto, e ainda as luzes eram muito fracas, então eu só conseguia ver mesmo quatro figuras sombrias", conta Deacon. "Não fiquei com uma boa impressão deles".[9]

Como a vontade de tocar música estava ressurgindo, Deacon começou a vasculhar os jornais especializados em música em busca de grupos que precisassem de baixista, mas foi o primeiro encontro com Brian e Roger que o levou a aparecer no Imperial College com seu baixo e um amplificador caseiro alguns dias depois para fazer um teste para o Queen. No auditório de costume, ele se juntou a Freddie, Roger e Brian pela primeira vez e tocou algumas canções próprias antes de Brian ensinar a ele os acordes de "Son and Daughter", que se tornaria o Lado B do primeiro single do Queen, "Keep Yourself Alive". Por fim, os quatro uniram forças em uma longa jam de blues.

Ficou claro desde o começo que a peça final do quebra-cabeça do Queen tinha sido encontrada, como lembra Roger Taylor: "Achamos que ele era ótimo. Nós estávamos muito acostumados uns com os outros, e por isso no fundo pensamos que, por ser quieto, ele combinaria conosco sem grandes problemas. Ele também era um ótimo baixista, e o fato de ser um mago da eletrônica definitivamente foi um fator decisivo".[10]

Alguns dias após o teste, Deacon foi informado de que era o novo baixista do Queen e, desde aquele dia em fevereiro de 1971 até a morte de Freddie Mercury, vinte anos depois, a formação do Queen continuaria exatamente a mesma.

Contudo, a entrada de John Deacon no Queen pode ter gerado um problema para Freddie Mercury, um que talvez não fosse aparente para as pessoas de fora, mas que poderia invadir a cabeça dele e causar uma grave crise de autoconfiança durante essa fase inicial da banda. Embora Freddie tenha saído da Ealing College of Art com um diploma em Artes Gráficas e Design, talvez ele tenha se sentido intelectualmente inferior em relação aos outros integrantes da banda. Roger Taylor tinha desistido de estudar Odontologia, mas estava no processo de obter um diploma de bacharel em Biologia pela North London Polytechnic. Brian May tinha se formado no Imperial College London com um bacharelado em Física e fora convidado por Sir Bernard Lovell a entrar para seu laboratório de pesquisa no Observatório Jodrell Bank. Para completar, agora John Deacon fazia parte do grupo, com seu diploma de peso, o de bacharel em Eletrônica. Fora isso, ao se formarem, os companheiros de Freddie receberam honras acadêmicas.

Além do mais, os três tocavam seus respectivos instrumentos com um nível de destreza significativo, mas a técnica de canto de Freddie ainda estava em desenvolvimento e sua habilidade no piano não tinha sido aproveitada pela banda. Contudo, ele formava com Brian a dupla de compositores do grupo e também havia se encarregado de criar o estilo visual da banda, bem como o logotipo. Talvez a percepção de que era intelectualmente inferior tivesse um pouco a ver com o fato de Freddie tentar impor suas ideias aos colegas. Ele precisava justificar sua presença. Brian e Roger já estavam juntos fazia vários anos e, com a chegada de John Deacon, a parte instrumental da banda estava formada. E eles eram bons, *muito* bons. Não faltavam outros cantores à procura de uma banda para ingressar, então Freddie tinha que se provar como vocalista. Para assegurar seu lugar na banda, ele precisava que o Queen conseguisse algum tipo de contrato de gravação.

Mas ainda faltava um pouco para isso acontecer. Nesse meio-tempo, a banda ensaiou para o próximo show, em 2 de julho de 1971, um evento discreto para oitenta amigos convidados, em uma faculdade em Surrey. Nove dias depois, o Queen estava programado para tocar no Imperial College London. Eles já tinham se apresentado lá muitas vezes, com diferentes formações, mas dessa vez era diferente, por conta da presença de John Anthony na plateia. Ele era um dos produtores mais requisitados da era do rock progressivo e já tinha cruzado com o Queen em agosto de 1970, quando Roger Taylor avisou que estavam com um cantor novo, Freddie Mercury. Na ocasião, Anthony comentou que Freddie era "efusivo e afeminado" e que o grupo "até que tinha estabelecido um som próprio, mas estava com um baixista duvidoso".[11] Agora, quase um ano depois, Anthony estava na batalha para lançar uma produtora, a Neptune Productions, e passou lá para conferir a nova formação do Queen. Como sempre, a banda deu o seu melhor naquela noite, mas, quando Anthony saiu do show, apenas disse: "Eu ligo para vocês..."[12]

Apesar do que poderia ter sido interpretado como uma rejeição de Anthony (dada a confiança da banda, a expectativa deles era ganhar um contrato na hora), o Queen estava evoluindo como um grupo de artistas consistentes e talentosos. Os anos todos em que Freddie aprendeu a se apresentar – quando se exibia cantando pelas salas da faculdade com uma régua improvisada como microfone, ou usava no Ibex sua técnica de postura com meio pedestal do microfone, ou desfilava de um lado ao outro do palco enquanto jogava a cabeça para trás com o Wreckage – começavam a dar frutos. Ainda extremamente confiante na própria capacidade e na do Queen, Freddie estava convicto de que ele iria conseguir – e que seria em seus próprios termos, do seu jeito. Montado, maquiado, extravagante, exagerado... Ele não se importava. Essa era a persona que criara: o garoto Bulsara de Zanzibar havia se tornado Mercury, o homem, e seu destino era o topo. Nada mais iria detê-lo.

Ao retornarem a Londres no outono de 1971, após uma breve turnê na Cornualha, Brian e John retomaram os estudos, enquanto Roger decidiu que tinha se cansado da barraca no mercado, que dividia com Freddie. Ele também precisava voltar aos estudos e, como tinha desistido de se tornar dentista, matriculou-se na North London Polytechnic para concluir a graduação em Biologia.

Já Freddie não tinha mais estudos aos quais se dedicar e, portanto, nada a que recorrer. Com o fechamento da barraca no mercado, ele aceitou as poucas ofertas de trabalho como designer gráfico que surgiram e também conseguiu um emprego de meio expediente para cuidar da loja de botas artesanais de Alan Mair no mercado de Kensington. Mas Freddie não tinha muito futuro na loja de Alan, certamente não o futuro que planejara para si mesmo. Ele se viu em uma situação precária; parecia que o Queen não chegaria rápido a lugar nenhum e – mais uma vez, como os outros integrantes estavam levando adiante os estudos universitários, com perspectivas de alternativas de carreira caso a banda não desse certo – as inseguranças começaram a afetar Freddie.

"Fui para a escola de artes com a ideia de obter meu diploma, o que eu consegui, e depois me tornar ilustrador – na esperança de me sustentar como freelancer", disse Freddie. "A música sempre foi um trabalho extra, e acabou crescendo. Quando terminei o curso de Ilustração, estava de saco cheio. Já estava por aqui. Pensei: Acho que não dá para seguir essa carreira, porque minha cabeça está em outro lugar. Então decidi brincar com o lado musical por um tempo. Todo mundo quer ser uma estrela, então eu pensei que, se eu pudesse ter sucesso, por que não?"[13]

Mas, como ele logo percebeu, simplesmente brincar com a música não possibilitaria o tipo de carreira que desejava. Para alcançar o sucesso e os benefícios almejados, o Queen, e especialmente Freddie, por não ter outra forma de sustento, teria de levar tudo muito mais a sério.

"Depois de um tempo, tem um momento de tomada de decisão, em que é preciso mergulhar de cabeça. Ou se diz: 'É isso que vou fazer e vou me concentrar somente nisso', ou não se diz. E finalmente nós fizemos isso".[14]

# - 12 -

Brian May também decidiu mergulhar de cabeça, desesperado para que algo acontecesse com o Queen. Naquele outono, ligou para um velho conhecido, Terry Yeadon, que trabalhara com o Smile alguns anos antes e estava prestes a abrir um novo complexo de estúdios de gravação em Wembley, chamado De Lane Lea. Ele estava em busca de uma banda de rock para testar as instalações quando recebeu a ligação de Brian. Era a oportunidade perfeita para o Queen: eles poderiam ser cobaias do estúdio e, como recompensa, receberiam uma demo produzida profissionalmente, gravada com o que tinha de mais moderno em tecnologia na época. O produtor e engenheiro do estúdio, Louis Austin, supervisionou as sessões de gravação, e o Queen, já exibindo sinais do profissionalismo pelo qual o grupo se tornaria conhecido, chegou em dezembro de 1971 com um setlist completo, determinado a aproveitar ao máximo essa oportunidade.

Como o complexo tinha três estúdios de gravação diferentes disponíveis para serem testados, a banda percebeu que era deslocada de um para outro. Não eram as circunstâncias ideais para gravar, mas os quatro integrantes do Queen sabiam o quanto esse tempo no estúdio era importante para eles e estavam totalmente comprometidos com o processo. "Eles eram muito exigentes", lembra Louis Austin. "As músicas foram produzidas uma a uma. Persistiam até acharem que estava bom. Às vezes, demorava muito tempo, mas eles também aguentavam muita merda naquela época".[1]

Terry Yeardon se lembra do Queen nos estúdios durante aquele período: "Algumas poucas arestas ainda precisavam ser aparadas, o que era de se esperar, mas muito do Queen já estava pronto, e antes mesmo de Freddie se juntar ao grupo, porque muito do som da banda era fruto das performances de Brian nas guitarras e de Roger na bateria. Mas, inquestionavelmente, Freddie era a cereja do bolo. Era especial e tinha uma personalidade que quase de cara surpreendia a todos. Até no ambiente mais estéril de um estúdio, Freddie era um showman. Era como se ele literalmente não conseguisse cantar uma música sem incluir todos os trejeitos para acompanhá-la".[2]

O Queen conseguiu gravar cinco músicas originais em De Lane Lea, três delas compostas por Freddie: "Liar", "Jesus" e "Great King Rat". Foi durante a gravação de "Liar" que começou uma discussão sobre os créditos de composição. Na verdade, "Liar" era uma música da época em que Freddie estava no Wreckage, chamada "Lover", escrita em parceria com Mike Bersin. Mas, após shows, ensaios e o processo de gravação no De Lane Lea, o Queen contribuiu para a canção, e todos quiseram se apropriar dela de alguma forma, como lembra Brian May: "'Liar' foi uma das primeiras músicas em que trabalhamos juntos, e houve um momento em que discutimos se todos deveríamos receber os créditos por isso nesses casos. Freddie disse: 'Para mim, a pessoa que escreveu a letra de fato escreveu a música'. Pode não ter sido a solução mais lógica, mas era uma regra viável que mantivemos praticamente inalterada até os dois últimos álbuns, quando decidimos compartilhar tudo, independentemente da origem".[3]

Freddie já estava deixando sua marca no Queen não apenas como compositor, mas também como líder. Ele liderava a banda no palco, e o fato de ter exigido que quem compunha a letra era essencialmente o autor da música mostra um homem que também queria ser o líder nos bastidores. De novo, devido à evidente discrepância intelectual entre Freddie e os outros integrantes, essas demandas podem ter sido uma tentativa de se justificar dentro do grupo; se ele não podia competir com Brian, Roger e John do ponto de vista intelectual, poderia pelo menos superá-los artisticamente.

Como Freddie disse: "Eu sou o único da área artística na banda. Os outros são todos cientistas".[4]

O Queen saiu das sessões de gravação com um rolo demo de alta qualidade, que eles esperavam que atraísse alguma atenção das gravadoras. Financeiramente, os quatro integrantes estavam ficando cada vez mais desesperados, e Freddie dependia do dinheiro que conseguia ganhar trabalhando no mercado de Kensington, renda que era complementada com qualquer valor que Mary recebesse. Para piorar a situação, a banda teve apenas um show marcado para o primeiro semestre de 1972, no Bedford College, organizado por John Deacon e assistido por apenas seis pessoas. Essa falta de exposição ameaçava todo o trabalho duro do Queen nos meses anteriores, em que o grupo percorreu o circuito de shows para ganhar uma exposição valiosa.

Um dos produtores presentes no De Lea Lane quando o Queen estava gravando era Roy Thomas Baker. Um dos parceiros de John Anthony na recém-criada Neptune Productions, Roy de cara ficou impressionado ao ouvir "Keep Yourself Alive", tanto que pediu para levar a demo com ele. Outra figura interessada no som do Queen foi Ken Testi, o empresário do Ibex, que estava de volta à cena em Londres, ansioso por construir uma carreira como empresário musical. Testi percorreu os departamentos de A&R (Artistas e Repertório) das principais gravadoras em nome do Queen e conseguiu marcar alguns compromissos para Freddie e Brian o acompanharem, na tentativa de conseguir um contrato para a banda.

Apesar da confiança de Freddie e da demo profissional, nenhum dos conhecidos do grupo estava disposto a se comprometer com o Queen, incluindo a EMI que, anos depois, assinaria um contrato de muitos milhões de libras com a banda. Isso mudou quando a Charisma Records fez uma oferta de vinte e cinco mil libras, o equivalente a cerca de duzentos e trinta mil libras na época em que este livro foi escrito, uma soma astronômica para quatro músicos que estavam na batalha em Londres. Depois de pensar sobre a oferta, no dia seguinte, os integrantes do Queen surpreenderam a gravadora ao recusarem a proposta, citando motivos tão diversos quanto não querer ficar à sombra do Genesis (que também era da gravadora), precisar de um investimento substancial para adquirir equipamentos melhores, que não seriam cobertos por esse valor e – talvez o mais revelador e ilustrativo da fé cega e da confiança que tinham em si mesmos – achar que a Charisma não era um dos principais selos da indústria da música.

"Quando gravamos a demo, estávamos cientes dos exploradores", disse Freddie. "Recebemos ofertas incríveis de pessoas dizendo: 'Vamos tornar vocês o próximo T-Rex', mas tomamos muito, muito cuidado para não mergulhar de cabeça. Fomos a provavelmente todas as gravadoras antes de decidirmos por uma. Não queríamos ser tratados como uma banda comum. Agimos dessa maneira porque nunca estivemos preparados para ser músicos desempregados. Dizíamos: 'Ou nos aceite como um produto sério ou não nos aceite'."[5]

Foi uma demonstração surpreendente de confiança de Freddie e da banda, embora essa atitude pudesse ter sido um tiro pela culatra. Eles haviam tentado quase todas as gravadoras e, mesmo assim, recusaram a única grande oferta que receberam. A curto prazo, tudo o que podiam fazer era voltar a se apresentar em Londres.

Enquanto isso, Freddie trabalhava na loja de Alan Mair e passava todo o tempo livre começando a experimentar seu visual no palco. Uma das pessoas com quem ele trabalhou no mercado de Kensington foi Wendy Edmonds, que lembra o trabalho que Freddie tinha no início de 1972 para criar os figurinos dele no palco: "Freddie sabia costurar. Ele era muito bom, então, ao menos, costurava as lantejoulas. Aí eu fiz esses tops transpassados pra ele usar no palco. Freddie sabia exatamente o que queria e me pedia para copiar as coisas. Então ele vinha com tops femininos de balé, curtos, transpassados, me dava um veludo com *stretch* e dizia: 'Você pode copiar isso?'"[6]

Nos bastidores, sem o Queen saber, Roy Thomas Baker e John Anthony estavam empolgados com a demo de "Keep Yourself Alive" que tinham em mãos. Eles a levaram para Norman e Barry Sheffield, dois irmãos que tinham aberto o Trident Studios no coração do Soho e que também eram gestores de uma empresa. Norman Sheffield achou a fita interessante, mas não estava preparado para se comprometer a assinar um contrato imediatamente. No entanto, ele foi convencido a ir a um show ao vivo da banda para ver se isso influenciaria sua decisão.

Acompanhado do irmão, Norman viajou para a apresentação seguinte do Queen, que, na verdade, foi realizada no Forest Hill Hospital. Sem o conhecimento dos irmãos Sheffield, Tony Stratton-Smith, da Charisma Records, também apareceu por lá, convencido de que faria o Queen mudar de ideia e assinar com a Charisma, mesmo a banda já tendo rejeitado a oferta de vinte e cinco mil libras.

Ciente do que poderia estar em jogo na apresentação, o Queen fez uma performance perfeita, e os irmãos Sheffield ficaram empolgados com o que viram, lembra John Anthony, que se juntara a eles no show: "Assistimos à apresentação, e Barry não conseguia acreditar quando tocaram 'Big Spender', de Shirley Bassey. Na hora ele disse: 'Certo, temos que assinar com eles!'"[7]

Umas duas semanas depois, o Queen foi até o escritório de Norman Sheffield no Trident Studios, no Soho, para negociar um contrato, tendo dispensado totalmente a Charisma. Para Norman, os quatro membros da banda eram uma mistura intrigante: "Roger Taylor era um garoto muito bonito, charmoso, louro e de cabelos compridos. Brian May era alto, com uma juba cacheada; um pouco introvertido, mas claramente muito inteligente. O baixista, John Deacon, também era quieto. Eu logo percebi que o quarto membro daria mais trabalho. Freddie era charmoso, um pouco tímido e reservado, às vezes; falava de maneira bastante educada e com uma voz cortês. Quando relaxava, tinha um senso de humor bastante afiado e falava muito rápido. Freddie aparentemente tinha uma namorada, mas estávamos certos de que ele era gay. Concordei em oferecer aos Queenies, como os batizamos, um tipo de contrato mais solto. Havia períodos em que o estúdio estava 'às escuras', geralmente às duas da manhã. Então dissemos: 'Vamos ceder esse tempo de inatividade do estúdio para ver o que vocês podem fazer'."[8]

Mas, mesmo nessa fase inicial, apesar de haver um contrato na mesa, Freddie e o os companheiros de banda estavam ávidos por ter algum controle sobre as negociações. Eles não estavam preparados, como haviam demonstrado com a Charisma, para simplesmente concordar com a primeira oferta e, portanto, negociaram três acordos separados para cobrir os direitos de lançamento, o contrato de gravação e o contrato do gerenciamento da banda. O Trident concordou com as exigências do grupo e até comprou novos instrumentos para a banda, um sistema de som novinho em folha, e arranjou um empresário, Jack Nelson. Mas o contrato só seria assinado sete meses depois.

O próprio Freddie estava ansioso para que o acordo com o Trident fosse exatamente como eles queriam: "Não se trata apenas de ter um contrato com uma gravadora e pronto, nem tudo são flores. Você tem de manter o controle de todas as coisas que estão acontecendo. Ter talento não é apenas ser um bom músico atualmente, tem a ver com estar ciente do processo. É fundamental fazer tudo de forma correta. Ter talento não é apenas escrever boas músicas e cantá-las, é ter um cérebro empresarial, porque é uma parte importante disso tudo – transmitir a música corretamente e lucrar com isso. Você usa todos os truques do comércio e, se acreditar em si mesmo, chegará lá".[9]

Parte do acordo com o Trident previa que o Queen teria direito a usar as instalações do prestigiado Trident Studios para gravar faixas de seu álbum de estreia, e o Trident asseguraria acordos de gravação e distribuição com uma grande gravadora. Mas a desvantagem era que a banda só poderia usar as instalações durante o que é conhecido na indústria como "momento sombrio", ou seja, quando nenhum outro artista estava gravando e, infelizmente para o Queen, o estúdio era um espaço tão valorizado que isso em geral significava que a banda só podia usá-lo no período a partir das onze da noite ou das duas da manhã.

Enquanto o Queen gravava à noite, o Trident passava o dia tentando garantir acordos de gravação e distribuição para a banda, mas não aparecia nada. Mesmo nos EUA, as tentativas de Jack Nelson de fechar um acordo com a EMI para o Queen foram frustradas quando, pouco antes de fazer uma oferta, a EMI recuou ao saber que a banda fazia parte de um pacote do Trident com outros dois artistas, Mark Ashton e Eugene Wallace. "Demorou muito tempo e foi bem frustrante, porque gravamos um monte de demos, e as gravadoras diziam 'não é ruim, mas nos procurem daqui a uns dois anos'", lembra Brian May. "Sentíamos que não estávamos chegando a lugar nenhum".[10]

Enquanto a banda gravava de madrugada e se debruçava sobre os contratos durante o dia, os shows regulares ao vivo pararam. Após a apresentação de março no Forest Hill Hospital, o Queen só foi tocar novamente "ao vivo" em novembro e fez apenas mais dois shows em 1972. John Anthony queria que eles ficassem parados por um tempo e voltassem com um som que permitiria que a banda tocasse em locais maiores.

"Por que se preocupar com clubes pequenos?", indagou ele.[11]

No início, John Anthony concordou em produzir as gravações com o Queen e Roy Thomas Baker, mas Anthony foi obrigado a deixar o processo após ser diagnosticado com uma doença, deixando Roy lidando sozinho com músicos ansiosos, teimosos e sabichões. "Eles acabaram sendo tão bons – e exigentes – como tínhamos antecipado", recordou Norman Sheffield, chefe do Trident. "As coisas tinham de estar 100% certas, caso contrário não ficavam satisfeitos. Passavam dias e noites trabalhando nas harmonias. As discussões surgiam por causa de detalhes ínfimos. Eles começavam a gritar, a berrar e a jogar coisas. Às vezes, tudo acabava em poucos minutos, mas em outras situações, deixavam aquilo em banho-maria e ficavam sem se falar por um ou dois dias. No entanto, sempre resolviam o problema. Não era nada pessoal; era sobre o trabalho".[12]

Enquanto o Queen enfurecia todo mundo nos estúdios de gravação, o Trident ainda buscava um acordo de gravação e distribuição para a banda. Mas a notícia que chegava dos EUA sobre as discussões de Jack Nelson com as gravadoras não era animadora: "Todos me disseram que o Queen não iria acontecer", disse Jack.[13]

Durante o verão e o outono de 1972, o Queen passou as madrugadas gravando o álbum de estreia. Todas as faixas foram escritas por Brian ou Freddie. Enquanto as músicas de Brian tinham uma estrutura mais convencional, as composições de Freddie eram naturalmente excêntricas, como lembra Brian: "Freddie escrevia em notas estranhas. A maioria das bandas de guitarra toca em lá ou mi, provavelmente em ré e sol, mas além disso não tem muito o que fazer. A maioria das nossas coisas, principalmente as músicas de Freddie, tinha notas esquisitas que os dedos dele pareciam naturalmente alcançar: mi bemol, fá, lá bemol. Isso é a última coisa que você quer tocar em um violão, então, como guitarrista, você é forçado a encontrar novos acordes. As músicas de Freddie eram muito ricas em estruturas de acorde".[14]

"Não tenho regras definidas para escrever uma música. É casual", dizia Freddie. "Algumas músicas vêm mais rápido do que outras. Eu nunca me sento ao piano e digo: 'Certo, tenho de escrever uma música agora'. Não. Eu analiso algumas coisas e tenho algumas ideias sobre elas e depois começo. É difícil de explicar, mas sempre há várias ideias passando pela minha cabeça".[15]

Além das composições, outra ideia que rondava a mente de Freddie nessa época era a criação de um logotipo para a banda. Ele já passara um tempo considerável desenvolvendo o visual e o estilo da banda no palco; agora, o Queen precisava de algo identificável, um emblema que fosse claramente deles. Convencido de que não havia mais ninguém na banda que pudesse fazer isso – afinal, era o único artista do grupo –, Freddie criou um símbolo impressionante baseado nos signos do zodíaco dos quatro membros da banda. No topo do "Q", uma fênix, a ave da mitologia grega clássica. Além de o emblema representar cada membro da banda, também transmite uma sensação de realeza e uma posição majestosa, bem similar ao brasão real britânico, um fato que, presumivelmente, não passou despercebido para Freddie.

Em setembro de 1972, o Queen finalmente assinou o contrato com o Trident, que resultou no pagamento de vinte libras por semana aos quatro membros da banda, cerca de duzentos e quarenta libras no momento em que este livro foi escrito, e tentou obter para a banda o melhor acordo de gravação e distribuição pelas gravações no Trident. Jack Nelson continuava, sem muito sucesso, tentando que alguma gravadora estrangeira se interessasse e, a essa altura, Roger e John haviam terminado os estudos e Brian tinha abandonado, pelo menos por enquanto, o doutorado no Imperial College. De repente, estavam todos no mesmo barco de Freddie: dependendo do Queen para a própria subsistência. Mas Freddie estava preocupado que pudessem parecer antiquados e fora de moda antes mesmo de começarem: "Houve um grande hiato entre realmente formar o Queen e ter um contrato de gravação. É por isso que estávamos tão preocupados com as pessoas dizendo: 'Aí vem o Queen, o glam rock está em voga, e eles estão seguindo a tradição'. Nós nunca copiamos ninguém. Já fazíamos glam rock antes de grupos como Sweet e Bowie e estávamos preocupados com a possibilidade de termos chegado tarde demais. A nossa solução foi montar um tipo diferente de música teatral".[16]

Apesar de as faixas para o álbum de estreia estarem gravadas e no forno, nada parecia estar acontecendo para o Queen. Os quatro estavam começando a ficar cada vez mais frustrados. Brian May lembra: "Todos os dias, eu ia no ônibus da linha 9 até a cidade com Freddie para obrigar a empresa a fazer algo, porque sentimos que o álbum tinha esfriado. Grupos como Nazareth estavam tocando em todas as rádios, e não conseguíamos ter a nossa primeira oportunidade".[17]

O Trident organizou dois showcases para a banda, convidando executivos e representantes de A&R de todas as gravadoras cujos contatos eles tivessem na agenda. O primeiro show, no The Pheasantry Pub, na King's Road, foi atrapalhado por problemas com o equipamento de som, e nenhuma oferta foi apresentada. O segundo show, de abertura para o Sparks no The Marquee, em Londres, em 20 de dezembro de 1972, demonstrou a crescente confiança e energia carismática da banda. O set foi aprovado pelo público, mas, apesar de um show cada vez mais dinâmico, o grupo continuou sem um contrato.

No entanto, 1973 veria a sorte do Queen começar a mudar.

# - 13 -

Enquanto participava do Festival MIDEM no início de 1973, um evento de *networking* musical em Cannes, Roy Featherstone, um dos principais executivos da EMI (a gravadora que já recusara o Queen nos EUA quando a banda foi oferecida como parte de um pacote), acabou escutando a fita demo do Queen. Como gostou do que ouviu, ele entrou em contato com o Trident imediatamente e solicitou uma reunião com a banda. Enquanto isso, o Queen havia topado sua primeira sessão de gravação com a BBC para o programa da Rádio 1, *Sounds of the Seventies*. Eles não seriam pagos pela sessão, mas a publicidade e a exposição não tinham preço.

Dez dias depois, as sessões foram transmitidas na Rádio 1, e a resposta dos ouvintes às músicas "My Fairy King", "Keep Yourself Alive", "Liar" e "Doing Alright" foi tão grande que a EMI decidiu acelerar o processo para assinar com a banda. Por conseguinte, em março de 1973, a EMI finalmente contratou o Queen para seu selo. Um mês depois, Jack Nelson convenceu Jack Holsten, da Elektra, nos EUA, a assinar com o Queen. De repente, a banda estava com um contrato de gravação que abrangia não apenas o Reino Unido e a Europa, mas também os EUA.

No entanto, o primeiro single lançado pela EMI não foi uma música do Queen, mas uma canção que Freddie tinha gravado durante o tempo ocioso no Trident Studios, na época de produção do álbum da banda. O engenheiro Robin Geoffrey Cable estava trabalhando em um estúdio adjacente em sua própria versão de "I Can Hear Music", dos Beach Boys. Em pouco tempo, ele convenceu Freddie a comandar os vocais, e logo Roger e Brian começaram a tocar bateria e violão. A gravação ficou de lado por alguns meses antes de Cable convencer a EMI a lançá-la. Não podendo usar o nome do Queen, a EMI decidiu satirizar Gary Glitter, que era extremamente popular na época, e assim nomeou o "artista" de Larry Lurex. Todavia, o single não foi bem-sucedido, fracassando nas paradas no Reino Unido e chegando ao número 115 nos EUA.

Duas semanas depois, em 16 de julho de 1973, o primeiro single oficial do Queen, "Keep Yourself Alive", escrito por May, foi lançado. No entanto, com a rejeição da música por cinco ocasiões pela Radio 1, além das críticas heterogêneas da imprensa especializada em música, o single foi amplamente ignorado e fracassou nos dois lados do Atlântico. Na verdade, tornou-se o único single do Queen a nunca entrar nas paradas de sucesso no Reino Unido. Com uma canção de estreia tão desastrosa, era fundamental que o álbum da banda fosse um sucesso.

Lançado em 13 de julho de 1973, o álbum, intitulado *Queen*, recebeu críticas variadas. A *Rolling Stone* publicou: "Não há dúvida de que este quarteto inglês moderno e cheio de energia tem todas as ferramentas necessárias para reivindicar o trono do heavy metal abdicado pelo Zep e, além disso, tornar-se uma força de fato influente no mundo do rock. O álbum de estreia é excelente".[1] A *New Musical Express*, no entanto, chamou o disco de "balde de urina". Para a decepção do Queen, as vendas iniciais foram muito lentas, o que apenas aumentou a ansiedade de Freddie, pois, ao contrário dos outros, ele não contava com uma formação universitária. Um dos antigos colegas de faculdade de Freddie, Chris Smith, ainda esbarrava com Freddie de vez em quando no ônibus de Londres e relembra as preocupações dele enquanto o álbum patinava nas posições mais baixas das paradas de sucesso: "Fred estava ficando um pouco desesperado", lembra Chris. Como diria Freddie: "Meu Deus! Espero que essa banda decole. Não sei o que vou fazer se ela não deslanchar. Não quero acabar trabalhando em um estúdio de arte".[2]

Mas, como havia ocorrido antes e aconteceria novamente, as estrelas se alinharam para o Queen. Uma cópia não identificada do álbum apareceu na mesa do influente produtor de TV Mike Appleton, que era responsável pelo programa musical da BBC *The Old Gray Whistle Test* – o show de música de maior destaque da BBC depois de *Top of the Pops*. Ele pegou a gravação e ouviu a primeira faixa, "Keep Yourself Alive". Mas, sem identificação no vinil e sem material impresso, Mike não tinha ideia do nome do disco nem da banda que o criou. Ansioso para exibir a música no *The Old Grey Whistle Test*, ele contratou Phil Jenkinson para editar algumas compilações surreais de cenas de filmes antigos para acompanhar a música e, em seguida, um desenho animado da campanha presidencial de F.D. Roosevelt da década de 1930 foi exibido junto com a canção pela primeira vez na televisão, em 24 de julho. No dia seguinte, a BBC recebeu muitos telefonemas elogiosos sobre a faixa musical, bem como de representantes raivosos do Trident e da EMI. Foi uma publicidade inesperada, mas bem-vinda, para o Queen.

No final do verão de 1973, o Trident havia investido sessenta e duas mil libras no Queen (quase setecentos e cinquenta mil libras nos valores corrigidos de quando este livro foi escrito), mas o investimento não tinha rendido muitos frutos. O único single da banda fracassou, e o álbum de estreia nem entraria nas paradas de sucesso. Só depois de oito meses o disco figuraria no 37º lugar em sua primeira aparição na lista dos mais tocados. Para resolver essa questão e dar um pouco mais de publicidade à banda, o Trident contratou um relações-públicas, Tony Brainsby. Ele tinha visto o grupo tocar ao vivo e estava convencido de que os integrantes tinham talento. Ao conhecê-los, logo se acostumou com a personalidade deles, em especial a de Freddie: "Obviamente Freddie se destacava mais. Era uma bichona louca, eu não conseguia acreditar quando nos vimos pela primeira vez. Ele usava uma calça justa de veludo vermelho, tinha as unhas pintadas de preto, cabelos longos e, claro, todos aqueles dentes – era muito sensível em relação aos dentes. Freddie era decidido, claramente ambicioso, mas também muito charmoso. Naquela época, era um homem muito agressivo e irritado por dentro, no sentido de que sabia que deveria ser uma estrela, mas ainda não era. Não era um lado que ele permitia que muitas pessoas conhecessem, mas com certeza tomava conta de todo o seu ser. Freddie achava que o estrelato era dele por direito e estava muito frustrado por parecer muito distante. Na minha opinião, Freddie era o grande responsável pelas brigas na banda".[3]

À medida que o relacionamento de Brainsby com a banda se estreitava, ele foi ficando cada vez mais intrigado com Freddie: "Ele tinha muitas peculiaridades de estilo que não saíam da nossa cabeça. Pintava as unhas de preto apenas da mão direita ou da esquerda. Ou apenas pintava o dedo mindinho. Ele dizia 'Querido!' ou 'Meu bem!' em todas as frases, e sua afetação era muito divertida e cativante. Era ótimo tê-lo por perto. Nunca era monótono. Todas as meninas adoravam quando ele aparecia no escritório. Na época, é claro, Freddie estava morando com a Mary. No início, a vida sexual dele era um mistério total para todos nós; nunca dava para decifrar. Ele certamente nunca falava sobre isso".[4]

A essa altura, em agosto de 1973, o Queen estava de volta ao estúdio para gravar o segundo álbum. Mais uma vez, Roy Thomas Baker seria o produtor e encontrou uma banda ainda ávida pela perfeição e desesperada para ter um single de sucesso: "Singles são importantes para a gente, e ter um hit agora ajudaria a banda. Temos mais a oferecer do que bandas como The Sweet, não somos apenas pop, porque nossa música abrange diversas vertentes", disse Freddie.[5]

Freddie compôs seis das onze canções do que viria a ser o *Queen II*, incluindo todo o segundo lado do disco, que ficou conhecido como "The Black Side" (em vez de ter o padrão "Lado A" e "Lado B", o álbum teve um "Side White" [Lado branco] e um "Side Black" [Lado negro], com temas correspondentes, como canções emotivas no branco e sombrias e fantasiosas no negro – o lado de Freddie). Entre as canções compostas por Freddie estava "Seven Seas of Rhye", que acabaria se tornando o primeiro grande hit do Queen.

O processo de gravação permitiu que a banda tivesse a oportunidade de trabalhar em faixas complexas utilizando camadas vocais (que se tornariam uma marca registrada), harmonias e instrumentações. "*Queen II*, em virtude das tendências experimentais incuráveis da banda, foi um espetáculo no sentido literal da palavra", escreveu Daniel Ross. "Para onde quer que seus ouvidos apontem, há um som que você não consegue explicar. É mito, é ópera; é uma disputa de bravata e uma demonstração constante de gênio irrequieto".[6]

As letras de Freddie no álbum mostram a evolução da versatilidade de sua composição: desde o som pesado de thrash de "Ogre Battle" até as intrincadas letras baseadas em fantasias medievais marcadas com os instrumentais de cravo, com destaque para "The Fairy Feller's Master-Stroke". A composição épica "The March of the Black Queen" se mostrou uma música muito complicada para ser tocada ao vivo; é pré-"Bohemian Rhapsody", se é que se pode dizer assim, e sugere as influências da ópera em Mercury, que teve seu primeiro contato com esse gênero na infância, ao ouvir os discos dos pais.

Mas, apesar de toda dificuldade e complexidade relacionada ao Queen no estúdio, ninguém ignorou o fato de a banda só ter feito quatro shows no ano até então. No ano anterior, o grupo tocou apenas cinco vezes, correndo o risco de perder os fãs conquistados ao longo de vários anos nas apresentações em Londres, na Cornualha e no norte da Inglaterra. O Trident também estava ansioso para que o Queen retomasse as apresentações ao vivo, especialmente porque em breve haveria um segundo álbum para divulgar. Sendo assim, após um especial da BBC Radio 1 gravado no Golders Green Hippodrome, em 13 de setembro, e duas apresentações menores em Frankfurt e Luxemburgo – as primeiras do Queen no exterior –, a banda embarcou em uma grande turnê no Reino Unido, na qual abria para o Mott The Hoople. O espaço para a banda de abertura foi pago pela EMI, a primeira vez que a empresa desembolsou dinheiro para que um grupo abrisse um show, e isso não saiu barato, cerca de nove mil libras na época (o equivalente a setenta e seis mil libras em 2016), mas a gravadora sabia que o público da turnê era perfeito para experimentar a música do Queen e as performances extravagantes de Freddie.

A turnê de vinte e quatro datas agendadas começou no dia 12 de novembro, no Leeds Town Hall, após dois shows esgotados no Imperial College London. O segundo recebeu uma crítica cheia de entusiasmo intitulada "Queen's Loyal Subjects" (Os súditos leais do Queen), em que a performance de Freddie foi destacada: "O líder da banda, Freddie Mercury, se empolgou no pequeno palco, agitando seu microfone de forma violenta e, ao mesmo tempo, sensual, enquanto o grupo tocava as músicas do primeiro álbum. O momento mais engraçado foi sem dúvida o primeiro bis – 'Big Spender', de Freddie, foi apresentada à la Shirley Bassey e, portanto, foi uma performance com escandalosa afetação". Para concluir, a escritora Rosemary Horide observou: "Se o Queen for tão bom assim na turnê com o Mott The Hoople (que começa na semana que vem), é melhor o Mott tomar cuidado. O Queen pode acabar sendo um pouco mais do que apenas uma banda de abertura".[7]

Em 21 de novembro, o Queen abriu para o Mott The Hoople no Preston Guildhall, que tinha na plateia Marc Almond, de dezesseis anos: "Fui sozinho porque nenhum dos meus amigos realmente gostou do Queen ou entendeu a proposta da banda", lembra ele. "Eu gostava de Mott The Hoople, mas o Queen era muito mais empolgante, e Freddie era ainda mais encantador. Eles estavam na fase preto no branco. Freddie era um grande showman, e fiquei intrigado com a maneira como usava meio pedestal do microfone como uma espada ou um falo. Ele era muito magro, fazia piruetas e tinha uma postura muito semelhante à de um dançarino de balé. Como era a banda de abertura, não parecia haver muitas luzes extravagantes, nem mesmo um som excelente, apenas muita fumaça. Mesmo assim, apesar de todas as exibições e habilidades de Freddie no palco, com certeza, o Queen era uma banda com quatro integrantes: a guitarra de Brian com seu som distinto, a bateria e harmonias extravagantes de Roger e o baixo sólido de John Deacon. Freddie era uma *estrela*, mas não era o show do Freddie".

"Fiquei tão extasiado com o show do Queen que nem assisti à apresentação do Mott até o final – além disso, eu tinha de pegar o último ônibus de volta para Southport. O Queen ofuscou o Mott, surgindo como algo diferente e novo. Freddie era a nova 'estrela do pedaço'."[8]

Em dezembro, o Queen abriu para o Mott The Hoople por duas noites no Hammersmith Odeon, em Londres. Foi um show com a participação do DJ, autor e radialista Paul Gambaccini, que, depois de testemunhar a performance naquela noite, ecoaria os comentários de Rosemary Horide: "Fui ao lendário show no Hammersmith Odeon", lembra Gambaccini, "em que o grupo abria para o Mott The Hoople, e achei que esses caras não seriam a segunda opção por muito tempo".[9]

Apesar disso tudo, o Queen não estava avançando nas paradas de sucesso. "Fizemos alguns shows por conta própria, algumas apresentações pequenas", lembra Brian May. "Depois abrimos para o Mott The Hoople, percorremos o país inteiro e tivemos uma boa resposta do público. Aí pensamos: 'Sim, finalmente estamos chegando a algum lugar', e o tempo todo acompanhando o single e o álbum, e nada aparecia nas paradas".[10]

Após quatro shows menores para encerrar o ano, o Queen começou 1974 sem saber o que esperar e se perguntando se aquele seria o ano em que eles finalmente teriam a oportunidade. O álbum de estreia não explodiu nas paradas de sucesso (na verdade, o álbum só apareceria no 24º lugar em fevereiro de 1976, com o sucesso de "Bohemian Rhapsody"), enquanto o primeiro single, "Keep Yourself Alive", nem aparecera na lista. O apoio significativo do Trident obrigava o Queen a ter sucesso, e foi questão de tempo para que o estúdio apostasse em outra banda. Nenhum dos integrantes do Queen conseguiu ganhar uma quantia exorbitante com seus esforços – como o salário era de apenas trinta libras por semana, eles precisavam de um hit. E rápido.

Contratado para se apresentar no Festival Sunbury em Melbourne, na Austrália, em fevereiro, o Queen começou o ano de maneira desastrosa. Brian May teve uma infecção no braço após tomar as vacinas obrigatórias para visitar a Austrália e teve complicações graves, a ponto de temer ter o braço amputado por causa da gangrena do tecido. Com Brian ainda se recuperando, o Queen deixou o Reino Unido rumo à Austrália em 28 de janeiro, levando o próprio equipamento e equipe de iluminação, mas, desde o início, a viagem parecia amaldiçoada. Enquanto Brian se recuperava, os técnicos da Austrália ficaram irritados com o fato de o Queen ter levado a própria equipe. E as bandas locais não entendiam por que um grupo britânico relativamente desconhecido era a principal atração do festival, em vez de um grupo australiano. Como se não bastasse a doença de Brian, Freddie teve uma infecção no ouvido e precisou ser medicado, ficando sonolento e com a audição prejudicada.

Como eram profissionais sérios, Freddie e Brian subiram ao palco em Melbourne com Roger e John, mas somente após um atraso significativo – a banda exigiu que a apresentação fosse à noite para que o equipamento de iluminação grande e caro proporcionasse a luz ideal. Consequentemente, a multidão australiana, já irritada por ter uma banda bretã como atração principal, foi ficando cada vez mais possessa com o atraso. O Queen já estava amaldiçoado no momento em que subiu ao palco, e as coisas só pioraram quando o sofisticado equipamento de iluminação falhou na metade do show.

No dia seguinte, a imprensa australiana arrasou com a banda, então o Queen decidiu cancelar o próximo show que faria e voltar direto para o Reino Unido, pagando os custos do próprio bolso. Naturalmente, a partida do grupo apenas forneceu mais munição à imprensa australiana, mas Freddie já havia dito à multidão que "quando o Queen voltar para a Austrália, seremos a maior banda do mundo". Em fevereiro de 1974, esse momento parecia muito distante. A turnê australiana havia sido um fiasco caro, e o lançamento do single "Liar" nos Estados Unidos também foi um desastre absoluto, afundando sem deixar rastros.

Mas a oportunidade de que o Queen precisava chegou em 18 de fevereiro de 1974, de forma indireta, graças a um artista com quem a banda dividiu o primeiro lugar nas paradas de sucesso em 1981 – David Bowie. Bowie estava escalado para aparecer no programa *Top of the Pops* da BBC, na quinta-feira, 21 de fevereiro de 1974, para apresentar seu single "Rebel Rebel", mas teve de desistir de última hora, levando o produtor do programa, Robin Nash, a procurar rápido um substituto. Ele ligou para Ronnie Fowler, então chefe de promoções da EMI. Fowler tinha um carinho especial pelo Queen, principalmente pelo novo lançamento planejado da banda, "Seven Seas of Rhye", e sugeriu que o grupo fosse a atração substituta. Nash ficou muito feliz por ter conseguido uma banda, e, dois dias depois, em 20 de fevereiro, o Queen se preparou para aparecer no programa.

Em meados da década de 1970, o *Top of the Pops* alcançava uma audiência média de quinze milhões de espectadores. Para o Queen, essa exposição seria inestimável, uma vitrine sem precedentes para a banda e o novo single. Nenhum dos integrantes tinha televisão naquela época. Então, na noite de quinta-feira, em 21 de fevereiro, Freddie, Brian, Roger e John se aventuraram a ir a uma loja de eletrônicos para espiar pela vitrine uma das televisões em exibição e se ver tocando no programa pela primeira vez.

Disposta a explorar essa grande chance, a EMI acelerou o lançamento do single "Seven Seas of Rhye" dois dias depois e, em semanas, a canção entrou para o Top 10 do Reino Unido. Com um tempo de execução de menos de dois minutos e cinquenta segundos, essa música complexa começa com um arpejo distinto no piano, antes que os outros instrumentos entrem no corpo principal da música. Compositor da música, Freddie foi indagado em 1977 sobre o significado da letra: "Ai, meu Deus! Você nunca deveria me perguntar isso. Minhas letras servem para as pessoas interpretarem o que quiserem. Eu esqueci a que elas de fato se referem. É realmente uma invenção, eu sei que parece que estou me esquivando ou tentando o caminho mais fácil, mas simplesmente é isso. É apenas uma invenção da cabeça".[11]

Na mesma entrevista, perguntaram se Freddie pensava a composição de uma perspectiva surrealista, mas ele preferiu chamá-la de "imaginativa": "Tudo depende do tipo de música, na verdade. Naquela época, eu estava aprendendo muitas coisas, como a estrutura da música ou a extensão das letras, isso tudo é muito difícil para mim. Eu considero como uma tarefa e tanto, e o meu forte é realmente a melodia. Eu me concentro nisso primeiro – na melodia –, depois na estrutura da música, e aí é que surge a letra de fato".

Como "Seven Seas of Rhye" estava se tornando um sucesso e tinha alcançado o Top 10 do Reino Unido, Freddie enfim se sentiu confiante para se concentrar apenas na música e construir uma carreira no ramo. Apesar de ser o compositor do hit no Top 10, os *royalties* ainda não estavam entrando – e demoraria um pouco para que isso acontecesse –, mas, no que dizia respeito a Freddie, ele tinha chegado ao auge.

# - 14 -

No início da década de 1970, Freddie e o Queen estavam começando a ter alguma reputação no cenário da música ao vivo e conquistaram um número razoável de fãs. Nessa época, Freddie alugava um apartamento com Mary Austin. Parecia um relacionamento heterossexual normal para todos os amigos e colegas – e até para a própria Mary. Quando ela acompanhava Freddie nos shows do Queen naqueles primeiros anos, tinha de testemunhar o assédio das garotas quando ele deixava o palco.

"Freddie se saía tão bem no palco, como eu nunca o tinha visto antes, parecia algo que ele tinha guardado dentro dele", lembra ela. "Pela primeira vez, senti: 'Aqui tem uma estrela em construção. Ele está no caminho certo. Acho que não precisa mais de mim.' Não fiquei chateada ou com vontade de chorar. Fiquei feliz porque as coisas estavam dando certo para o Freddie, por causa do talento dele. Quando saiu do palco, todas as garotas e os amigos se amontoaram ao seu redor. Ele estava muito ocupado. Comecei a me afastar, e ele veio correndo atrás de mim. Freddie perguntou: 'Aonde você está indo?' Eu disse que estava indo pra casa. Mas ele não me deixou ir. Naquela noite, percebi que tinha de concordar com aquilo e fazer parte também. À medida que as coisas foram decolando, eu acompanhei seu desabrochar. Foi maravilhoso observar aquilo. Tinha algo em assistir àquilo tudo que era empolgante. Fiquei tão feliz que ele queria ficar comigo".[1]

Uns dois anos depois de se conhecerem e irem morar juntos, Freddie e Mary saíram do quarto alugado na Victoria Road e encontraram um apartamento maior e independente na Holland Road, que custava dezenove libras por semana de aluguel. A essa altura, a determinação e a dedicação de Freddie estavam começando a render frutos: o Queen assinara um contrato com a gravadora e o primeiro hit fora lançado. No que dizia respeito a Mary, tudo estava indo bem. "Eu me sentia muito segura com ele. Quanto mais eu o conhecia, mais o amava pelo que ele era. Freddie tinha qualidades como ser humano, o que eu acho raro hoje em dia. Uma coisa que sempre foi constante era o amor. Sabíamos que podíamos confiar um no outro e estávamos seguros. Sabíamos que nunca nos machucaríamos de propósito".[2]

Mas não demorou muito para que Freddie traísse Mary escondido. Na Elektra Records, ele conhecera David Minns, um executivo de gravadora abertamente gay de vinte e cinco anos. Em uma noite, os dois estavam bebendo juntos em um clube na King's Road, quando Freddie chocou Minns com uma demonstração de afeto em público: "Ele me agarrou e me beijou, e fiquei muito chocado porque não beijo pessoas que não conheço. Não naqueles dias, pelo menos. E eu pensei que era uma coisa muito estranha de se fazer, porque eu não tinha ideia de que ele poderia ser gay. Vamos esclarecer uma coisa: ele me perseguia. Freddie era muito obsessivo com as pessoas, simplesmente não deixava você em paz. Era muito gentil, sabe, um cara muito legal, e eu pensei 'por que não?'"[3]

Quando começaram a ter um caso, Freddie sempre dizia a Minns que Mary era apenas uma amiga, mas ele logo seria descoberto: "Ele havia me dito que dividia um apartamento com Mary e que não tinha um relacionamento com ela. Uma noite, voltamos com Mary para a Holland Road. De repente, me ocorreu que o imóvel era de um quarto. Comecei a juntar dois e dois e percebi que o relacionamento entre Mary e Freddie era um pouco mais íntimo do que ele me dissera. Ele a estava traindo".[4]

Outras pessoas que conviviam com Freddie achavam seu relacionamento com Mary estranho. Tony Brainsby, o primeiro relações-públicas de Mercury, diz: "Quando comecei a trabalhar com Freddie, Mary já estava com ele. Eles pareciam muito próximos, mas eu sempre achei isso muito estranho porque ele era tão gay".[5] E o amigo de Freddie, Peter Straker, não aprovava o caso de Freddie: "Mary era a namorada dele. Eu sabia que ele continuava com David e não participei de nada daquilo porque não queria me envolver. Era uma situação muito difícil, e eu não gostei porque ele deveria ter contado pra ela".[6]

Quando a carreira de Freddie decolou, a distância entre Mary e ele aumentou. Freddie começou a voltar para casa tarde, quando retornava, e ela suspeitou que ele estivesse tendo um caso, mas, naturalmente, dadas as circunstâncias, presumiu que fosse com outra mulher. "Mesmo que eu não quisesse admitir por completo, percebi que algo estava acontecendo", diz ela. "Embora eu não soubesse o que era, decidi conversar com Freddie e disse a ele: 'Tem alguma coisa rolando e sinto como se estivesse colocando você em uma coleira. Acho que é hora de eu ir embora'. Mas ele insistiu que não tinha nada errado".[7]

Aparentemente, Freddie precisava da estabilidade que Mary lhe proporcionava. Mesmo na vida adulta dele, como sugere Lesley-Ann Jones, Mary tinha se tornado a "'matriarca da família' de Freddie, uma comitiva amplamente gay de funcionários que também serviam de amigos".[8] Freddie estava incrivelmente inseguro quanto às consequências para o relacionamento dos dois caso contasse à Mary que era homossexual. Ele começou a evitá-la, ficando fora quando ela estivesse em casa e vice-versa, e se esquivou de qualquer tipo de confronto. "Eu senti que algo estava acontecendo, e as coisas esfriaram. Os sinais eram claros. Nós simplesmente não estávamos mais tão próximos", reflete ela.[9] Naquela situação, o relacionamento deles não poderia durar muito mais tempo e, então, um dia, na cozinha, Freddie disse que tinha uma confissão a fazer. Foi uma revelação que mudaria o relacionamento deles para sempre. "Ele disse: 'Eu acho que sou bissexual.' Eu falei para ele: 'Eu acho que você é gay'. E nada mais foi dito. A gente apenas se abraçou. Eu achava que Freddie estava sendo muito corajoso. Demorei um tempo para compreender, porque era um pouco ingênua".[10]

As revelações sinalizaram o término do relacionamento, mas não o fim da amizade. Aliás, a ligação ficou ainda mais forte. Mary saiu do apartamento e encontrou um lugar pequeno para morar nas proximidades, pois Freddie queria que ela ficasse perto dele: "Eu via o apartamento de Freddie do meu banheiro", lembra.[11] Depois, a gravadora de Freddie acabou comprando a propriedade para Mary, e eles continuariam a se ver com frequência.

Ao refletir sobre o relacionamento deles, Mary revela o alívio que sentiu quando Freddie finalmente lhe disse que era bissexual: "Foi de fato um alívio ouvir isso dele, supor que esse era realmente o problema dos últimos dois anos dos seis em que estivemos juntos, e saber que eu tinha mais ou menos adivinhado. Então foi um grande alívio para mim. Senti que tirei um enorme peso dos ombros e gostei do fato de ele ter sido honesto e franco. Certamente, uma vez discutida e resolvida essa questão, ele passou a ser uma pessoa diferente de novo. Era parecido com a pessoa que conheci anos antes. Era mais ele mesmo, mais relaxado, mais feliz, e eu acho que Freddie nunca pensou que eu seria favorável a ele se tornar gay, mas eu fui porque era parte do ser dele e era bom vê-lo em harmonia consigo mesmo. Foi mais que agradável, foi maravilhoso. Ele era uma pessoa tão feliz; era impossível negar ao Freddie o direito de estar feliz consigo mesmo".[12]

O jornalista David Wigg entrevistou Freddie várias vezes e testemunhou em primeira mão a natureza da amizade entre Freddie e Mary: "Era uma relação extraordinária, que se tornou como aquela entre irmãos, mas eles começaram como amantes. A única pessoa com quem ele se sentia à vontade, bem e verdadeiramente à vontade, era Mary, que foi, na minha opinião, o amor mais verdadeiro da vida dele".[13]

Quando Freddie refletia sobre o relacionamento com Mary, ele só conseguia ecoar os sentimentos de Wigg: "Estávamos mais próximos do que nunca, embora tivéssemos deixado de morar juntos depois de sete anos. Nosso caso de amor terminou em lágrimas, mas um vínculo profundo surgiu a partir disso, o que é algo que ninguém pode tirar de nós. É inalcançável. As pessoas sempre me perguntam sobre sexualidade e todas essas coisas, desde o início, mas eu não consegui me apaixonar por um homem da mesma maneira que amei a Mary".[14]

# - 15 -

Somados à confiança de Freddie, a sorte e, em certa medida, o destino pareciam estar presentes em sua carreira. "Seven Seas of Rhye" chegou ao Top 10 no momento em que o Queen embarcava em uma grande turnê pelo Reino Unido – um evento que já tinha sido planejado para promover o novo álbum, *Queen II*.

A turnê começou no Winter Gardens, em Blackpool, em 1º de março de 1974, e apresentaria o Queen com figurinos desenhados por Zandra Rhodes. "Freddie tinha adorado as blusas que fiz para Marc Bolan", lembra ela, "e o que eu estava fazendo com diversos tecidos naquela época, e me procurou sabendo muito bem o que queria".[1] Posteriormente, Freddie revelaria que precisava de um visual de show para fazê-lo se sentir mais seguro. Mais uma vez, era uma tentativa de criar uma personalidade que o distanciasse do garoto de Zanzibar. Freddie Bulsara não existia mais, e já fazia algum tempo. Ele se transformara em Freddie Mercury – tão somente Freddie Mercury –, e os figurinos, o estilo, o visual e a performance o ajudaram a cultivar esse alter ego.

No entanto, apesar da mudança de nome e da adoção de uma personalidade diferente através de sua persona de palco, parecia que lá no fundo Freddie ainda estava preocupado com sua orientação sexual e com os possíveis impactos no aumento da popularidade da banda, caso ela viesse a público. Durante um tempo livre em um show da turnê pelo Reino Unido, na fase em que desfrutava as glórias pelo sucesso recente de "Seven Seas of Rhye", Freddie confidenciou seus medos ao amigo Pat Johnstone, que ajudava a administrar o fã-clube do Queen: "Ele disse: 'Patti, eu preciso muito falar com você. Preciso muito mesmo falar com você. Estou apaixonado pelo David'. Eu respondi: 'Como assim? Você mora com a Mary'. Ele falou: 'Eu sou gay e não posso contar a ninguém, porque isso vai destruir tudo'. Então só falei: 'Bem, desde que não te destrua, só isso que importa'. Ficamos na mesa tomando uns coquetéis, e eu não sabia o que dizer. Se assumir? Não se assumir? O que eu deveria dizer? Ele amava a Mary. Nunca deixou de amar a Mary. Ela era a pessoa mais doce e adorável. Amava Freddie e teria feito qualquer coisa por ele – todos nós teríamos".[2]

Quando a turnê terminou, em Birmingham, em 2 de abril de 1974, o Queen havia estabelecido sua reputação, em parte graças à boa colocação de "Seven Seas of Rhye" nas paradas, à notoriedade que Freddie estava ganhando pelas apresentações ao vivo e ao lançamento do segundo álbum, *Queen II*, que subiu para a quinta posição nas paradas do Reino Unido. Mas a reação da crítica a esse disco foi mista: a *Disc* afirmou que *Queen II* "seria um álbum de sucesso", enquanto a revista *Rolling Stone* o considerou "um caso problemático e infelizmente pouco original".[3] Já o *Record Mirror* escreveu: "Agora é o fim, a escória do glam rock. A banda com o pior nome coroou essa conquista duvidosa ao produzir o pior álbum de muitos anos".

Apesar dessas críticas, o Queen tinha um single no Top 10 e um álbum no Top 5: eles tinham entrado nas paradas. Mas Freddie fazia questão de destacar o quanto a banda tinha batalhado para chegar até ali: "A maioria das pessoas deve achar que foi uma história de sucesso da noite para o dia, mas na verdade já faz um tempo que estamos aí, percorrendo o circuito de clubes, casas noturnas e tudo mais, sem ter um contrato de gravação. Desde o primeiro momento, sempre houve algum tipo de pressão comercial. Foi uma verdadeira corrida de obstáculos. Eu sempre vou defender que as coisas não correm só de vento em popa para uma banda de muito sucesso; se for assim, há algo errado. Se é fácil demais, atinge-se o auge e é só isso".[4]

Mas o Queen ainda não havia atingido o auge, longe disso. Pelo contrário, ainda era uma banda secundária quando embarcou para os Estados Unidos, em abril de 1974, para realizar uma turnê com quarenta apresentações, abrindo para o Mott The Hoople. O novo álbum, *Queen II*, tinha alcançado apenas o 83º lugar nas paradas americanas, e o single "Seven Seas of Rhye" nem sequer chegara às paradas, mas a banda viu a viagem como uma excelente oportunidade, após ter participado da turnê britânica do Mott. Contudo, a ida para um país estrangeiro foi novamente desastrosa. Brian May desmaiou e foi diagnosticado com hepatite. A participação do Queen acabou depois de apenas vinte shows, e os integrantes pegaram um voo para a Inglaterra, sendo substituídos pelo Kansas até o fim da programação.

Apesar de ter deixado a turnê mais cedo, o Queen deixou uma forte impressão no vocalista do Mott The Hoople, Ian Hunter: "Eles tinham tudo planejado", diz ele. "Tipo, se não chegarmos ao nível tal daqui a dois anos, vamos cair fora, e eles fizeram exatamente o que disseram que iriam fazer".[5]

De volta ao Reino Unido, Brian May compôs da cama do hospital, onde passou seis semanas internado, e Freddie, Roger e John começaram a trabalhar no próximo álbum. Roy Thomas Baker também seria o produtor desse disco, gravado em dois locais: Rockfield Studios, no País de Gales, e Trident Studios, no Soho. Brian iria somente aos estúdios no País de Gales de vez em quando, com o plano de voltar a assumir a guitarra e a segunda voz em uma etapa posterior do álbum, intitulado *Sheer Heart Attack*.

Freddie compôs seis das treze canções do novo álbum: "Flick of the Wrist", "Lily of the Valley", "In The Lap of the Gods", "Bring Back That Leroy Brow", "In The Lap of the Gods... Revisited" e o maior sucesso do álbum, "Killer Queen". Juntas, demonstram uma capacidade notável de compor músicas em diferentes gêneros e estilos. Tem o tom pesado, sombrio e agressivo de "Flick of the Wrist", o tributo aos anos 1920, ao estilo do teatro de vaudevile e toques de uquelele de "Bring Back That Leroy Brown" e, finalmente, a elegante, excêntrica e melódica "Killer Queen", um single diferente de qualquer outro na época de seu lançamento, que alçou o Queen à fama internacional.

"'Killer Queen' é uma música muito diferente do meu estilo habitual de escrita", disse Freddie em uma entrevista, em 1974. "Na maioria das vezes, a música vem primeiro, mas as palavras surgiram para mim, e o estilo sofisticado que eu queria dar à música veio primeiro. Não, na verdade eu nunca conheci uma mulher assim. Muitas canções minhas são fantasias. Posso sonhar com coisas de todos os tipos. O mundo em que vivo é desse jeito. Tem muito uma espécie de extravagância, e é assim que escrevo. Adoro isso. 'Killer Queen' foi escrita em uma noite. Não estou sendo convencido nem nada, é que simplesmente tudo se encaixou. Rabisquei as palavras no escuro num sábado à noite, juntei tudo na manhã seguinte e passei o domingo todo trabalhando, e foi isso. Eu consegui. A ideia ficou clara. Foi ótimo".[6]

A *NME* afirmou sobre a canção: "É um divisor de águas porque é bem diferente do som barulhento de heavy metal ao qual já estamos acostumados com o Queen, o que justifica algo que eles tinham reivindicado para si, a 'versatilidade'. É mais uma mistura de Beach Boys com os Beatles dos primeiros anos e a *music hall* dos anos 1920. Muito boa, para falar a verdade".[7]

Freddie comentaria sobre essa questão: "As pessoas estão acostumadas com uma música enérgica, hard rock do Queen, mas no caso desse single quase esperamos que seja cantado por Noël Coward. É um daqueles números com chapéu-coco e suspensórios pretos – não que Coward usaria isso".[8]

Outra pessoa que se impressionou com "Killer Queen" foi o compositor Mike Moran: "Eu fazia todos os shows do Kenny Everett. Kenny era um ótimo amigo e lembro que ele passava horas falando sobre o Queen nos anos 1970. Demorou um tempo para eles se estabelecerem, mas me lembro de um almoço com Everett em que ele disse: 'Vou tocar uma coisa no rádio, dá uma conferida hoje à tarde'. Aí eu estava dirigindo, passando pelo Regent's Park, e ele falou: 'Escutem só isso, é a melhor música que alguém já fez', e tocou 'Killer Queen'. Bom, eu até parei o carro para ouvir; é muito impressionante. E me perguntei: 'Mas o que é isso?' É simplesmente extraordinário: a produção, a musicalidade, tudo que está ali, os vocais, a letra. Era algo tão estranho de se ouvir no rádio naquela época".[9]

"Killer Queen" daria a Freddie seu primeiro Ivor Novello Award, mas sobre o que era essa canção? Quem foi a "Killer Queen" (Rainha Assassina) do título? E isso teria alguma conexão com o caos em que Freddie se encontrava em relação à sua sexualidade naquela fase? Ao ser indagado sobre a questão, Freddie respondeu: "É sobre uma garota de programa de luxo. O que tentei dizer é que pessoas elegantes também podem ser putas. Essa canção trata disso, apesar de eu preferir que cada um faça sua própria interpretação – para entender o que quiser".[10]

Mas o promotor da EMI responsável pelo Queen na época, Eric Hall, tem outra teoria: "Ele [Freddie] era apaixonado por mim, não sei por quê. Eu fazia o tipo dele? Imagino que sim. Ele me disse que essa canção ['Killer Queen'] era sobre mim. Falou assim: 'Eu sou a rainha, Eric, e você está me matando porque não posso te ter'. Claro, toda vez que ouvia 'Killer Queen' no rádio ou quando o vi no *Top of the Pops* pela primeira vez, eu sabia o que tinha passado na cabeça dele ao escrever a canção. Se bem me lembro, a letra dizia: 'Ela tem Moët Chandon guardado em seu armário chique'. Eu tinha champanhe guardado no meu pequeno armário chique. Eu usava um permanente gigantesco, como Maria Antonieta. Mas lá estava 'Killer Queen' no *Top of the Pops*! Fui a inspiração dessa canção porque ele gostava de mim".[11]

"'Killer Queen' foi o divisor de águas", lembra Brian May. "Foi a canção que mais bem resumiu nosso tipo de música, um grande sucesso, e precisávamos urgentemente dela como um marco de algo bem-sucedido acontecendo para nós".[12]

A canção foi lançada como single em 21 de outubro de 1974 e virou o primeiro grande sucesso do Queen, alcançando a segunda posição na parada de singles do Reino Unido e a 12ª na Billboard Hot 100 dos Estados Unidos. O álbum, *Sheer Heart Attack*, chegou às lojas algumas semanas depois e alcançou o segundo lugar nas paradas do Reino Unido, com mais de trezentas mil cópias vendidas. Fora isso, entrou no Top 10 americano.

A revista *Rolling Stone* afirmou o seguinte sobre o álbum: "*Sheer Heart Attack* também é, como seus dois predecessores, uma bela construção esplendorosa. Se é difícil amá-lo, não é difícil admirá-lo: essa banda é habilidosa e, afinal de contas, ousada".[13] Já a *NME* chamou o álbum de "um banquete, sem nenhum incompetente, e com quatro músicas que vão tocar sem parar".[14]

Para promover o álbum, o Queen passou o resto do ano liderando uma turnê britânica, além de se aventurar na Europa e fazer shows com ingressos esgotados na Suécia, Finlândia, Alemanha, Holanda, Bélgica e Espanha.

Apesar de Eric Hall ter sugerido que "Killer Queen" era sobre ele e que Freddie era gay, na época o cantor ainda morava com Mary Austin em Londres e, para quem olhasse de fora, parecia que ele tinha um relacionamento heterossexual comum. No entanto, durante a turnê no Reino Unido, John Anthony, que tinha acompanhado a banda até Sunderland, foi exposto à verdadeira natureza do dilema sexual de Freddie. Após o show, já no hotel, Anthony tinha voltado para seu quarto para dormir, mas foi acordado no meio da noite por um telefonema de Freddie, com o pedido de que fosse ao quarto dele.

"Lá estava o Fred sentado na cama, de pijama e touca de dormir", lembra Anthony, "e tinha duas garotas paradas em pé no quarto dele. Fred falou: 'Livre-se delas, Johnnypoos'. Então eu expliquei que Fred tinha um longo dia pela frente na manhã seguinte, que estava muito cansado e que seria melhor elas irem embora". Assim que elas se foram, Freddie disse a Anthony que era gay e pediu que ele contasse para Mary Austin em seu nome. Mas Anthony se recusou a fazê-lo e voltou para seu próprio quarto.[15]

No fim de 1974, Freddie tinha claramente se metido em uma crise pessoal sobre sua sexualidade, e tanto Eric Hall quanto John Anthony sabiam disso. Logo Freddie se envolveria com David Minns, mas Mary Austin só ficaria sabendo desse relacionamento depois de um tempo.

Nesse mesmo fim de ano, o Queen se meteu em uma disputa sobre dinheiro. Apesar do sucesso em 1974, pouca grana estava entrando nas contas pessoais deles. O Trident havia aumentado o salário de cada um para sessenta libras por semana (o que, em 2016, valeria cerca de seiscentas e cinquenta libras), mas, na cabeça de todo mundo, a banda era milionária.

Conforme Norman Sheffield recorda: "Freddie tinha encontrado a aclamação que desejara a vida toda. Ele se sentiu como um deus. Infelizmente, ele também começou a agir como tal. Aí exigiu um piano de cauda.

Quando neguei, Freddie deu um soco na minha mesa e disse: 'Eu preciso comprar um piano de cauda'. Eu não fiz por mal. Sabíamos que iria jorrar uma quantia enorme de dinheiro por conta do Queen. Expliquei que já estávamos recebendo uma grana, mas a maior parte ainda não tinha entrado. 'Mas nós somos estrelas. Estamos vendendo milhões de discos', disse Freddie. 'E tem três anos que eu moro no mesmo apartamento'. Tínhamos investido muito dinheiro na banda. Fizemos adiantamentos de salários e de equipamentos para eles bem no começo e continuamos a investir dinheiro neles durante quatro anos. Freddie não levava em conta o fato de que a banda devia ao Trident quase duzentas mil libras [o equivalente a mais de dois milhões e cem mil libras em 2016]. Consigo lembrar como foi a conversa. 'O dinheiro vai entrar em dezembro', eu disse. 'Então aguarde'. Foi aí que ele soltou a frase que ficaria famosa no mundo todo nos anos seguintes, embora ninguém soubesse como surgira. Freddie bateu o pé e falou alto: 'Não, não aguento esperar nem mais um minuto. Eu quero tudo. Eu quero agora'."[16]

Freddie e os companheiros de banda não estavam satisfeitos e contrataram os serviços de um jovem advogado, Jim Beach, para começar a livrá-los dos contratos com o Trident. Essas negociações durariam meses e custariam à banda uma pequena fortuna, um valor que nenhum deles possuía naquele momento. Entretanto, isso logo mudaria: 1975 viria a ser o ano em que o Queen alcançou o estrelato mundial e teve que lidar com todos os reveses que vêm com tanto sucesso, boa parte por conta de Freddie Mercury. "Tem muitas coisas que queremos fazer, e sinto que temos todas as condições para realizá-las", disse ele em uma entrevista no início de 1975.[17]

Mas mesmo Freddie não poderia ter imaginado que o ano de 1975 traria tamanho sucesso – gerado sobretudo pela criação de sua obra-prima, "Bohemian Rhapsody".

# - 16 -

Em meados da década de 1970, apesar da hostilidade e dos abusos contínuos, emergiu uma subcultura gay no Reino Unido, e mesmo o sistema incorporou, até certo ponto, a cultura gay. Porém, essa integração foi expressa por uma predominância de representações estereotipadas de gays na cultura popular. De modo sistemático, esses estereótipos gays eram empregados sobretudo para fazer humor: em sua maioria, personagens a serem ridicularizados – ria-se deles, e não com eles –, dispostos a compactuar com as gargalhadas em tom de chacota dos espectadores. O personagem Clarence, do comediante Dick Emery, o sr. Humphries, interpretado por John Inman no *sitcom* da BBC *Are You Being Served?*, qualquer um dos personagens de Charles Hawtrey em *Carry On* e o número de *stand-up* de Larry Grayson na televisão – tudo isso reforçou esses clichês.

Os estereótipos gays puderam ser mantidos na década de 1970, de acordo com o escritor Philip Hensher, porque "a maioria das pessoas que assistia a comédias ou dramas muito provavelmente não sabia como era uma pessoa gay. E isso valia não só para os espectadores heterossexuais, mas também para os gays: muitos que sabiam que eram gays se sentiam solitários em relação a isso ou se viam como membros de uma comunidade pequena e ameaçada. As pessoas gays da vida real que a maioria dos britânicos poderia reconhecer ou identificar quase com certeza seriam as que reproduziam os estereótipos mais previsíveis. Os estereótipos dentro e fora da tela se reforçavam".[1]

Durante os meados dos anos 1970, foi a "afetação" desses personagens que retratou os gays como pessoas literalmente diferentes e os desumanizou. Além disso, dificultou bastante que os homens gays, em especial, fossem tratados com respeito e igualdade pelos homens heterossexuais e tornou praticamente impossível se assumir.

"O que havia de errado com esses retratos das pessoas gays", continua Hensher, "não era que fossem ofensivos ou imprecisos, tampouco que não tivessem graça. O problema era que se tratava de uma representação de apenas um aspecto limitado da experiência e das características dos gays. Em uma conversa, é muito comum que gays crescidos na década de 1970 digam que sabiam que não eram como o sr. Humphries [de *Are You Being Served?*], mas que pelos programas de TV ou pelos filmes não tinham ideia de que tipo de pessoa eles poderiam se tornar quando crescessem".[2]

Em 1975, entretanto, ocorreu uma mudança profunda na representação dos homens gays, quando um canal de TV produziu e exibiu o filme *Vida Nua*. Esse filme marcante, que conta a vida extraordinária do espalhafatoso homossexual Quentin Crisp, conquistou a Grã-Bretanha e fez Crisp virar uma celebridade da noite para o dia. John Hurt teve uma atuação inesquecível no papel principal, que lhe rendeu um Bafta.

Ao longo da vida, Crisp sofreu agressões e ataques constantes, mas se recusou com firmeza a abrir mão do seu estilo de vida. O filme não é nenhum drama radiante e romântico. Nega-se a glamorizar os acontecimentos e mostra uma série de incidentes que registram a evolução de Crisp de sua autodescoberta até os anos posteriores em que viveu em Nova York. Irremediavelmente honesta, essa obra sem dúvida ajudou a conscientizar as pessoas sobre a homossexualidade e a liberdade sexual. Mas ainda assim os meados da década de 1970 não deixaram de ser um período perigoso para "se assumir" para os amigos, a família e conhecidos e, em especial, para empregadores ou colegas de trabalho.

A subcultura gay continuou sendo sobretudo *underground*, separada em um gueto, escondida. Isso levou à criação de organizações como o Centro da Comunidade Gay do Sul de Londres, em Brixton, por pessoas determinadas a assumir publicamente a identidade gay. A comunidade ocupou sem autorização espaços nas estradas Railton e Mayall e experimentou novos arranjos de vida comunitária voltada para pessoas gays – pessoas que precisassem fugir de situações opressivas ou que apenas ficassem contentes por encontrar a companhia de gays que se assumiram com orgulho em vez de viverem confusas e isoladas.

Contudo, comunidades como essas permaneceram marginalizadas, ocupando, como era o caso dessas duas, áreas carentes do centro da cidade, onde as taxas de desemprego e criminalidade eram altas e havia um déficit crônico de moradia em meio a prédios em ruínas e à degradação do meio ambiente. Da mesma forma, à noite, as comunidades gays em busca de entretenimento ficavam restritas a seus próprios clubes e espaços *underground*: fossem clubes privados para sócios que ofereciam, a portas fechadas, atrativos como jantar, dança e cabaré para a elite gay, fosse uma escapadinha sigilosa em uma pista de dança espremida para jovens gays dançarem a noite toda, escondidos das agressões que enfrentavam no mundo de fora. E foi nesses clubes que começou a americanização da cultura gay britânica, em parte, graças à proeminência da discoteca.

Embora haja tanto quem argumente que as discotecas começaram a fazer parte da vida noturna na Nova York dos anos 1960, em clubes como Regine's, Le Club e Ondine, quanto quem afirme que isso aconteceu em Paris, com o Chez Castel ou o Chez Rezine, é indiscutível que a verdadeira ascensão dos clubes gays ocorreu no início dos anos 1970, em Nova York. Foi nessa época que as discotecas gays *underground*, como Loft, Tenth Floor e 12 West, deram origem à cultura disco, que testemunhou corpos suados rodopiando na pista, ritmos enérgicos e pulsantes, o piscar das luzes estroboscópicas, o uso explícito de drogas, a prática de sexo no local e pessoas dançando sem parar até o amanhecer.

Inaugurado por David Mancuso em 1970, no Dia dos Namorados, o Loft estava na vanguarda desse movimento. Ao promover festas informais, o clube de Mancuso atrairia a comunidade gay de Nova York, pois lá era possível dançar junto sem medo de uma ação policial (uma lei municipal de Nova York proibia que dois homens dançassem juntos). Pouco depois, foram abertos clubes *underground* na Filadélfia, em Chicago e São Francisco, que tocavam músicas classificadas mais tarde como "disco music". Ao lado de DJs como Larry Levan e Frankie Knuckles, David Mancuso contribuiu para influenciar o som da disco music, e logo artistas como The O'Jays, Isaac Hayes, Barry White e Gloria Gaynor definiram a música da era disco. Durante esse período, Levan e Knuckles começaram a tocar na infame Continental Baths, uma sauna gay conhecida como o espaço noturno mais hedonista de Nova York, à medida que a disco music se espalhou por toda a cidade e permeou a cultura gay do período até se disseminar para o grande público.

A americanização da cena da cultura gay britânica começou em Londres, em 1975, quando o promotor Richard Scanes (muito conhecido como Tricky Dicky) começou a realizar noitadas em locais tão distantes quanto Croydon, Ilford e Euston para reproduzir o sucesso de eventos semelhantes em Nova York. Ele alugava um bar e promovia noites gays, chamadas de "Dick's Inn Gay Disco", que atraíam mais ou menos cem rapazes e moças gays a cada edição. Mas foi ao organizar uma noitada na Fangs, localizada no subsolo de um hotel em Paddington, que ele descobriu que poderia atrair mais pessoas. Mais de seiscentos homens gays compareceram ao evento e se deleitaram com cada minuto daquela noite, esbaldando-se de dançar ao som de canções como "Never Can Say Goodbye", de Gloria Gaynor, que foi incluída de maneira audaciosa em um medley dançante de dezenove minutos, que juntou todas as faixas de um lado do disco que ela lançara com o mesmo título.

De repente, longas mixagens de músicas dançantes se tornaram fundamentais na cena da disco music e logo viraram um fenômeno mundial. Foi a partir da globalização desse estilo musical que surgiu, em 1975, um álbum produzido nos estúdios do produtor Giorgio Moroder, em Munique, que tinha uma batida intensa e repetitiva, sintetizadores e poucos vocais para criar um dos maiores sucessos dessa era. "Love To Love You Baby" era um afrodisíaco de vinil com dezessete minutos de duração, gravado pela cantora Donna Summer, de Boston, e que se tornou um hit do Top 10 mundial, apesar de ter sido banido pela BBC e por estações de rádio americanas devido "aos vinte e três segundos profusos em que Donna Summer simula um orgasmo, o que ela fez enquanto rodava sugestivamente com o suporte do microfone".[3]

Porém, com o mundo da disco music comandando todas as transmissões em 1975, como um épico de seis minutos, composto por três movimentos distintos, cujo âmago era uma seção de ópera, poderia ter sucesso?

Freddie Mercury não tinha nenhuma dúvida de que esse seria o destino de sua obra-prima. Mas poucos estavam tão otimistas quanto ele.

# PARTE DOIS

# - 17 -

O primeiro trabalho do Queen em 1975 foi o lançamento do single "Now I'm Here". Composto por Brian May, faria parte do repertório de show da banda nos anos seguintes. Alcançou o 11º lugar nas paradas do Reino Unido, mas nem chegou a ser lançado nos EUA, o que significava que, dos quatro primeiros singles do Queen, apenas os dois compostos por Freddie Mercury entraram no Top 10.

Enquanto isso, a banda se preparava para a próxima turnê pelos Estados Unidos, Canadá e Japão. Essa turnê gigantesca começaria em 5 de fevereiro e se estenderia até 1º de maio, mas, ao contrário da visita anterior aos EUA, quando realizava o show de abertura do Mott The Hoople, desta vez o Queen seria a atração principal.

Antes de partirem, John Deacon se casou com a namorada de longa data, a professora estagiária Veronica Tetzlaff, que já estava grávida. O evento aconteceu em janeiro, em Kensington. O visual escolhido por Freddie para a cerimônia era, dos pés à cabeça, o de uma estrela do rock cheia da grana: ele chegou de limusine, usando um enorme boá de penas e de braços cruzados com duas mulheres, uma de cada lado. Apesar das aparências, a verdade era que a banda estava com dificuldades financeiras e tinha cada vez mais dívidas. Deacon já havia solicitado a Norman Sheffield um empréstimo de dez mil libras para comprar uma casa,[1] mas ele recusou, como fizera com outros pedidos de dinheiro – o de Freddie para comprar um piano de cauda e o de Roger para trocar de carro. Como tinham três álbuns razoavelmente bem-sucedidos, dois singles no Top 10 e vários shows esgotados, Freddie e os companheiros de banda queriam mais retorno financeiro. Para piorar a situação, eles ficaram ainda mais desconfiados quando o Trident comprou um segundo Rolls-Royce para a gerência. Em 1975, o Queen contratou os serviços do advogado Jim Beach para garantir o rompimento dos contratos com o Trident, e isso se tornou uma saga em aberto enquanto a banda embarcava para a turnê americana.

"A gente só espera se divertir pra valer", disse Freddie antes da viagem para a América do Norte. "Estamos planejando ir ao Japão. Na verdade, mal posso esperar. Aquelas gueixas todas. E os garotos".[2]

Além do Japão, Freddie não via a hora de voltar, em especial, a Nova York. Ele só tinha ido à cidade uma vez, com o Mott The Hoople, no ano anterior. "O ritmo era bem frenético", lembrou. "Eu gostei principalmente por conta da recepção que tivemos. As pessoas nos diziam que a cidade pode ser muito violenta, mas eu gostei. Tem muita coisa para se ver, então depende de quanto tempo vai passar lá. A gravadora nos levou aos lugares mais óbvios de se conhecer, a todos os cantos, aos restaurantes e clubes. Quando voltarmos lá, vamos atrás de todos os outros lugares".[3]

Porém, menos de quinze dias após o Queen fazer dois shows no Avery Fisher Hall, em Nova York, o azar da banda no exterior se manifestou mais uma vez. Freddie começou a sofrer de problemas de voz depois de dois shows em um dia na Filadélfia e consultou um médico, que suspeitou que ele estivesse com nódulos na garganta e o aconselhou a descansar imediatamente, falar o mínimo possível e não cantar por pelo menos três meses.

Ao viajar para Washington, para um show no dia seguinte, Freddie ignorou a recomendação médica e subiu no palco. Foi uma decisão imprudente. Após o show no John F. Kennedy Center, ele consultou outro médico, que foi menos complacente e o diagnosticou com laringite grave. Por conta disso, os sete shows seguintes foram cancelados, já que ele foi forçado a tirar onze dias de folga. Ao retomar as apresentações no Wisconsin, Freddie percebeu na hora que ainda estava com problemas de voz, mas mesmo assim conseguiu chegar ao final da turnê, em Portland, somente para comprovar que esse show seria um exagero e que seria necessário cancelá-lo, apesar de toda a relutância.

Nessa turnê pelos Estados Unidos, de acordo com o escritor David Bret, Freddie começou a frequentar as várias cenas gays que encontrou em algumas das cidades mais liberais da América do Norte. Bem distante da imprensa britânica, era o lugar ideal para ele explorar sem ser identificado, além de ser um mundo do qual queria muito fazer parte. No entanto, conforme explica Bret, por pouco Freddie não foi "descoberto" em Ohio: "A imprensa americana (e, até aquele momento, também a britânica) não sabia absolutamente nada sobre suas discretas incursões pós-show na cena gay de cada cidade ou vilarejo da turnê e que, impossibilitado de fazer isso em Ohio, ele contratou 'muitos serviços' de uma agência especializada no assunto. Portanto, quase se deu mal quando o jornalista David Hancock, do obscuro – por sorte – *Record Popswop Mirror*, chegou para entrevistá-lo com trinta minutos de antecedência e foi levado ao seu quarto de hotel. Hancock o encontrou reclinado em uma pilha de almofadas, sendo servido por três jovens fortões e sarados, vestidos em trajes mínimos. O repórter – que na matéria se referiu a Freddie como 'The Quicksilver Girl' (A Garota Mercúrio) – ficou curioso para saber por que parecia que o cantor era incapaz de servir a própria bebida ou acender sozinho o cigarro. Freddie disse a Hancock, na expectativa de que ele acreditasse: 'Eles são criados, querido. Adoro ser mimado – é só algo que foi ficando mais forte pra mim. Quero dizer, não consigo preparar sozinho nem uma xícara de chá. Eu sou imprestável para isso, então tenho alguém para fazer por mim. Esse é o tipo de ambiente em que vivo, querido'."[4]

Mesmo assim, Freddie conseguiu esconder suas preferências sexuais de todos, inclusive dos demais integrantes do Queen, conforme partiram para uma semana de férias no Havaí e, em seguida, pousaram em Tóquio para uma sequência de oito shows no país. Ao ser recepcionado pela gritaria de três mil fãs, o Queen experimentou de repente algo semelhante à Beatlemania. Os shows reuniram multidões enlouquecidas pela presença da banda e foram um sucesso total, mesmo sem a iluminação e os elementos pirotécnicos que eram sua marca registrada e tinham sido proibidos pelas autoridades locais – as luzes não podiam ser apagadas porque, por segurança, todas as saídas precisavam permanecer iluminadas e visíveis.

Quando o Queen deixou o Japão, "Killer Queen" e *Sheer Heart Attack* estavam no topo das paradas de singles e de álbuns no país, e as bases de seu legado musical tinham se estabelecido no arquipélago. Além do mais, Freddie ficou muito impressionado com o Japão. Durante a turnê, ele e os companheiros de banda receberam uma enxurrada de presentes caros, o que fez com que começasse a comprar quimonos de seda. Freddie ainda deu início a uma coleção de arte japonesa, um gosto que cultivaria pelo resto da vida. Ficou fascinado com as *kagema-jaya* de Tóquio, as casas de chá frequentadas por soldados americanos após a Segunda Guerra Mundial, onde os prazeres proporcionados por rapazes gueixas podiam ser provados pelo preço correspondente. Freddie, no entanto, pareceu contente em ser apenas mimado por eles e não se envolveu em nenhuma atividade sexual.

Quando o Queen voltou ao Reino Unido, no começo de maio de 1975, descobriu que a disputa com o Trident não havia terminado. O processo continuou em andamento durante o verão, enquanto a banda trabalhava no novo álbum, e só em agosto chegou-se a um acordo para o Queen encerrar todos os compromissos com o Trident, mediante o pagamento de cem mil libras[5] ao estúdio e a renúncia de 1% dos *royalties* dos próximos seis álbuns da banda.

"Para o Queen", disse Freddie, "nossos ex-empresários estão enterrados. Eles deixaram de existir para qualquer função relativa a nós, seja ela qual for. A gente os deixou para trás como se faz com excremento. Nos sentimos muito aliviados".[6]

Após dispensar o Trident, o Queen fechou com um novo empresário, John Reid, por coincidência o mesmo de Elton John.

"Tinha um camarada na EMI chamado David Croker, e um dia ele me ligou para perguntar: 'Você está interessado em algum grupo?', pois eu não tinha nenhum naquela época", lembra Reid. Então Croker teria dito a ele: "Tem um grupo aqui chamado Queen, que está tendo problemas com os empresários e é realmente muito bom". Reid sabia quem eram graças aos dois singles deles, "Keep Yourself Alive" e "Killer Queen", mas precisava conferir pessoalmente se a banda conseguia se apresentar ao vivo.

"Eu sabia que, para arrebentar nos Estados Unidos – algo muito importante –, a banda tinha de ser capaz de fazer um grande show ao vivo, e ele falou: 'Claro, claro, eles são muito bons'. Aí comentei que precisava vê-los, e ele me ligou de volta e disse: 'Eles vão entrar no estúdio daqui a pouco, mas vão preparar um show para você'. Fui para Bridge Farm, entrei lá, e tinha um palco montado e uma instalação completa de iluminação – e eu! Eles tocaram durante quarenta minutos, e fiquei impressionado. Só um tempo depois que descobri que outros três ou quatro empresários foram convidados, e fui o único que apareceu. Então eu praticamente consegui o emprego pela ausência dos outros", recorda Reid.[7]

"Para uma banda que está começando, orientação e uma boa gestão com certeza são vitais", afirmou Freddie. "Mas as pessoas gostam de pensar que os artistas não têm cérebro, e sem dúvida é fácil afastar muitos deles do dinheiro que lhes pertence. Mas nós éramos mais astutos. Após o Trident, abordamos vários empresários de primeira linha para ter certeza de que tínhamos escolhido bem. Acontece que, na época, John Reid era a escolha certa. Ele piscou o olho para mim e eu disse: 'Por que não?' Ele foi ótimo, na verdade. Era o tipo de combinação que queríamos fazia anos. A abordagem e o método de trabalho dele eram muito corretos. Ele veio para negociar toda a estrutura de gravação, comercialização e gestão".[8]

"Fiquei intrigado com Freddie no começo", lembra Reid. "Falei na hora para Dave Croker: 'Claro que ele é gay, não é?' 'Ah, não, não, não, ele mora com uma garota, a Mary Austin'. Bom, isso não é incomum, sabe, mas ele *é* gay! Achei curioso o jeito deles. John Deacon era tipo o baixista por excelência, misterioso. Roger era um ótimo baterista, e Brian estava usando tamancos no dia, como faz até hoje. Fiquei intrigado com a origem de cada um e com o fato de que todos tinham frequentado universidade, em áreas diferentes, então sem dúvida eram inteligentes. E gostei das melodias, gostei das músicas. Aí me reuni com todos e conversamos – eles estavam sentindo qual era a minha, e eu, qual era a deles. Depois levei um por um para jantar. Freddie tinha pedido para eu passar no apartamento dele, onde morava com Mary, e fui lá buscá-lo. Quando entrei, ele estava tocando a trilha sonora de *Cabaret* a todo volume, e Mary era muito legal, um pouco tímida, mas não vi um equilíbrio ali."

"Fomos jantar em um restaurante na Fulham Road, só eu e Freddie. Sentamos e ficamos conversando. Ele era muito engraçado e tinha o hábito de tocar o lábio superior, aí eu disse assim: 'Talvez você devesse pensar em ajeitar os dentes'. Ele respondeu: 'Já os consertei!' No meio da conversa durante o jantar, falei: 'Olha, Freddie, tem uma coisa que eu acho que você deveria saber e espero que não faça diferença nenhuma para você ou para o resto da banda: você está sabendo que sou gay?' Ele largou a faca e o garfo e falou: 'Eu também sou, querido, nós vamos nos dar às mil maravilhas'."[9]

Ao retornar do Japão, Freddie recebeu um Ivor Novello Award por "Killer Queen" e se dedicou durante um tempo à produção de uma canção para um novo cantor e compositor, Ed Howell, que ele conhecera no Thursday Club, em Kensington. No entanto, Freddie se esforçou em vão, pois a canção "The Man From Manhattan" parou de ser tocada nas rádios quando se soube que o baixista americano não era afiliado ao Sindicato dos Músicos e nem sequer tinha um visto de trabalho válido no Reino Unido. Com isso, a carreira de Howell como artista caiu aos poucos no esquecimento, enquanto o próprio Queen deparava com um futuro incerto. Embora não tivesse sumido da cena musical, a opinião geral era a de que muita coisa dependia do sucesso do álbum e do single seguintes. A banda tinha uma dívida significativa, e qualquer indício de fracasso do próximo disco poderia significar que o grupo não iria sobreviver.

Assim, com essa pressão pairando sobre eles, o Queen se reuniu em uma casa de campo, em Hertfordshire, em agosto de 1975, para três semanas de ensaios antes das gravações de seu novo álbum, que se chamaria *A Night at the Opera* e seria produzido, mais uma vez, por Roy Thomas Baker. Todos os integrantes estavam cientes da importância desse disco. "Um pouco antes de *A Night at the Opera*, a gente estava passando por um período muito difícil", diz Roger Taylor. "Fizemos um álbum de muito sucesso, *Sheer Heart Attack*, que achávamos muito bom, com um ótimo desempenho, tivemos um grande hit mundial, 'Killer Queen', e estávamos falidos. Era preciso dar uma guinada, então contávamos totalmente com o álbum".[10]

As sessões de gravação, ao longo de três meses, foram longas e rigorosas e acabaram acontecendo em seis estúdios. A divulgação pré-lançamento indicou que o álbum tinha custado mais de trinta e cinco mil libras,[11] o que o tornou um dos mais caros já produzidos e gerou atritos, estresse e discussões entre a banda.

Fora a performance tradicional de "God Save The Queen", que encerraria o álbum, todos os integrantes do Queen compuseram canções para *A Night at the Opera*, sendo que Freddie foi autor de cinco faixas do álbum, que começava com "Death On Two Legs (Dedicated To...)", uma carta de ódio aberta a Norman Sheffield, do Trident. "'Death On Two Legs' foi a letra mais cruel que eu já compus",[12] declararia Freddie – e seus companheiros de banda sabiam muito bem a quem a canção se destinava. "Ele se sentiu muito ofendido com nosso empresário na época, pois achava que não tinha sido respeitado, que não tinha recebido a grana, que tinha sido roubado, sabe, algo assim, e queria deixar registrado",[13] lembra Roger Taylor.

Norman Sheffield também sabia do disco. "No final de 1975, ouvi dizer que eles estavam fazendo tudo quanto era tipo de comentário depreciativo sobre o Trident. Depois, ouvi uma faixa de *A Night at the Opera* chamada 'Death On Two Legs'. Os dois primeiros versos já resumiam o que estava por vir: 'Você suga meu sangue como uma sanguessuga/ Você infringe a lei e viola'. Depois vinha: 'Não tem vontade de se suicidar?'. E continuava: 'Acho que você deveria'. Era alguma espécie de carta de ódio sórdida, de Freddie para mim".[14]

"Ninguém jamais acreditaria na quantidade de ódio e veneno destilados para cantar aquela música, sem falar na letra em si", afirmou Freddie em uma entrevista, em 1977. "Apenas escute as palavras com atenção. É uma obra pequena e desagradável, que traz à tona a minha maldade. Normalmente não gosto de explicar o que eu estava pensando ao compor uma canção. É sobre um velho desagradável que eu conhecia. As palavras vieram com facilidade pra mim. Decidi que, se quisesse enfatizar algo com força, como nesse caso, seria melhor ir até o fim sem ceder. Foi difícil me expressar na letra. Eu queria que ficasse o mais grosseiro possível. Minha garganta sangrou toda. Todo dia eu mudava a letra, tentando deixá-la o mais cruel possível. Quando os outros a ouviram pela primeira vez, ficaram em estado de choque. Na hora em que a descrevi, eles disseram: 'Isso aí!' Mas então viram aquelas palavras e ficaram assustados. Só que, para mim, a coisa já estava feita, e eu estava completamente absorto, mergulhado naquilo. Fui um demônio durante alguns dias".[15]

No extremo oposto disso, estava a próxima composição de Freddie no álbum, "Lazing on a Sunday Afternoon", uma canção que mistura o estilo de Cole Porter com a última fase dos Beatles. A terceira canção composta por Freddie, "Seaside Rendezvous", remete à nostalgia da *music hall*. A quarta faixa é "Love Of My Life". Composta primeiro no piano, mas adaptada para guitarra por Brian May, foi muitas vezes considerada uma canção de amor para Mary Austin, mas, durante a escrita deste livro, o empresário do Queen naquela época, John Reid, revelou sobre quem realmente era a música: "Na verdade, Freddie escreveu 'Love Of My Life' para David Minns. Freddie me disse isso. 'Love Of My Life' era para o Minns".[16]

"No fundo, eu acho que, se juntarmos as minhas músicas, estarão todas na mesma categoria, a da emoção, sabe", disse Freddie. "É emoção e sentimento, então componho canções que muitas pessoas já fizeram. Tem tudo a ver com amor e emoção. Sou apenas um verdadeiro romântico e acho que todo mundo já escreveu músicas sobre esse tema, eu apenas escrevo do meu jeito, para que tenham uma textura diferente ou o que for".[17]

A última contribuição de Freddie para o álbum seria a maior de todas que fez: um épico de seis minutos em três movimentos distintos que foi o single mais caro já gravado na época de seu lançamento, sem um refrão e cuja letra aludia a assassinato e niilismo, além de inovar com uma seção de ópera na metade da música.

"'Bohemian Rhapsody' foi um grande risco e funcionou. Afinal, uma música como essa ou seria um grande sucesso ou um fracasso retumbante", confessou Freddie durante uma entrevista de rádio dois anos após a gravação.[18]

Nunca houve uma canção como essa, nem antes nem depois.

Freddie começou a compor "Bohemian Rhapsody" em seu apartamento em Kensington, muito antes das sessões de gravação, como recorda John Reid: "Freddie me convidou para ir na casa dele, na Holland Road. Ele me mostrou o apartamento, e no quarto tinha um piano vertical com castiçais, que funcionava como cabeceira de cama. Ele me contou que às vezes tinha alguma ideia de música durante a noite, aí se curvava para trás e tocava. Ele tinha hiperflexão e conseguia virar as mãos totalmente para trás, e acho que foi daí que vieram algumas das passagens de 'Bohemian Rhapsody'."[19]

Outra pessoa que conheceu o apartamento de Freddie em Kensington foi Roy Thomas Baker, o homem que produzira todos os álbuns do Queen até então e que seria responsável também por *A Night at the Opera*. Roy lembra que estava lá quando teve acesso a um trecho do que viria a se tornar "Bohemian Rhapsody": "Uma noite, estávamos saindo para jantar e encontrei com Freddie em seu apartamento em Kensington. Ele se sentou ao piano e disse: 'Adoraria tocar para você uma música na qual estou trabalhando'. Então tocou a primeira parte e falou: 'Essa é a sequência do acorde', seguida da parte intermediária. Embora ele ainda não tivesse composto toda a letra, notei que tinha um tom de balada. Ele tocou mais um trecho da canção, aí parou de repente e falou: 'É aqui que entra a seção de ópera'. Nós dois caímos na gargalhada. Eu tinha trabalhado com a D'Oyly Carte Opera Company, na Decca, onde aprendi muito sobre vocais e como destacá-los, então devia ser uma das poucas pessoas no mundo que sabia exatamente do que ele estava falando".[20]

"Sempre quis fazer alguma coisa relacionada à ópera", explicou Freddie. "Que começasse com um clima que desse o tom, fosse para uma espécie de rock que se transforma completamente em uma seção de ópera – uma reviravolta maliciosa –, e então retornasse ao tema. Eu mesmo não sei nada sobre ópera, só conheço algumas peças. Queria criar o que eu achava que o Queen poderia fazer sobre esse tema. Não disse em nenhum momento que era uma ópera autêntica, de modo algum – não tem nada a ver com *A Flauta Mágica*. Não falei que era fanático por ópera nem que sabia tudo sobre isso, eu só queria que fosse uma ópera com cara de rock'n'roll. Por que não? Era até aí que a minha capacidade limitada poderia me levar".[21]

Quando a banda começou a gravar *A Night at the Opera*, no País de Gales, a maioria das canções foi composta no estúdio ou já tinha sido elaborada nas três semanas de ensaio em agosto, com base nas ideias apresentadas pelos integrantes da banda. Mas o conceito inteiro de "Bohemian Rhapsody" foi desenvolvido por Freddie antes mesmo de o grupo entrar no estúdio, e foi lá que ele apresentou a ideia ao resto do Queen. "Lembro a primeira vez que ouvi a melodia, a melodia principal, e adorei", conta Roger Taylor.[22]

O Queen começou a gravar a faixa durante três sessões no País de Gales. Mais tarde, eles se mudaram para um estúdio em Londres para trabalhar os arranjos vocais complexos e os *overdubs* de guitarra. "A primeira metade, com a balada, foi feita com piano, bateria e baixo – já estamos acostumados com isso", lembra Roy Thomas Baker. "Nós ainda não tínhamos chegado na seção de ópera. Só reservamos trinta segundos de fita no rolo para usar depois, sem saber que não seria suficiente. Então a seção final de rock foi gravada como uma música separada, do jeito que normalmente gravaríamos um rock intenso na época. O que dificultou foi que mesmo esse final tinha muitos vocais (a parte do 'Ooh yeah, ooh yeah'), então tivemos que gravar a faixa básica de apoio de bateria, baixo, guitarra e piano e, em seguida, os vocais de acompanhamento antes de ter o vocal principal. Em geral, não era assim que se faziam as coisas, porque a voz principal determinava o fraseado dos vocais de acompanhamento. Mas, se não tivéssemos seguido esse caminho, não teríamos faixas suficientes para os vocais de apoio, com toda a sua riqueza".[23]

Como o começo e o encerramento da música tinham sido gravados, embora ainda estivessem incompletos, o processo de gravação se voltou para a complexa seção intermediária. "Foi a primeira vez que uma seção de ópera foi incorporada a um disco pop, que dirá a uma canção de sucesso", diz Roy Thomas Baker. "É claro que isso era muito inusitado, e em princípio nosso plano era ter só alguns 'Galileos'. Mas acontece muito de a coisa evoluir de outra maneira dentro do estúdio, e essa parte de fato cresceu e ficou mais longa. A seção inicial era perfeita, e a seção final ia pelo mesmo caminho, embora, é claro, nós a tenhamos enriquecido com guitarras e muitos *overdubs*. Mas a seção de ópera saiu totalmente diferente do conceito original, porque a mudamos e acrescentamos coisas o tempo inteiro".[24]

"Bohemian Rhapsody" foi gravada ao longo de três semanas, o mesmo tempo que, em meados da década de 1970, a maioria das bandas levava para gravar um álbum inteiro, sendo que o segmento de ópera tomou a maior parte. Durante vários dias, em sessões de dez a doze horas, a banda gravou quase duzentos *overdubs* de voz para criar um coro completo. Roger forneceu os vocais agudos, enquanto Brian assumiu os graves e Freddie, com sua voz incrivelmente poderosa, contribuiu para os médios e os graves. Já John pediu para ficar de fora dessa gravação, pois não se sentia confiante em relação à própria voz.

"A parte da ópera estava se estendendo e, por isso, fomos colando pedaços enormes de fita no rolo", lembra Roy Thomas Baker. "Toda vez que Freddie inventava outro 'Galileo', eu emendava mais um pedaço de fita no rolo, que começou a parecer uma faixa de pedestres girando rápido! Continuou assim durante três ou quatro dias, enquanto decidíamos qual seria a duração dessa seção".[25]

Após gravar todos os vocais, bem como as faixas de apoio de piano, baixo e bateria, o Queen voltou para Londres para acrescentar os elementos de guitarra e mixar os vocais complexos. Eles acamparam no SARM Studios com Roy Thomas Baker, além de Mike Stone e Gary Langan, os engenheiros do estúdio. O SARM tinha um equipamento de gravação de 24 canais, avançadíssimo para a época, e esse era o ambiente ideal para Freddie supervisionar a conclusão da sua obra-prima.

"Foi ali que a tecnologia e Fred se uniram", diz Langan, "porque havia um meio que ele poderia usar para levar mais adiante a sua grandeza.

Quando surgiu o equipamento de 24 canais, deve ter sido como o Sol aparecendo para ele, já que agora poderia usar diferentes canais para gravar todos aqueles vocais".[26]

Ao ser enfim concluída, a música estava pronta para ser reproduzida no estúdio. O processo de gravação envolveu questões técnicas tão complexas que ninguém sabia ao certo o que esperar quando ouvisse o resultado final. Gary Langan lembra muito bem desse dia: "Eu estava no fundo da sala e fiquei de queixo caído. Nunca tinha ouvido, sentido ou testemunhado nada parecido com aquela faixa. Foi muito incrível. Dava para ver que estava destinada a ser algo grandioso. Tinha todo um carisma".[27]

"Bohemian Rhapsody" foi tão bem recebida que quase todos na banda sentiram que deveria ser lançada como o primeiro single de *A Night at the Opera*. Mas naqueles tempos a prática das estações de rádio, em geral, era se limitar a tocar singles com uma duração padrão de três minutos. "Bohemian Rhapsody" tinha quase o dobro disso e, se não fosse executada com frequência no rádio, teria bem pouca chance de se tornar um sucesso.

"Chegamos, sim, a considerar uma edição para reduzir a música, inclusive para a Inglaterra, mas a escutamos um monte de vezes e não tinha como editá-la", lembra o baixista John Deacon. "Tentamos algumas ideias, mas, quando a gente editava, sempre se perdia uma parte da canção. Tivemos de deixá-la como estava, com tudo".[28]

"Houve muitas conversas sobre como reduzi-la de um modo que desse para tocar nas rádios, mas estávamos convencidos de que ela faria sucesso com todos os seus elementos", afirmou Freddie. "Já tínhamos sido obrigados a fazer concessões, mas cortar uma canção nunca seria uma delas. Por que fazer isso se seria em detrimento da música? Queriam reduzi-la para três minutos, mas eu disse: 'De jeito nenhum! Ou ela sai na íntegra, ou nem vai sair. Nem pensem em mudá-la!' Ou seria um grande fracasso, ou as pessoas iriam escutá-la e comprá-la, e ela viraria um grande sucesso".[29]

Outras pessoas tiveram dúvidas de que a música poderia funcionar como single, como recorda o então empresário do Queen, John Reid: "Eu continuei passando no estúdio e ouvindo coisas. Nunca tinha acompanhado um grupo nessa fase de gravação e fiquei fascinado pela maneira como eles acrescentavam e sobrepunham várias camadas. Quando terminaram, eles a tocaram para mim, e fiquei impressionado. Então levei uma cópia de 'Bohemian Rhapsody' para duas pessoas. Uma delas era o Elton [John], que falou: 'Isso nunca vai tocar, querido, não vai dar certo'."[30]

A gravadora do Queen, a EMI, ainda não tinha ouvido a música, mas mesmo assim também achou que a banda tinha enlouquecido por pensar em lançar "Bohemian Rhapsody" na íntegra. "A EMI disse que precisávamos editá-la, mas batemos o pé", lembra Reid.[31]

A EMI tentou forçar o Queen a lançar "You're My Best Friend" como o primeiro single do álbum, mas mais uma vez a banda manteve um posicionamento alinhado e foi contra. Já o produtor do disco, Roy Thomas Baker, não estava nem um pouco preocupado em lançar "Bohemian Rhapsody" como single: "O meu raciocínio foi o de que já existiam 'MacArthur Park', de Richard Harris, e 'Eloise', de Barry Ryan, que eram muito longas, e para mim isso significava que devia ser o momento certo para lançar uma canção longa e ainda assim se dar bem".[32]

Quando o álbum estava finalizado, jornalistas e críticos musicais foram convidados para uma audição de todas as faixas de *A Night at the Opera*. Entre eles estava Paul Gambaccini, que, como John Reid e Freddie Mercury, não teve dúvidas sobre a faixa de destaque do álbum depois de conhecê-lo: "Eles fizeram a sessão para ouvir o disco", lembra Gambaccini, "e, naquela época, todo mundo ouvia com atenção. Não é como no século 21, em que as pessoas ficam conversando ao mesmo tempo. Quando tocou 'You're My Best Friend', todos pensaram que seria o single de sucesso, que isso já estava resolvido e só restava terminar de ouvir o álbum. É claro, 'Bohemian Rhapsody' era a última faixa do lado B, então ninguém imaginou que teria essa bomba nuclear no fim do disco. Sem dúvida nenhuma, foi o destaque. Mas foi preciso que Kenny [Everett] vencesse as dificuldades e fizesse dela um sucesso".[33]

Em 1975, Kenny Everett, de trinta e um anos, apresentou um programa na Capitol Radio que era uma mistura de inteligência e criatividade com desrespeito constante e conquistou muitos ouvintes fiéis. Demitido da Radio 1 cinco anos antes por uma gafe ao vivo sobre a esposa do então Ministro dos Transportes, ele era conhecido como o *enfant terrible* da rádio pop britânica. Amigo de Freddie Mercury, Everett também vivia um conflito em relação à sua sexualidade e era rotulado como um gênio perturbado. A mulher dele, Crystal Clear, era espírita, e durante o casamento ele reprimiu a homossexualidade até se assumir em 1985, ao se divorciar e ir morar com um ex-soldado do Exército Vermelho, Nikolai Grishanovich, e um garçom espanhol chamado Pepe Flores.

Everett era fã do Queen quase desde os primórdios da banda. Ele sentia uma conexão profunda com Freddie – os dois eram gays, embora nenhum deles tivesse se assumido publicamente, e gostavam do mesmo tipo de música, além de compartilharem um fascínio pela produção e pelas técnicas dos estúdios de gravação. Com isso, tornaram-se amigos. Após executivos do mercado fonográfico e DJs terem ouvido uma prévia de *A Night at the Opera*, Freddie conversou com Everett e confidenciou que o pessimismo sobre o lançamento do álbum estava gerando dúvidas nele. O apresentador tentou convencê-lo do contrário: “Foi como se Mozart estivesse perguntando se seu próximo concerto seria bom”, lembrou Everett, “sendo que é claro que seria absolutamente genial”.[34]

Munido de uma cópia do disco, e sob instruções rígidas de não revelar o conteúdo, Everett começou a provocar o público ao tocar trechos da música em seu programa de rádio em um fim de semana. Por fim, ele a tocou na íntegra e, ao longo de dois dias, repetiu-a do início ao fim quatorze vezes. Quase imediatamente, a central telefônica da Capital Radio foi inundada por ouvintes perguntando onde poderiam adquirir o álbum, enquanto a área da recepção era cercada por gente que chegava com dinheiro e queria comprá-lo ali na hora. Foi um caos. Contudo, o disco ainda não tinha sido divulgado, muito menos lançado.

“Nesse meio-tempo, John Reid tinha se reunido com o diretor de marketing da EMI Records, e eles seguiram em frente e começaram a divulgar o single”, conta Roy Thomas Baker. “No mesmo fim de semana em que Everett tocou a música, havia um cara chamado Paul Drew, que comandava as estações da RKO nos Estados Unidos. Por acaso, ele estava em Londres e ouviu a música no rádio. Conseguiu uma cópia da fita e começou a tocá-la nos EUA, o que pressionou o selo americano do Queen, Elektra. Era uma situação estranha, na qual as rádios dos dois lados do Atlântico tocavam sem parar um disco que as gravadoras consideraram que jamais entraria na programação delas!"[35]

"Bohemian Rhapsody" finalmente foi lançada no Reino Unido, em 31 de outubro de 1975. Entrou nas paradas britânicas na 47ª posição. Uma semana depois, subiu para a 17ª e, na semana seguinte, entrou no Top 10, em nono lugar.

Com uma possível participação no *Top of the Pops* se aproximando, o Queen se perguntava como conseguiria executar uma música assim, cujo âmago era uma seção de ópera, no espaço restrito dos estúdios de TV da BBC – ainda por cima, em breve eles embarcariam em uma grande turnê pelo Reino Unido. A banda decidiu fazer um videoclipe que se tornaria revolucionário. As filmagens duraram apenas três horas, mas custaram quatro mil e quinhentas libras, uma fortuna para uma época em que o custo médio de um videoclipe era cerca de seiscentas libras.[36]

Em 25 de novembro de 1975, "Bohemian Rhapsody" se tornou a canção número 1 no Reino Unido. A música ganhou mais vida quando o clipe foi exibido no *Top of the Pops*, e todas as opiniões de que uma canção de seis minutos nunca seria tocada nas rádios foram enterradas de vez. Apesar de ter recebido críticas variadas, ela ficou nove semanas em primeiro lugar e proporcionou outro Ivor Novello Award para Freddie, além de ter dado ao Queen seu primeiro disco de platina. Na mesma semana em que "Bohemian Rhapsody" atingiu o primeiro lugar na parada de singles, a banda lançou o álbum *A Night at the Opera*. Ele também ficou em primeiro lugar, durante quatro semanas, e seguiria sua trajetória com mais de doze milhões de cópias vendidas no mundo todo e com a conquista da quarta posição nos EUA.

Para muitos, *A Night at the Opera* é o álbum definitivo do Queen. "É o álbum mais importante para nós e o que tem as canções mais fortes", disse Freddie. "Eu sabia que seria nosso melhor álbum. Fiquei muito satisfeito com a coisa da ópera. Eu queria ser transgressor nos vocais. Naquele momento, tínhamos feito um álbum que, convenhamos, era demais para a maioria das pessoas. Mas era o que queríamos fazer. Queríamos experimentar com o som e, algumas vezes, usamos três estúdios simultaneamente. Levamos quatro meses para gravar o que virou o álbum. Só 'The Prophet's Song', de Brian, levou de duas semanas e meia a três semanas. Havia tantas músicas que queríamos fazer. E dá uma variada ter faixas curtas também. Tínhamos toda a liberdade que queríamos, e as canções eram tão diferentes que fomos capazes de radicalizar".[37]

Como o single e o álbum estavam no topo das paradas, esgotaram-se os ingressos para a turnê britânica do Queen, com vinte e seis apresentações, e nos dois lados do Atlântico a banda desfrutava de um sucesso enorme. As coisas nunca mais seriam as mesmas para nenhum dos quatro integrantes do Queen, mas a vida de Freddie, em especial, mudaria de forma drástica. Na verdade, já tinha mudado. O caso com David Minns havia desbancado seu desejo sexual por Mary Austin. Ele ainda sentia amor por ela, e continuaria sentindo até seu último dia de vida, mas parecia que sua homossexualidade tinha sido liberada com o sucesso musical, e isso lhe dava liberdade para explorá-la mais a fundo.

Durante décadas, especulou-se sobre o significado da letra de "Bohemian Rhapsody". O próprio Freddie nunca revelaria nada em entrevistas: "Ainda me perguntam sobre o que é 'Bohemian Rhapsody', e digo que não sei. Acho que desfaria o mito e acabaria com uma espécie de mística que as pessoas construíram. 'Rhapsody' é uma daquelas canções que trazem uma sensação de fantasia. Acho que cada um deveria apenas escutá-la, pensar e depois decidir por si mesmo o que significa", disse ele.[38]

Ao entenderem ao pé da letra as imagens violentas da canção, muitos ouvintes acharam que se tratava somente de um assassino que confessa seu crime. Já outros, como o crítico Anthony DeCurtis, interpretaram de maneira diferente. "A música é sobre uma transgressão secreta – 'Estou sendo punido' –, ao mesmo tempo que existe um desejo de liberdade."[39]

O assistente pessoal de Freddie nos últimos doze anos de sua vida, Peter Freestone, tinha essa mesma certeza sobre o significado da música: "Quando observamos o clipe e a maneira como 'Bohemian Rhapsody' foi composta, em partes totalmente separadas – não se trata de uma mistura, mas de três partes –, vemos que descreve a vida do Freddie naquele momento. O fato de morar com a Mary, de estar aceitando seu desejo por homens, de realmente dormir com homens".[40] As autoras Sheila Whiteley e Jennifer Rycenga sugerem que "Bohemian Rhapsody" fornece "uma perspectiva particular das tensões em torno da identidade gay na Grã-Bretanha dos anos 1970, e a performance de Mercury pode ser interpretada como um questionamento das estruturas sociais, culturais e musicais ao invocar o desejo do homem gay",[41] enquanto o letrista Sir Tim Rice afirma: "Para mim, é bem óbvio que essa foi a música em que Freddie se assumiu. Até comentei com o Roger. Eu ouvi o disco logo no começo e me ocorreu que ele traz uma mensagem muito clara. Freddie está dizendo: 'Estou me assumindo. Estou admitindo que sou gay'."[42]

Ao se examinar a música – inclusive a palavra "bohemian" (boêmio) é definida como "uma pessoa socialmente não convencional" –, é possível subentender um contexto homossexual para quase todos os versos e, portanto, achar que se confirmou que ela é sobre Freddie se assumir para a mãe dele e se reconciliar com a própria sexualidade. É possível deduzir ainda que as imagens de assassinato, a arma, o gatilho e a morte são uma metáfora para relações homossexuais concretas e que o verso "Mama, just killed a man" (Mamãe, acabei de matar um homem) não é necessariamente sobre o ato criminoso de matar alguém, e sim sobre o ato metafórico de matar seu antigo eu, de se matar como homem heterossexual.

Os dois primeiros versos da música antes de chegarmos à seção de ópera são de pura confissão, explorando e revelando que essa decisão tomada, de aceitar a própria homossexualidade, é uma questão de vida ou morte para ele e para as pessoas que o cercam. Este verso também expõe sua luta interna e a aceitação de sua sexualidade: "Às vezes, eu gostaria de nunca ter nascido". A seção de ópera mostra que Freddie precisou enfrentar seus demônios internos, e é interessante notar que as vozes mais agudas, talvez as femininas, suplicam para que ele se "vá", enquanto as vozes masculinas mais profundas lhe dizem: "Nós não deixaremos você ir". Além disso, essas seções de coral indicam aprisionamentos e o apelo por sua libertação.

Na seção de ópera, Freddie faz referência à Basmala, o equivalente islâmico a "Em nome do Pai, do Filho e do Espírito Santo", pedindo, portanto, que o Todo-Poderoso "poupe sua vida dessa monstruosidade", talvez a monstruosidade de uma vida em negação. E, finalmente, resignado ao seu destino – ou justamente para celebrá-lo –, aceita e acolhe sua sexualidade na última parte da música, encerrando-a em uma posição de aceitação, com o verso final: "De todo modo, o vento sopra".

Apesar de ainda morar com Mary Austin, Freddie já vivia um caso com David Minns, relação que sem dúvida influenciou sua escrita. "Acho que ele estava apaixonado pelo David, com toda a certeza", diz Peter Straker, um dos amigos mais próximos de Freddie, "e acredito que o David estava apaixonado por ele".[43] As autoras Sheila Whiteley e Jennifer Rycenga exploram isso mais a fundo: "As confissões de 'Bohemian Rhapsody' e o jeito íntimo de falar com 'Mama' nos dão uma primeira ideia sobre o estado emocional de Mercury na época: morava com Mary ('Mama'), queria se separar ('Mama Mia, me deixe ir'). Os compassos 80 a 85, em particular, proporcionam uma melodia sentimental para a interação dialética. O crescente senso de urgência parece ecoar o caos interno de Mercury, ao deixar a segurança de Mary Austin, aceitar a vida gay ('o que vem fácil vai fácil') e ir morar com um homem ('Então você acha que pode me apedrejar e cuspir no meu olho')."[44]

Os companheiros de banda de Freddie não estavam muito abertos a dissecar a canção: "É bem autoexplicativa", declarou o baterista Roger Taylor à BBC, "só tem um pouco de bobagem no meio".[45] Já Brian May opinou o seguinte sobre o significado dela: "Acho que nunca iremos saber e, de qualquer jeito, se eu soubesse, provavelmente não ia querer contar".[46] E mesmo John Reid disse: "Fizeram muitas análises da música, mas eu subscrevo a teoria, a qual nunca discuti com ele, de que essa é a canção em que ele se assumiu".[47]

Seja qual for a interpretação, a canção se tornou o maior sucesso de Freddie Mercury e do Queen. No fim de janeiro de 1976, tinha vendido mais de um milhão de cópias no Reino Unido, liderado as paradas lá e em países como Austrália, Canadá, Holanda, Nova Zelândia e Bélgica, além de ter alcançado a nona posição nos Estados Unidos. No momento em que este livro foi escrito, tinha vendido mais de seis milhões de cópias no mundo todo e ficou na 166ª * posição na lista das "500 Maiores Músicas de Todos os Tempos" da revista *Rolling Stone*,[48] enquanto uma votação dos leitores da publicação elegeu a interpretação de Freddie da canção como "A Melhor Performance Vocal na História do Rock".[49] "Bohemian Rhapsody" mudou completamente o panorama para o Queen: agora eles eram superastros globais.

Quanto a Freddie, sua vida também passou por grandes mudanças após o sucesso de "Bohemian Rhapsody", como revela seu amigo Mick Rock, que era fotógrafo do Queen: "Assim que 'Bohemian Rhapsody' estourou, foi isso que mudou tudo. Foi quando, eu imagino, ele jogou pro alto todos os cuidados e se tornou o que sentia que era sexualmente".[50]

Freddie considerava que "Bohemian Rhapsody" era a sua principal realização. Ele estava certo. Comentamos que a obra-prima de Mercury era um relato autobiográfico sobre sua homossexualidade, porém, após sua morte, a trágica narrativa da letra dessa canção assumiria um significado ainda maior.

Mas, por enquanto, o que importa é que a vida, tanto para o Queen quanto para Freddie Mercury, nunca mais seria a mesma.

*Subiu para a 17ª posição na lista divulgada à época da publicação da edição brasileira deste livro, em 2021.

# - 18 -

Não sabemos quantas pessoas tiveram Aids na década de 1970, ou mesmo nos anos anteriores, mas 1976 deve ter sido um ano crucial na disseminação do vírus.

Em 4 de janeiro daquele ano, uma menina de oito anos morreu na cidade de Borre, na Noruega. Pouco mais de três meses depois, em 24 de abril, o pai da menina também morreu de uma doença misteriosa. Ele se chamava Arne Vidar Røed, e levaria uma década para que o dr. Stig Sophus Frøland, do Hospital Nacional de Oslo, pudesse confirmar que os exames de pai e filha, assim como o da mulher de Røed, tinham dado positivo para HIV. Com essa confirmação, a menina de oito anos se tornou o primeiro caso de morte por Aids registrado fora dos Estados Unidos. Era um alerta sombrio do que estava por vir, pois Røed havia infectado a esposa, que sem saber transmitira o HIV à filha durante o parto. Mais assustadora ainda foi a revelação sobre o estilo de vida de Røed, que indicava que ele havia transmitido o HIV de maneira incessante, porém inconsciente, pela Europa.

Em 1961, Røed começou a trabalhar como marinheiro no navio mercante Hoegh Aronde, quando tinha apenas quinze anos. Uma de suas primeiras viagens foi para a costa oeste da África. Ao longo de dez meses, o navio atracou na Nigéria, Gana, Costa do Marfim, Libéria, Guiné e Senegal até retornar à Noruega. Em Camarões, Røed pegou gonorreia de uma prostituta. Ele recebeu tratamento e se esqueceu daquela doença embaraçosa enquanto navegava pela Ásia, Europa, Canadá e Caribe. Mal sabia ele que, apesar de os remédios terem curado a gonorreia, tinha latente em seu corpo um vírus que possivelmente contraiu da mesma mulher em Camarões, o HIV.

Quatro anos depois, quando tinha dezenove, Røed regressou à Noruega e se casou, mas nessa volta ao país começou a se sentir mal. Embora os médicos não conseguissem diagnosticar a doença, Røed sentia dores musculares, tinha uma erupção avermelhada pelo corpo e sofria com frequência de problemas respiratórios. Em 1967, sua mulher começou a padecer de males semelhantes e, no ano seguinte, a filha caçula passou a apresentar os mesmos sintomas. Sem poder retornar ao mar, Røed conseguiu um novo emprego, desta vez como motorista de caminhão, fazendo entregas em locais distantes, o que o levou à Holanda, França, Alemanha, Áustria, Suíça e Itália. Mais uma vez, de acordo com colegas de trabalho, Røed buscou conforto durante as longas e solitárias rotas na estrada com muitas prostitutas e com outras mulheres. Sabe-se que duas cidades que ele visitou foram Liège, na Bélgica, e Lyon, na França, e os investigadores locais mais tarde encontrariam casos de HIV em indivíduos que haviam morrido entre o final dos anos 1970 e o início dos anos 1980, mas que nunca tinham estado em Camarões, de onde veio a cepa que Røed carregava e que estava presente nessas vítimas da doença.

Røed morreu em abril de 1976, aos vinte e nove anos, alguns meses após a morte da filha. Pouco depois, sua esposa também faleceu. Quando os tecidos retirados dos corpos e preservados por um patologista foram reexaminados uma década depois pelo dr. Stig Sophus Frøland, foi confirmado que Røed, a esposa e a filha eram o primeiro grupo registrado de casos comprovados de HIV/Aids.[1]

Essa tragédia provou, embora tarde demais, a característica do HIV de se espalhar para várias localidades. O vírus não conhecia fronteiras e progredia com a contaminação de hospedeiros que depois se aventurariam em outros continentes e o transmitiriam sem saber.

Agora sabemos que 1976 foi um ano crítico na disseminação do HIV. Hoje podemos ver isso porque descobrimos que o período médio de incubação do HIV é de cerca de cinco anos até causar a Aids, e a expectativa de vida a partir daí é de um a três anos. Ao fazer as contas de trás para frente e depois avançar, isso nos leva a 1983, quando o número de mortes atingiu um nível avassalador. Usando esse critério, 1983 nos leva de volta a 1976 como o momento em que o HIV lançou sua tragédia ao redor do globo. Esse ano interessa também porque nele ocorreram três acontecimentos críticos nos EUA, que juntos criaram o terreno ideal para a epidemia do HIV.

Primeiro, em meados da década de 1970, o turismo gay estava se desenvolvendo nos EUA, e o principal destino dos turistas gays era o Haiti, país que já havia observado casos de HIV em trabalhadores haitianos que retornaram da África Ocidental por volta de 1966. Conforme afirmou o biólogo evolucionista Michael Worobey: "Há fortes evidências de que o subtipo B do HIV-1 chegou no Haiti e começou a se espalhar por lá antes de isso acontecer em qualquer outro local. Até que a Aids fosse inicialmente reconhecida em 1982,[2] o vírus circulou de modo enigmático em um ambiente médico sofisticado por quase doze anos",[3]

Entre o fim dos anos 1960 e meados dos anos 1970, o Haiti tinha se tornado um destino importante para os homens gays norte-americanos. Eles foram atraídos para a ilha não apenas por conta da proximidade e do apelo exótico, mas também porque havia uma abundância de homens sexualmente disponíveis, cujos serviços eram oferecidos por um valor baixo devido à extrema pobreza em que muitos haitianos viviam. Qualquer um desses turistas norte-americanos poderia ter levado, e provavelmente levou, o HIV para os Estados Unidos.

Em segundo lugar, 1976 foi o ano do Bicentenário dos Estados Unidos, e a Operação Sail fez parte das comemorações pela Declaração de Independência. Com a Operação Sail, dezesseis grandes veleiros internacionais foram rumo a Nova York para participar do desfile de navios no dia 4 de julho de 1976. A eles se juntaram mais de cinquenta navios de guerra do mundo todo, e o autor Randy Shilts sugere que "os marinheiros desses veleiros foram mais um componente do teor sexual da época, além de terem trazido com eles infecções contraídas globalmente".[4]

Naquela noite, a cidade de Nova York viu uma festa que superou qualquer outra. Enquanto os fogos de artifício brilhavam no céu atrás da Estátua da Liberdade, navios do mundo inteiro dispensavam a tripulação, que se reunia em casas noturnas, bares, quartos de hotel, saunas, clubes de sexo e shows eróticos, prontos para cair na farra. Quando já tinha amanhecido, bares por toda a cidade estavam lotados de marinheiros. Nova York tinha sediado a maior festa de que se teve notícia, era o que todos diriam depois. Os convidados tinham vindo do mundo inteiro. Foi para esse ponto que os epidemiologistas se voltaram posteriormente, quando ficaram acordados até tarde da noite, e a conversa rumou para a questão de onde e quando tudo começou. Eles se lembrariam dessa noite gloriosa no porto de Nova York, de todos esses marinheiros, e comentariam: "Eles vieram do mundo todo para Nova York".[5]

Com cinco dias de duração, a celebração do bicentenário teve seu auge em 4 de julho de 1976, tendo reunido em Nova York vinte e cinco mil oficiais e tripulantes da marinha de noventa e quatro nações marítimas. Navios de países como Bélgica, França, Reino Unido e Peru se misturaram a delegações de Gana, Indonésia, Senegal e Tailândia, para citar algumas. O evento foi uma grande mistura de testosterona acumulada e frustração sexual à espera de ser extravasada em meio à atmosfera hedonista da paisagem liberal de Nova York. É provável que esses marinheiros tenham pagado por sexo, oferecido tanto por homens quanto por mulheres. Esses profissionais do sexo, por sua vez, podem ter se infectado – caso ainda não tivessem sido – e depois ter transmitido o vírus para alguns de seus clientes, dos quais pelo menos parte faria sexo com homens. Estes, por sua vez, depois fariam sexo com vários outros homens. Então pode ter sido assim que começou. Da mesma forma, caso nenhum desses marinheiros tivesse HIV, é muito provável que o vírus tenha partido com eles e, assim, a marcha do que seria conhecido como Aids seguiu para novos países. Curiosamente, um grupo de crianças infectadas no parto[6] nasceu em 1977, em Nova York, nos meses que sucederam as comemorações de 4 de julho. Elas nasceram de mulheres com histórico de uso de drogas injetáveis, mas isso indica a crescente prevalência do HIV em Nova York no período das celebrações de 4 de julho de 1976.[7]

Em terceiro e último lugar, 1976 testemunhou mais uma grande festa em Nova York. Era véspera de Ano-Novo e os foliões se despediam de um ano que se tornaria notório, embora ninguém soubesse disso ainda. A disco music tinha deixado os clubes gays e se popularizado, mas ainda assim o auge da libertação sexual masculina acontecia no subsolo das boates e das saunas, que transbordavam como locais de encontro para homens que compartilhavam centenas de parceiros sexuais por ano.

De repente, um dos clubes mais populares de Nova York era o Mineshaft, que talvez tenha sido, como sugere a história, o mais famoso clube gay exclusivo para sócios que já existiu. Localizado em um prédio construído em 1927, tornou-se o palácio do sexo mais incrível da década de 1970, após ter sido inaugurado em 8 de outubro de 1976. Sem chamar atenção devido à porta simples na esquina da Washington Street com a Little West 12th Street, no distrito de empacotamento de carnes de West Greenwich Village, a entrada do clube era no topo de um lance de escadas, onde o porteiro só liberava a passagem a quem atendesse aos requisitos. Jeans e couro eram permitidos – e até encorajados –, enquanto roupas de grife, tênis e o uso de colônia eram rejeitados sem qualquer hesitação. Um cartaz no clube dizia o seguinte:

*Código de vestimenta do Mineshaft*
*A lista de roupas aprovadas inclui o seguinte:*
*Cueca jockstrap, roupas prontas pra ação, uniformes,*
*Camisetas, camisas xadrez, camisas apenas lisas,*
*PROIBIDO COLÔNIAS ou PERFUMES*
*PROIBIDOS TERNOS, GRAVATAS, CALÇAS SOCIAIS*
*PROIBIDAS CAMISAS NO ESTILO RUGBY, SUÉTER DE GRIFE, ou SMOKINGS*
*PROIBIDOS DISCO DRAGS OU VESTIDOS*

"Fui barrado do Mineshaft, em Nova York, no início dos anos 1980", conta Marc Almond. "Embora eu estivesse com uma jaqueta e calças de couro, tinha traços de delineador e de colônia, o que, é claro, era absolutamente inaceitável para o porteiro do Mineshaft. Anos depois, escrevi 'Trials of Eyeliner' (Julgamentos do Delineador), que tinha o verso 'O delineador salvou a minha vida' – e é provável que tenha salvado mesmo".[8]

Uma vez lá dentro, valia de tudo, pois o clube existia por uma só razão: por puro sexo, hedonista e sem limites. Um labirinto de quartos pequenos ficava situado no térreo, e o estabelecimento tinha uma cela e masmorras para permitir que homens gays recriassem a fantasia sexual que desejassem. Havia ainda o quarto mais notório de um clube nova-iorquino: uma sala com uma banheira na qual homens podiam deixar outros homens urinarem neles. Quase todos os frequentadores faziam sexo sem proteção, sem terem ideia do vírus que estava à espreita em Nova York e em outras cidades americanas, como Miami, Chicago e São Francisco. Os diretores de cinema Vincente Minnelli e Rainer Werner Fassbinder eram vistos no Mineshaft com frequência, assim como o ator Rock Hudson. Além disso, a cantora e compositora Patti Smith (uma das poucas mulheres) e o fotógrafo Robert Mapplethorpe já tinham estado lá, enquanto Glenn Hughes, o motociclista com roupa de couro da primeira formação do grupo Village People, era frequentador assíduo.

Por mais que o prédio fosse seguro, o sexo definitivamente não era. Porém, a Aids só seria conhecida em um futuro imprevisível, então tudo funcionaria como sempre no Mineshaft durante a grande festa da véspera de Ano-Novo em 1976.

Só em 1980 Freddie Mercury iria ao Mineshaft, mas ainda em 1976 os EUA proporcionariam a ele um excelente parque de diversões, que permitiria que se entregasse à sua nova liberdade sexual. Esse seria o ano em que o cantor consolidaria a atração que sentia por Nova York e pela intensidade da cena *underground* gay da cidade. Seria ainda o ano em que o Queen aperfeiçoaria suas técnicas para promover festas cheias de excesso após os shows. Por fim, seria o ano em que Freddie, agora finalmente rico e famoso, e livre depois de ter se assumido para Mary Austin, poderia fazer o que bem quisesse.

Ele não devia saber – quem poderia? – que o contexto do turismo gay no Haiti, a ida de marinheiros para Nova York para as comemorações do bicentenário e o hedonismo desenfreado de clubes como o Mineshaft seriam o começo de uma jornada fatal que, para ele, terminaria em 1991.

Por enquanto, ainda é 1976 e Freddie está no topo do mundo, prestes a se dar ao luxo de aproveitar tudo que os Estados Unidos têm a oferecer, enquanto a caravana do Queen chegava à América do Norte para a próxima etapa da turnê de *A Night at the Opera*.

# - 19 -

O ano de 1976 começou com o Queen e Freddie nas alturas. "Bohemian Rhapsody" estava em primeiro lugar na parada de singles do Reino Unido e *A Night at the Opera* estava no topo das paradas de álbuns. A *NME* deu ao Queen o prêmio de Melhor Banda Britânica, o *Record Mirror* os elegeu como Melhor Grupo Britânico, a Sound lhes deu os prêmios de Melhor Banda, Melhor Álbum e Melhor Single. Para completar, "Bohemian Rhapsody" rendeu a Freddie outro Ivor Novello Award. Por tudo isso, a banda estava em uma posição bem confortável quando deixou o Reino Unido em 20 de janeiro para uma turnê mundial.

Em 27 de janeiro, começou em Connecticut a etapa norte-americana da turnê e, como o público estava mais familiarizado com o trabalho do Queen, foi um sucesso enorme. Os integrantes da banda agora eram verdadeiros astros do rock, tratados como tal pelos fãs fervorosos aonde quer que fossem. Naturalmente, devido a esse novo *status*, as festas pós-show do Queen começaram a crescer em termos de escala e excessos, e logo se tornariam lendárias no mundo do rock. Durante a turnê de 1976, sempre que a banda ia agitar uma cidade, autoridades locais, celebridades e outros convidados especiais eram recebidos nos bastidores para conhecer e cumprimentar os integrantes. Era uma tarefa necessária, mas Freddie nunca gostava quando apareciam representantes da gravadora do Queen. O autor Mark Blake sugere um motivo para isso: "Em suas próprias festas, Freddie fazia com prazer o papel de anfitrião atencioso. Nas festas organizadas para ele, ficava tão tímido e mudo de nervosismo quanto o Farrokh Bulsara de dezoito anos ao chegar para o primeiro dia de aula na Isleworth Polytechnic. Ao contrário de quando era um estudante na adolescência, agora Mercury podia fazer birra sem medo das represálias dos pais. Ele era o cantor, a estrela pop, e foi mimado de acordo com esse *status*".[1]

Ao chegarem em Nova York, no início de fevereiro, para quatro apresentações no Beacon Theatre, os demais integrantes do Queen já estavam acostumados com o fato de que, quando o show terminava, Freddie os deixava logo após todos comerem juntos. Era então que, sem o conhecimento deles, ele passaria a explorar algumas das ruas mais decadentes que a Big Apple tinha a oferecer. Encoberto por um relativo anonimato e protegido da imprensa britânica, Mercury rondaria a cidade em sua limusine escura e se arriscaria na cena gay *underground*.

"Freddie ficava bem-comportado em Londres", lembra Paul Gambaccini, "em comparação a suas idas a Nova York ou, mais tarde, a Munique. Essas duas cidades eram as capitais do sexo casual e anônimo – que nunca me interessou nem um pouco. Freddie, sem dúvida, gostava desses lugares. É todo um mundo, tão rico em sua magnitude quanto a música popular. Ele me deu a impressão de que seus tempos em Nova York sempre foram muito loucos, mas na época a cena gay de lá era muito mais pesada do que em qualquer outro lugar".[2]

Foi durante essa breve estadia em Nova York que a paixão de Freddie pela cidade foi selada. Ele acabaria comprando um apartamento no coração da Big Apple, uma base da qual saía para se entregar aos prazeres dos bares e boates gays. Por enquanto, porém, ele estava apenas se familiarizando com o que o local tinha a oferecer.

"Quando íamos para os Estados Unidos, o Japão, a Austrália ou onde quer que fôssemos, ele era bem ultrajante", lembra John Reid. "Entrava num bar, apontava para um homem e dizia: 'Você'. E era só isso. Ele podia se safar de quase tudo. Mais tarde, quando estava morando em Nova York, o hedonismo começou pra valer mesmo, e foi aí que, imagino, a doença se instalou".[3]

A turnê americana terminou em março, e a banda foi para o Japão, onde teve mais uma recepção arrebatadora. "Lembro que naquela viagem ao Japão eu conversei muito com ele sobre os garotos, se ele iria ser franco com eles", diz Reid, "e ele falava: 'Vamos manter as coisas separadas'."[4]

Nessa fase, como os *royalties* das composições de Freddie tinham começado a entrar na conta, com a fortuna relativa que passou a ganhar, ele já podia se entregar ao seu amor pela arte japonesa. "O dinheiro pode ser vulgar, mas é maravilhoso", disse em uma ocasião. "Lido muito bem com a riqueza, na verdade – gasto, gasto e gasto. Bem, para que serve o dinheiro se não for para gastar? Eu gasto como se não fosse nada de mais. Tenho muito dinheiro, sim, mas sinceramente não conseguiria lhe dizer qual é o meu saldo no banco. Estou condicionado desse jeito. Apenas saio e gasto. Não sou dessas pessoas que guardam dinheiro debaixo do colchão e conferem todas as noites. Não sou dessas estrelas obcecadas em contar cada centavo. Conheço muita gente que faz um show e depois corre pra casa pra contar o que tem, mas eu não sou assim. Não dou a mínima para o dinheiro. Apenas acho que serve para gastar".[5]

O dinheiro continuou jorrando conforme o Queen partiu do Japão e seguiu para a Austrália. Foi a primeira vez que voltaram ao país desde a apresentação desastrosa em Sunbury, no Festival de Música de 1974. Desta vez, ao serem recebidos, estavam com os shows praticamente esgotados. No final de abril, com o álbum e o single no topo das paradas australianas, e tendo ganhado uma recepção muito mais calorosa do que a anterior, a banda voou de volta para o Reino Unido para começar a trabalhar em seu quinto álbum, que se chamaria *A Day at the Races*.

Pouco depois de regressar ao Reino Unido, Brian May se casou com a namorada de longa data, Christine ("Chrissie") Mullen, que convivia com o Queen desde os tempos do Smile. John Deacon havia se abrigado em um casamento feliz com Veronica, com quem tinha tido um filho, Robert, e morava em Putney, enquanto Roger Taylor, financeiramente bem-sucedido por ter composto o lado B de "Bohemian Rhapsody" e, portanto, receber parte dos rendimentos desse sucesso, havia comprado uma casa em Fulham e desfrutava sem restrições da vida de solteiro.

Freddie, no entanto, ainda morava com Mary Austin enquanto mantinha um caso com David Minns. Ele também começava a ganhar uma reputação pelas festas pesadas e escandalosas mundo afora, como lendário senhor dos excessos e um notável deus do sexo. Inclusive havia rumores de que ele usava a riqueza recém-conquistada para "financiar o consumo cada vez maior de cocaína e satisfazer suas fantasias, sejam quais fossem, em um mundo privado que mudava num ritmo perturbador".[6] Mas atrás dessa fachada havia um homem extremamente romântico, alguém que toda hora se apaixonava e estava sempre à procura de amor. "O" amor. Ele tinha pensado, assim como as pessoas ao seu redor, que o encontrara com Mary Austin, e não havia dúvida de que existia amor ali. Mas, para Freddie, no fim das contas não era isso que ele buscava. E, embora parecesse que vivia uma relação apaixonada e recíproca com David Minns, Mercury ainda estava em conflito consigo mesmo por se sentir atraído por homens ao mesmo tempo que continuava dividindo o teto com Mary.

Foi o sucesso de "Bohemian Rhapsody" que finalmente mudou a dinâmica do relacionamento entre Freddie e Mary e, quando se assumiu para Mary e revelou sua bissexualidade a ela, talvez tenha parecido para Freddie que ela lhe dera a bênção, o que possibilitou que se jogasse nas ondas do amor gay. Para manter intacta a fachada, Mary concordaria em acompanhá-lo em eventos públicos, posando como sua namorada – e, de fato, ela parecia gostar bastante dessas ocasiões. Quanto a Freddie, ele adorava deixar as pessoas especulando sobre sua sexualidade, e Mary era cúmplice disso ao ficar ao seu lado em vários compromissos públicos. Essa farsa era tão convincente que, aparentemente, nem mesmo os colegas de banda de Freddie perceberam que ele era gay.

A cantora do Eurythmics, Annie Lennox, estudava na Royal Academy of Music, em Londres, em meados da década de 1970. Como muitos outros, ela conhecia as proezas de Freddie como artista, mas não sabia a verdade sobre a sexualidade dele. "O estilo de Freddie Mercury no palco era exibicionista e grandioso, cheio de poses, de um jeito extravagante/machista", comenta Annie. "Então acho que só os amigos próximos e os colaboradores sabiam que, na verdade, ele era gay, e não 'bissexual'. Na vida pública, ele foi ambíguo sobre sua sexualidade durante anos. Não era de conhecimento público, pois as coisas eram diferentes naquela época, e tenho certeza de que ele não queria correr o risco de perder a ampla base de fãs. Por isso, um bocado de gente deve ter ficado um tanto surpresa quando a verdade foi enfim revelada".[7]

"Com certeza, por mais tolerante e aberta que a indústria da música fosse e supostamente é, naquela época não era muito legal para um grupo de rock que seu principal vocalista fosse abertamente gay", sugere John Reid, "então isso era bastante desencorajado, e Freddie lidou com a questão da maneira como lidou".[8]

No entanto, de acordo com o autor David Bret, a sexualidade de Freddie começou a ganhar uma atenção indesejada por parte da imprensa britânica já no verão de 1976: "Por volta dessa época, os jornais britânicos passaram a especular sobre as falhas que, segundo diziam, tinham começado a ficar aparentes no relacionamento entre Freddie e Mary Austin – pelo que afirmavam os tabloides, por causa da confissão recente que Freddie fizera a ela sobre sua bissexualidade. Essa e outras notícias nos jornais sobre Mary começar a considerar que Freddie era um constrangimento para ela só poderiam ser pura invenção, sem dúvida. Ao longo do verão de 1976, as escapadas de Freddie continuaram do mesmo jeito que eram fazia anos, desde que Mary o conhecera – e mesmo depois da separação meticulosamente planejada, o casal ainda se via tanto quanto permitia a agenda do Queen, lotada com a programação das turnês e das gravações".[9]

A diferença era que agora sua fama tinha alcançado um novo patamar. Durante esse período – na verdade, pelo resto da vida –, Freddie jamais deu uma entrevista para confirmar ou negar sua sexualidade.

"Para qualquer pessoa que viveu aquele período, era extremamente difícil se assumir", diz Paul Gambaccini. "Quem tem menos de quarenta anos não faz ideia de como a sociedade era homofóbica antes dos anos 1990".[10]

Freddie Mercury afirmou uma vez que as mensagens estão todas nas suas músicas, e seus amigos íntimos diriam que ele não sentia que precisava responder se era gay ou não. "Freddie estava em sua própria prisão, embora fosse uma Queen Escandalosa à Moda Antiga e decididamente enrustida", diz Marc Almond. "Porém, era como muitas Queens enrustidas do *show-biz*, que ao longo da vida criativa nos dão inúmeras pistas e às vezes gritam tão alto, desenham com tanto brilho, que fica à vista demais para serem observadas com clareza e definição".[11]

No final do ano, Mary Austin tinha se mudado do apartamento de Freddie e podia apenas observá-lo enquanto ele iniciava um capítulo da sua vida permeado por muita loucura, que acabou sendo destrutivo. "Acho que o Freddie entrou numa fase em que pensava ser invencível", diz ela. "Ele se convenceu de que estava se divertindo e talvez estivesse, por um lado. Mas eu considero que, por outro, ele não estava. E aí já era tarde demais. A única pessoa que poderia ter feito a diferença era o Freddie. Mas acho que ele deixou de ser honesto consigo mesmo. Muitos dos supostos amigos estavam ali porque não precisavam pagar nada por ingressos, bebidas, drogas, refeições, fora que havia as fofocas e, é claro, os presentes caros".[12]

Freddie nunca faria uma declaração pública sobre sua homossexualidade e diversas vezes dava respostas vagas para os entrevistadores. Ele dizia: "Está tudo nas músicas", portanto está aí o cerne da questão. Não precisava ser dito. Da mesma forma, anos depois, com a Aids, ele sentiu que não precisava ser dito: estava lá para todos verem.

Enquanto tudo isso acontecia no mundo particular de Freddie, o rolo compressor do Queen seguia em frente. Em busca de um single para suceder "Bohemian Rhapsody", a gravadora escolheu "You're My Best Friend". Composto por John Deacon para a mulher, a canção alcançou a sétima posição no Reino Unido e a 16ª nos EUA. Quando ela entrou no Top 10 britânico, Deacon se tornou o segundo integrante do Queen a ser compositor de um single no Top 10.

No verão de 1976, o Queen começou a trabalhar com afinco no próximo álbum. Pela primeira vez, eles produziriam o disco por conta própria, mas retomariam a parceria com os engenheiros Gary Langan e Mike Stone. Logo no início, no entanto, a banda percebeu que havia um atraso significativo no processo, e qualquer esperança de uma grande turnê em 1976 precisou ser engavetada. Por conta disso, o Queen só faria mais quatro shows em 1976, todos em setembro: dois no Playhouse Theatre, em Edimburgo, em comemoração pela reabertura do teatro após uma reforma, um concerto ao ar livre no Castelo de Cardiff, no País de Gales, e, por último, um grande show ao ar livre no Hyde Park, em Londres, em 18 de setembro. Esse show no parque foi idealizado por Richard Branson, da Virgin Records, e o significado da data, apesar de ser pura coincidência, não passou batido para Freddie e seus companheiros do Queen, já que seria o aniversário de seis anos da morte de Jimi Hendrix, ídolo de Freddie.

Quase duzentas mil pessoas se reuniram no Hyde Park para ver o show. Ao ocuparem o palco, com efeitos de bombas de fumaça e uma iluminação sofisticada, Roger, Brian e John só puderam assistir, detrás de seus instrumentos, ao momento em que Freddie surgiu de um alçapão em um redemoinho de fumaça, usando um macacão branco de lycra, e saudou a multidão com seu exagerado "Queridos!". Em seguida, o Queen se lançou em um set intenso que entreteve todos até o toque de recolher da polícia interromper o show oitenta minutos mais tarde, antes do ritual do bis. Embora Freddie quisesse burlar a ordem e continuar, a ideia de ter que passar uma noite na cadeia com um macacão colante cheio de brilho na região da virilha deve ter sido suficiente para fazê-lo reconsiderar. Ao analisar o show, o *Record Mirror* comentou o seguinte sobre Freddie: "Ele é um pretensioso descarado, um artista habilidoso de forma precisa e, em última instância, muito profissional, que encontrou seu caminho para entrar naquele seleto grupo de pessoas que chamamos de estrelas. Sua performance no Hyde Park no sábado foi a prova de que ele poderia ficar ao lado de Jagger, Bowie e um punhado de americanos".[13]

O resultado do show foi um grande alívio não só para o organizador, Richard Branson, mas também para o Queen, que, apesar do sucesso gigantesco de "Bohemian Rhapsody" e de *A Night at the Opera*, estava inseguro sobre qual era a real percepção do público britânico a respeito deles. Entretanto, a reação positiva ao show do Hyde Park e a recepção que receberam da multidão dissiparam tudo isso em um instante. Estimulado por esse feito e pelo fato de ter acabado de receber, nos Estados Unidos, o Don Kirshner/CBS Rock Award de Melhor Álbum do Ano, por *A Night at the Opera*, o Queen voltou com pressa ao estúdio para dar os toques finais no novo álbum.

Como ocorrera com o álbum anterior, *A Day at the Races* era o nome de um filme dos Irmãos Marx. Além disso, a capa foi enfeitada com um emblema e uma tipografia semelhantes aos do disco anterior. Em termos musicais, *A Day at the Races* foi, sem remorsos, uma sequência de *A Night at the Opera*. Como afirmou o *Washington Post*: "Para a empreitada seguinte, eles poderiam se arriscar e tentar algo novo – ou apostar no caminho seguro e oferecer mais do mesmo. Basta dar uma olhada na capa de *A Day at the Races* para determinar qual foi a escolha deles".[14]

Gravada entre julho e novembro de 1976, a contribuição de Freddie para o álbum, incluindo quatro composições, começa com "You Take My Breath Away", uma música em que ele assume tudo, voz e instrumentos, e sobre a qual comentaria: 'Eu gravei múltiplas faixas. Não usamos as vozes dos outros para isso. Toquei piano e foi basicamente isso. Não sei como conseguimos mantê-la tão simples, já que fazemos muitos *overdubs* e outras coisas. Acho que as pessoas pensam que somos complexos demais, e isso não é verdade. Depende de cada faixa. Se precisar, nós fazemos. Então essa faixa é bem solta, na verdade, para os padrões do Queen".[15]

A faixa seguinte de Freddie foi "The Millionaire Waltz", a canção que queria ser a nova "Bohemian Rhapsody" do disco, uma valsa inspirada em Strauss sobre o então empresário da banda, John Reid. As próximas duas canções de Freddie foram os singles de maior sucesso do álbum: "Somebody to Love" e "Good Old-Fashioned Lover Boy".

"Somebody to Love", com suas melodias complexas e faixas de vocais em camadas profundas, foi composta tendo Aretha Franklin em mente. "Para 'Somebody to Love', as mesmas três pessoas cantaram na seção do grande coral", explicou Freddie, "mas acho que teve um tipo diferente de abordagem técnica, porque era um jeito gospel de cantar – que para nós era diferente. Nessa faixa, eu dei uma enlouquecida. Só queria compor algo com a pegada da Aretha Franklin. Me inspirei no clima gospel dos primeiros álbuns dela. Embora possa parecer que tenha uma técnica parecida para as harmonias, é muito diferente no estúdio porque é uma extensão diferente".[16]

"Eu sabia que queria a sensação de um coral gospel", continuou ele, "e sabia que teríamos de fazer tudo sozinhos. Essa música é algo como o efeito de um coral de cento e sessenta arranjos. Imagine só quanto tempo levou para fazê-la – repetimos mil vezes. Passamos uma semana nisso, mas valeu a pena. Jamais quero olhar para trás e pensar sobre um de nossos álbuns: 'Se ao menos tivéssemos dedicado mais tempo e feito isso, teria ficado melhor!' Somos perfeccionistas em relação às coisas e achamos que vale a pena gastar esse tempo. As pessoas devem pensar: 'Ah, meu Deus, eles vão passar quatro meses e meio no estúdio de novo', mas consideramos que isso é necessário porque precisa estar tudo certo, é só isso".[17]

Apresentado em 12 de novembro de 1976 como o primeiro single do álbum que seria lançado, "Somebody to Love" alcançou a segunda posição nas paradas de singles do Reino Unido e a 13ª na Billboard Hot 100 dos EUA, e as vendas chegaram a mais de dois milhões de singles no mundo todo.

A quarta e última composição de Mercury no álbum foi "Good old-Fashioned Lover Boy". Freddie descreveu assim a canção: "É mais um de meus números de teatro de vaudevile. Eu sempre faço uma faixa de vaudevile, embora 'Lover Boy' seja mais fácil que 'Seaside Rendezvous', por exemplo. Tem piano e vocais bem simples, com uma batida cativante".[18]

Essa canção seria lançada como o terceiro single do álbum em maio de 1977, como parte de um EP, que viria após "Tie Your Mother Down", de Brian May. Ambas as faixas não chegaram ao Top 10 britânico, sendo que "Tie Your Mother Down" parou na 31ª posição, e o EP "Good Old-Fashioned Lover Boy" ficou na 17ª. No entanto, o álbum foi um grande sucesso internacional ao ser lançado em dezembro de 1976, após uma festa organizada para a ocasião, no Kempton Races. Com mais de cinco milhões de cópias vendidas no mundo inteiro, o disco liderou as paradas no Reino Unido, Japão e Holanda, bem como alcançou o quinto lugar nos Estados Unidos. Mas, como a cena musical estava mudando no Reino Unido com a chegada do punk, a imprensa foi rápida em criticar o novo álbum. A *Rolling Stone* afirmou: "*A Day at the Races* deve ter sido pensado para ser a sequência do êxito de 1976 do Queen, *A Night at the Opera*, mas não houve grandes mudanças. Desses grupos, o Queen é o menos experimental, provavelmente porque suas aspirações comerciais são as mais escancaradas".[19]

Nicholas Kent escreveu em um artigo na *NME*: "Detesto esse álbum. De forma categórica. Se ele não fosse se tornar tão obviamente colossal, eu iria meramente desprezá-lo, por considerar que a maior parte do seu conteúdo ousa empregar essa espécie de autoindulgência ultranarcisista grandiosa. De quase tudo nesse disco carregando a alcunha de um tal compositor F. Mercury parece escorrer a mesma essência ou ultrapreciosidade de se retocar diante de um espelho de maquiagem. Todas essas canções, com suas *preciosas* referências pseudoclássicas de piano *obbligato*, com suas *preciosas* e impotentes declamações mudas e cafonas de Valentino sobre o romance, com os holofotes sobre um vocalista tão tontamente apaixonado por sua própria imagem *preciosa* – elas literalmente me arrepiam os pelos".[20]

No cerne da análise de Kent, há uma homofobia enraizada. O emprego repetido da palavra "preciosa" é revelador sobre aquela época, repleto de escárnio e desprezo, e o texto se disfarça de crítica, quando, na essência, é inerentemente carregado de ódio. No começo do artigo, Kent observara que a chegada do punk tinha movimentado a cena musical e que havia algo no horizonte que poderia derrubar a desgastada hierarquia do rock. O Queen poderia ser visto como um dos principais culpados pelo que passou a ser percebido como um rock supervalorizado. E, na Grã-Bretanha de 1976 e 1977, que caminhava para problemas econômicos e uma escassez de oportunidades, a geração mais jovem começou a se mexer, evitando grupos como o Queen e adotando o mundo do punk.

Estranhamente, o Queen teve participação no surgimento do punk, por ter dado, sem querer, notoriedade nacional aos Sex Pistols. Como parte da divulgação de *A Day at the Races*, o Queen estava programado para aparecer em um programa da ITV, o *Today With Bill Grundy*, em 1° de dezembro de 1976. Impossibilitado de comparecer ao compromisso, pois Freddie Mercury precisara ir de última hora ao dentista naquele dia, o Queen desistiu do show. Por isso, Eric Hall ofereceu a vaga deles para outra banda da EMI. Assim como David Bowie lhes proporcionara inadvertidamente a primeira oportunidade, o Queen fez a mesma coisa com outra banda quando Hall apresentou para a ITV os Sex Pistols como substitutos. E o resto é história, já que o grupo punk falou palavrões ao vivo na televisão, comportou-se mal na maior parte do tempo e provocou uma indignação nacional. Grundy foi suspenso, a canção dos Sex Pistols "Anarchy In The UK" subiu nas paradas, a juventude descontente da Grã-Bretanha ganhou uma nova trilha sonora para sua vida e – quem sabe tenha sido conveniente – o Queen voou para os Estados Unidos para iniciar uma turnê importante com quarenta shows.

Quem poderia dizer como estaria a cena musical no Reino Unido quando eles voltassem e se o Queen ainda seria relevante?

"A coisa toda do punk foi uma fase difícil para nós, e eu achei que seria o fim", diria Freddie. "Mas se existe um desafio, nós o encaramos, e é isso que nos faz seguir adiante".[21]

# - 20 -

Em janeiro de 1977, o Queen voou para Boston para se preparar para a próxima turnê nos EUA, deixando para trás a iminente anarquia do punk, que estava mudando a natureza da cena musical britânica.

Liberado do relacionamento com Mary Austin e longe de David Minns, que permaneceu no Reino Unido, Freddie estava livre para se entregar ao que quisesse e, distante dos holofotes da imprensa britânica, tinha toda a intenção de aproveitar ao máximo a vida nos EUA. Era o começo de cinco anos de promiscuidade para Freddie, em busca da vida gay pela qual ansiava havia tanto tempo, mas que mantinha em segredo para todos.

Apesar de estar em um relacionamento com Minns, ele abraçou essa liberdade. "Meu desejo sexual é enorme", revelou. "Durmo com homens, mulheres, gatos, pode escolher. Eu vou para cama com qualquer coisa! A minha cama é tão grande que cabem seis confortavelmente. Prefiro sexo sem nenhum envolvimento".[1] Foi esse estilo e filosofia de vida que permitiu a Freddie escolher quem quer que se atraísse por ele, e o cantor ainda se gabava de que iria levar centenas pra cama. "Ele queria sexo sem compromisso", escreveu Laura Jackson, "e voltava para casa de madrugada com sua conquista a reboque. Parecia não ser exigente e, para alguém cujas sensibilidades artísticas estavam se tornando cada vez mais refinadas, ele era capaz de descer muito o nível".[2]

Mas Freddie não era o único determinado a se divertir. Parece que o resto do Queen também estava a fim de fazê-lo. A turnê de 1977 pelos

EUA foi a que estabeleceu outro novo marco do excesso, da devassidão e da notoriedade pós-show que passariam a ser lendárias no rock. A turnê do Queen começou em Milwaukee, no dia 13 de janeiro, e teve a abertura do grupo irlandês de rock Thin Lizzy, liderado por Phil Lynott, que acabara de emplacar um grande sucesso nos EUA com "The Boys Are Back In Town" e fazia um show ao vivo excepcional.

A turnê percorreu os EUA durante o mês de janeiro, mas foi em 5 de fevereiro de 1977 que o Queen soube que tinha sido bem recebido pra valer, uma vez que todos os ingressos para o famoso Madison Square Garden foram vendidos. O show se esgotou em minutos, e quase vinte mil fãs pagaram para assistir à apresentação do Queen. Uma crítica do espetáculo mencionou: "O show em si foi muito mais solto e criativo do que as apresentações mais recentes do Queen. Os membros do grupo tinham espaço suficiente para se destacar, mas em momento algum o solo de cada um foi qualquer tipo de imposição sobre o público".[3]

No entanto, por mais que a banda parecesse unida no palco, fora dali os integrantes passavam cada vez mais tempo cuidando da própria vida. Brian May passava o tempo com a esposa, enquanto John Deacon tinha a companhia da esposa e do filho na turnê. Roger Taylor se juntava a Phil Lynott e ao guitarrista do Lizzy, Scott Gorham, em algum clube, não importava a cidade onde estivessem. Freddie, enquanto isso, costumava ficar sozinho e não lidava bem com solidão. Então começou a vasculhar os bares gays de qualquer cidade em que estivesse, escolhendo homens para transar, pois sabia que não conseguia ficar sozinho, nem ter um relacionamento fixo, e assim podia descartá-los na manhã seguinte.

"Em 1977, não havia dúvida de que ele não era gay, mas certamente isso não era uma questão", diz Brian Southall, chefe de promoção da EMI, que havia se juntado à banda nos EUA. Ele acrescenta: "No entanto, havia uma postura marcada dos outros de que 'Nós fazemos o que fazemos, e Fred faz o que ele faz'."[4]

"O assunto da sexualidade de Freddie nunca surgiu porque nem sequer foi mencionado", lembra Brian May. "Nenhum de nós tinha ideia de que ele poderia ser diferente da gente. Isso está fazendo sentido? Quer dizer, dividimos muitos apartamentos e outras coisas, e eu via Freddie levar garotas para o quarto, surgiam gritos, então assumimos que nada era muito diferente do que conhecíamos. Foi só bem mais tarde que percebemos que havia alguma coisa acontecendo com Freddie. Bem, bem mais tarde. Estávamos em turnê nos Estados Unidos e, de repente, tinha garotos seguindo-o até um quarto de hotel em vez de garotas. Pensamos: 'Hummm...' E é isso. Sempre tive muitos amigos gays, eu simplesmente só fui saber mais tarde que Freddie era um deles".[5]

Nessa turnê, Freddie havia se cercado do próprio círculo de assistentes. Entre eles estava Peter Brown, seu assistente pessoal, além de um guarda-costas de cento e treze quilos, um massagista particular e Dane Clark, "um dançarino que Mercury havia escolhido e que agora estava na folha de pagamento como cabeleireiro".[6] Freddie também andava acompanhado de outro assistente pessoal, Paul Prenter, que havia entrado recentemente para a turma.

"Paul Prenter foi um dos meus primeiros namorados, quando eu tinha uns dezessete anos", lembra John Reid, que era o empresário do Queen naquela época. "Eu o conheci em Glasgow, quando eu ainda morava lá, e ele era de Belfast. O pai dele era um agenciador de apostas, e ele estava na universidade, então, quando eu vim para Londres, meio que continuei mantendo contato com ele. E eu estava na Califórnia quando, do nada, recebi uma ligação do pai do Paul Prenter. Isso foi na época do auge dos problemas em Belfast, e ele disse: 'É a primeira vez que nos falamos, mas sei que você conhece meu filho. Existe alguma maneira de ajudá-lo a sair de Belfast?' Porque a situação estava muito ruim lá, e tudo estava uma bagunça geral. Então falei com Paul e disse pra que fosse para Londres, pois eu tinha um apartamento na Rua South Audley. Quando voltei, ele estava lá, e lhe ofereci um emprego de mensageiro. No decorrer disso, ele conheceu Freddie e foi assim que tudo isso começou".[7]

Prenter conseguiu ganhar a confiança de Freddie ao distraí-lo com histórias da sua vida aparentemente trágica na Irlanda e de como os saques o deixaram sem um tostão. Naturalmente, Freddie sentiu pena de Prenter, colocou-o debaixo da asa, deu-lhe dinheiro e acabou oferecendo também um emprego. Mas Freddie não era vítima no relacionamento deles; ele não era bobo, nem um astro coitado sendo passado para trás. Foi o começo de um relacionamento de dez anos que terminaria em traição.

"Eu não ia muito com a cara do Paul Prenter", lembra Peter Straker, amigo íntimo de Freddie. "Paul fazia tudo o que Freddie desejava ou queria em termos de cuidar dele e conseguiu ser uma pessoa muito desagregadora porque Mercury dava ouvidos a ele".[8] "Ele se tornou um pesadelo e dividiu Freddie e a banda", diz John Reid.[9] Mas, por enquanto, Prenter permanecia sendo um membro valioso da comitiva de Freddie, que surpreendeu o empresário do Thin Lizzy, Chris O'Donnell: "Ele tinha esse círculo de pessoas ao redor dele, e tudo era 'Sim, Freddie', 'Não, Freddie'. Dane Clark preparava as roupas dele, levava-o até o carro, colocava-o em um avião, depois em outro carro e então para a passagem de som. A maioria passava o som às cinco da tarde e depois jantava nos bastidores com a equipe da estrada. Mas o Queen se sentava depois de um show e fazia uma refeição completa com serviço de bufê e garçons à disposição. Depois de um tempo, Brian e Roger foram se cansando e pediam para ir conosco a algumas boates após o show. Freddie acabava sentado sozinho diante dessa enorme refeição cara, furioso porque a banda o abandonara. Ele tinha essa ideia de que sempre tínhamos que jantar após a primeira apresentação, então ele decidiu que deveríamos fazer isso todas as noites. Eu nunca vi nada igual".[10]

Após o show triunfante no Madison Square Garden, o Queen rodou os EUA com a turnê até chegar em Los Angeles, em março. Lá, eles deveriam tocar duas noites no The Forum, um local de referência onde todos, de Elvis Presley aos Jackson 5, haviam tocado. Mas primeiro eles tinham outro compromisso. Como o título de dois dos álbuns eram uma homenagem aos filmes dos Irmãos Marx, a banda foi convidada para o chá da tarde na casa de Groucho Marx, então com oitenta e seis anos e o único sobrevivente do grupo cômico norte-americano. A banda presenteou Groucho com um disco de ouro em reconhecimento à sua inspiração e genialidade e também tocou, a pedido do anfitrião, uma versão de "39" *a capella*, do *A Night at the Opera*.

Depois de Los Angeles, a turnê passou por mais quatro cidades americanas, e o Queen fez mais quatro shows no Canadá antes de retornar ao Reino Unido, em meados de março. Mas Freddie não voltou sozinho, para grande surpresa e choque de seu namorado, David Minns. Durante a turnê nos EUA, o cantor incluiu outro membro da equipe em seu círculo, Joe Fanelli, de vinte e sete anos, e, em pouco tempo, Freddie se apaixonou por ele e o convenceu a acompanhá-lo na volta à Grã-Bretanha.

"Joe era um garoto americano muitíssimo ingênuo e doce", lembra David Evans, amigo de Freddie.[11] Outro amigo de Freddie, Peter Straker, já havia sido informado de que algo estava acontecendo nos EUA: "Eu recebi uns dois telefonemas que diziam que ele tinha se apaixonado por outra pessoa".[12] Enquanto isso, David Minns, que namorava Mercury desde 1975, sabia que Freddie estava na pista durante a turnê: "Claramente, ele tinha casos com outras pessoas. Bom, é claro que tinha", diria Minns mais tarde. Mas até ele ficou surpreso com a maneira como Freddie terminou o relacionamento: "Freddie voltou dos EUA após uma turnê longa e árdua, foi ao apartamento e anunciou que tinha conhecido alguém, que era o Joe. Na verdade, ele me disse um dia: 'Eu tenho amor suficiente por todos vocês. Você não entende isso?' E acho que, de certa forma, a expectativa dele era a de que a minha reação fosse a mesma da Mary quando ele contou a ela sobre mim, e acredito que ele entendeu errado. Ele partiu meu coração".[13]

Em meio a uma lembrança amarga do relacionamento dos dois, o Queen lançou "Good Old-Fashioned Lover Boy" no Reino Unido, em 20 de maio de 1977. Escrito por Mercury, foi um lembrete dos primeiros dias de seu namoro com Minns, cerca de dois anos antes. "Freddie, no fundo, tem valores muito tradicionais porque ele escreveu aquela música 'Good Old-Fashioned Lover Boy', que era sobre o nosso relacionamento", refletiu David Minns alguns anos depois. "Ele escreveu essa música sobre como ele se vestia, se arrumava. Ele estava cortejando. Estava me galanteando. Isso tudo fazia parte da encenação dele".[14]

Uma das faixas de um EP, "Good Old-Fashioned Lover Boy", alcançou o décimo sétimo lugar nas paradas de singles do Reino Unido em julho de 1977, enquanto o Queen estava completando uma turnê europeia, percorrendo Suécia, Dinamarca, Alemanha, Holanda e Suíça, além de fazer onze apresentações na Inglaterra e na Escócia. Com o fim da turnê, Freddie retornou ao seu apartamento em Stafford Terrace e viu que David Minns havia se mudado. Mas, antes de partir, Minns teve uma overdose: "Esse foi o dia em que Jim Beach [advogado do Queen na época] me ligou para dizer que meu relacionamento com Freddie havia terminado e solicitou que eu escrevesse uma carta dizendo que não faria nenhuma alegação contra Freddie, fosse de natureza financeira ou não, e que eu não iria à imprensa", recordou Minns. "Pedi à minha salvadora, Sarah Forbes, que escrevesse a carta para mim, mas acho que não a enviei. Freddie sempre precisava que alguém fizesse o trabalho sujo por ele. Em minha homenagem, ele depois escreveu a música 'Don't Try Suicide (Nobody Gives a Damn)'. Que gentil da parte dele. A rainha do ácido finalmente mostrou sua verdadeira face e não apareceu quando eu mais precisei. Ele estava ajeitando o cabelo em Knightsbridge, a menos de cinco minutos de carro".[15]

No ano seguinte, David veria Freddie apenas ocasionalmente, em casas noturnas como a Heaven, ou quando o ex-companheiro corria para o apartamento de Minns na Dovehouse Street em busca de consolo para o relacionamento com Joe Fanelli: "Freddie confessou que Joe voara de volta para Nova York e tirara dinheiro e pertences da casa dele em Stafford Terrace. Em muitas ocasiões depois disso, ele [Freddie] chegou no apartamento da Dovehouse Street lamentando e chorando pelas perdas e pela decepção com Joe".[16] Minns acabaria cortando relações com Freddie em maio de 1978 e só o veria novamente em 1986, mas Joe Fanelli, apesar dos delitos, seria bem-vindo de volta à vida de Mercury. O relacionamento íntimo deles estava fadado a ser efêmero, mas, assim como manteve Mary Austin sempre por perto, Freddie fez o mesmo com Fanelli, que acabou sendo contratado como chef particular até o dia da morte de Mercury.

O Queen mergulhou na gravação do próximo álbum em Londres, em julho de 1977. O punk rock estava no auge, e a imprensa, particularmente a *NME*, começou a ridicularizar o Queen. Tony Stewart escreveu uma crítica do show do Queen em 13 de maio, em Hamburgo, para a *NME*. Após ficar horrorizado ao assistir à glória total de ostentação da banda no ápice do show em Earl's Court alguns meses depois, quando uma coroa de duas toneladas que valia cinquenta mil libras[17] subiu de forma espetacular no palco, Stewart entrevistou Freddie em Londres, em junho. Foi um caso espinhoso, e Freddie tinha muito a perder, o que foi confirmado quando a entrevista foi publicada com a manchete: "Seria este homem um idiota?"

Em sua crítica anterior ao show de Hamburgo, Stewart se referiu a Freddie como um "charlatão", que usou a banda "como um veículo para uma elaborada exibição de narcisismo". Stewart sugeriu que "se dava mais importância à aparência do que à apresentação musical da banda. E Mercury levou o grupo ao topo com sua autoindulgência, em detrimento do desempenho coletivo". Como era de se esperar, Freddie ficou magoado com essas críticas, e seu comportamento na entrevista de junho em Londres só serviu para contrariar Stewart ainda mais, como expôs em seu artigo na *NME*. Na chegada para a entrevista, Stewart descreve como Freddie o cumprimentou: "'Eu me lembro', começa [Freddie], 'de ter falado com você três ou quatro anos atrás. Certo? Então você ainda está trabalhando apenas como redator. Eles não dão algo como... é... uma promoção? A vida não está sendo boa com você, está? Eu diria', acrescenta ele gentilmente, 'que se você tivesse tentado, desde a vez que o conheci, agora... é... seria editor do *The Times* ou algo assim'. 'Bem, Fred, me ofereceram um cargo, mas você sabe como é'. 'Vagabundo', ele sorri de leve e de forma debochada".[18]

O artigo de Stewart em seguida criticava o Queen, sugerindo que eles não eram mais "majestosos" e que o último álbum era "quase sem graça e sem conteúdo". O pior de tudo é que a banda era acusada de "acreditar no próprio mito".[19] Mas Freddie tinha a resposta para as críticas de Stewart: "Eu simplesmente acho que você não sabe nada sobre estilo e arte. Talvez isso esteja além do seu alcance; portanto, você não é capaz de depreendê-los e acaba dispensando-os", disparou Freddie de volta.[20]

Independentemente de quem estava certo ou errado, o Queen precisava responder a essas alegações e também criar um disco que abalaria a percepção de que estavam decadentes e, possivelmente, "ultrapassados" em uma Grã-Bretanha que vivia uma explosão de anarquia punk.

Mas, antes disso, Freddie tinha que fazer parte de outro disco. Ele conhecia Peter Straker, cantor e ator jamaicano, desde o início dos anos 1970. "Eu o conheci em um restaurante chamado Provan's, na Fulham Road", lembra Straker. "Ele estava com John Reid, e eu, com meu empresário na época, David Evans, que também trabalhava com John Reid. Eu estava jantando com David e nos conhecemos assim. Durante alguns meses, parecíamos ir aos mesmos restaurantes, o September's era um outro, então nos esbarrávamos, e aí ele iniciou um relacionamento com David Minns, que trabalhava para Paul McCartney, e continuamos nos encontrando e acabamos nos tornando colegas. Então eu o convidei para minha festa de aniversário, e ele não queria vir, porque era muito tímido, mas apareceu e se divertiu e, depois disso, nos tornamos bons amigos de verdade".

"Costumávamos apenas sair, e eu frequentava muito o teatro, então me lembro de um de nossos primeiros encontros em que fomos juntos ao teatro na Rua Upper Regent, e era um daqueles shows na época em que todo mundo estava tirando a roupa depois de *Hair*, e o que eu lembro é que íamos tomar um drinque no intervalo e, nunca vou esquecer, saímos do bar porque estava muito cheio lá dentro, e ele não voltou para ver o show. Ele dizia: 'Depois de sair de algum lugar, não consigo voltar'. Ele não entendia como funcionava o teatro. Então não voltávamos. Ele foi ver muitos shows que eu estava fazendo pelo país nos anos 1970. Aparecia e assistia aos espetáculos, e nós voltávamos para Londres juntos e nos dávamos formidavelmente bem, na verdade".[21]

Como fruto da amizade, Freddie aceitou produzir um álbum para Straker, intitulado *This One's On Me*, para a Goose Productions, do próprio Mercury.

Freddie também tinha um álbum para gravar com o Queen. A banda havia agendado uma turnê nos EUA que começaria em 11 de novembro de 1977, o que significava que todas as composições e gravações do novo álbum tinham que estar concluídas até lá, embora Freddie tenha revelado a Tony Stewart que "nós não escrevemos porcaria nenhuma ainda", durante a malfadada entrevista para a *NME* em junho.[22] No entanto, abrigado no Basing Street Studios, em Londres, durante o verão de Jubileu de Prata de 1977, o Queen conseguiu criar *News of the World*, o sexto álbum de estúdio. Com um tom musical significativamente distinto dos dois álbuns anteriores, *News of the World* se beneficiou de um afastamento do exibicionismo e se concentrou mais na experimentação com hard e soft rock, que estava em maior sintonia com a cena punk da época do que a produção dos superastros mais contemporâneos. Usando uma produção esparsa (o Queen mais uma vez produziu o álbum), *News of the World* foi gravado em apenas dez semanas, uma espécie de *sprint* para a banda, e continha pouco do *overdubbing* dos discos anteriores da banda.

Coincidentemente, os Sex Pistols também estavam gravando nos estúdios na mesma época do Queen. Com o punk rock ocupando o *zeitgeist*, o Queen tinha todos os motivos para suspeitar dos iniciantes que estavam no estúdio adjacente, mas parece que as bandas se deram razoavelmente bem, e o fato de estarem compartilhando as mesmas instalações possibilitou o encontro em que Freddie chamou Sid Vicious de "Sr. Feroz" quando o baixista dos Pistols entrou no estúdio do Queen e perguntou a Freddie se ele havia conseguido levar o balé às massas. "Querido", respondeu Freddie, "estamos tentando o nosso melhor".

Freddie só contribuiu com três músicas para o álbum, mas escreveu a faixa mais vendida do disco, e um dos singles do Queen mais vendidos de todos os tempos, "We Are The Champions". "Eu estava pensando em futebol quando a escrevi", disse Mercury. "Eu queria uma música de participação, algo que pudesse atrair a atenção dos torcedores. Claro, eu inseri mais sutileza teatral do que um canto de futebol comum. Suponho que também possa ser interpretada como minha versão de 'My Way'. Nós conseguimos, e certamente não foi fácil. Nenhum mar de rosas, como diz a música. E ainda não é fácil".[23]

Misturando a teatralidade floreada com o trovão do arena rock, "We Are The Champions" é uma balada poderosa construída em torno de uma melodia em cascata, vocais com múltiplas faixas, a voz principal com a potência de Freddie e o trabalho acrobático da guitarra de Brian May. Trinta e quatro anos depois, cientistas da Goldsmiths, na Universidade de Londres, declarariam "We Are The Champions" como a música mais cativante de todos os tempos, de acordo com um estudo científico. "Todo sucesso musical depende de Matemática, Ciências, Engenharia e Tecnologia; desde a Física e frequências de som que determinam a altura e a harmonia aos processadores e sintetizadores digitais de alta tecnologia que podem adicionar efeitos para tornar a música mais contagiante", revelou o psicólogo musical dr. Daniel Müllensiefen. "Ao longo do estudo, os pesquisadores descobriram que o grau de popularidade era mais influenciado por quatro fatores: frases musicais longas e detalhadas, várias mudanças de altura vocal no gancho de uma música, vocalistas homens e vozes masculinas mais agudas, fazendo um esforço vocal notável".[24] E "We Are The Champions" tinha tudo isso.

Lançada como hit junto com "We Will Rock You", de Brian May, em 7 de outubro de 1977, "We Are The Champions" alcançou o segundo lugar nas paradas do Reino Unido, onde permaneceu por três semanas, mantendo-se fora do topo por causa de "Name of the Game" e, em seguida, sendo ultrapassada por "Mull of Kintyre", do Wings. Nos EUA, alcançou o quarto lugar, a posição mais alta no *ranking* até então, e permaneceu nas paradas americanas por vinte e sete semanas, vendendo mais de dois milhões de cópias. Sem ter nenhum dos três singles anteriores no Top 10 dos EUA, o desempenho de "We Are The Champions" foi um estímulo bem-vindo quando a banda voou para a América do Norte para começar a ensaiar no dia 7 de novembro para a próxima turnê. Antes de partir, no entanto, o Queen recebeu o prêmio de melhor single britânico dos últimos vinte e cinco anos, por "Bohemian Rhapsody", no Britannia Awards, em 17 de outubro, prêmio este compartilhado com "A Whiter Shade of Pale", do Procol Harum.

Onze dias depois, o álbum *News of the World* foi lançado e recebeu todo tipo de crítica, ficando no decepcionante quarto lugar nas paradas do Reino Unido. Foi a posição mais baixa que uma obra do Queen atingiu desde *Queen II*, em 1974. No entanto, a banda se saiu melhor nas paradas americanas, alcançando o terceiro lugar e conquistando o disco de platina.

Mais uma vez cruzando os Estados Unidos sob aplausos intensos de públicos que lotavam os shows, Freddie teve muitas oportunidades para analisar e se entregar à cena gay dos EUA. Apesar de ser uma grande estrela, na América do Norte ele explorou ao máximo o fato de ainda não ser muito reconhecido nas ruas. Freddie precisava desse anonimato; para ele, sua homossexualidade tinha de permanecer secreta. Além disso, não desejava que sua popularidade e seu sucesso fossem ameaçados de alguma forma por ser exposto ou forçado a se assumir.

A heterossexualidade era uma fachada que ele precisava manter. O Queen, a banda, era agora um negócio importante, lucrando grandes quantias e empregando uma série de pessoas apenas para que a engrenagem continuasse funcionando. O Queen assumira uma grande responsabilidade pelos quatro membros e por aqueles que tinham um forte interesse nos sucesso – comercial e de crítica – da banda, e nada poderia desequilibrar o barco, que dirá o vocalista se assumir gay. De alguma forma, Freddie conseguiu controlar a situação, a ponto de um ano mais tarde, em uma entrevista em Paris concedida ao jornalista do *Daily Mail* Tim Lott, ter sido observado que: "Embora transpareça arrogância, ele certamente é generoso. Freddie presenteou a namorada, Mary Austin, com um luxuoso apartamento em Londres e é conhecido por às vezes presentear amigos especiais com um relógio de ouro. 'Depois de sete anos e meio, chegamos a um acordo', disse ele. 'Achei que, por estar há tanto tempo em turnê, Mary deveria ter vida própria'."[25]

A ilusão da heterossexualidade continuou para a imprensa e para o público, enquanto Freddie embarcava em uma jornada de encontros casuais e relações não concretizadas. "A turnê se resumia ao safári sexual noturno de Freddie, mas antes ele tinha que trabalhar um pouco", diz o ex-assistente pessoal, Peter Freestone. "Geralmente, com Freddie em turnê, era assim: encontrar-se, foder, esquecer".[26]

O que quer que Freddie estivesse fazendo depois dos shows não abalava o profissionalismo dele e do Queen no palco. Fora dele, eles estavam se interessando cada vez mais pelos negócios da banda, e isso se estendia à parte empresarial do grupo. Foi ficando evidente para os integrantes que John Reid não estava conseguindo dedicar o tempo necessário para empresariar seus dois artistas de palco, Queen e Elton John. O Queen acabou tomando a decisão de deixar a John Reid Enterprises.

"Jim Beach veio até mim", lembra Reid, "e disse: 'Muito obrigado, a banda realmente reconhece o que você fez, mas eles querem gerenciar a carreira deles'. E nós tínhamos um contrato de três anos, que ainda faltava um pouco para vencer, e eu respondi: 'Bom, tudo bem', porque quando um artista diz isso, você não vai brigar, então fizemos um acordo, eles pagaram muita grana e eu mantive meus direitos. Eu ainda recebo *royalties* deles, então mantive minha comissão nos álbuns que foram gravados durante a minha gestão e, depois disso, como amigo, consegui passar mais tempo junto com cada um, em especial com Freddie".[27]

De volta ao Reino Unido para passar o Natal e o Ano-Novo com amigos e familiares, o Queen sabia que conquistara os EUA. A imprensa deu à banda o respeito que enfim merecia; todos os shows, sem exceção, tiveram os ingressos esgotados, os integrantes viajaram em jatinhos particulares e até tiveram a lendária atriz e cantora Liza Minnelli na plateia, para o deleite de Mercury. Enquanto isso, Freddie se jogava no mundo de sexo, drogas e rock'n'roll, aparentemente querendo recuperar o tempo perdido.

"Quando estava a caminho de casa e deparava com um motorista de táxi, pedia para a limusine dar a volta e ordenava: 'Siga aquele carro'", lembra o amigo David Evans.[28] "Em 85% das vezes, Freddie levava alguém para casa para transar", sugere o ex-assistente pessoal Peter Freestone.[29]

Além do sexo, Freddie também desenvolveu um gosto por consumir cada vez mais cocaína, gastando, segundo relatos, quatro mil libras por semana com a droga.[30] "Eu participei de um jantar uma vez", lembra o apresentador Paul Gambaccini "e, na verdade, ele oferecia um bufê de drogas, passando com uma bandeja. E me senti um pouco inadequado, porque nunca havia usado drogas e estava diante dessa bandeja de poções e pó e só reconheci um deles, que eu achava que era cocaína, mas, quanto aos outros, eu era um ignorante completo. Mas o ponto aqui era a generosidade, porque, embora eu conhecesse pessoas que ofereciam drogas aos amigos, nunca vi alguém dar um banquete de drogas em um jantar. Esse foi um ato de generosidade bizarra".[31]

"Freddie adorava diversão. Ele descobriu que a cocaína o ajudava a se divertir. Mas nem sempre precisava usar a droga para curtir", diz Peter Freestone.[32] O mundo do rock'n'roll – dado seu sucesso, fama e riqueza – passava a ideia comprada por Mercury de que ele poderia ter tudo, qualquer coisa, e agora se cercava por um grupo constante de pessoas que diziam "sim" e atendiam a todos os caprichos dele.

De volta à Inglaterra, o Queen agora estava sem empresário e não tinha uma estrutura empresarial a seu redor. Além do mais, os integrantes estavam enfrentando a perspectiva de terem de se tornar exilados fiscais por causa das leis tributárias punitivas do Reino Unido na época. A Europa acabou acenando para o grupo, e isso significou para Freddie o acesso a uma cena gay totalmente nova, que viria a dominar sua vida nos anos seguintes.

# - 21 -

O ano de 1978 começou com o Queen e Freddie fazendo um balanço de tudo. "Todos nós viramos empresários", admitiu Freddie, "mesmo que isso vá contra o bom senso. É algo que sempre acontece se você obtém sucesso".[1]

A banda decidiu que, tendo dispensado os serviços de John Reid, montaria a própria estrutura de gerenciamento e se autoempresariaria. Assistido pelos contadores da Thornton Baker, pelo especialista em tributos Peter Chant e pelo advogado da banda Jim Beach, o Queen criou várias empresas para cuidar das finanças, dos ativos e do futuro da banda. Pete Brown e Paul Prenter foram incluídos como parte da equipe de gestão. Por causa do imposto de renda a taxas punitivas no Reino Unido, o Queen foi aconselhado a tirar um ano de folga, o que significaria que os membros da banda teriam de passar pelo menos trezentos dias fora do país para evitar pagar impostos lá. Freddie era conhecido por não ser muito bom com dinheiro, então estava mais do que ansioso para seguir conselhos profissionais. "Eu estava fazendo uma farra com a grana", admitiu ele. "Me falaram para maneirar, porque o cara do fisco viria tomar uma grande quantia. Gastei cerca de cem mil libras[2] nos últimos três anos".[3]

O plano era passar grande parte dos meses de abril e maio em turnê pela Europa e depois ir para os Estados Unidos no final de outubro e fazer uma turnê por lá até o Natal. Durante o verão, gravariam o novo álbum, *Jazz*, no sul da França e na Suíça. No entanto, eles começariam o ano no Shepperton Studios, em fevereiro, reunindo-se de novo para ensaiar para a próxima turnê europeia. Também em fevereiro, o Queen lançou o single que sucedeu "We Are The Champions". "Spread Your Wings", de John Deacon, foi uma balada poderosa que se arrastou até no máximo o 34º lugar, o que serviu apenas para ilustrar o domínio das composições de Freddie Mercury dentro do Queen, particularmente no que dizia respeito a singles que seriam hits. Isso mudaria na década de 1980, mas o relativo fracasso de "Spread Your Wings" nas paradas de sucesso mostrou que, dos onze singles do Queen lançados no Reino Unido, apenas seis alcançaram o Top 10, sendo cinco deles compostos exclusivamente por Freddie Mercury ("You're My Best friend", de John Deacon, foi a exceção).

Se algum membro do Queen tinha potencial para seguir carreira solo, as estatísticas pareciam apontar para Freddie como o único candidato. "No início do Queen, muitas pessoas perguntavam: 'Quando você fará seu projeto solo?'", disse Freddie. "Para falar a verdade, eu pensei que todos nós estaríamos gravando álbuns solo muito antes do que fizemos. Eu acredito que, quando saía um álbum do Queen, eram quatro projetos solo dentro de um. Eu tinha minhas músicas, Brian as dele, e Roger e John também as deles, então foram quatro pequenos projetos solo funcionando lado a lado, e aí os juntamos".[4]

Em 12 de abril, logo após o início do ano fiscal, o Queen deu início ao exílio autoimposto, apresentando o primeiro show da turnê europeia em Estocolmo. Nesse ponto da carreira, eles adotaram uma rotina já conhecida, como lembra Roger Taylor: "Era de fato álbum, turnê, álbum, turnê. Na verdade, era quase sem parar. Acho que era difícil. Nós nos acostumamos com isso. Bem no começo, a gente sempre juntava o material que tinha e depois ensaiava. Então, quando realmente engrenávamos, íamos para o estúdio e tentávamos escrever, ver o que saía, e criávamos coisas. Tenho certeza de que a qualidade às vezes pode ter sido prejudicada; deve ter acontecido – é inevitável".[5]

Da Suécia, o *News of the World* Tour rodou a Europa toda, antes de chegar à Inglaterra para fazer cinco shows em maio. Agora custava quatro mil libras por dia (mais de vinte e duas mil libras nos valores de 2016) apenas para manter o Queen na estrada, mas, para onde quer que a banda fosse, as lotações esgotadas garantiam a viabilidade financeira da turnê, mesmo com os ingressos custando apenas 3,50 libras (o equivalente a vinte libras hoje).

"O quarteto real tem estilo e insolência", escreveu um crítico dos shows no Reino Unido, "acompanhado de habilidade, enquanto pulsa suas coletâneas de hino rítmico. O show é pomposo, empolgante, e a única trégua que o grupo dá, quando passa do pesado para o leve e o fantástico, é durante os solos indulgentes de guitarra e vocais, que são exercícios eletrônicos, e não música. O mutante Freddie Mercury, de calça preta de vinil e suspensórios vermelhos, faz de 'Bohemian Rhapsody' uma espécie de revelação".[6]

Essa crítica é a primeira a revelar a quem não compareceu aos shows da banda que o traje de Freddie mudou consideravelmente. Foram-se os macacões justos, os vestidos de babado desenhados por Zandra Rhodes, os figurinos brancos. Agora Freddie subia ao palco com um visual bem brilhoso de PVC preto ou de couro. Muitas vezes, ele simplesmente usava calça preta de PVC com suspensórios pretos, mas sem camisa. Às vezes, usava um boné de couro cravejado. Ao fazer isso, começou a adotar a imagem de motociclista, popular nas boates gays da época. Freddie ficou particularmente impressionado com o visual de Glenn Hughes, o "motoqueiro" do Village People, que ele viu dançar no bar durante uma de suas visitas ao The Anvil, em Nova York, e começou a adotar o visual. Talvez, como Laura Jackson escreve, Freddie "tivesse visto o novo estilo como uma maneira de fundir seus dois mundos".[7]

Após encerrar a turnê europeia, e para aderir ao novo *status* de exilados fiscais, os integrantes do Queen começaram a trabalhar no próximo álbum no Mountain Studios, em Montreux, na Suíça, e depois no Super Bear Studios, em Berre les Alpes, a quatorze quilômetros de Nice, França. O uso de dois estúdios em países diferentes era outro método para evitar o pagamento de impostos em qualquer dos países – os benefícios de empregar o próprio consultor tributário e colher os dividendos instantâneos. O álbum foi gravado em quatro meses e continha treze faixas, sendo que Freddie contribuiu com cinco delas, incluindo os singles mais vendidos, "Bicycle Race" e "Don't Stop Me Now".

Gravar um álbum em um país estrangeiro significava que a banda muitas vezes sucumbia à tentação, concentrando-se menos na música, como lembra Roy Thomas Baker, que voltou a trabalhar com o Queen: "Todas as noites íamos a esse clube na esquina que tinha a *stripper* mais incrível, então tínhamos de parar a sessão às onze da noite, assistir à *stripper* e depois voltar para gravar novamente".[8]

"Foi a primeira vez que fizemos um álbum fora", recorda Brian May, "e a ideia era a de que não haveria distrações. Apenas tipos diferentes".[9]

A festa de vinte e nove anos de Roger Taylor, em 26 de julho, ofereceu ampla oportunidade para a banda relaxar e, nas comemorações em um hotel em Montreux, Freddie foi fotografado balançando em um lustre. "Eu sempre quis me pendurar em um lustre", explicou. "E quando vi essa coisa requintada de cristal lapidado ali, simplesmente não consegui resistir".[10] No entanto, essa festa não foi nada comparada à comemoração dos trinta e dois anos de Freddie em Nice.

"As festas de Freddie, é claro, foram algumas das mais famosas do mundo", revela o dançarino Wayne Sleep,[11] e esse aniversário não foi diferente. "Havia a oferta ilimitada de comida exótica, bebida e cocaína e, no final da noite, todo mundo, menos Freddie, o voyeur, tirou a roupa e mergulhou na piscina do hotel", escreveu David Bret.[12]

Durante a estadia, Freddie tirou folga do processo de gravação para assistir à lendária corrida de bicicleta do Tour de France nos dias 18 e 19 de julho, que ocorreu em Montreux, onde o Queen estava trabalhando, e ver todos os ciclistas o inspirou a escrever "Bicycle Race". David Bret sugere que Freddie passou a noite com um dos ciclistas, chamado Charles, que sofreu uma lesão no músculo posterior de coxa e teve de abandonar a prova.

"Ao assistir ao Tour de France ao vivo, Freddie observou como o evento seria mais emocionante se todos aqueles jovens musculosos estivessem nus, ou pelo menos usando cuecas *jockstraps*! Ele me disse que a filmagem ficaria maravilhosa", disse Charles.[13]

"Bicycle Race" foi lançado como single em 13 de outubro de 1978 e fazia parte de um lançamento de dois hits simultâneos, com "Fat Bottomed

Girls", de Brian May. O single foi acompanhado por um vídeo com sessenta e cinco modelos nuas andando de bicicleta pelo Estádio de Wimbledon. Halfords havia alugado as bicicletas para o Queen por um dia, mas, ao ver o vídeo, solicitou um pagamento para repor os selins. O single alcançou a 11ª posição no Reino Unido e a 24ª nas paradas dos EUA. "É atrevido", admitiu Freddie, "travesso, mas não indecente. Certas lojas, você sabe, não publicarão nosso pôster. Acho que algumas pessoas não gostam de olhar para mulheres nuas".[14]

O álbum *Jazz* foi lançado no dia 10 de novembro e alcançou o segundo lugar no Reino Unido e o sexto nos Estados Unidos, mas ficou famoso por receber críticas contundentes. Dave Marsh, da revista *Rolling Stone*, escreveu: "Não há Jazz no novo álbum do Queen, caso os fãs de um ou de outro estejam preocupados com a profanação de um ícone. O Queen não tem imaginação para tocar jazz – o Queen não tem imaginação, por falar nisso, para tocar rock & roll".[15]

Marsh não estava sozinho nessa. Em relação ao álbum, a *Creem* comentou: "Para mim, a frase mais petulante estava no envelope interno do vinil: 'Escrito, arranjado e tocado exclusivamente pelo *Queen*'. Como se mais alguém quisesse dar um passo à frente e receber os créditos pelo trabalho".[16] E Dave Marsh não resistiu em fazer uma última crítica à banda no resumo da *Rolling Stone*: "O Queen pode ser a primeira banda de rock verdadeiramente fascista. Tudo isso me faz indagar por que alguém cederia a esses calhordas e suas ideias poluentes".[17]

Apesar das críticas, os EUA, por exemplo, ainda estavam se entregando ao culto ao Queen. A banda já havia iniciado a turnê na América do Norte antes do lançamento de *Jazz* e tinha trinta e cinco shows com ingressos esgotados para apresentar antes do Natal. E se eles ficaram preocupados com as críticas negativas ao álbum ou com as acusações de ostentação, isso sem dúvida não os impediu de viver plenamente a vida na estrada. As notórias festas pós-show continuaram, e uma em particular acabou se tornando uma lenda do rock nessa turnê.

Para comemorar o lançamento de *Jazz*, o Halloween foi o pano de fundo para uma noite de libertinagem e hedonismo que foi ultrajante e cara. Naquele dia, o Queen fez um show no New Orleans Civic Auditorium. Uma crítica dizia que: "Fora das suaves luzes azuis e verdes e da fumaça, Freddie Mercury estufa o peito, fazendo poses de balé, sob um estrondo de guitarra astral que contorna impecavelmente os extremos do rock & roll. As melodias são medíocres, mas as constantes mudanças de ritmo de 'Bohemian Rhapsody' e 'We Will Rock You' mantêm o público acordado por quase duas horas ininterruptas de música. O show de iluminação é um dos mais ambiciosos do rock. Luzes roxas estranhas e assustadoras brilham sobre a cabeça do público, fazendo os cabelos parecerem inanimados, como se fossem nuvens. No meio do show, um palco menor desce do teto, e quatrocentas lâmpadas se fundem no plano branquíssimo da cortina de luz. Freddie é um dervixe rodopiante, dominando todos os cantos do palco".[18]

Mas, na realidade, o show foi apenas uma demonstração do que estava por vir. Quatrocentos convidados especiais foram chamados para uma festa depois da apresentação no New Dreams Fairmount Hotel de Nova Orleans. Entre os convidados, oitenta eram da imprensa e vieram especialmente da Inglaterra, da América do Sul e do Japão. Sem saberem o que estava por vir, esses convidados se misturaram no hotel enquanto uma banda de Dixieland tocava e aperitivos eram servidos. Um pouco antes da meia-noite, o Queen chegou, ao som da Olympia Brass Band. E esse foi o sinal para começar a festa, que custaria duzentos mil dólares.[19] Bob Gibson, o relações-públicas de Los Angeles responsável pela comemoração daquela noite, afirmou: "Freddie decidiu que queria atrair muitas pessoas da rua para animar as coisas. Fui instruído a encontrar alguém vagamente excêntrico que pudesse trazer um pouco de, hummm, colorido aos trabalhos".[20]

Há diferentes versões do que aconteceu naquela noite. Alguns relatos afirmam que os convidados foram "recebidos por uma trupe de anões hermafroditas servindo cocaína em bandejas presas à cabeça",[21] enquanto outros se lembram de "uma orgia de doze horas de excesso repleta de exotismo, com uma modelo nua escondida em uma enorme bandeja de fígado cru e escorregadio, garotas seminuas dançando em gaiolas de bambu penduradas no teto, garçonetes de topless e lutadoras na lama".[22] Escrevendo para a *Playboy*, Merrill Shindler observou: "Na mesa à minha frente, está uma jovem extremamente magra cujo único traje é um fio dental não muito maior que uma moeda de 25 centavos e recheado com notas de vinte dólares. Há *drag queens* em *slingbacks* e penteados bufantes, e um bando de mulheres samoanas de cerca de cento e trinta quilos, nuas como um gaio-azul, e uma delas domina a arte de tragar um cigarro com a vagina".[23]

"Foi deliberadamente excessivo", lembra Brian May. "Em parte, foi para nosso próprio prazer, em parte para nossos amigos, em parte porque é empolgante para as gravadoras – e em parte foi só por fazer. Havia todo tipo de figuras estranhas, incluindo um cara sentado em uma pilha de fígado, mulheres que faziam coisas incomuns com suas partes íntimas! Fizemos amizade com todas as *strippers* e travestis, pessoas que se sentiam tão deslocadas quanto nós. Aparentemente, eram ultrajantes e promíscuas, mas algumas tinham a alma boa. Nos divertimos".[24]

Para manter essa extravagância, durante a apresentação de "Fat Bottomed Girls" no Madison Square Garden, em Nova York, vinte mulheres nuas pedalaram para frente e para trás pelo palco. Embora tal devassidão pudesse ser aceita nas grandes cidades americanas, a reação em outras áreas do país, como no Cinturão Bíblico, foi menos indulgente. Para piorar a questão, nos Estados Unidos, o álbum foi lançado com um pôster dobrável de brinde que mostrava uma imagem nua e crua da corrida de bicicleta. Algumas regiões dos EUA encararam aquilo como uma ofensa, e o álbum foi proibido devido ao pôster ser considerado pornográfico. O Queen ficou um tanto surpreso com toda a agitação e furor, considerando que tudo era apenas diversão, mas, como afirma a escritora Lesley-Ann Jones, "a reação americana havia começado".[25] Apesar do desempenho impressionante nas paradas de sucesso, Freddie reconheceu que o álbum não foi tão bem-sucedido quanto eles esperavam: "Nós tivemos discos que não foram absolutamente grandiosos no passado, como *Jazz*, mas seguimos em frente. Esse foi considerado como uma ligeira derrapada, mas isso não parou a gente".[26] A agenda lotada com as turnês, no entanto, estava começando a afetar Freddie, e sua voz sofria mais uma vez. Se isso estava realmente relacionado às performances dele no palco ou aos exageros fora dele era uma incógnita e, em uma entrevista para a revista *Uncut* em 2013, um dos ex-produtores do show do Queen pode ter fornecido uma pista: "Por volta de 1978/1979, quando o Queen ficou gigante, o apetite de Freddie disparou. O negócio dele era sexo e drogas sem parar. Antes de um show, depois, e até mesmo entre uma música e outra. Antes de tocar o bis, ele tomava umas nos bastidores, cheirava algumas carreiras de cocaína, recebia uma chupada rápida de algum rapaz que acabara de conhecer, corria de volta para o palco e terminava o show. O cara tinha resistência".[27]

Para Freddie, e para o resto do Queen, a agenda frenética não daria trégua. Após a conclusão da turnê na América do Norte com três noites de ingressos esgotados no Forum, em Los Angeles, a banda voou de volta para o Reino Unido para passar o Natal com a família. Seria uma breve parada por lá. Em 17 de janeiro de 1979, Freddie e o Queen estariam de volta à estrada, tocando em Hamburgo enquanto começavam uma turnê extenuante com quarenta e três apresentações na Europa e no Japão. E, após essa turnê, eles começariam a gravar o oitavo álbum da banda, *The Game*.

Dessa vez, no entanto, eles gravariam no Musicland Studios, bem no coração de Munique. E a cidade ofereceria a Freddie o parque de diversões perfeito.

# - 22 -

Menos de um mês depois de encerrar a turnê pelos Estados Unidos, o Queen estava de volta à estrada em janeiro de 1979. Em vez de ser a *Jazz* Tour, essa etapa da turnê, que ocorreu na Europa, foi chamada de *Live Killers* Tour. Todos os shows seriam gravados com o intuito de lançar um álbum "ao vivo" no final de 1979, em uma tentativa de conter o número de discos "piratas" que estavam circulando entre os fãs de música.

Antes de esse álbum sair, o Queen lançou outro single de *Jazz*, mais uma vez uma composição de Freddie Mercury. "Don't Stop Me Now" é uma música desafiadora, de batida acelerada, e com as harmonias de múltiplas faixas, marca registrada do Queen, em que Freddie proclama que está "se divertindo muito", que "está curtindo" e que é "uma máquina de sexo pronta para recarregar". Trinta e seis anos após o lançamento da música, o doutor Jacob Jolij, um especialista em neurociência cognitiva e emoção, declarou que a música é a mais alegre de todos os tempos por causa de seu tom, batida e letra.[1]

A música foi escrita em uma época em que Freddie começava a se entregar a todos os prazeres imagináveis – a própria letra fazia referência à indulgência e o significado da música certamente descrevia os prazeres do sexo, das drogas e da cena gay da qual agora ele era uma parte ativa. No videoclipe, ele até veste uma camiseta por baixo da jaqueta de couro com o logotipo do Mineshaft, o notório clube gay de Nova York.

O significado da letra não passou despercebido para os outros membros do Queen na época. "Eu achei que era bem divertida, mas sim, eu tinha uma sensação de que se tratava de perigo porque estávamos preocupados com Freddie naquela época e acho que esse sentimento perdurou", lembra Brian May.[2] A antipatia de May pelo significado da música era tanta – por acreditar que ela celebrava o estilo de vida hedonista e arriscado que Freddie então adotara – que ele mal aparece como guitarrista na faixa, exceto por um solo com sua marca registrada. Pode-se presumir que a referência de May ao seu medo do "estilo de vida arriscado" de Freddie estava relacionada ao aumento do uso de drogas por Mercury naquela época. Olhando para trás, ele não precisava ter se preocupado com as drogas.

Lançado em 10 de fevereiro, ironicamente enquanto a banda tocava em Munique, um local em que Freddie iria se deleitar na cena gay, "Don't Stop Me Now" foi um hit que ficou no Top 10 do Reino Unido, o primeiro do Queen desde 1977. Novamente, era uma composição de Mercury, e a banda estava se tornando cada vez mais dependente do talento dele para escrever seus sucessos. No entanto, parecia que nem mesmo Freddie seria capaz de abrir as portas das paradas dos EUA, pois "Don't Stop Me Now" alcançou apenas a 86ª posição na Billboard Hot 100. Os quatro singles do Queen anteriores a "Don't Stop Me Now" atingiram 49º, 52º, 74º e 24º lugares, respectivamente, nas paradas dos EUA, e os créditos de composição dessas canções foram compartilhados entre Freddie e Brian May. Mas, ao que parecia, independentemente de quem escreveu as músicas, a paixão dos Estados Unidos pelo Queen estava esfriando, e isso ficou ainda mais claro quando o single seguinte e o último lançado de *Jazz*, outra composição de Mercury chamada "Jealousy", nem sequer figurou nas paradas de sucesso do outro lado do Atlântico.

Felizmente, não houve esse tipo de problema no Japão, onde o Queen continuou tão popular como nunca, e foi para lá que a banda seguiu em abril para a etapa seguinte da turnê *Live Killers*. Essa breve turnê deu a Freddie mais tempo para se entregar à paixão por peças japonesas colecionáveis, que tiveram de ser despachadas de volta para Londres com um custo ainda maior. "Eu coleciono muita coisa", disse Freddie, "e minha casa está toda repleta de belas antiguidades e arte japonesas. É por isso também que quero muitos peixes e muitos gatos. Suponho que seja uma concepção meio tímida".[3]

Antes de partir para o Japão, o Queen começou a trabalhar na edição e no formato do álbum *Live Killers* a partir das gravações europeias. Seria um álbum duplo ao vivo que mostraria o poder bruto e a virtuosidade técnica da banda no palco. As fitas dos shows foram enviadas para o Mountain Studios, em Montreux, e todos os quatro membros da banda seguiram o mesmo caminho para supervisionar a mixagem do álbum. Eles haviam passado um tempo no Mountain Studios no ano anterior gravando *Jazz* e estavam cada vez mais interessados no ambiente de estúdio. Diante de uma cobrança tributária pesada do Reino Unido com base em ganhos anteriores, o Queen foi aconselhado a considerar a possibilidade de comprar o Mountain Studios em vez de pagar a Receita Federal britânica. Impressionada com o estúdio durante a gravação de *Jazz*, a banda fez uma oferta aos proprietários dele, que estavam insatisfeitos com a forma como a empresa estava sendo gerenciada. Em outubro de 1979, quando as negociações foram finalizadas, o Queen acabou se tornando proprietário do próprio estúdio de gravação na Suíça.

O álbum *Live Killers* foi lançado em 22 de junho e alcançou o terceiro lugar nas paradas de sucesso do Reino Unido, o que significa que, dos oito primeiros discos do Queen, todos exceto um haviam chegado ao Top 10. No entanto, nos EUA, como se fosse para enfatizar o declínio contínuo da banda, o *Live Killers* alcançou apenas o 16º lugar e, com isso, tornou-se o primeiro álbum do Queen desde *Sheer Heart Attack*, de 1975, a não configurar no Top 10 dos EUA. As críticas negativas podem não ter ajudado: "Se *Live Killers* tem algum propósito, é para mostrar que, desprovido do som deslumbrante do estúdio e das harmonias vocais cintilantes de Freddie Mercury, o Queen é apenas outro *ersatz* do Led Zeppelin, combinando paródia clássica barata com porcaria de heavy metal", escreveu David Fricke na *Rolling Stone*.[4]

Apesar de ter comprado o próprio estúdio, o álbum seguinte do Queen foi gravado em Munique. No Musicland Studios, fundado por Giorgio Moroder, a banda trabalharia com um novo produtor, Reinhold Mack (conhecido simplesmente como "Mack"). Mack havia chegado na hora certa, uma vez que aparentemente a banda estava estagnada.

"Eu estava trabalhando em Los Angeles com Gary Moore na época", lembra Mack. "Um dia, almocei com Giorgio Moroder. Ele mencionou que havia boatos de que eu deveria ir a Munique para trabalhar com o Queen. Isso foi novidade para mim. Depois de ligar para os estúdios em Munique, fiquei diante de um dilema. Ninguém sabia nada sobre as sessões. Então percebi que faria a viagem. Na pior das hipóteses, seriam uma semana e uma passagem perdidas – não há bônus sem ônus. Felizmente, deu tudo certo. Eles estavam arredios a mudanças assim como aposentados. O credo deles era: 'É assim que estamos acostumados a fazer as coisas'. Eu tinha a vantagem de tomar decisões rápidas em comparação à banda. Eu sempre estava tentando algo enquanto as pessoas ainda pensavam nos mínimos detalhes".[5]

O Musicland Studios ficava no porão de um arranha-céu de vinte e três andares em Arabellapark, no leste de Munique. O estúdio atraía muitas bandas britânicas que gravavam na cidade pela proximidade ao aeroporto, pela existência de um hotel no prédio e pela oferta de boa cerveja em Munique. Para Freddie, porém, os estúdios tinham um apelo maior: eles davam acesso à cornucópia de prazeres proibidos que tanto desejava naquele momento da vida. E ele encontraria esses prazeres ali nos arredores, no Triângulo das Bermudas, uma área de Munique notória pela cena gay. Ali, na área formada por Sendlinger Tor, Gärtnerplatz e Fraunhoferstrasse, ele podia circular pelos bares e clubes gays e se esbaldar sem que os olhares indiscretos da imprensa britânica o seguissem a cada passo.

Após as sessões de gravação, Freddie deixava os estúdios e mergulhava em boates e clubes gays como Old Mrs. Henderson's, Frisco e Deutsche Eiche. Em um artigo na *Rolling Stone*, as prioridades de Mercury na época ficaram muito evidentes: "No final dos anos 1970 e durante grande parte dos anos 1980, o Queen considerava Munique sua segunda casa e mais tarde se arrependeria. A cidade tinha uma cultura de sexo ativa e diversa, e o lugar parecia ser um paraíso e um inferno para Mercury. [Brian] May disse mais tarde que o cantor [Freddie] quase não suportava ficar no estúdio – 'Ele queria fazer a parte dele e ir embora' –, preferindo passar as noites em discotecas e clubes de Munique".[6]

"Lá é muito seguro", Freddie diria sobre Munique. "E muito bonito... Munique é como uma aldeia. Fiquei lá tanto tempo que depois as pessoas nem se tocavam que eu estava por ali. Elas realmente não me importunaram. Tenho muitos amigos em Munique, eles sabem quem eu sou, mas me tratam como outro ser humano qualquer e me aceitam dessa forma. E isso para mim é uma ótima maneira de relaxar. Não quero ter de me trancar e me esconder. Não é isso que eu quero. Eu ficaria furioso. Eu ficaria louco... ainda mais rápido".[7]

Mas foi enquanto estava trancado no Hotel Hilton de Munique que Freddie escreveu a primeira música a ser gravada para o novo álbum. Ele acabara de desembarcar na cidade após um voo que saiu atrasado de Heathrow e estava tomando banho antes de ir para os estúdios de gravação. Como era chefe da equipe de estrada do Queen, Peter Hince também estava no hotel na ocasião e ouviu Freddie gritando estruturas de acordes no banho. Não demorou muito para que ele fosse convocado a ir até o banheiro de Freddie, onde Mercury exigiu que Hince comprasse um violão para ele urgentemente.

Depois de mais alguns minutos dedilhando, Mercury ordenou que Hince o levasse aos estúdios o mais rápido possível. Roger Taylor e John Deacon já estavam no Musicland Studios com Mack quando Freddie apareceu, proclamando: "Meus queridos, acabei de escrever isto no banho!". Então começou a tocar para eles a estrutura básica do que se tornaria "Crazy Little Thing Called Love".

"Demorei cinco ou dez minutos para fazer 'Crazy Little Thing Called Love'", lembrou Freddie. "Compus no violão, que não consigo tocar por nada, e de certa forma foi uma coisa muito boa, porque eu ficava restrito, conhecia apenas alguns acordes. É um bom treinamento, porque eu simplesmente tinha de escrever dentro de uma pequena estrutura. Não conseguia lidar com muitos acordes e, por causa dessa limitação, escrevi uma boa música, acho".[8]

Freddie, Roger e John gravaram suas partes da música em apenas meia hora, aproveitando a espontaneidade que Mack os estimulava a abraçar. O problema que enfrentariam agora era como Brian reagiria quando chegasse ao estúdio. Ao sair, o recado de Freddie para Mack foi: "Brian não vai gostar".[9]

De fato, quando May chegou ao Musicland, Freddie provou estar certo. Mack sugeriu que Brian largasse sua fiel guitarra caseira e gravasse o solo para a música em uma das guitarras Telecaster de Roger. "Fui forçado a tocar. Essa foi a ideia de Mack", lembra Brian. "Eu disse: 'Não quero tocar uma Telecaster. Basicamente, não combina com o meu estilo'. Mas 'Crazy Little Thing Called Love' era uma música de época; parecia precisar desse som de época. Então eu falei: 'Ok, Mack, se você quiser configurá-la, eu toco'. Ele a plugou a um Mesa-Boogie, que é um amplificador com o qual não me dou bem por nada; simplesmente não combina comigo. Eu tentei, e o som parecia bom".[10]

Como gostou da música, a EMI decidiu apressar o lançamento da faixa como um single, que saiu em outubro de 1979. Com enorme sucesso mundial, tornou-se o primeiro single número 1 do Queen nos Estados Unidos, liderando as paradas da Billboard por quatro semanas e vendendo mais de um milhão de cópias. A música também liderou as paradas no Canadá, México, Holanda e Austrália e alcançou o segundo lugar no Reino Unido. O videoclipe tinha toda a banda vestida de couro preto, com Freddie montado em uma motocicleta, enquanto mãos que surgiam de buracos em uma passarela batiam palmas. Foi um visual novo e marcante para a banda, o qual Freddie adotou. A música seria um dos destaques da *Crazy* Tour que estava por vir, marcada para começar em Dublin em novembro daquele ano.

No entanto, a turnê não foi a primeira ocasião em que "Crazy Little Thing Called Love" foi apresentada a uma plateia. Isso aconteceu no início de outubro, duas semanas antes do lançamento do single, e o cenário havia sido, de maneira bastante incongruente, o teatro London Coliseum, na St Martin's Lane. No domingo, 7 de outubro de 1979, o palco estava cheio de dançarinos do Royal Ballet e mais uma pessoa – Freddie Mercury, que havia sido convidado para dançar com o grupo em um baile de gala filantrópico. "O que eu conhecia de balé era de assistir pela televisão, mas sempre gostava do que via", disse Freddie. "Então me tornei muito amigo do Sir Joseph Lockwood, da EMI, que também era presidente do conselho de administração do Royal Ballet. Comecei a conhecer pessoas que estavam envolvidas no balé e fiquei cada vez mais fascinado por elas".[11]

Uma das pessoas que Freddie conheceu foi Wayne Eagling, nascido no Canadá, então dançarino principal do Royal Ballet. Primeiro, ele havia pedido a Kate Bush que se juntasse a eles para o show de caridade, mas o empresário dela ficou relutante com a ideia, e Sir Joseph Lockwood acabou sugerindo Freddie Mercury. "Eu pensei que eles estavam loucos",[12] disse Freddie, e o Royal Ballet também deve ter pensado duas vezes quando Freddie chegou para os ensaios, como lembra Wayne Eagling: "Freddie apareceu já vestindo calças justas e sapatilhas de balé, e todos nós olhamos para ele e quase caímos para trás. Acho que alguns membros do grupo pensaram 'Meu Deus! O que é isso?', porque Freddie realmente chegou com tudo".[13]

Durante os ensaios na Barons Court, Freddie assumiu seu novo papel de dançarino de balé com energia e entusiasmo, como lembra outro dançarino principal, Derek Deane: "Ele tentava absolutamente qualquer coisa. De fato, muitas vezes tínhamos de segurá-lo, para que não se machucasse".[14] Freddie apresentaria dois números no palco, "Bohemian Rhapsody", vestido com lantejoulas, e "Crazy Little Thing Called Love", que ainda não havia sido lançada, usando uma roupa de couro. A Orquestra Sinfônica de Londres tocaria para acompanhá-lo na primeira vez que uma das músicas do Queen teve um arranjo clássico. "Achei excepcionalmente difícil", revelou Freddie. "Eu disse: 'Simplesmente não consigo'. Acredito que, por terem me visto no palco, assumiram automaticamente que eu era um dançarino e tanto".[15]

"Nunca parávamos de rir", lembra Derek Deane. "Vi de cara que ele gostava de pensar que era um bom dançarino, mas, na verdade, não era. Por estar bastante entusiasmado, ele mais do que compensou a falta de talento".[16]

"Eles me fizeram ensaiar todos os tipos de passos de dança", disse Freddie, "e lá estava eu na barra, dobrando e esticando as pernas. Eu estava tentando fazer, em alguns dias, o tipo de coisa que eles passaram anos praticando e aperfeiçoando, e quer saber? Foi a morte. Depois de dois dias, eu estava agonizando. Sentia dores em lugares que eu nem sabia que tinha. Então, quando chegou a noite de gala, fiquei impressionado com as cenas dos bastidores. Quando eu tinha de entrar no palco, acabava esbarrando com Merle Park, Anthony Dowell e todas essas pessoas e dizia: 'Com licença, agora é a minha vez'. Foi ultrajante".[17]

Apesar do nervosismo, Freddie estava em seu hábitat, sendo levantado, virado e sacudido por uma série de dançarinos com o peitoral desnudo, um número que encerrou com ele cantando de cabeça para baixo para mais de duas mil pessoas. O local foi abaixo. "Em geral, o público do balé costuma ser bastante formal", diz Derek Deane, "e nunca em um milhão de anos as pessoas esperariam que um astro do rock chegasse ao palco, mas amaram Freddie".[18] "Eu gostaria de ver Mick Jagger ou Rod Stewart tentando fazer algo assim", Freddie diria mais tarde sobre sua aventura com o Royal Ballet.[19]

Além de lhe proporcionar a chance de viver um de seus sonhos, apresentar-se com o Royal Ballet também fez com que Freddie conhecesse alguém que se tornaria um amigo para a vida toda e uma companhia indispensável. Peter Freestone trabalhava na parte de figurino do Royal Ballet desde 1977, após uma breve passagem como gerente do serviço de alimentação na Selfridges. Embora tivesse nascido em Surrey, Freestone, assim como Freddie, passou algum tempo em um colégio interno nas plantações de chá dos Montes Nilgiri, na Índia, enquanto os pais administravam um hotel em Calcutá. Talvez tenha sido essa semelhança com a infância de Freddie, os internatos indianos e os grandes períodos longe dos pais e irmãos que ajudaram os dois a criar uma amizade formidável, que começou quando Freddie visitou o departamento de figurino do Royal Ballet, acompanhado por Paul Prenter, para ver os trajes que ele usaria para se apresentar com o corpo de balé.

Após a performance bem-sucedida de Freddie no palco, em 7 de outubro, foi realizada uma festa para todos os envolvidos na boate Legends, em Londres. Como fazia parte da companhia de balé, Peter Freestone foi convidado. Foi nessa festa que Peter falou com Freddie pela primeira vez, embora descreva o momento como uma conversa que teve no máximo cinco palavras. Freestone passou muito mais tempo conversando com Paul Prenter, o oportunista nascido em Belfast que conseguiu abrir caminho até o círculo próximo de Freddie e ainda se tornar o empresário de Freddie e do Queen na época. Peter deve ter impressionado bastante Freddie ou Paul, ou os dois, porque duas semanas depois lhe foi oferecida a função de gerente de figurino da *Crazy* Tour, que estava para estrear no Reino Unido e na Irlanda. Peter aceitou o trabalho rapidamente, sem fazer ideia de quem era o Queen e sem saber nada sobre o repertório musical.

A *Crazy* Tour começou em Dublin, em 22 de novembro de 1979, com críticas heterogêneas e Freddie sendo descrito como uma mistura de "Max Wall e Danny Kaye",[20] enquanto andava de um lado para o outro pelo palco. A extravagância e a generosidade do espetáculo como um todo também foram criticadas: 'Em termos de profissionalismo e musicalidade, eles estão entre os melhores. Mas a tecnologia que sempre cercou a banda agora ameaça afundá-la".[21]

Na turnê, o Queen tocou duas noites no The Brighton Center, na costa sul da Inglaterra. Ambos os shows tiveram os ingressos esgotados, mas não foi por causa da música que Freddie gostou dessas apresentações. Foi durante esses dois dias em Brighton que ele conheceu em uma boate gay o motoboy de vinte e oito anos Tony Bastin.

"Tony era um homem bem louro de um metro e oitenta", lembra Peter Freestone. "De constituição mediana, ele tinha um sorriso que conquistava. Devo dizer que, pensando bem agora, Freddie não era nem um pouco o tipo de Tony, embora tenha sido com Tony que Freddie teve um relacionamento longo pela primeira vez desde que comecei a trabalhar para ele".[22]

Freddie levou Tony para a sua suíte no The Grand Hotel em Brighton, onde, depois de uma pequena festa frequentada por Paul Prenter e Peter Freestone, passou a noite com Tony. Dessa vez, ao contrário de seus inúmeros encontros de uma noite só que haviam se tornado parte de seu estilo de vida, havia uma ligação entre os dois homens. Algo estava diferente e, quando Freddie deixou Brighton, eles trocaram telefones e combinaram manter contato. Era o começo de um relacionamento de dois anos entre Freddie Mercury e Tony Bastin, período em que Freddie continuaria promíscuo sem o conhecimento de seu parceiro.

Freddie e o Queen terminaram a década no topo do mundo. Todos os quatro estavam agora multimilionários, eram diretores de empresas e músicos profissionais encarregados do próprio destino quando despontou a década de 1980. Com relação a Freddie, ele pode ter conhecido algo novo em Tony Bastin, mas seu estilo de vida ainda era de indulgência e hedonismo, um mundo orgíaco de sexo, drogas e rock'n'roll. Os colegas de banda continuavam preocupados com seu estilo de vida, como revelava a antipatia de Brian May por "Don't Stop Me Now", além dos riscos potenciais aos quais Freddie estava se expondo.

Um desses riscos, embora ninguém soubesse ainda, era o vírus mortal que começava a invadir os EUA. O HIV e a Aids não eram mencionados quando a década virou, e seu significado ainda não era completamente compreendido, mas não demoraria muito para que eles fossem sussurrados com medo entre as comunidades gays de ambos os lados do Oceano Atlântico e se tornassem indelevelmente ligados à história do Queen e de Freddie Mercury.

# - 23 -

Nova York em 1980 era muito diferente do *playground* urbano cosmopolita, seguro e limpo de hoje. O metrô da cidade era o sistema de transporte público mais perigoso do mundo. A Sexta Avenida era repleta de pichações e as Torres Gêmeas faziam sombra em uma metrópole onde uma epidemia de crack invadia as ruas, ocasionando conflitos étnicos.

Mas, apesar desse cenário, a Nova York de 1980 era uma utopia para homens gays, quando parecia que os prazeres da dança, o sexo casual e o excesso do uso recreativo de drogas poderiam durar para sempre. Tais atividades se concentraram nos clubes *underground* que existiam, predominantemente, na área de West Greenwich, o antigo distrito de empacotamento de carnes. Ali, celebridades e vendedores, prostitutas e mandachuvas se esbarravam – e mais –, batedores de carteiras cumprimentavam a todos, e caras musculosos usavam os corpos que malhavam a semana toda ao som de música alta, enquanto apresentações teatrais movidas a testosterona aconteciam em salas escuras. Clubes como o Rounds na East 53rd Street, o Saint na 105 Second Avenue e The Spike na 120 11th Avenue proporcionaram o ambiente perfeito para os gays desfrutarem de tudo o que tinham para oferecer, fosse dança, voyeurismo, drogas ou sexo. Entre os que fizeram uma peregrinação a Nova York, estava um comissário de bordo gay do Canadá chamado Gaëtan Dugas.

Dugas nasceu no Quebec, em 20 de fevereiro de 1953, filho de pais da classe trabalhadora. Depois de deixar a escola, trabalhou como cabeleireiro em Toronto, mas seu sonho era ser comissário de bordo. No entanto, como foi criado no Quebec, sua língua nativa era o francês. Assim, aos vinte anos, ele decidiu se mudar para Vancouver, na costa oeste do Canadá, para aprender inglês, um dos requisitos para trabalhar como comissário de bordo. Vancouver era "o" lugar para homens e mulheres jovens gays no Canadá se reunirem no início da década de 1970, e o bairro residencial no West End da cidade estava emergindo rapidamente como o gueto gay.

Gordon Price, um dos fundadores do grupo Aids Vancouver, como Dugas, foi a Vancouver na década de 1970 e a achou "atraente com o florescimento da cultura gay de maneira simpática e fértil. Foi uma era de ouro no West End. Havia uma nova identidade do que significava ser um homem gay. Você tinha um senso de si mesmo, confiança, beleza, exuberância, saúde".[1]

Gaëtan Dugas se estabeleceu nessa comunidade em 1973, e não demorou muito para que sua aparência charmosa e atraente garantisse que ele encontrasse um namorado, um local de Vancouver chamado Ray Redford. Nos dois anos seguintes, agora sexualmente ativo, Dugas permaneceu na cidade enquanto aprendia inglês, mas costumava se aventurar em São Francisco, a mil e quinhentos quilômetros ao sul de Vancouver, onde participava da cerimônia anual do Orgulho Gay e se divertia em festas regadas a sexo, que duravam um fim de semana, frequentadas por homens com o mesmo tipo de pensamento.

Por fim, Dugas realizou seu sonho e começou a trabalhar como comissário de bordo na Air Canada, em 1974. Foi um emprego que o fez viajar pelo Canadá, voando para cidades como Halifax, Toronto e Montreal, onde ele desfrutava das escalas. Da mesma forma, visitava regularmente Nova York e São Francisco. Isso proporcionou a oportunidade perfeita para Dugas se envolver em encontros de uma noite só depois de visitar os clubes, as boates e os bares gays das cidades onde fazia escala. Durante esse período, ele continuou morando em Vancouver com Redford, e eles tiveram um relacionamento de dois anos, mas logo a tensão com as constantes viagens de Dugas veio à tona, e o caso terminou, embora Redford continuasse sendo um amigo próximo, chegando até a escrever muitas vezes para Dugas e enviar fotos de seu novo namorado, para que o ex fizesse comentários que só ele sabia fazer.

Tendo deixado Vancouver e Ray Redford para trás, Dugas iniciou uma odisseia sexual que o levou a rodar pela América do Norte e a desfrutar de encontros com aproximadamente 250 parceiros gays ou bissexuais a cada ano. Em algum momento, provavelmente em 1974, mas talvez um ano antes, ele conheceu alguém que o infectou com o que seria conhecido como HIV. Dugas tinha vinte e um anos. Ele foi descrito como o homem que todos queriam, e os americanos tinham uma queda por seu sotaque suave do Quebec e seu magnetismo sensual. Usando as facilidades da linha aérea, ele viajou intensamente durante os cinco anos seguintes e pegou homens por onde quer que fosse. E, como Dugas era portador do HIV desde 1974, ele era uma bomba-relógio. Como Randy Shilts escreveu, era o equivalente sexual de "Maria Tifoide".[2,3]

No período que se seguiu, Dugas passou os seis anos antes de 1980 voando pelo Canadá, pelos Estados Unidos e fazendo a rota transatlântica para a Europa. Ele mantinha contatos sexuais regulares em todos os destinos e, quando eles não estavam disponíveis, simplesmente encontrava alguém novo. Um de seus destinos favoritos era São Francisco e, a partir de 1978, ele fazia a peregrinação à cidade para participar da cerimônia anual do Orgulho Gay. Realizada no final de junho de cada ano, é a maior reunião de lésbicas, gays, bissexuais e transgêneros nos EUA e sua reputação também faz com que seja visitada por foliões do mundo todo.

Em 25 de junho de 1978, duzentas e quarenta mil pessoas foram a São Francisco para o Dia da Liberdade Gay com o *slogan* "Assuma-se pela alegria, clame por justiça". Dugas fazia sua primeira visita ao festival e não estava sozinho. Entre os que o acompanhavam havia outro comissário de bordo, John Murphy, de trinta anos, de Los Angeles, que adorava couro. Juntos, os dois aproveitaram o fim de semana de festas, enquanto, em São Francisco, milhares de gays se aglomeravam em grandes festas de discoteca que se tornaram o componente básico das celebrações que duravam o fim de semana inteiro. Durante esse em específico, Gaëtan e John transaram, assim como transaram com os que estavam ao redor deles, enquanto festejavam sem parar nos bares e saunas do centro de São Francisco – nenhum deles ciente do vírus que Dugas portava.

Na primavera de 1980, Gaëtan Dugas começou a se sentir mal. Os gânglios linfáticos estavam inchados e lesões roxas começaram a aparecer na pele, incluindo uma mancha maior do que o normal no rosto, e ele foi diagnosticado com câncer de pele. Assustado e chateado, começou a procurar freneticamente por todos os tipos de medicamentos, fossem eles convencionais ou experimentais. Isso o levou a um especialista em Nova York, e ele voaria com regularidade para a cidade, onde receberia quimioterapia, faria exames de sangue semanais e um regime de VP-16 (etoposido) ou interferon. Apesar da doença, Dugas continuou a fazer sexo com frequência e, em outubro de 1980, sabe-se que, durante uma de suas viagens para ter consultas médicas em Nova York, ele fez sua primeira visita a saunas gay da cidade, onde teria relações sexuais sem proteção e com várias pessoas. E por que ele não iria fazer isso? Ninguém sabia nada sobre a existência de um vírus e, além disso, ele pensava que tinha câncer e "todo mundo sabe que não dá para *pegar* câncer".

A essa altura, o Queen havia terminado sua turnê de 1980 nos EUA e no Canadá, uma série de shows que testemunhou o trabalho intenso de Freddie nos palcos e a diversão ainda mais intensa fora deles, na cidade de Vancouver, nos subúrbios de São Francisco, na metrópole de Nova York, além de outros lugares.

Foi só bem mais tarde, no final dessa década, que o verdadeiro caos que Dugas causou sem querer foi revelado ao mundo, além do trágico elo que teria com Freddie. Mas aí já era tarde demais.

# - 24 -

Bem no começo da década de 1980, Freddie Mercury vivia um período relativamente estável. Não somente ele iniciou um relacionamento com Tony Bastin, mas também encontrou uma casa em Londres que enfim poderia chamar de lar.

Freddie morava sozinho em um apartamento em Kensington desde o fim de seu "relacionamento" com Mary Austin alguns anos antes, com quem mantinha uma forte amizade. Tendo acumulado uma riqueza fenomenal, ele desejava algo suntuoso que refletisse seu sucesso. Como estava à procura de uma mansão luxuosa na capital, incumbiu Austin de ficar de olho no mercado imobiliário londrino enquanto seguia com as turnês, as gravações e as festas. "Eu queria uma casa de campo grande em Londres, mas demorei muito para consegui-la", disse Freddie. "Fazia uma eternidade que eu morava no mesmo apartamentinho em Kensington, então telefonei para a Mary dos Estados Unidos e pedi a ela que achasse um lugar".[1]

O imóvel que Mary encontrou para Freddie foi o Garden Lodge, em Logan Place, uma pequena rua residencial no oeste de Londres, a apenas alguns passos da Kensington High Street. Era uma propriedade imponente: uma magnífica mansão de oito quartos no estilo georgiano, isolada atrás de um muro alto de tijolo, com um jardim extenso, algo que Freddie iria valorizar nos anos seguintes. A casa tinha escadas de mogno, pisos de mármore e de madeira e uma galeria de salas de estar imensas, que lhe conferiam um ar palaciano. Era perfeita para Freddie, que se apaixonou assim que bateu os olhos na propriedade e a comprou trinta minutos depois por quinhentas mil libras,[2] em dinheiro vivo. "Eu só queria uma bela casa, que tivesse um terreno de tamanho razoável. Sou uma pessoa urbana. Não curto o ar do campo e esterco de vaca", afirmou.[3]

A propriedade precisava de uma grande reforma para que Freddie pudesse se mudar para lá. Como estava dividida em duas casas independentes no momento da compra, ele começou a convertê-la de volta em uma só moradia enorme. "Eu a chamo de minha casa de campo na cidade", comentou. "É muito isolada e fica num terreno imenso, bem no meio de Londres. Uma vez por mês, eu tinha uma inspiração e ia lá com o arquiteto. 'Por que não removemos esta parede?', perguntei um dia. Todos se contorceram e suspiraram, e o arquiteto quase caiu pra trás. Outra vez cheguei lá de porre, depois de um ótimo almoço – tem um espaço maravilhoso no último andar com quartos de dormir, mandei transformar três quartos em uma suíte suntuosa – e, numa espécie de embriaguez, falei, inspirado: 'Seria bom ter uma cúpula de vidro cobrindo toda esta área do quarto'. O arquiteto hesitou, mas foi correndo atrás da caneta e do bloco de desenho".[4]

Freddie exigia tudo do bom e do melhor, então a reforma no Garden Lodge durou um tempo considerável. Enquanto isso, o Queen se reuniu de novo em fevereiro de 1980 para continuar a elaborar não apenas um, mas dois álbuns. Enquanto se dedicava principalmente ao lançamento do próximo álbum, *The Game*, a banda também separou um tempo para um dos projetos mais diferentes que realizou.

Durante os trabalhos no Mountain Studios, em Montreux, o Queen foi convidado para compor e gravar a trilha sonora do filme de ficção científica *Flash Gordon*, dirigido por Mike Hodges. *Flash Gordon* estava sendo produzido pelo lendário produtor de cinema italiano Dino De Laurentiis e foi concebido como uma obra luxuosa, extremamente *kitsch* e colorida. Hodges achou que uma trilha sonora de rock se encaixaria com perfeição nessa proposta. "No final dos anos 1960", lembra Hodges, "dirigi um seriado infantil para a TV com seis episódios, *The Tyrant King*. Foi o primeiro drama que filmei. Naquela época, simplesmente se pagava o 'tempo da agulha' e era possível reproduzir qualquer música gravada. Eu me apropriei dos LPs de rock produzidos naquele período espantosamente criativo: usei faixas dos Rolling Stones, Moody Blues, Nice, Cream e Pink Floyd. Essas músicas deram à série uma sensação enorme de diversão e muita energia. Sempre quis repetir essa experiência. Com *Flash Gordon*, tive a oportunidade".[5]

Mas, ao contrário do que se pensa, não foi Hodges que sugeriu convidar o Queen para compor a trilha sonora. "Toquei muito *Dark Side of the Moon*, do Pink Floyd, no set, enquanto filmávamos determinadas cenas. Acho que foi isso que influenciou o Dino [De Laurentiis] quanto à ideia de usar rock. Só que na verdade foi dele a ideia de chamar o Queen. Acredito que tenha conhecido Jim Beach, o empresário deles, em um jantar. Não sei se foi por acaso ou não, mas foi uma excelente escolha", disse Hodges.

"Foi fácil fazer o *briefing*. Só mostrei a eles um corte bruto do filme e deixei as imagens fermentarem na mente criativa deles. Cada integrante da banda começou então a apresentar temas musicais, que eu e o editor, Malcolm Cooke, fomos interligando com o produto final. Após essas propostas para a parte musical, passamos vinte e um dias seguidos (começávamos por volta das duas da tarde e terminávamos no dia seguinte, bem cedo) preparando as faixas finais. Embora cada músico da banda chegasse sozinho para gravar, eu tinha que estar lá em todas as sessões. Exaustivo, puxado para os tímpanos, mas, cara, foi emocionante!"[6]

Junto com o compositor Howard Blake, o Queen trabalhou na trilha sonora em várias sessões ao longo de 1980 e entregou o trabalho pronto no fim do ano. "O tempo de gravação foi distribuído de modo bem uniforme entre os integrantes da banda, sendo que Brian May fez a coordenação geral", lembra o diretor Mike Hodges. "Curiosamente, descobri que Freddie era a antítese do personagem que assumia no palco: quieto, sensível, quase tímido. Sem dúvida, era um prodígio como músico e tinha um talento totalmente instintivo. Me ocorreu que o sobrenome dele carregava uma certa ironia, já que ele era bem isso, volátil como o mercúrio. Ele gostava de fazer as coisas e seguir em frente. Uma tarde, chegou no estúdio de gravação depois de acabar de comprar uma casa grande e cara em Kensington. Conforme me mostrava as fotos, todo entusiasmado, contou que tinha visto o imóvel pela primeira vez naquele mesmo dia, de manhã. E já o tinha comprado! Freddie não perdia tempo".[7]

Além de *Flash Gordon*, o Queen se dedicava ao oitavo álbum de estúdio, *The Game*, e no início de 1980 ficou quatro meses em Munique para finalizá-lo. Foi a primeira vez que eles passaram tanto tempo trabalhando em um só lugar e, é claro, as mentes deles – e os corpos – divagaram. Freddie, em especial, preferia se divertir em bares gays a passar horas compondo faixas no Musicland Studios. Para seus companheiros de banda, a rotina diária de coquetéis, jantares e boates, somada a pouco tempo de gravação, não era favorável para a criação de discos de sucesso, e logo as tensões começaram a aumentar, como recorda Brian May: "Tivemos uma fase ruim em Munique. Brigamos feio. Eu me lembro de John ter dito que o som que eu fazia com a minha guitarra não era o que ele queria para as músicas dele. Todos nós tentamos deixar a banda em mais de uma ocasião. Mas depois a gente voltava a pensar que a banda era maior do que qualquer um de nós. Foi mais duradouro do que a maioria dos nossos casamentos".[8]

"Em retrospecto, deve ser verdade que não fomos lá muito eficientes em Munique", acrescenta May. "Por conta dos hábitos sociais que cultivávamos, em geral começávamos a trabalhar muito tarde, cansados, e então – sobretudo no meu caso, talvez também no de Freddie – as fugas emocionais se tornaram destrutivas".[9]

Freddie deu uma rápida escapada da combinação de hedonismo e rotina de trabalho de Munique para pegar um voo para Londres e fazer uma pequena participação, sem uma fala sequer, no programa de TV de seu amigo Kenny Everett. Essa aparição rara e estranha, em um gesto generoso, refletiu o quanto ele valorizava essa amizade. Ao voltar para Munique, retomou a rotina de sessões de gravação no estúdio, seguidas da busca em bares gays por uma noite de sexo. Quando não estava fazendo nem uma coisa nem outra, Freddie poderia ser encontrado em uma partida do seu jogo favorito, Scrabble, ou de bobeira na casa do produtor do álbum, Mack. Lá, no conforto de um lar, Freddie ficou amigo da família, tanto que foi escolhido como padrinho de um dos filhos dele. Talvez, nesse ambiente doméstico, tenha encontrado algo que faltava em sua vida, uma alegria que lhe escapara por causa de sua sexualidade e pelo fato de não ter convivido com a família na infância.

"Um dia, escutei uma conversa entre Freddie e meu segundo filho, Felix", lembra Mack. "Freddie disse a ele: 'Nunca tive nada disso. Quando eu era novo, passava muito tempo longe dos meus pais porque estudava no internato. Tinha épocas em que eu praticamente não os via'."[10]

Tudo indica que ter saído de casa tão cedo moldou a vida de Freddie Mercury. Mas os relacionamentos autênticos e íntimos que sempre encontrou iam além disso, e seu sofrimento passava despercebido porque as pessoas à sua volta, ou quem o observava a distância, viam-no como Freddie Mercury, um astro do rock rico e absurdamente famoso no mundo todo, que tinha tudo o que queria. Como podemos notar após uma reflexão, as coisas que realmente queria pareciam escapar das suas mãos, como mostrou a conversa com o filho de Mack.

Em um artigo para a *Therapy Today*, o aclamado autor Nick Duffell explora essa questão mais a fundo: "A estrutura de personalidade dissociativa e defensivamente organizada típica do ex-aluno de colégio interno, que chamei de 'personalidade de sobrevivência estratégica', é desenvolvida como um manto de proteção, sob coerção, muitas vezes nos primeiros momentos em que a criança precisa sobreviver sozinha no internato. Com o tempo, tende a se cristalizar em masoquismo, rebeldia patológica ou grandiosidade – ou em uma combinação desses três –, bem como no comportamento de evitar a intimidade. É muito difícil se livrar disso". Duffell continua: "Muitos alunos de internato crescem com o sentimento de que seus pais são pessoas desconhecidas, sem conseguir contar com alguém além de si mesmos. Querem ser amados com urgência, mas não conseguem se render à confiança e, de maneira perversa, acabam incorporando a autossuficiência que as escolas públicas promovem acima de qualquer coisa. Os hábitos adquiridos no internato têm tudo para vencer o jogo, e é por isso que parecem tão indestrutíveis. Mas é uma má notícia para os relacionamentos e as famílias. Mesmo quem sabe que foi ferido por isso pode, de forma inconsciente, tornar-se um jogador individualista, que se sente ameaçado em vez de protegido a cada aceno de intimidade – a sensação de segurança só acontece nos braços da personalidade de sobrevivência estratégica".[11]

Por enquanto, os demais integrantes do Queen eram a família de Freddie e, de volta ao Musicland Studios, eles concluíram a gravação do novo álbum em maio de 1980. Das dez canções do disco, Freddie compôs somente três. Além de "Crazy Little Thing Called Love", ele escreveu "Don't Try Suicide", que seria para seu ex-amante David Minns, e "Play The Game", supostamente sobre seu relacionamento com Tony Bastin. "Play The Game" foi escolhido como o terceiro single do álbum, o primeiro do Queen a usar sintetizadores. O videoclipe dessa canção também foi a primeira oportunidade para o público ver o novo bigode de Freddie. Contudo, o visual não foi bem recebido, e fãs furiosos mandaram lâminas de barbear para o fã-clube do Queen. A canção tampouco se saiu bem e alcançou apenas o 14º lugar no Reino Unido e o 42º nos EUA.

Em 30 de junho de 1980, o Queen iniciou a turnê mundial *The Game* em Vancouver, no Canadá. Na primeira etapa, a banda iria fazer quarenta e cinco shows com ingressos esgotados em toda a América do Norte. No mesmo dia, a EMI lançou *The Game* e, mais uma vez, as críticas foram heterogêneas. O *Record Mirror* escreveu: "Este álbum é um chute certeiro no gol (Senhor, que trocadilho). É como ganhar o torneio individual masculino em Wimbledon".[12] Já a *Rolling Stone* disse o seguinte sobre o disco: "Com certeza, *The Game* é menos detestável do que as últimas empreitadas do Queen, simplesmente porque é mais difícil se irritar com uma banda que está se esforçando em fazer um *rockabilly* ruim do que com uma que dispara marchas criptonazistas".[13]

As críticas não devem ter influenciado em nada o público que compra discos, pois, com a ajuda da inclusão de "Crazy Little Thing Called Love", *The Game* ficou em primeiro lugar nas paradas do Reino Unido e também alcançou o topo da Billboard 200 dos Estados Unidos, o primeiro e – até o momento da escrita deste livro – único álbum da banda a atingir o topo das paradas dos EUA, onde venderia mais de quatro milhões de cópias. O próximo single, o quarto a ser lançado do álbum, sem dúvida contribuiu para esse sucesso, com um estilo marcadamente diferente de tudo que o Queen já havia lançado.

"Another One Bites The Dust" foi divulgado como single enquanto o Queen se apresentava na Filadélfia. Composto por John Deacon, virou um sucesso colossal: permaneceu cinco semanas em primeiro lugar nos Estados Unidos e vendeu mais de três milhões de cópias no país. Também ficou na primeira posição na Argentina, no México e na Espanha e se tornou mais um hit no Top 10 britânico.

"Freddie mergulhou fundo nessa canção", lembra Brian May. "Ele deu o sangue para cantar essa música, porque estava muito empenhado em interpretá-la como John queria, de um jeito *hardcore*, mais voltado para a black music".[14]

"Selecionaram no nosso álbum essa canção, e algumas das rádios americanas especializadas no público negro começaram a tocá-la, o que nunca tinha acontecido conosco", disse seu compositor, John Deacon.[15] Uma dessas estações de rádio foi a WBLS-FM, de Nova York e, para Brian May: "Na minha opinião, é mais um boato, mas parece que a maioria dos DJs negros que a tocaram acharam que fôssemos um grupo negro e que Freddie fosse negro".[16]

Com o sucesso arrebatador de "Another One Bites The Dust" nas paradas e a chegada de *The Game* ao topo delas, o Queen voltou a ser a maior banda do planeta. O resultado disso foi que seus shows na América do Norte tiveram os ingressos esgotados, onde quer que fossem, e as apresentações foram aclamadas pela crítica. Era a vez do Queen, e Freddie estava determinado a tirar o máximo proveito disso.

Enquanto as lendárias festas pós-show da banda continuavam acontecendo, Freddie perambulava pelos bares e clubes gays de cada cidade que visitava, conferindo os locais interessantes para o público gay no guia *Spartacus*. Existia um guia *Spartacus* internacional e uma edição específica para os Estados Unidos. "Para falar a verdade, acho que esses dois livros foram os únicos que ele leu do começo ao fim durante o tempo em que convivemos", diz Peter Freestone.[17]

Durante uma breve pausa na turnê, em agosto, pouco depois de ter terminado com Tony Bastin, Freddie deu uma escapada para passar algumas noites em Nova York. A turnê estava indo bem, mas ele precisava se refugiar por uns dias. Apesar de não ter sido fiel no relacionamento, começara a suspeitar cada vez mais do comportamento de Tony. O círculo de Freddie ficou sabendo de boatos de que, enquanto a banda estava nos EUA, Tony tinha sido visto se divertindo com um jovem louro na Inglaterra.

"Embora Tony tivesse ganhado um monte de presentes caros, incluindo uma câmera completa incrível, com estojo e lentes especiais", comenta Peter Freestone, "ele nunca deu valor a nada; em vez disso, considerava a generosidade de Freddie algo obrigatório".[18]

Freddie se sentiu usado e, do outro lado do Atlântico, planejou uma vingança. De Charleston, na Carolina do Sul, ligou para Tony e lhe pediu que pegasse um voo para os Estados Unidos para encontrá-lo. Freddie disse que pagaria pela passagem e que haveria um motorista esperando por Bastin no aeroporto para levá-lo ao hotel, onde – Bastin presumiu – seu namorado estaria esperando por ele. Mas, assim que Tony chegou ao hotel, Freddie lhe disse na cara que o relacionamento tinha acabado e que outra passagem já fora reservada para ele embarcar no próximo avião e retornar o quanto antes para Londres. Freddie queria que Tony se mudasse de vez de seu apartamento em Stafford Terrace. Havia uma exigência: deveria deixar para trás seu gato, Oscar, pois Freddie havia se afeiçoado ao animal.

Com o fim de mais um relacionamento, Freddie estava livre para não ter um pingo de cuidado nos clubes gays de Nova York. Foi durante esses poucos dias na cidade, após o fim do relacionamento com Tony Bastin, que conheceu Thor Arnold. Enfermeiro, Thor tinha raízes escandinavas e era "louro, grande e bonito", de acordo com Peter Freestone.[19] Arnold morava em Manhattan e era uma figura conhecida nos clubes gays nova-iorquinos. Freddie o conheceu em um dos que costumava frequentar, e os dois passaram a noite juntos em Nova York. Embora tenha sido um caso breve, eles continuaram amigos e, quando Freddie estava nos EUA, muitas vezes Thor ia de avião encontrá-lo para transarem, se Freddie pedisse, e ele sempre pagava os custos do próprio bolso.

Ao contrário de Tony Bastin, Thor não exploraria Freddie, e foi por essa razão que a amizade deles permaneceria intacta. Thor, por acaso, também era amigo do comissário de bordo John Murphy, que Freddie conhecera em um voo transatlântico, e em outra folga da turnê, entre os dias 1º e 9 de setembro, Freddie viajou mais uma vez a Nova York para ir aos clubes e bares da cena gay da cidade.

Em algum momento da turnê, possivelmente durante essa folga, ele dormiu uma noite com John Murphy. Murphy também era amigo e amante de Gaëtan Dugas, que, a essa altura, estava no Canadá, com as primeiras manchas do sarcoma de Kaposi. Para Dugas, eram sintoma de um câncer de pele, e é pouco provável que Murphy tenha mencionado para Freddie alguma coisa sobre Dugas ou sobre a doença dele no tempo em que passaram juntos.

Três semanas depois, no fim de setembro, o Queen fez três shows lotados no Madison Square Garden para concluir essa turnê norte-americana altamente bem-sucedida e, em seguida, pegar um voo para voltar ao Reino Unido. Eles teriam apenas um breve intervalo antes de iniciar na Suíça a etapa europeia da turnê mundial. Seria um total de dezessete shows, e só depois a banda tiraria uma folga no Natal. Fora isso, precisavam concluir a trilha sonora de *Flash Gordon*. Qualquer tipo de preocupação sobre o impacto desse cronograma na criatividade deles foi descartado pelo diretor de *Flash Gordon*, Mike Hodges, que ficou encantado com o trabalho do grupo: "Eu estou nas nuvens", disse ele. "O filme e a trilha sonora do Queen estão entrelaçados como uma dupla hélice de DNA".[20]

Um dia após o início da etapa europeia da turnê de *The Game*, o Queen lançou o single "Flash". Escrito por Brian May, veio a ser a primeira composição dele no Top 10, o que significava que ele se tornara o terceiro integrante do Queen autor de um sucesso no Top 10. Enquanto isso, a turnê europeia, que pela primeira vez contava com um sintetizador no palco, continuou a rodar o continente. Mas as críticas nem sempre eram encorajadoras, e uma sobre o show em Paris sugeriu que o Queen estava mais preocupado em ganhar dinheiro do que em fazer música: "O Queen se saiu como um cruzamento entre um Judas Priest de terceira categoria e um Quo de décima categoria, propagando um HM [heavy metal] estéril e obsoleto, sem nenhuma das idiossincrasias cativantes dessas duas bandas. É irritante quando um grupo com tanto potencial dedica seu talento para faturar da maneira mais rápida, mas a escolha é deles e eles podem decidir o que bem quiserem. Another one bites the dust ["Mais um derrotado"]? É, mas por que eles deveriam se importar?"[21]

Em 8 de dezembro, o Queen tocou na primeira das três noites em que se apresentaria no Estádio de Wembley, em Londres. Foi o dia em que a trilha sonora do filme *Flash Gordon* foi lançada como álbum, o qual entraria no Top 10 das paradas britânicas e alcançaria o 23º lugar nos Estados Unidos.

Embora não fosse um álbum característico do Queen, o disco recebeu críticas elogiosas, sendo que o *Record Mirror* afirmou que tinha "proporções verdadeiramente épicas"[22] e o *Guardian* disse que, se "a parte instrumental do disco não fosse coberta por diálogos, seria tentador pensar que ganharia a mesma reverência moderna dada a Giorgio Moroder e Vangelis".[23]

O filme fora lançado três dias antes, mas, apesar do sucesso dele e da trilha sonora, o Queen se entristeceu no dia 8 de dezembro com a notícia do assassinato de John Lennon. Freddie tinha uma grande admiração por Lennon e, como sentiu profundamente a morte dele, compôs em seguida uma canção para o beatle, "Life Is Real", que faria parte do próximo álbum da banda. "Para ser franco, de modo algum eu gostaria de me colocar no mesmo patamar de John Lennon, porque ele era o maior, na minha opinião", afirmou Freddie. "Quando soube que Lennon estava morto, fiquei chocado e perplexo. O que fazer? Me faltam palavras, para falar a verdade. É uma coisa que achamos que sempre pode acontecer com outra pessoa ou conosco, ou algo do tipo, e aí aconteceu de fato com uma pessoa, e era John Lennon. Houve espanto e descrença".[24]

Após mais dois shows em Londres, o Queen viajou de avião para a Bélgica e encerrou a turnê em Munique, no dia 18 de dezembro. Apesar do amor que tinha pela cidade, especialmente pela vida noturna de lá, Freddie pegou um voo para o Reino Unido no dia seguinte para passar o Natal em Londres e assim comemorar com os amigos, supervisionar a reforma da casa nova, no Garden Lodge, e planejar com o resto da banda a programação para 1981, que incluía a dominação mundial.

# - 25 -

Ano de 1981: décimo aniversário do Queen. Na década anterior, eles tinham se transformado em uma das maiores bandas do planeta, com mais de quarenta e cinco milhões de álbuns e vinte e cinco milhões de singles vendidos em todo o mundo. "Em primeiro lugar, tínhamos muita fé", admitiu Freddie, "mas achei que acabaria depois de cinco anos e que eu iria fazer outra coisa".[1]

Ter tanto sucesso significou ainda que Freddie Mercury, Brian May, Roger Taylor e John Deacon se tornaram extremamente ricos e, pouco antes, tinham sido classificados no *Guinness Book of Records* como os diretores mais bem pagos de uma empresa, pois, segundo as informações, cada um recebera setecentas mil libras.[2] Mas ainda não havia qualquer sinal de que iriam parar. "Sou motivado pelo meu trabalho e continuarei enquanto meu organismo me permitir", diria Freddie. "As coisas que mais admiro são as que exigem dedicação total, doze horas de trabalho por dia e noites sem dormir".[3]

O Queen começou seu décimo aniversário com uma viagem ao Japão. Eles conciliaram a estreia japonesa do filme *Flash Gordon* com uma turnê reduzida e lucrativa, na qual tocariam em cinco noites na Nippon Budokan Arena, em Tóquio. Esses shows foram um grande sucesso, afinal, o Queen sempre era elogiado no Japão, e isso deu a Freddie outra chance de gastar parte da sua riqueza para aumentar a coleção de arte e objetos japoneses. Na sequência do Japão, a banda pegaria um voo, com escala em Nova York, para fazer uma série de sete shows no próximo continente, que iria visitar pela primeira vez: a América do Sul. "Primeiro, viajamos para a América do Sul porque fomos convidados. Queriam quatro rapazes saudáveis para tocar uma boa música", afirmou Freddie. "Fazia muito tempo que pensávamos em fazer uma grande turnê sul-americana. Mas, quando o Queen cai na estrada, não é só a banda, isso envolve um grande número de pessoas, e nossas turnês são bem caras. Por fim, a gente falou: 'Foda-se o custo, queridos, vamos viver um pouco!'"[4] O plano era fazer cinco shows na Argentina e, em seguida, dois no Brasil.

A caminho da América do Sul, Freddie fez uma escala em Nova York, onde deu início às negociações para a compra de um apartamento na cidade. Freddie se sentia atraído pela cena gay da Big Apple desde que a conhecera pelos idos dos anos 1970 e, para ele, era natural se sentir em casa lá, dada sua busca incansável pelo amor verdadeiro e um bom sexo. Como queria criar raízes na cidade, por estar cansado de sempre se hospedar em hotéis, Sylvia Stickells, esposa do gerente de turnês do Queen, Gerry Stickells, um grande amigo de Freddie, ofereceu-se para prospectar para ele várias propriedades em Nova York. Sylvia encontrou cerca de cem flats, casas e apartamentos para Freddie ou Peter Freestone avaliarem. Freddie optou enfim por um apartamento deslumbrante, com vista quase panorâmica de Nova York e uma varanda que dava para a 59th Street Bridge. Levaria alguns meses para que o negócio fosse concluído, mas Freddie estava confiante de que havia tomado a decisão certa ao adquirir o imóvel na 425 East 58th Street.

Com a compra de uma nova casa em andamento, Freddie se juntou aos companheiros de banda na viagem para a América do Sul. Em 26 de fevereiro de 1981, eles desembarcaram em Buenos Aires como a primeira banda de rock ocidental a visitar a capital argentina. O país em que o Queen acabara de chegar vivia momentos turbulentos, em meio ao que ficou conhecido como "Guerra Suja", uma campanha infame travada de 1976 a 1983 pela ditadura militar argentina contra supostos opositores de esquerda. Diante de inúmeras violações dos direitos civis, estima-se que trinta mil cidadãos foram mortos por uma junta liderada por Jorge Rafael Videla.

Uma delegação do governo fora ao aeroporto para encontrar a banda e, acompanhados por tropas de guardas armados, Freddie e seus companheiros passaram pela segurança e aceleraram rumo ao Sheraton Hotel, em Buenos Aires, onde ficariam hospedados e, provavelmente, a polícia secreta argentina poderia ficar de olho neles.

Naquele momento de sua vida, Freddie tinha se envolvido em um caso turbulento com o fisiculturista Peter Morgan, que embarcara em um voo com destino a Buenos Aires para ficar com ele. Morgan era segurança do clube londrino Heaven, e sua chegada significou que o círculo de Mercury na Argentina, além do próprio Morgan, incluía Paul Prenter, Peter Freestone, Jim Beach e seu ex-namorado Joe Fanelli (que agora trabalhava como seu chef pessoal). Com exceção de Beach, todos eram gays e, por isso, parece que essa turnê criou uma divisão entre o pessoal de Freddie e o restante da banda. Porém, houvesse ou não uma divisão entre eles, eram completamente profissionais quando subiam no palco como o Queen. Na primeira noite na Argentina, mais de cinquenta mil pessoas compareceram para vê-los tocar um set de vinte e nove canções. O canal 9 teve uma audiência de mais de trinta milhões de telespectadores acompanhando a segunda noite de apresentação no mesmo local, um show em que Freddie se juntou no palco com o superastro do futebol argentino, Diego Maradona.

O próximo show na Argentina seria em Mar del Plata, uma cidade costeira quatrocentos quilômetros ao sul de Buenos Aires. Antes desse show, contudo, devido ao clima político no país naqueles tempos, a junta viu que poderia ganhar capital político e publicidade se explorasse a visita do Queen, sobretudo por conta da proximidade das eleições. Portanto, a banda foi convidada para jantar com o governante do país, o general Viola. Freddie, Brian e John aceitaram o convite e jantaram com Viola ("Que ótimo que eles têm um presidente cujo nome é sinônimo de amor-perfeito!", disse Freddie).[5] Já Roger Taylor o recusou, alegando que estava na Argentina para tocar para o povo e não para políticos.

Ao chegar em Mar del Plata para o próximo show, Freddie descobriu que sua suíte no hotel tinha vista para o calçadão. Seu novo namorado, Peter

Morgan, estava acompanhando-o nessa viagem, mas quis dar um passeio sozinho ao chegar na cidade. Devido aos riscos quanto à segurança, isso era conveniente para Freddie, que não teve problemas em deixar Morgan sair para dar uma volta. Mas, quando ele foi contemplar a vista na varanda, viu mais do que gostaria. Avistou lá embaixo, no calçadão, Morgan com outro homem bem mais jovem do que ele. De acordo com Peter Freestone, era óbvio pela linguagem corporal deles que eram mais do que somente amigos. Ao voltar para o hotel, Morgan argumentou que não estava acontecendo nada, mas isso apenas enfureceu Freddie ainda mais. Então, como tinha acontecido antes com Tony Bastin, Morgan foi colocado no primeiro avião com destino a Londres, e Freddie voltou a ficar sozinho.

Após o show em Mar del Plata, o Queen fez mais um em Rosário antes de retornar a Buenos Aires para uma apresentação final. Da Argentina, a banda pegou um voo para o Brasil. Eles sonhavam em tocar no mítico Estádio do Maracanã, no Rio de Janeiro, mas o governador fluminense havia feito uma mudança na lei e, com isso, o estádio só podia ser usado para "jogos de futebol e eventos culturais ou religiosos, e o Queen não atendia aos requisitos".[6] Assim, em vez do maior estádio brasileiro, o Queen passou a cobiçar o segundo maior, o do Morumbi, em São Paulo. O recorde de público nesse estádio era de 138.032 pessoas em uma partida de futebol, mas nunca um grupo de rock havia tocado lá.

Quando as negociações para o show foram concluídas, os ingressos se esgotaram logo após serem colocados à venda, tão rapidamente que uma segunda apresentação foi agendada. Foi assim que, em 20 de março de 1981, o Queen tocou para cento e trinta e uma mil pessoas, o que, naquela época, era o maior público pagante de um show de banda em qualquer lugar do mundo. O Queen voltaria à América Latina no final daquele ano para fazer seis shows na Venezuela e no México, mas por ora a banda retornou à Europa para começar a produzir seu décimo álbum de estúdio – um disco que, apesar de ter gerado um single número 1, faria a banda tomar um rumo musical diferente, afastar-se dos fãs e criar um trabalho que a revista de música *Q* mais tarde incluiu no Top 15 dos Álbuns em que Grandes Figurões do Rock Perderam o Rumo (*Albums Where Great Rock Acts Lost the Plot*).[7]

O Queen iniciou os trabalhos do novo álbum, *Hot Space*, em junho de 1981, em Munique. Mais uma vez, eles contavam com o produtor Mack e o engenheiro de estúdio David Richards. Ambos tinham trabalhado com o Queen em *The Game* e, por conta do sucesso da faixa "Another One Bites The Dust", com seu ritmo simples, estavam determinados a replicar a fórmula. Uma das primeiras canções que o Queen criou em Munique foi o tributo de Freddie a John Lennon, "Life Is Real (Song For Lennon)". Outra faixa que Freddie compôs para o álbum e que foi gravada no início das sessões foi "Cool Cat". Essa foi a primeira canção do Queen que era de autoria dupla, composta por Freddie e John Deacon. Durante o processo de gravação, Deacon tocou todos os instrumentos, incluindo bateria, guitarra e sintetizadores, e Freddie forneceu os vocais, sendo que estava planejado que David Bowie faria os vocais de apoio.

No fim do verão, Bowie iria ao Mountain Studios para gravá-los. No estúdio, Bowie e o Queen começaram uma *jam session* improvisada que resultaria no single de sucesso "Under Pressure". A sessão de gravação durou cerca de vinte e quatro horas, turbinada por uma abundância de álcool e cocaína – "Teve muito pó", revelou Mack.[8]

"'Under Pressure' surgiu por puro acaso, meus queridos", contou Freddie. "David [Bowie] veio nos ver um dia nos estúdios de gravação que tínhamos na época, em Montreux, onde estávamos trabalhando. Começamos a tentar alguma coisa juntos, e isso de fato aconteceu de uma maneira muito espontânea e rápida".[9]

"Todos nós colocamos alguma coisa na mesa", lembra Brian May, "e a minha contribuição foi um riff pesado em ré, que estava quase no meu subconsciente. Mas o que nos empolgou foi um riff que Deacy começou a tocar, seis notas iguais, depois uma nota uma quarta abaixo. Ding-Ding-Ding Diddle Ing-Ding, poderia se dizer. Mas, de repente, bateu uma fome e fomos a um restaurante próximo para comer e beber um bocado (o vinho local de Vaux, que se toma em Montreux, é um segredo bem guardado).

Umas duas ou três horas depois, estávamos de volta ao estúdio. 'Como era o riff que você fez, Deacy?', pergunta David Bowie. 'Era assim', diz John Deacon. 'Não, não era', diz Bowie, 'era assim'. Foi um momento engraçado porque ainda consigo ver o DB se aproximar e segurar a mão inquieta do John para fazê-lo parar. Também foi tenso porque poderia não ter dado certo. Deacy não gostava muito que lhe dissessem o que fazer, ainda mais se fosse interrompido por um gesto enquanto tocava! Mas ele tinha bom humor, e tudo correu bem. Então começamos a fazer uns experimentos, usando o riff como ponto de partida".[10]

"Fomos tateando o caminho por meio de uma faixa de apoio, todos juntos como se fosse um conjunto", May continua, "e então David deu uma ideia inusitada para criar o vocal. Ele tinha a fama de compor letras juntando vários pedaços de papel com citações. E fizemos uma coisa semelhante na hora de compor a melodia principal da canção. Quando a faixa de apoio estava pronta, David falou: 'Certo, agora cada um vai entrar na cabine de voz para cantar como acha que a melodia deveria ser – sem pensar muito –, e compilamos um vocal a partir disso'. E foi o que fizemos. Algumas partes do original até entraram no disco. O "b-b-b-boom-ba" meio aleatório que Freddie canta faz parte da faixa que ele gravou na cabine, quando fez a primeira coisa que veio à cabeça. Esquisito, não é? É por isso que as palavras são tão estranhas – algumas delas, pelo menos. Chegou um momento em que alguém precisava assumir o controle, e acho que é justo dizer que David tomou as rédeas e decidiu que queria organizar a letra e aí dizer o que ele achava que deveria comunicar".[11]

"A canção foi composta do zero na noite em que visitei o estúdio deles", revelou Bowie em seu site, em 2004. "Eu acho que o riff já tinha sido escrito por Freddie e os demais, então nós juntamos as diferentes seções de acordes para fazer disso uma obra musical coesa. Depois, Freddie criou a melodia principal da parte dele, e eu fiz o mesmo em relação à minha. Assim, o que Freddie canta é o que ele escreveu, e o que eu canto é de minha autoria. Em seguida, trabalhamos juntos na letra. Ainda não consigo acreditar que compomos e gravamos tudo em precisamente uma noite. Uma façanha e tanto para uma canção que, na verdade, é bastante complicada".

Tamanha foi a espontaneidade dessa sessão de gravação que o selo do Queen não tinha a mínima ideia da existência da canção, cujo primeiro título foi "People On Streets". Contudo, quando souberam que o Queen e David Bowie tinham feito uma música juntos, decidiram fazer de tudo para lançá-la o quanto antes, e a canção foi finalizada na Power Station, em Nova York, onde foi mixada na presença de Bowie e Mercury, acompanhados por Roger Taylor, que atuaria como pacificador durante as sessões de mixagem.

As dezoito horas de sessão de mixagem foram extremamente tensas, pois Bowie e Mercury se desentenderam a tal ponto que Bowie teria ameaçado impedir o lançamento de "Under Pressure" como single. "Foi difícil", recorda Brian May, "porque tinha quatro garotos muito precoces e David, que já era precoce o suficiente por todos nós. David comandou a parte da letra da música. Olhando para trás, é uma música excelente, mas deveria ter sido mixada de outro jeito. Freddie e David disputaram isso com unhas e dentes".[12]

De fato, apesar da precocidade e das batalhas travadas entre os talentos que criaram "Under Pressure", foi David Bowie que se consagrou como um artista que sabia colaborar. Após sua morte, em janeiro de 2016, vários comentaristas escreveram sobre como ele "usou sua considerável fama para ajudar a popularizar artistas que teriam menos chances sem ele".[13] O Queen já era um sucesso estrondoso, mas "Under Pressure" demonstrou a generosidade singular de Bowie em relação a seus colegas. Hilton Als escreveu: "Em geral, as estrelas do rock não são conhecidas pela generosidade com outros artistas; é preciso muito para chegar nesse nível e ter uma presença tão forte. Desde cedo, Bowie percebeu que era mais ele mesmo – e tinha mais de si mesmo – quando construía pontes entre mundos diferentes".[14]

"Under Pressure" foi lançada no final de outubro de 1981, com o Queen e David Bowie na assinatura dos créditos de composição. Tornou-se o segundo single número 1 da banda no Reino Unido, quase seis anos após a primeira conquista dessa posição, com "Bohemian Rhapsody". "Under Pressure" também alcançou o topo das paradas na Argentina e na Holanda e ficou no Top 10 em mais nove países. No entanto, só alcançou a 29ª posição nas paradas americanas, apesar de a *Slant Magazine* afirmar que foi "o melhor single independente que tanto um quanto outro [o Queen e David Bowie] lançou nos anos 1980".

# - 26 -

Durante janeiro de 1981, fez um frio extremo na cidade de Nova York. Em 5 de janeiro, a temperatura caiu para vinte e três graus Celsius negativos, mas no St. Luke's-Roosevelt Hospital, localizado na 1111 Amsterdam Avenue, os médicos não estavam tão preocupados com o tempo, e sim com um jovem paciente chamado Nick, cuja vida se esvaía. Nick fora levado ao hospital pelo namorado em novembro, ao sofrer uma convulsão. Os médicos desconheciam o quadro que o jovem gay apresentava e o diagnosticaram com toxoplasmose, uma doença comum em gatos. Ele também tinha sintomas do sarcoma de Kaposi, o que deixava os médicos da cidade cada vez mais intrigados, pois naquele mês, em Nova York, já tinham visto um surto de vinte casos semelhantes dessas lesões de pele. "Todos tinham usado *poppers* ou nitrito de amila. Suspeitamos que poderia ser isso", avaliou o dr. Alvin Friedman-Kien.[1]

Infelizmente, não havia nada que pudesse ser feito por Nick, que morreu em 15 de janeiro de 1981. Apenas um mês antes – e, a princípio, sem qualquer conexão com o caso dele – um paciente alemão morrera no Mount Sinai Beth Israel Hospital, na Primeira Avenida, em Nova York. O alemão, de trinta e três anos, foi internado em junho de 1980 com um quadro de diarreia com sangue e baixa contagem de leucócitos. Ele havia trabalhado três meses como chef no Haiti, mas ninguém considerava que isso poderia ser um problema. Apesar do tratamento, o paciente teve comprometimento cognitivo[2] nos meses seguintes e desenvolveu uma infecção por citomegalovírus no olho.

O citomegalovírus (CMV) pertence à família do vírus responsável pelo herpes e é transmitido através dos fluidos corporais. Geralmente, é reativado quando o sistema imunológico está comprometido, como é o caso dos portadores de HIV sem tratamento. O paciente alemão morreu em dezembro de 1980 e, apenas um mês mais tarde, outro paciente, um enfermeiro, foi internado no Mount Sinai Beth Israel Hospital, com um quadro de pneumonia por *Pneumocystis carinii* (PPC). Ele morreu pouco depois, e a autópsia mostrou que também teve infecção por citomegalovírus.

Donna Mildvan, chefe de doenças infecciosas do hospital, estudava havia vários anos infecções intestinais sexualmente transmissíveis em homens gays e, para ela, não restavam dúvidas de que estava diante de indícios de uma nova doença. Ela procurou um colega, Dan William, do Departamento de Saúde de Nova York, para explicar o que a vinha preocupando. Dan já havia se assumido gay e estudava casos de doenças sexualmente transmissíveis na cidade. Para isso, reunira um grupo de homens gays, que monitorava de perto para gerar estudos de caso e dados detalhados. Ao longo dessa pesquisa, notou que vários participantes apresentavam gânglios linfáticos inchados. Três deles também tinham desenvolvido sarcoma de Kaposi, outra doença relacionada ao comprometimento do sistema imunológico. Quando contou isso a Mildvan, ambos passaram a temer o pior: "Realmente vimos tudo detalhado diante de nós", lembra ela. "Jamais poderíamos imaginar que teria essas proporções. Mas sabíamos que estávamos com medo. Ficamos com muito medo".[3]

Do outro lado da cidade, o dr. Alvin Friedman-Kien, do Centro Médico da Universidade de Nova York, atendeu um homem gay cujos sintomas tinham deixado outros médicos totalmente perplexos. Ao examiná-lo, encontrou manchas roxas de tom claro, que não tinham sido notadas, nos pés do paciente. Após a biópsia, Friedman-Kien ficou surpreso quando os resultados indicaram o sarcoma de Kaposi. Duas semanas depois, Friedman-Kien viu outro homem, um ator, que tinha marcas semelhantes de sarcoma de Kaposi no rosto e tentava escondê-las com maquiagem. A única conexão entre esses pacientes era o fato de serem gays. Friedman-Kien formou às pressas um grupo de médicos gays que tinham se especializado no tratamento de homens homossexuais e, em quatro semanas, encontraram vinte casos de sarcoma de Kaposi somente em Nova York.

Friedman-Kien ligou para Marcus Conant, um colega médico de São Francisco. Conant era dermatologista e conseguiu informar Friedman-Kien sobre outros seis casos de sarcoma de Kaposi em São Francisco. E todos de pacientes que também eram gays. Quando Conant foi discutir isso com Marion Salzberger, decano de Dermatologia Americana na Universidade da Califórnia em São Francisco, Salzberger disse: "Não são casos novos de uma doença antiga. A homossexualidade existe pelo menos desde os tempos de Alexandre, o Grande, e nunca tínhamos visto isso. O que estamos vendo é uma nova doença".[4] Logo outros médicos começaram a ligar avisando que tinham deparado com um caso semelhante no consultório, mas nesse estágio inicial ninguém chegou a compreender a gravidade da situação.

Em Los Angeles, surgiu o primeiro paciente com sintomas parecidos com os observados em Nova York e São Francisco: "Era conhecido como Queenie, porque ele próprio se chamava assim", diz o dr. Jerome Groopman. "Era uma pessoa muito triste, devia ter dezoito anos. Ele se prostituía nas ruas e tinha cabelos louros descoloridos. Foi diagnosticado com *Pneumocystis*. Então desenvolveu herpes simples perianal invasivo, uma doença tão grave e agressiva, difícil de controlar, que exigia intervenção cirúrgica. Foi terrível. E ele acabou morrendo".[5]

Em Nova York, boatos de uma doença gay circulavam na comunidade homossexual local. O dr. Lawrence Mass, um dos primeiros médicos de Nova York a constatar o problema, entrou em contato com o Centro de Controle de Doenças (CDC) em Atlanta, em abril de 1981, para saber se aquilo era verdade. A instituição disse que não era, porém Mass não parou por aí. Ele escreveu um artigo para um jornal gay, o *The New York Native*, com o título "Rumores de doença são amplamente infundados". Publicado em 18 de maio de 1981, o texto começava assim: "Na semana passada, houve boatos de que uma nova doença exótica havia acometido a comunidade gay de Nova York. Eis os fatos. O dr. Steve Phillips, do Departamento de Saúde de Nova York, explicou que os rumores são, em sua maioria, infundados. A cada ano, de doze a vinte e quatro casos de infecção por um organismo semelhante ao protozoário, o *Pneumocystis carinii*, são relatados na região da cidade de Nova York. Esse organismo não é exótico; na verdade, é onipresente. Mas a maioria de nós tem imunidade natural ou facilmente adquirida contra ele". O dr. Mass concluiu o artigo, com base nos dados apresentados a ele, com a afirmação de que não havia evidências suficientes naquele momento para estabelecer uma conexão inequívoca entre a nova doença e a comunidade gay.

"Naquela época, não tínhamos ideia do escopo com que estávamos lidando", diria mais tarde o dr. Mass. "Tampouco sabíamos do que se tratava. Não estava claro se era infeccioso. Foi uma epidemia por definição porque houve um surto de casos de uma nova doença, com mortes associadas. A epidemiologia foi incapaz de identificá-la como uma DST. Naqueles tempos, não havia proteção das liberdades civis para a comunidade LGBT. E as tensões na esfera pública em torno de questões gays e das lutas pelos direitos dos gays foram explosivas".[6]

Na Costa Oeste, em Los Angeles, um imunologista de trinta e três anos da UCLA, Michael Gottlieb, estudava cinco casos de homens gays que exibiam um quadro similar: febres crônicas, inchaço nos gânglios linfáticos, diarreia, sapinho e erupções cutâneas. Todos esses pacientes acabaram desenvolvendo pneumonia por *Pneumocystis carinii* (PPC). Esses cinco casos levaram Gottlieb e o diretor de Inteligência Epidemiológica do Centro de Controle de Doenças (CDC) em Los Angeles a escrever o *Relatório Semanal de Morbidez e Mortalidade*, publicado em 5 de junho de 1981.

Dois homens que Gottlieb havia acompanhado em Los Angeles já tinham morrido quando o relatório foi divulgado. Foi um documento histórico, mas passou despercebido pela imprensa e pela comunidade médica, e só quando saiu um segundo artigo do *Relatório Semanal de Morbidez e Mortalidade*, escrito pelo dr. Alvin Friedman-Kien – o qual descrevia a descoberta do sarcoma de Kaposi em vinte e seis homens gays de Nova York e da Califórnia, oito dos quais tinham morrido vinte e quatro meses após receberem esse diagnóstico –, que a imprensa americana parou e começou a prestar atenção no assunto. Nesse relatório, Friedman-Kien informou que, desses vinte e seis homens, "seis pacientes tiveram pneumonia (causada por *Pneumocystis carinii*) e um teve toxoplasmose necrotizante do sistema nervoso central. Um dos pacientes com pneumonia também apresentou infecção grave e recorrente de herpes simples, candidíase extensa e meningite criptocócica". O artigo também revelou que, quatro semanas após o relatório de 5 de junho de 1981, o qual descreveu cinco casos de "pneumonia por *Pneumocystis* em homens homossexuais de Los Angeles, mais dez casos tinham sido identificados no estado. [Isso] sugere que os cinco casos relatados anteriormente não foram um fenômeno isolado". Em um aviso desalentador, o artigo recomendava que os médicos ficassem alertas.

O *New York Times* recebera uma prévia do relatório e, ao publicar a manchete dramática "Câncer raro identificado em quarenta e um homossexuais", revelou que médicos de Nova York e da Califórnia haviam diagnosticado quarenta e um casos de uma forma rara de câncer em homens homossexuais, que matava vários dos pacientes em pouco tempo. "A causa do surto é desconhecida, e ainda não há evidências de contágio. Mas os médicos que fizeram os diagnósticos, a maioria na cidade de Nova York e na região da Baía de São Francisco, estão alertando sobre o problema outros médicos que tratam um grande número de homens homossexuais, em um esforço para ajudar a identificar mais casos e a reduzir a demora no início do tratamento de quimioterapia", informou o jornal, que concluiu a matéria com estas afirmações: "O dr. Curran declarou que aparentemente não existe perigo de contágio para não homossexuais. 'A principal evidência de que não há contágio', disse ele, 'é que até o momento nenhum caso foi relatado fora da comunidade homossexual ou em mulheres'."[7]

A essa altura, a nova doença era chamada de Grid (Gay Related Immune Deficiency – Imunodeficiência relacionada aos gays), um nome que eternizou a associação entre homens homossexuais e a Aids e apenas espalhou ainda mais entre a população em geral o medo de que se tratava de uma "praga gay". O temor e a repulsa pela doença tomaram tal proporção para heterossexuais na época que uma ação para arrecadar fundos para o câncer gay, organizada pelo romancista Larry Kramer em Nova York, obteve apenas cento e vinte e quatro dólares.

Quem estava na cidade nesse período era Gaëtan Dugas, que fazia tratamento para o que pensava ser um tipo de câncer de pele. Quando não estava em quimioterapia, Dugas retomava sua vida sexual movimentada na cidade e em outras da Costa Oeste e do Canadá. Ele não via razão para mudar os hábitos, pois encarava com ceticismo as informações e as recomendações médicas. E, ainda que essas alegações de uma doença gay fossem verdadeiras, até onde sabia seu tratamento era específico contra o câncer e não poderia haver qualquer ligação entre sua doença e os casos de pneumonia e outras infecções que afligiam homens gays nos Estados Unidos. Ele continuou a acreditar nisso mesmo quando, em 1981, recebeu o diagnóstico oficial de que o câncer de pele que tinha era sarcoma de Kaposi. E, como não mudou suas crenças, continuou a fazer sexo nas saunas gays de Nova York.

Enquanto isso, a incidência do sarcoma de Kaposi começou a aumentar nos Estados Unidos, e havia uma conexão entre as ocorrências: todos os homens eram gays. Existia mais uma conexão, embora só tenha sido descoberta no ano seguinte: dois pacientes com sarcoma de Kaposi, um homem de Orange County e outro de Los Angeles, haviam dormido com um comissário de bordo canadense em 1980. Outros quatro pacientes dos primeiros dezenove casos descobertos em Los Angeles também dormiram com esse comissário de bordo canadense. Além disso, mais quatro homens desse grupo dos primeiros dezenove casos tinham dormido com pessoas que foram para a cama com o *mesmo* comissário de bordo. Essa pessoa era ninguém mais, ninguém menos do que Gaëtan Dugas.

Apesar do conhecimento sobre a doença, mesmo com as ordens dos médicos e as advertências relativas à saúde para a comunidade gay, Dugas continuava realizando suas proezas sexuais prolíficas. Dormiu com cerca de duzentos e cinquenta homens por ano, ao longo de quase dez anos. Eles, por sua vez, dormiram com outros homens e, ao fazê-lo, o alcance do vírus se tornou cada vez maior, o que afetou um número crescente de pessoas. Médicos e epidemiologistas procuravam freneticamente pistas para entender como qualquer tipo de infecção ou doença se disseminava e, para tanto, criaram mapas de contato, os quais poderiam associar a fim de detectar grupos ou padrões da enfermidade. E foi esse método que lhes permitiu identificar grupos em São Francisco e Nova York, todos ligados a Gaëtan Dugas.

Apenas alguns anos antes, quando estava em São Francisco, Dugas conheceu e dormiu com seu amigo John Murphy. Durante um voo transatlântico que partiu de Londres rumo à América do Norte, onde Freddie Mercury faria com sua banda uma turnê de ingressos já esgotados, o cantor conheceu o comissário de bordo John Murphy e, durante outra folga nessa turnê, entre 1º e 9 de setembro de 1980, Freddie mais uma vez viajou para Nova York para ir aos clubes e bares da cena gay da cidade. Em algum momento da turnê, possivelmente durante esse intervalo, teve uma noite de sexo casual com John Murphy. Era quase certo que agora Freddie estava exposto ao vírus, embora ainda não tivesse sido infectado.

A ondulação perigosa na superfície da água nunca tinha ficado tão próxima.

# - 27 -

Depois das gravações durante o verão de 1981, em Montreux, o Queen tinha programado uma turnê pela Venezuela e pelo México. Antes disso, Freddie faria outra viagem para Nova York. Havia um bom motivo para isso: seu aniversário de trinta e cinco anos estava se aproximando, e ele queria comemorar em grande estilo. Com a compra de seu apartamento na cidade ainda em curso, Freddie ficou, como de costume, na suíte presidencial do Berkshire Place Hotel. A festa que organizou para o seu aniversário foi uma extravagância de cinco dias e, sempre um anfitrião generoso, Freddie pagou para cem amigos voarem de Concorde para participar da celebração. Por ironia, ele lhes disse para não se preocuparem com as despesas e prometeu que só teriam que pagar pelos preservativos.

"Fui na festa de aniversário dele em Nova York", lembra Peter Straker. "Eu tinha acabado de terminar uma peça no Bristol Old Vic e quase não deu para ir, mas cheguei na manhã do aniversário dele, e a primeira coisa que ele me mostrou foi uma geladeira enorme com champanhe Cristal – daí em diante foi ladeira abaixo. Fui para passar três dias e acabei ficando três semanas".[1]

Apenas uma semana antes de Freddie pousar em Nova York, a *Associated Press* divulgou uma reportagem revelando que uma doença rara havia atingido mais de cem homens homossexuais nos Estados Unidos nos meses anteriores e matado quase metade deles. No entanto, os foliões que voavam do Reino Unido estavam alheios a essa notícia e, embora houvesse boatos correndo pela comunidade gay de Nova York, ninguém parecia muito disposto a alterar o estilo de vida – Freddie, menos ainda. Como consequência, a festa de cinco dias foi de hedonismo e devassidão ininterruptos, nos quais foram consumidos litros de champanhe no valor de mais de trinta mil libras (o equivalente a mais de cento e dezesseis mil libras em 2016). "Lembro a confusão total na qual nossa suíte se transformou. E lembro que Freddie ficou esparramado em cima de uma pilha enorme de gladíolos", conta Peter Freestone.[2]

Antes de os ensaios para a curta turnê na Venezuela e no México começarem em Nova Orleans, Freddie decidiu pegar um voo para passar alguns dias no Reino Unido após sua festa de aniversário. Ele deixou a suíte do Berkshire Place e pegou uma limusine para o Aeroporto Internacional JFK. Conforme o carro terminava de cruzar a Williamsburg Bridge para deixar a cidade, Freddie tinha preocupações na cabeça, de acordo com o motorista Larry Stoke: "Freddie olhou pela janela. Ouvia distraído a rádio que eu tinha sintonizado, mas a mente dele estava em outro lugar. Tinha algo incomodando-o. Lembro que a voz na rádio falava algo sobre 'um câncer que homens homossexuais estavam tendo'. Lembro que, quando ouviu isso, Freddie se inclinou na minha direção e me pediu para desligar o rádio. Lembro com todos os detalhes. É que não é todo dia que a gente dirige para alguém tão famoso".[3]

Provavelmente os amigos de Freddie já tinham comentado o bastante sobre esse assunto durante a breve estadia em Nova York. Ele não queria nem mais ouvir falar disso. Alguns dias depois, embarcou para Nova Orleans e se juntou à banda na preparação para a turnê pela América Latina.

Os três primeiros shows do Queen na Venezuela aconteceram sem qualquer contratempo, sendo que o último foi televisionado, mas depois disso essa etapa da turnê virou um desastre. Em um dia que seria de folga, o Queen foi chamado para participar de um programa de TV ao vivo. Eles iriam somente como convidados, e ninguém esperava que se apresentassem. Freddie se recusou a considerar o convite e ficou em seu quarto de hotel, enquanto Brian, Roger e John foram diligentes e apareceram no programa.

Quando a banda chegou na Venezuela, o ex-presidente do país Rômulo Betancourt, de setenta e três anos, considerado um herói nacional, estava à beira da morte em um hospital em Nova York. A nação temia o pior, e havia a expectativa de acontecer um período de luto após seu falecimento. A Venezuela recebeu a notícia da morte dele enquanto Taylor, May e Deacon apareciam ao vivo na TV e, sem terem nenhuma noção do que estava acontecendo, só puderam observar e fazer dois minutos de silêncio quando o programa musical foi interrompido com o anúncio do falecimento de Betancourt. Porém, minutos depois, soube-se que a notícia tinha sido precipitada e que Betancourt ainda estava vivo. Após esse alarme falso, o show musical seguiu em frente, com os três convidados ingleses estupefatos. Algumas horas depois, entretanto, o inevitável aconteceu e Betancourt faleceu, o que ocasionou um luto de duas semanas na Venezuela e o cancelamento dos dois shows que o Queen ainda faria no país. Como tiveram um intervalo de dez dias, a equipe se concentrou em transportar os equipamentos de palco para o México, enquanto Freddie e os demais integrantes do Queen pegaram um avião para Miami para tirar uma folga.

Nessa época, centros médicos de Miami, assim como outros em São Francisco, Nova York, Los Angeles, Filadélfia e Chicago internavam todos os dias vários homens homossexuais com pneumonia por *Pneumocystis carinii* (PPC). A maioria desses homens tinha entre vinte e trinta e nove anos, sendo que alguns estavam doentes havia meses, mas outros estavam saudáveis até algumas semanas antes de irem para o hospital. Porém, todos eles eram gays. Ainda se sabia pouco sobre as causas do aumento do número de casos dessa doença, que parecia estar relacionada apenas a homens gays. Enquanto alguns médicos pensavam que essa enfermidade ocorria por uma sobrecarga do sistema imunológico do paciente ao contrair diversas doenças contagiosas através de um grande número de relações sexuais com outros homens, o que os tornaria mais suscetíveis a agentes oportunistas, como PPC, outros achavam que era causada pelo uso de drogas recreativas, em especial o nitrito de amila, considerado em parte cancerígeno. Mas, na verdade, ninguém sabia o que ela era.

Tampouco foi feito qualquer vínculo com as consequências das importações a baixo custo de plasma sanguíneo congelado do Haiti para os

Estados Unidos, um comércio lucrativo para os importadores, que pagavam para haitianos pobres doarem sangue que serviria para obter o plasma. Após essa obtenção do plasma, as células sanguíneas poderiam ser devolvidas ao doador, mas a falta de higiene, como a prática de não substituir as agulhas entre uma doação e outra, e de regulamentação das entidades envolvidas representava um cenário perfeito para a propagação de doenças transmissíveis pelo sangue. Como já havia prevalência do HIV no Haiti, isso significava uma disseminação rápida e, com o fato de células plasmáticas não tratadas serem congeladas e enviadas para os EUA, significava ainda que o HIV cruzou as fronteiras internacionais de forma veloz e eficiente.

"Após ser introduzido dessa maneira, o vírus se espalhou de modo acelerado em uma população sem resistência natural a ele e propensa à promiscuidade", disse o dr. Peter Jones, do Centro de Hemofilia de Newcastle.[4] Além disso, Miami foi um centro de imigração haitiana nos Estados Unidos nas décadas de 1970 e 1980, bem como um destino popular para os gays.

Em 1981, Miami estava em decadência. Mas, embora tivesse se tornado uma cidade sem regras e perigosa demais na opinião de muitas pessoas, para outras era "o" melhor lugar para se estar. Enquanto diversos clubes estavam fechando as portas nas demais regiões do país, casas noturnas surgiam em todo o Sul da Flórida, sobretudo em South Beach, em Miami.

"Não chamavam mais esse som de disco music, esse nome se tornou um palavrão em todo o país", disse o DJ Alex Gutierrez. "Nos anos 1980, era chamado de italo-disco, high energy e freestyle, mas quem cresceu em Miami como eu, ouvindo música e dançando, reconhecia o que era aquilo: disco music".[5]

E, com a disco music, surgiu uma cena gay vibrante – o ambiente perfeito para Freddie Mercury habitar durante as madrugadas até o começo das manhãs, conforme frequentava bares e clubes à procura de gays que, como ele, queriam uma noite de sexo sem inibições.

"O crescimento de South Beach aconteceu na batida da música [da disco music]", explicou Louis Canales, um dos idealizadores de South Beach. "A disco fez sucesso tanto na comunidade gay quanto entre os radicados vindos dos estados do Nordeste dos EUA e, é claro, os cubanos. South Beach foi construída com base na cultura da discoteca".[6]

Por conta do desejo de Freddie de explorar a cena gay das cidades pelas quais passava em turnê, Miami era um lugar perigoso para ele ir, assim como Nova York e São Francisco. Já em 1979, o dr. Arthur Pitchenik, da Universidade do México, atendeu imigrantes haitianos em Miami com uma doença misteriosa que, mais tarde, descobriu-se que era a Aids, e a dra. Margaret Fischl tinha um consultório em Miami superlotado com mulheres e crianças moribundas, todas de origem haitiana.

"Quando começamos a investigar os primeiros casos, olhamos o *RSMM* [*Relatório Semanal de Morbidez e Mortalidade*, do CDC], e havia casos descritos na Califórnia e até em Nova York", recorda Fischl. "Eu ia lendo e falava: 'É exatamente isso que estamos vendo'. Ligamos de imediato para o Centro de Controle de Doenças e dissemos: 'Nós achamos que estamos vendo exatamente a mesma coisa no Sul da Flórida', e descrevemos os pacientes que atendíamos. A primeira coisa que eles comentaram foi que não acreditavam em mim. Começaram a examinar os diferentes aspectos, um a um. No Haiti se fazem rituais incomuns, rituais de vodu? Eles tiveram inadvertidamente algum contato com homossexuais? Estavam convencidos de que era alguma outra coisa".[7]

No final de 1981, período em que Freddie perambulava pelos bares gays de Miami, ninguém sabia de fato o que estava acontecendo – por enquanto. E Freddie, apesar dos boatos na rádio, na imprensa e na comunidade gay, manteve seu estilo de vida promíscuo. "O excesso faz parte da minha natureza", dizia ele. "Para mim, a monotonia é uma doença. Preciso muito de perigo e emoção. Não fui feito para ficar dentro de casa vendo televisão. Definitivamente, sou uma pessoa sexual. Eu gosto disso [ter relações sexuais] o tempo todo".[8]

Freddie continuava achando que seu estilo de vida não era muito arriscado quando, em outubro de 1981, o Queen pegou um voo para o México para um show no Estádio Universitário de Monterrey, onde tocou para cinquenta mil fãs. No entanto, o segundo show no local foi cancelado quando uma estrutura fora do estádio desabou após a primeira apresentação. Não houve vítimas fatais no acidente, mas algumas pessoas ficaram feridas.

Mais problemas perseguiram a banda quando eles se apresentaram de novo, em Puebla. Primeiro, o promotor do Queen foi preso e, para tirá-lo da cadeia, a banda teve que pagar vinte e cinco mil dólares.[9] Em seguida, ao pisarem no palco do Estádio de Beisebol Ignacio Zaragoza, em Puebla, o público atirou contra eles sapatos, pedras e pilhas dos gravadores levados para registrar o show. Embora nada tenha acertado os integrantes da banda, Paul Prenter foi atingido, para o prazer da equipe da estrada. Quando acabou o show, Freddie falou para a multidão: "*Muchas gracias*, México, fiquem com os sapatos, *adiós*, amigos, seus filhos da puta!".

Na noite seguinte, o Queen fez mais um show nesse local e, logo em seguida, embarcou em um avião para deixar o México, com a promessa de nunca mais voltar ao país. A banda tinha perdido uma quantia considerável de dinheiro na turnê pelo México, uma soma de sete dígitos, chegou-se a comentar, mas também o orgulho do grupo fora atingido: o Queen não era uma banda acostumada a ser a segunda melhor ou a fracassar. Era hora de voltar à Europa para lamber as feridas e partir, mais uma vez, para Munique. Mas, antes de voltar à Alemanha para continuar a gravação do próximo álbum, Freddie rumou para Nova York para concluir a compra de seu novo apartamento na East 58th Street.

Freddie se encaixava perfeitamente em Nova York, onde era um astro do rock quando desejava e, nos momentos que lhe fossem convenientes, curtia a vida no anonimato. Podia andar pelas ruas sem ser incomodado e também ir aos clubes gays e bares da cidade na busca incansável por uma noite incrível de sexo. Nessa fase, ele tinha estabelecido uma rotina tão predefinida que, para se ter uma noção dela, não faz diferença a noite a ser observada. Uma noite típica para Freddie poderia começar com um jantar às nove em um de seus restaurantes nova-iorquinos favoritos, como o Clyde's, no Village, onde um motorista o buscaria (o carro sempre ficava estacionado a uma distância discreta) e o levaria a um dos vários clubes da região.

Freddie detestava ser deixado na frente do clube – achava isso chamativo –, então sempre saltava a uma curta distância para poder ir andando a pé até a entrada. Qualquer que fosse a noite, ele frequentava bares ou clubes como o Uncle Charlie's (também localizado no Village) ou quem sabe o Eagle ou o Spike. Ou talvez o Anvil, o clube infame situado no distrito de empacotamento de carnes. Havia ainda o Mineshaft. Na verdade, Freddie ia para qualquer lugar que lhe agradasse ou que prometesse sexo. Nessa noite em particular, dirigiu-se ao The Saint e, ao caminhar os últimos metros em direção à porta, insistiu em entrar na fila.

The Saint é um clube masculino privado situado na esquina da 2nd Avenue com a 6th Street, no Lower East Side, em Manhattan. Antes era um velho teatro iídiche que foi convertido em uma boate moderníssima para o público gay de Nova York. Até que era relativamente fácil se tornar sócio, mas para conseguir o armário, um item fundamental, era preciso entrar em uma lista de espera cada vez maior. Ele era necessário para que se pudesse trocar a roupa com que se vinha da rua por fantasias para extravasar fetiches ou peças para dançar, mas, mais importante ainda, era lá que se guardava o estoque de drogas para uma noite, que consistiria em qualquer combinação de ácido, MDA, cocaína, *quaaludes*, Placidyl, Seconal e *black beauties*. Mas a mais popular de todos era uma droga nova, o ecstasy, que ainda era legal e vendido como a "pílula da felicidade" nos bares, por dez dólares. Freddie podia usar todas ou nenhuma, mas naquela noite ele tinha tomado ecstasy, cheirado uma carreira de cocaína, inalado *poppers* e cloreto de etila, que foi embebido em um lenço ou em um pedaço de pano e depois mordido.

Foi ali, no The Saint, que Freddie conheceu o canadense Charles, de Montreal. Com a confiança elevada pelas drogas, não teve medo de se aproximar nem de puxar conversa. Em pouco tempo, os dois já estavam combinando de sair de lá e ir ao apartamento de Freddie. Ao deixarem o local juntos, parando para pegar os casacos na saída, um homem louro e bonito, de bigode fino, pareceu reconhecer Charles, chegou perto e o beijou. Ao puxá-lo para si, o homem sussurrou no ouvido dele algo que Freddie não escutou direito. O sotaque parecia ser francês, mas mais carregado. Ele era do Quebec.

No começo daquela semana, Charles conheceu esse canadense louro e, como era de se esperar, fez sexo casual com ele. Por que não? Foi bom para os dois e, além do mais, Charles realmente gostava desse homem: era caloroso e engraçado. O jovem quebequense olhou para Freddie com curiosidade e, de repente, ao reconhecê-lo, estendeu a mão e se apresentou. Freddie não conseguiu compreender o nome dele – era diferente, nunca tinha ouvido falar. Foi nesse dia que Freddie conheceu Gaëtan Dugas, o comissário de bordo canadense. Mas aconteceu tudo muito rápido e, antes que se desse conta, estava na rua com Charles procurando o carro. Lá fora também estava Nikolai Grishanovich, um belo ex-soldado russo que Freddie conhecera por meio de seus amigos Kenny Everett e Robert Lang, um barman de Londres que estava em Nova York a passeio para um longo fim de semana de hedonismo.

Em meados da década de 1980, Freddie começou a frequentar a vida noturna gay de Londres, em especial o célebre clube Heaven, que tinha um bar, The Cellar Bar, onde Robert Lang trabalhava e que na época tinha um "quarto escuro" onde rolava de tudo. Freddie frequentava esse clube, e Robert se lembrava bem dele. Eles costumavam conversar antes que o movimento aumentasse.

"Lembro que ele me contou sobre Nova York, e foi por isso que fui pra lá. Não nos falávamos com muita frequência, talvez uma vez a cada dois meses, mas, quando o fazíamos, a conversa durava uma hora, enquanto tinha pouco movimento no bar. Não tínhamos um assunto específico, mas nunca falávamos sobre o fato de ele ser famoso e ser uma celebridade. É engraçado como algumas coisas ficam na memória. Uma noite, estávamos conversando, e ele me contou sobre um sonho que teve, no qual todos morriam".[10]

Como o carro estava à espera a um quarteirão dali, Freddie, Charles, Robert e Nikolai se cumprimentaram e conversaram um pouco enquanto caminhavam até o veículo, que então levou os quatro para a casa de Freddie, onde passaram a noite juntos.

"Eu transei duas vezes com Freddie, uma em Nova York, outra em Londres. Todo mundo transava com todo mundo. Não tinha nada de mais", relembrou Robert.

De acordo com os amigos, Mercury foi para a cama com centenas de homens. Muitos que o conheceram contaram que ele tinha bastante medo de ficar sozinho, sobretudo à noite. Freddie admitiu várias vezes que sua promiscuidade era uma tentativa de curar a solidão que sentia ou de apagar as cicatrizes deixadas por muitos de seus relacionamentos. Embora possa haver um fundo de verdade nisso, mais do que se imagina, ele sentia que precisava justificar o que muitos poderiam considerar inaceitável: seu gosto por transar sem qualquer tipo de envolvimento emocional. Mercury curtia o sexo pelo sexo, e não era preciso que se explicasse. Contudo, também gostava do conforto e da segurança proporcionados por um relacionamento estável e tentava conciliar essas necessidades conflitantes.

"Eu gosto do contraditório", admitiu. "Quero segurança, mas também quero a minha liberdade." Na maioria das vezes, Freddie levava homens a seu apartamento para aventuras de uma noite, mas em um clube acabou conhecendo Bill Reid, um "homossexual atarracado de Nova Jersey", segundo a escritora Lesley-Ann Jones[11], e os dois embarcaram em um relacionamento que provou ser um dos mais tempestuosos que ele teve. Freddie levou Reid para a Europa com ele – precisava voltar ao estúdio para finalizar *Hot Space*, que seria lançado em 1982. Não demorou para o resto da comitiva do Queen desaprovar Reid, mas, por ser o então namorado de Freddie, não havia outra opção a não ser esperar e observar conforme o relacionamento começava a se deteriorar e acabar muito rapidamente.

Durante as gravações do novo álbum, no fim de 1981, a banda estava de bom humor. Pouco antes, "Under Pressure" se tornou um single número 1, e em 26 de outubro aconteceu o lançamento do álbum *Greatest Hits*. Um sucesso instantâneo, a coletânea alcançou o primeiro lugar nas paradas britânicas e venderia vinte e cinco milhões de cópias em todo o mundo, o que fez dele um dos mais bem-sucedidos álbuns já lançados. Só no Reino Unido, no momento da escrita deste livro, é o álbum britânico mais vendido de todos os tempos. Nos EUA, venderia mais de oito milhões de cópias, mas foi o último álbum do Queen a entrar no Top 20 americano enquanto Freddie estava vivo. Apesar das turnês periódicas, o Queen não tinha mais o mesmo apelo com o público americano. O pior estava por vir com o lançamento do álbum seguinte: os fãs iriam odiá-lo, Brian e Roger viriam a detestá-lo e a *Rolling Stone* o descreveria como "um insulto total".[12]

Contudo, pensando no contexto maior, as posições nas paradas e as críticas tinham pouca importância, à medida que Freddie tomava cada vez mais conhecimento sobre outros números vindos dos Estados Unidos: as estatísticas revelavam que, no final de 1981, havia um total de duzentos e setenta casos relatados de deficiência imunológica grave entre homens gays dos EUA e, desses, cento e vinte e um indivíduos já tinham morrido. As unidades do Centro de Controle de Doenças do país desconfiavam que algo estranho e suspeito estava em curso e, em outubro de 1981, declararam que a nova doença se tornara uma epidemia. Em um ano, o vírus foi relatado em quatorze países, conforme deixava de ser um aparente fenômeno local e se transformava em um assassino global.

Apesar de todos esses acontecimentos, o estilo de vida de Freddie continuou igual: sem limites e hedonista. "A vida é para ser vivida", dizia ele. "Pode acreditar, eu faria essas coisas e teria essa filosofia mesmo se não tivesse sucesso".[13] E Freddie não estava sozinho, de modo algum. Em um texto escrito em 1995, o dr. Thomas Schmidt afirmou: "Em primeiro lugar, há uma promiscuidade quase compulsiva associada ao comportamento homossexual. Setenta e cinco por cento dos homens homossexuais têm mais de cem parceiros sexuais durante a vida. Mais da metade desses parceiros são pessoas desconhecidas. Apenas 8% dos homens homossexuais e 7% das mulheres homossexuais têm relacionamentos que duram mais de três anos. Ninguém sabe o motivo dessa promiscuidade estranha e obsessiva. Pode ser que os homossexuais estejam tentando satisfazer uma necessidade psicológica profunda por meio de encontros sexuais, e isso simplesmente não os preenche. Os homens homossexuais têm em média mais de vinte parceiros por ano".[14]

Foi essa atitude em relação à vida e ao amor que selou o ano seguinte, 1982, que marcaria o início do fim de Freddie Mercury.

# - 28 -

*O julgamento de Deus*

Na semana anterior ao Natal de 1981, a revista *Time Out*, de Londres, publicou uma matéria que amedrontou os homens gays no Reino Unido: "Uma doença rara e perigosa cujas vítimas são quase exclusivamente homens homossexuais e bissexuais atingiu a Grã-Bretanha. Os médicos divulgaram as piores notícias possíveis para os homens gays na semana passada, com o relato da primeira morte na Grã-Bretanha decorrente de uma das doenças extraordinárias da 'síndrome gay' que atordoaram a comunidade gay dos Estados Unidos em 1981. Um homem gay de quarenta e nove anos morreu de pneumonia por *Pneumocystis carinii* (PPC) dez dias após dar entrada no Brompton Hospital. Ele havia perdido peso nos últimos três meses, sofreu mal-estar generalizado por três semanas e teve falta de ar progressiva. Esse caso é idêntico a uma série de relatos intrigantes dos Estados Unidos, coletados pelo Centro de Controle de Doenças (CDC) em Atlanta. Os médicos do Brompton Hospital acreditam que o fato de o paciente ter visitado regularmente os Estados Unidos é relevante." O artigo terminava com a citação de um médico londrino, que dizia: "Temos de ter cuidado para não sermos alarmistas. Os números de que estamos falando são muito pequenos. Mas acho que esse problema vai se tornar muito maior".[1]

Apesar de sua advertência, ninguém sabia ainda o que era essa doença, qual era sua causa, como poderia ser adquirida ou como poderia ser curada, e se de fato *podia* ser curada. O mistério e a ignorância alimentavam o medo e o estigma nos dois lados do Atlântico, mas especialmente nos Estados Unidos, onde já haviam ocorrido muito mais casos e um número bem mais elevado de mortes (os policiais de São Francisco começaram a usar máscaras e luvas para se proteger dos gays). Em maio de 1982, a Grid afligiu pelo menos trezentas e trinta e cinco pessoas nos EUA e matou cento e trinta e seis delas. A doença foi relatada em vinte estados, mas a esmagadora maioria dos casos foi observada no estado de Nova York (dez casos), Nova Jersey (quatorze) e Califórnia (setenta e um), mas foram mais frequentes na cidade de Nova York (cento e cinquenta e oito).

O *New York Times* relatou que "autoridades federais de saúde estão preocupadas com o fato de que dezenas de milhares de homens homossexuais possam estar silenciosamente afetados e, portanto, vulneráveis a doenças potencialmente graves".[2] A bomba-relógio imunológica estava prestes a ser detonada nos Estados Unidos, e os profissionais da saúde faziam tudo o que podiam para compreendê-la, mas ainda não havia provas sólidas da causa desses sintomas letais. Certamente, não havia evidências de que fosse um vírus. Era apenas um palpite – tratava-se de um terreno completamente inexplorado.

No entanto, enquanto a síndrome confundia os cérebros dos médicos especialistas nos Estados Unidos, as conexões de informações sobre como ela poderia ser transmitida lentamente começaram a se encaixar. No início de 1982, o dr. David Auerbach foi abordado por um membro da comunidade gay de Los Angeles, sobre uma possível ligação sexual entre os raros casos da síndrome no sul da Califórnia. Juntando forças com o dr. William Darrow, os dois investigaram treze dos primeiros dezenove casos de Grid em Los Angeles e descobriram que nove dos homens relataram ter tido contato sexual com uma pessoa em particular. Os médicos então estenderam a investigação para todo o país, alcançando noventa pacientes, o que representava cerca de 75% dos casos relatados do vírus entre homens gays vivos na época, e descobriram que quarenta dos noventa pacientes em dez cidades tinham ligação por contato sexual com um mesmo homem.[3] De acordo com Randy Shilts, o único homem ligado a todos os casos foi apelidado de "Paciente Zero".[4]

E o Paciente Zero era ninguém menos que Gaëtan Dugas.

Dugas ainda visitava Nova York regularmente em 1982 para se submeter à quimioterapia para tratar o sarcoma de Kaposi. Em cartas para seu ex-companheiro, Ray Redford, ele contava que fazia parte de um grupo de gays em Nova York que estava em tratamento contra o "câncer gay". Apesar do diagnóstico, Dugas continuava sendo promíscuo em Nova York, um fato que irritou o dr. Friedman-Kien, que fazia parte da equipe que o tratava: "Quando estava em Nova York, ele ia a saunas gays e fazia sexo sem proteção com várias pessoas, apesar de ter sido advertido a não agir assim. Certa vez, eu o peguei saindo de uma sauna gay, parei o carro e disse: 'O que você está fazendo aí?'. E ele respondeu: 'No escuro, ninguém vê minhas manchas'. Ele era um verdadeiro sociopata. Parei de atendê-lo. Eu me recusei a vê-lo, fiquei com muita raiva".[5]

Em 17 de junho, a NBC transmitiu a primeira reportagem sobre a nova forma de "câncer" que parecia estar afetando apenas homens homossexuais e, um dia depois, o *New York Times* divulgou que epidemiologistas federais encontraram novas evidências para sugerir que nenhum agente infeccioso específico havia sido identificado, mas eles estavam intensificando os esforços em laboratório para tentar identificar um vírus, uma bactéria ou outro micro-organismo como uma possível causa para o grave distúrbio do sistema imunológico que estava afetando os homossexuais masculinos. Em declarações ao jornal, o dr. Harold W. Jaffe disse: "Achamos que as descobertas são importantes, mas não resolvem o problema. Elas mostram de forma bastante convincente que isso não está ocorrendo como um evento aleatório entre homens homossexuais".[6]

Cada vez mais preocupado e assustado, o dramaturgo de Nova York Larry Kramer decidiu criar um grupo para arrecadar fundos e distribuir material para a comunidade gay nas ruas da cidade, sugerindo que fosse considerada cautela nas práticas sexuais desse grupo, visto que algo poderia estar acontecendo. No entanto, apesar do recado e das evidências crescentes apresentadas pelas autoridades médicas, grande parte da comunidade gay estava em pé de guerra com os esforços de Kramer, acusando-o de ser alarmista.

Em 1982, Kramer decidiu que precisava formar uma organização mais oficial e intensificar as atividades para levar a mensagem de cautela para o maior número de pessoas possível. "Então, convoquei uma reunião com seis de nós: Larry Mass; Paul Popham, que já havia perdido vários amigos próximos; Paul Rapoport, um rico corretor de imóveis que perdera o companheiro; Nathan Fain, que era jornalista e meu amigo; e Edmund White, o escritor, porque achei que o nome nos ajudaria a chamar a atenção", lembra Kramer. "Teve uma hora em que Paul Rapoport disse algo como: 'Os gays certamente vivem uma crise de saúde', e eu falei: 'Vamos usar isso em nosso nome, Gay Men's Health Crisis' (crise de saúde dos homens gays). E, por mais estranho que fosse, foi assim que ficou. Foi útil porque anunciou o problema e também mostrou que se tratava de uma tentativa de empoderamento da comunidade e que os homens gays realmente queriam se ajudar".[7]

Uma das primeiras pessoas a se voluntariar para ajudar na Crise de Saúde dos Homens Gays em Nova York foi Rodger McFarlane. Certo dia, entrando no escritório improvisado, o ex-astro do futebol americano de dois metros de altura se ofereceu para abrir uma linha direta para a Aids em seu telefone residencial antes mesmo que a doença tivesse esse nome. Ao final do primeiro dia, ele recebeu cento e vinte e cinco ligações: "Cento e vinte e cinco pessoas assustadas. E fodidas", relembra McFarlane a respeito da primeira noite em que abriu a linha direta do GMHC em seu próprio apartamento. "O que quero dizer é que eles estavam na merda na Escola de Medicina em Monte Sinai e na NYU. Colocaram fogo em um paciente. Isso era surreal. Tínhamos pessoas literalmente sendo espancadas com bastões e expulsas de seus apartamentos. Não dá pra inventar essas porcarias".[8]

Enquanto o medo dessa ameaça potencial começava a assustar a maioria dos membros da comunidade gay nos Estados Unidos, ele também já rondava alguns integrantes da população heterossexual. A doença tornou a comunidade gay mais visível, e a incerteza sobre a enfermidade que causava a morte de seus membros (ainda chamada de Grid, imunodeficiência relacionada aos gays) aumentou a perspectiva de homens gays se tornarem alvos de agressão e violência. Um estudo de 1978 com mil e seiscentos gays moradores de Chicago revelou que 27% dos que residiam em um bairro gay tinham sido agredidos por causa da homossexualidade.[9] Com a percepção da ameaça de uma doença relacionada aos gays, esses atos hostis aumentaram tanto que, em um estudo de 1982, quando a doença estava começando a ganhar as manchetes nos Estados Unidos, duzentos e oitenta e nove homens gays foram entrevistados, e descobriu-se que 72% haviam sofrido abuso verbal por serem homossexuais. Além disso, em um estudo de 1988, esse número subiu para 92%. No mesmo estudo de 1988, 73% dos gays tinham sofrido violência por causa da orientação sexual.[10]

Como a Grid ainda estava associada a homens homossexuais em 1982 e o termo "praga gay" era rotineiramente usado em manchetes sensacionalistas de jornais, as comunidades gays nos Estados Unidos não apenas começaram a se sentir ameaçadas, mas também isoladas. "Fomos forçados a cuidar de nós mesmos", Rodger McFarlane disse ao *Times*, "porque aprendemos que, quando se tem certas doenças, determinados estilos de vida, não se pode esperar os mesmos serviços que outras camadas da sociedade".[11]

Além de estabelecer os próprios grupos e linhas de apoio, em 1982, dois gays da cidade de Nova York, Michael Callen e Richard Berkowitz, publicaram *How to Have Sex in an Epidemic* (Como fazer sexo em uma epidemia), que ajudou a espalhar a ideia de que o sexo seguro poderia ser usado como proteção contra a propagação da epidemia – uma noção que ainda não havia se tornado prevalente na comunidade médica. O panfleto foi um dos primeiros veículos a propor que os homens deveriam usar preservativo ao fazer sexo com outros homens para evitarem a Grid.

Mas a percepção de que a Grid era uma doença que afetava exclusivamente os homossexuais seria questionada no verão de 1982, quando foi relatado que um idoso com hemofilia A grave morreu de PPC. Em um período de semanas, mais dois casos de PPC foram relatados em diferentes estados, ambos pacientes do sexo masculino jovens e com hemofilia grave. Após uma inspeção mais detalhada, observou-se que esses jovens apresentavam imunossupressão sem explicações, e nenhum dos dois tinha qualquer histórico de contato homossexual. Nas semanas e meses seguintes, casos também foram relatados em bebês, parceiras sexuais de homens com Grid ou com alto risco para a doença, e bebês e adultos que tinham recebido transfusão de sangue. A conclusão a que se chegou foi que "considerados em conjunto, esses casos apresentaram fortes evidências de que a Aids era causada por um agente infeccioso que poderia ser transmitido pelo sangue e também da mãe para o bebê, bem como por contato homo e heterossexual".[12]

De repente, as autoridades de saúde perceberam que não homossexuais estavam sendo diagnosticados com os sintomas da Grid, e o caso de um hemofílico com esses sintomas sugeria que sangue e derivados sanguíneos doados nos Estados Unidos estavam contaminados com a síndrome. Quando trinta e dois imigrantes haitianos nos EUA foram diagnosticados com infecções oportunistas e sarcoma de Kaposi, apresentando uma alta taxa de mortalidade, sendo que nenhum deles era homossexual, ficou claro que a Grid não era simplesmente uma "praga gay" e que outras pessoas corriam o risco de ter a doença. O que era complacência acabou se transformando em uma preocupação séria, até mesmo em pânico. Como resultado dessas novas observações, foi em 24 de setembro de 1982 que o Centro de Controle e Prevenção de Doenças (CDC) dos Estados Unidos deixou de usar o nome Grid, e o termo Aids foi oficialmente adotado pela primeira vez.

Nos três meses que antecederam a mudança da denominação de Grid para Aids, o CDC recebeu relatos de quinhentos e noventa e três casos de Aids, sendo duzentas e quarenta e três mortes, ou seja, uma relação expressiva de 41%. O mesmo relatório concluiu que a incidência de Aids por data de diagnóstico dobrava a cada seis meses, e as cidades onde a doença era mais prevalente eram São Francisco e Nova York.

A Aids também chegou à Europa, com cinco casos identificados na Espanha, França e Suíça. Já no Reino Unido, uma carta escrita pelo turista americano Pete Ossinger e publicada como artigo de primeira página no *Capital Gay* serviu como um alerta para os homens gays britânicos: "Em viagens recentes pela Europa, notei como, de forma inacreditável, a maioria dos homens gays europeus não tem consciência do recente surto epidêmico de Aids (Síndrome da Imunodeficiência Adquirida) nos EUA. Existem agora aproximadamente quinhentos e vinte e cinco casos notificados, dos quais cerca de vinte e cinco foram há pouco relatados na Europa (dois na Inglaterra). A taxa de letalidade é superior a 40%. Todos os dias, há uma média de dois novos casos notificados. Pesquisas mais recentes indicam que a Aids muito possivelmente é transmitida por meio de um vírus, o que a torna uma doença sexualmente transmissível. Talvez os gays na Europa possam aprender com as notícias terríveis que ouvimos aqui nos Estados Unidos e, possivelmente, prevenir uma séria disseminação da doença nas comunidades europeias. Faça o que puder para informar e alertar seus leitores".[13]

As autoridades britânicas já haviam começado a tomar conhecimento do que estava acontecendo nos Estados Unidos, e o Centro de Vigilância de Doenças Transmissíveis em Colindale, no norte de Londres, iniciara uma investigação nacional para determinar se o sarcoma de Kaposi estava afetando o Reino Unido e se espalhando por lá. A essa altura, no entanto, quatro britânicos já haviam morrido de doenças relacionadas à Aids, incluindo Terry Higgins, um barman do Heaven, um popular clube gay em Londres. O terror da Aids batera à porta da Grã-Bretanha, mas, na verdade, já circulava no Reino Unido há algum tempo, como relatou o *Guardian*: "Em 1981, o dr. Tony Pinching, de trinta e três anos e especialista no funcionamento do sistema imunológico, ajudou a conduzir um estudo no St Mary's Hospital, na Praed Street, em Londres. Cem gays sexualmente ativos responderam a perguntas íntimas sobre suas vidas e fizeram uma bateria de exames de sangue. Esses homens não apresentaram nenhuma das doenças consideradas como marcadores para a Aids, que haviam sido evidenciadas nos Estados Unidos, mas as amostras de sangue revelaram muitas anormalidades nas células imunológicas e uma diminuição na capacidade de combater doenças. Em poucas semanas, Pinching viu seus primeiros pacientes com Aids".[14]

Durante meses, as pessoas no Reino Unido pensaram na Aids como uma "importação da mídia, como *Hill Street Blues*/Chumbo Grosso"[15] e acharam que o único método de prevenção defendido com seriedade era simplesmente não fazer sexo com americanos. Mas a morte de Higgins começou a provocar uma mudança de atitude, principalmente quando a entidade filantrópica Terrence Higgins Trust foi criada no final de 1982 para arrecadar fundos, realizar reuniões públicas e produzir um folheto informativo sobre a Aids, enumerando os sintomas a serem observados. No entanto, não mencionou nada sobre o uso de preservativos ou os riscos do sexo anal. "Faça sexo à vontade", afirmava, "mas com menos parceiros e com PESSOAS SAUDÁVEIS." O folheto terminava dizendo: "Ajude-se!" As entrelinhas eram: porque ninguém mais o fará.[16]

Enquanto isso, nos Estados Unidos, Gaëtan Dugas estava satisfeito com a informação de que seu sarcoma de Kaposi não parecia estar se espalhando e, apesar das notícias que começavam a pipocar de que a Aids era transmitida sexualmente, ele continuou a fazer sexo com muitos homens em Nova York e São Francisco, além de Vancouver e Toronto. No entanto, quando o dr. William Darrow apareceu para estabelecer ligações sexuais entre Dugas e pelo menos quarenta dos duzentos e quarenta e oito homens gays diagnosticados com Aids nos Estados Unidos, parecia imperativo pará-lo.

De acordo com o autor Randy Shilts, Dugas foi abordado em São Francisco pela dra. Selma Dritz, funcionária do departamento de saúde pública da cidade.[17] Relembrando o encontro, Dritz diz: "Eu sabia que Gaëtan Dugas ainda estava na cidade. Não conseguia achá-lo, mas avisei: 'Se você vir Gaëtan Dugas, diga a ele que quero encontrá-lo'. Ele apareceu. Eu disse a ele: 'Olha, agora temos provas'. Não revelei o quanto a informação era cientificamente precisa. Não era imprecisa, mas não havia sido de fato comprovada pela ciência. Eu disse: 'Temos provas de que você tem infectado outras pessoas. Você tem Aids. Agora sabemos que é transmissível, porque você a está transmitindo'."[18]

De acordo com Dritz, Dugas não acreditou na médica e sugeriu que ela cuidasse da própria vida e depois disse que ele poderia fazer o que quisesse com seu corpo. Quando ela falou que Dugas estava infectando outras pessoas, ele aparentemente respondeu antes de ir embora: "Eu peguei. Deixe que os outros peguem também".[19] Dugas, sugere Randy Shilts, então se mudou para São Francisco, onde vivia nas saunas gays. Logo começaram a circular boatos na Castro Street, o centro da cena gay de São Francisco, sobre um louro com sotaque francês que fazia sexo nas saunas e, quando as luzes eram acesas, apontava para as lesões do sarcoma de Kaposi e dizia: "Estou com câncer gay. Eu vou morrer, e você também".[20]

Gaëtan Dugas era descrito como uma pessoa cheia de energia e vida, além de saber interagir muito bem com as pessoas, o que o tornava um excelente comissário de bordo, que ria e brincava com os passageiros. "Ele era muito, muito gay", diz Richard McKay, "e não levava desaforo pra casa, certamente não toleraria sofrer qualquer tipo de discriminação".[21] Mas, na verdade, Gaëtan Dugas (Paciente Zero) era apenas um caso inicial verídico. Ele representava todas as pessoas que se recusavam a parar de fazer sexo sem proteção, mesmo depois de adoecerem. Aqueles que conheciam Dugas acharam difícil acreditar nas acusações contra ele. "O cabelo dourado como areia do mar caía na testa, imprimindo-lhe um ar juvenil. A boca facilmente se abria em um sorriso convidativo, e sua risada poderia colorir uma sala em preto e branco"[22] – não era essa a descrição que se fazia dele?

Desde os primeiros dias da epidemia da Aids, os pesquisadores consideravam que pouquíssimas pessoas – talvez até mesmo um único indivíduo – carregavam sem saber a responsabilidade por ter introduzido a doença na América do Norte e em seu primeiro grande grupo de vítimas – a comunidade homossexual. Como comissário de bordo franco-canadense, com privilégios para viajar quase de graça, Gaëtan Dugas voava com frequência entre as principais cidades da América do Norte. Dugas era aquele a quem a culpa provavelmente seria lançada. Ele se tornaria uma das figuras mais comentadas no início da epidemia. Ao contrário das acusações, parecia, na verdade, que Dugas não estava deixando as pessoas doentes de propósito. Os tempos eram outros – ninguém sabia nada sobre essa doença.

Mas Gaëtan Dugas não foi realmente o Paciente Zero, como afirmava Shilts, e é impossível saber quem foi. Porém, o fato de as pessoas no entorno dele em cidades como São Francisco e Nova York contraírem a Aids foi aterrorizante. "Eu me lembro de estar deitado no quarto da frente uma noite e descobrir que havia linfonodos sob minha axila que não existiam antes. E isso simplesmente me despertou algo e comecei a chorar. Eu estava com medo", lembrou Bobby Reynolds. "Quando alguém é diagnosticado com Aids, muitas vezes perde a rede de apoio, perde a família, perde o emprego. Eu perdi a maioria dos amigos que tinha antes de receber o meu diagnóstico".[23]

E quem tinha Aids nos Estados Unidos não foi ajudado pelo governo Ronald Reagan. O secretário de imprensa de Reagan, Larry Speakes, debochou da doença durante uma reunião na Casa Branca, em outubro de 1982, riu do termo "peste gay" e perguntou de brincadeira se os repórteres tinham Aids porque "eu não tenho", o que foi seguido pela própria risada. E, como acontece com frequência, a questão de quem custearia o pagamento do tratamento da Aids provocou muito debate, mas pouca ação. "O que fazer a respeito da doença se tornou muito controverso", lembrou o dr. Edward N. Brandt, "como ocorre com a maioria das coisas quando o sexo está envolvido; a discussão toda era: se esses homens gays estão causando isso a si mesmos, por que meus dólares pagos em impostos deveriam ser destinados a ajudá-los? São pessoas socialmente inaceitáveis na cabeça da maioria – usuários de drogas injetáveis, em particular aqueles que compartilham agulhas, homens homossexuais. E especialmente se você considerar aqueles que praticam sexo anal, é claro, isso de fato torna as coisas mais complicadas para a compreensão do público".[24]

Adesivos colados em carros na Califórnia confirmaram a hostilidade contínua contra quem sofria de Aids quando foram vistos durante uma convenção do Partido Republicano dizendo: "Aids: está matando todas as pessoas certas", e o reverendo Jerry Falwell proclamou: "Acredito que, quando alguém quebra as leis da natureza e as leis da decência moral – e acredito que a homossexualidade seja perversão moral –, quando vamos contra a natureza – e Deus, é claro, é o Criador da natureza –, pagamos o preço por isso. Nós colhemos o que plantamos quando violamos as leis de Deus".[25]

No final de 1982, a Aids não estava associada apenas à homossexualidade: sabia-se que hemofílicos podiam ser infectados com a doença por meio de transfusões de sangue contaminado, que usuários de drogas injetáveis podiam transmitir a Aids através de agulhas compartilhadas e que mulheres heterossexuais podiam ser infectadas por seus parceiros que eram bissexuais ou que tiveram relações com prostitutas que, por sua vez, contraíram a Aids de clientes ou por meio do uso de drogas.

Nos Estados Unidos, no final de 1982, mil seiscentas e quatorze pessoas haviam sido diagnosticadas com Aids, das quais seiscentas e dezenove morreram. Reconheceu-se também que a Aids não era uma doença que ocorria apenas nos Estados Unidos. Na Europa, o número de novos diagnósticos de HIV aumentaria vinte e uma vezes ao longo da década de 1980.[26]

E um dos diagnosticados mais famosos seria Freddie Mercury.

# - 29 -

No início de 1982, Freddie voou para Munique com Brian May para se juntar a Roger Taylor e John Deacon e continuar a trabalhar no próximo álbum do Queen, *Hot Space*. Todos os quatro permaneceriam em Munique até o final de fevereiro de 1982.

Por causa da localização central, o Queen e equipe se hospedaram no Hilton Munich Park Hotel, a uns dois quilômetros do Musicland Studios e a cerca de três quilômetros do distrito de entretenimento, o que era ideal, porque os músicos dividiam igualmente o tempo entre trabalho e atividades extracurriculares.

Quando o Queen ficava no Munich Hilton, as suítes eram divididas em HH, o Hetero Hangout (ponto de encontro dos héteros), e PPP, o Presidential Poofter Parlour (salão presidencial das bichonas). Não é difícil adivinhar qual grupo Freddie frequentava. E as noites testemunhariam a banda, principalmente Freddie, habitando os clubes, as boates e os bares da cidade. Por causa do excesso de festas, o processo de gravação parecia ficar em segundo plano. Brian May relembra a temporada em Munique como uma época em que influências externas interferiam nas gravações, bem como em suas vidas privadas: "Os últimos dias em Munique foram perdidos por causa de um porre de vodca. No meu caso, não rolava droga, mas havia muita droga ao redor".[1]

Freddie estava aproveitando a disponibilidade de cocaína em Munique, mas, embora a usasse para fins recreativos, nunca de fato se tornou um viciado. Ele controlava a cocaína, ela jamais o dominava, e muitas vezes Freddie trabalhava cheio de energia em canções de estúdio sob a influência da cocaína, canções estas que ele considerava fantásticas na hora, mas, ao ouvi-las na manhã seguinte, limpo e livre das drogas, as descartaria instantaneamente. Mesmo sem drogas, as atrações de Munique eram abundantes para Freddie, como lembra Brian May: "Todos nós tivemos sérios problemas emocionais em Munique. Freddie não foi exceção. Ele mergulhou com tudo em seus sentimentos, com os quais realmente não conseguia lidar, e ficou muito infeliz por algum tempo. Ele estava sendo sugado para lugares que, provavelmente, não eram bons para ele, e todos nós sentimos isso e percebemos que o Freddie corria algum tipo de perigo".[2]

Quando o Queen estava no estúdio, longe de todas as atrações físicas, emocionais e químicas de Munique, os integrantes se viram mergulhados por completo em um som novo. Impulsionado sobretudo por Freddie e John, o álbum *Hot Space* extraiu um som disco/funk que era diferente de tudo que a banda criara antes. Foi uma decisão curiosa, uma vez que os EUA estavam no meio da aversão à disco music. Baterias eletrônicas e sintetizadores foram usados, bem como uma seção de metais, e parecia que tudo que dera fama ao Queen tinha sido tirado ou subvertido durante a gravação desse álbum. A guitarra de Brian May foi relegada a segundo plano, a bateria poderosa de Roger Taylor estava escondida atrás de *click-tracks*, eletropercussão e palmas sintetizadas, e não havia sinal da marca registrada do Queen – as harmonias com múltiplas faixas.

As escolhas no *Hot Space* foram influenciadas por Paul Prenter, que estava cada vez mais presente na vida de Freddie. Ele havia se tornado o assistente pessoal de Mercury e não tinha vergonha de dar sua opinião sobre o rumo que o Queen deveria tomar. Infelizmente para Brian, Roger e John, Freddie tendia a ouvir Prenter.

"Ele foi uma influência muito, muito ruim para Freddie e, portanto, para a banda, na verdade", diz Roger Taylor. "Ele queria muito que nossa música soasse como se você tivesse acabado de entrar em um clube gay. E eu não queria isso".[3]

Prenter odiava o som da guitarra e por isso encorajou Freddie a ter um som mais esparso para esse álbum, que se concentrasse nas linhas de baixo e nos sintetizadores em vez do som de rock, que era o domínio de Brian May e Roger Taylor. "Ele se tornou muito ambicioso e tentava afastar o Freddie", diz John Reid. "Não sei se eles tiveram um envolvimento sexual ou não, mas era uma relação simbiótica. Os dois estavam muito viciados em drogas, então ele acabou se tornando o representante de Freddie em todos os âmbitos. Freddie precisava de apoio. Olhe a casa dele. Parecia ter uma porta giratória, então ele necessitava ter alguém a quem pudesse recorrer, e Paul era bom nisso; se não fosse Paul, teria sido outra pessoa".

"Mas, sendo Paul, reconheci que alguém na posição dele deveria sempre pôr em primeiro lugar os interesses de Freddie, mas ele não fez isso; apenas os próprios interesses importavam. Ele costumava se descrever como empresário de Freddie, mas a posição de poder que Paul Prenter conquistou foi com a permissão de Freddie. Ele sabia o que estava deixando Paul fazer. Ele [Paul] não era um homem bom. Foi um bom menino, mas se transformou em um verdadeiro pesadelo".[4]

Além de "Under Pressure", com o Queen e David Bowie nos créditos da música, e "Cool Cat", uma composição conjunta de Freddie e John Deacon, havia outras três faixas de Freddie em *Hot Space*: "Life Is Real (Song for Lennon)", o tributo de Freddie ao Beatle assassinado, "Staying Power" e "Body Language".

"Body Language" foi o primeiro single do Queen a não apresentar guitarras (exceto no *fade-out*) e foi acompanhado por um videoclipe notório dirigido por Mike Hodges, que mostrava uma modelo seminua se contorcendo: "Foi uma colaboração ainda mais estreita [com Freddie]", lembra Hodges, "porque eu tive de interpretar as ideias visuais dele, assim como a música. Foi muito autêntico, sexy, furtivo. Excessivo para alguns. Acho que foi o primeiro videoclipe a ser banido pela MTV".[5]

Descrito na *Rolling Stone* como "um pedaço de funk que não é divertido", "Body Language" foi lançado em abril de 1982 e ficou em 25º lugar nas paradas britânicas. Talvez surfando na onda do sucesso de "Another

One Bites The Dust", o single alcançou a 11ª posição nos EUA, mas a falta de sucesso da música seria um presságio do que estava por vir, com a má recepção do álbum nos dois lados do Atlântico.

Após gravar o disco e assinar um novo contrato de seis álbuns novos com a EMI, a banda pegou a estrada mais uma vez, começando uma turnê pelo Reino Unido e pela Europa que terminaria com um show em junho, no Milton Keynes Bowl, diante de um público de sessenta e cinco mil pessoas. Porém, quando o Queen chegou no Milton Keynes, a banda ficaria sabendo da recepção nada entusiasmada do álbum *Hot Space*.

Paul Loasby foi o promotor da *Hot Space* Tour no Reino Unido e, já tendo pago uma quantia considerável para garantir o Queen e os locais de apresentação, estava ciente de que o prestígio do grupo diminuía rapidamente como resultado do "novo" som, embora, para começar, as vendas fracas do álbum fossem o menor de seus problemas: "O objetivo inicial era que eles tocassem no estádio do Arsenal, quando era no antigo Highbury Stadium, e no Old Trafford, e eu fiz todo o trabalho normal, e isso demorou séculos e custou uma fortuna em tributos, e não consegui uma licença para nenhum deles", lembra Loasby. "Então tive de tentar o Milton Keynes e o Elland Road, e mesmo para o Elland Road foi uma verdadeira luta para conseguir a licença, incluindo o fato de não me permitirem vender os ingressos no dia do show".[6]

Sem poder usar a arte do novo álbum para promover a turnê, Loasby iria usar a imagem da capa do álbum de enorme sucesso do Queen, o *Greatest Hits*, quando percebeu um pequeno problema: "Na época, estávamos prestes a entrar em guerra com a Argentina por causa das Ilhas Malvinas e usamos a foto da capa do *Greatest Hits* da banda para promover a turnê", lembra Loasby. "Nessa foto, Roger Taylor, se você olhar de perto, está usando uma insígnia da bandeira argentina na jaqueta. Eu me lembro de pensar na época: 'O que vamos fazer?' Então, nós retocamos a foto – sem pedir a opinião de ninguém!"[7]

Como se não bastassem os problemas com o licenciamento e o material promocional, o pior era começar uma turnê que parecia amaldiçoada:

"Conseguimos colocar os ingressos à venda e, no início, tudo corria muito bem, como era de se esperar", diz Loasby. "E então 'Body Language' foi lançado e, ao mesmo tempo, os Rolling Stones anunciaram shows ao ar livre, que incluíam várias noites em Wembley, e, um pouco mais tarde, também no Roundhay Park, em Leeds, e eles eram cinquenta libras mais baratos, então a venda de ingressos simplesmente estagnou. Obviamente, quando você vê o Queen, logo pensa: 'fantástico, tem uma mina de ouro na minha frente', e de repente eu tinha *Hot Space*, os Rolling Stones, dificuldades de licenciamento e uma banda de rock que parecia ter virado uma banda de disco music, e estávamos em apuros. E *estávamos* em apuros. Eu fui à falência porque perdi meus financiadores".

"Apresentamos duas noites em Edimburgo entre os shows em Leeds e Milton Keynes, com a abertura do Heart, e nem assim os ingressos se esgotaram. São duas noites em um local com capacidade para oito mil pessoas, e isso nos dá alguma indicação do impacto daquele álbum no público-alvo da banda que, pelo que eu pude observar, só voltaria depois do Live Aid".[8]

Embora *Hot Space* tenha alcançado a quarta posição nas paradas do Reino Unido, o álbum só atingiu o 22º lugar nos Estados Unidos. Todos os singles lançados pelo álbum se saíram mal, e apenas "Las Palabras de Amor" entrou no Top 20 no Reino Unido, enquanto, nos EUA, "Calling All Girls", o primeiro single do Queen escrito exclusivamente por Roger Taylor, conseguiria apenas chegar ao sexagésimo lugar. O pior estava por vir com as críticas. A *Rolling Stone* classificou o álbum de "rotineiramente competente e, às vezes, um insulto total",[9] e doze anos após seu lançamento a revista *Q* votou *Hot Space* como um dos quinze álbuns em que Grandes Figurões do Rock Perderam o Rumo.[10]

"Como eram uma banda singular, tinham o próprio som, eram uma banda de rock, embora pudessem fazer algumas variações interessantes sobre o mesmo tema, mas acho que, nem em um milhão de anos, alguém esperaria um *Hot Space*", diz Paul Loasby.[11]

O álbum desagradou tanto os fãs que, ao apresentar o show final de parte da *Hot Space* Tour no Reino Unido e na Europa, na cidade de Milton

Keynes, Freddie foi forçado a reconhecer a má recepção com uma certa teimosia raivosa. "Agora, a maioria de vocês sabe que lançamos alguns sons novos e, pelo que andam comentando, vamos fazer algumas músicas na categoria funk black, como quer que queiram chamar", disse ele à multidão, antes de continuar: "As pessoas ficam tão entusiasmadas com essas coisas, mas é apenas um *maldito* disco!"

No entanto, os fãs não eram os únicos que não estavam apaixonados pelo novo som do Queen: "Eu me lembro de ter criticado o Freddie porque algumas das coisas que ele estava escrevendo iam definitivamente para o lado gay", revela Brian May. "Lembro que eu falei: 'Seria bom se essas coisas pudessem ser universalmente aplicáveis, porque temos amigos de todas as tribos. É bom envolver as pessoas. O que não é bom fazer é excluí-las. E eu me senti meio excluído por algo ['Body Language'] que era evidentemente um hino gay".[12] Até Roger Taylor disse: "Pensei que [*Hot Space*] seria ótimo, e foi uma merda absoluta".[13]

No entanto, Freddie não se arrependeu. "Acho que *Hot Space* foi um dos maiores riscos que corremos, mas as pessoas não conseguem se identificar com algo que está fora das regras. Eu odiaria se cada vez que lançássemos um álbum fosse apenas a regra. Não quer dizer que estamos sempre certos, porque não estamos. Todo esse modo dance/funk foi basicamente ideia minha e ficou claro que não funcionou muito bem. Acho que estava muito à frente do tempo, mas fizemos o que tínhamos vontade naquele momento e, naquela época, achamos que era o certo".[14]

*Hot Space* está cheio de mensagens heterogêneas: a fusão do rock com disco music e funk, sem falar na política de gênero de Freddie Mercury, que inadvertidamente coincidiu com o surgimento da Aids. Nos anos 1970, a figura dele se resumia a camisas esvoaçantes, cabelos longos e unhas pintadas, um visual que, no contexto do glam, não era tão exagerado. Em 1980, influenciado pela cena gay repleta de couro em Nova York e Munique, seu estilo mudou para seguir a tendência. Freddie cortou o cabelo, deixou crescer o bigode e muitas vezes foi fotografado com um boné de couro estilo *macho man* e uma camiseta dos clubes gays Mineshaft ou Heaven. Peter

Freestone explica o novo visual de Freddie: "Isso deu a ele uma desculpa para se livrar do cabelo comprido e fez com que se misturasse aos outros nos bares, para que não se destacasse como se estivesse com uma melancia pendurada no pescoço". Com isso, Freestone quer dizer que Freddie adotou o visual da estética *macho man*, chamada em inglês de *clone look*, que era popular no início dos anos 1980 na cena de sexo gay *underground*.[15]

O "macho" era, em muitos aspectos, o mais másculo dos homens. Ele tinha um corpo definido na academia; depois de horas de musculação pesada, o corpo era torneado, com músculos saltando, parecendo mais um fisiculturista profissional do que um cabeleireiro ou florista. Ele mantinha o cabelo curto e tinha um bigode espesso ou uma barba bem aparada. Não havia nada de New Age ou hippie em relação a esse liberal gay renovado. E o *macho man* viveu intensamente. Participava de muitas festas, consumia drogas recreativas, dançava em discotecas até de madrugada, fazia sexo ardente com desconhecidos.

Indiscutivelmente, esse visual *macho man* foi apresentado ao grande público pelo Village People, um grupo pop-disco formado em 1977 pelo produtor musical francês Jacques Morali. No início, o Village People tinha como alvo o público homossexual, projetando personagens associados à fantasia gay. Dos seis personagens diferentes na formação original do Village People, foi o operário da construção civil David Hodo, amigo de Freddie, cuja aparência física lembrava a de Mercury na época do lançamento de *Hot Space*, que apresentou a imagem de *macho man* à cultura predominante.

"Eu nunca gostei da imagem de *macho man* de Freddie", diz Marc Almond, "e, para mim, era óbvio que ele era gay. Isso foi, no entanto, pensando bem, incrivelmente subversivo; a imagem mais gay de todos os tempos, se você estivesse por dentro do assunto".[16]

Richard Dyer discute a apropriação da imagem do gay *macho man* por minorias homossexuais. Ele declara: "Embora muitos membros do público em geral estivessem familiarizados com David Hodo [do Village People] e sua representação caricatural do operário da construção civil gay macho, eu alego que Freddie Mercury, apesar do bigode grosso, do cabelo penteado e do físico esguio e musculoso, dos jeans apertados, da camisa regata e de várias roupas esportivas, não era visto como uma celebridade gay do rock. Como o gay macho significava um tipo de homossexual, muitos fãs do Queen não foram capazes de decodificar o significado por trás daquilo. Por outro lado, aqueles defensores cuja intuição os convenceu da orientação sexual clandestina de Mercury podem ter optado pela cegueira intencional, pois, durante os anos 1980, uma época imersa na homofobia e na Aids, não existia espaço no rock para um ícone assumidamente gay".[17]

"Essa atitude em relação a artistas andróginos e afeminados – tidos como 'gays' – continuou nos anos 1980 com o início do thatcherismo, a ponto de tornar generalizada a homofobia ofensiva", diz Marc Almond. "Como eu era um artista daquela época, fui informado pelos meus assessores de imprensa, Colin Bell (escancaradamente gay) e Mariella Frostrup (minha relações-públicas na época) que eles haviam inventado 'namoradas' para mim – Cindy Ecstasy, Mari Wilson e até mesmo a americana Bebe Buell (que tinha reputação de 'Namorada do Rock') foi mencionada. Quando Siouxsie Sioux quis me conhecer, foi uma alegria para os meus assessores de imprensa e uma oportunidade para que outra relação imaginária e implausível fosse revelada".[18]

A turnê pelo Reino Unido e pela Europa terminou em Milton Keynes, mas, um pouco antes desse show, Freddie se viu envolvido em alguns contratempos fora do palco. Ele ainda estava saindo com Bill Reid, e o relacionamento estava deixando a comitiva do Queen de cabelo em pé, já que os dois pareciam discutir constantemente. Era sabido que a relação entre Mercury e Reid era tempestuosa – era assim desde o primeiro dia –, mas o atrito parecia se intensificar na estrada.

O autor Mark Blake revela como o relacionamento se desvelava na frente de cada membro da equipe: "Morgan Fisher (o tecladista) ainda se lembra de ter ouvido a mesma discussão em todos os jantares pós-show. 'Todas as noites, sentado no restaurante, o namorado de Fred dizia a ele: 'Freddie, você tem que parar de fumar', e todas as noites Freddie gritava: 'Ai, cala a boca!', e acendia outro cigarro. E assim continuava'."[19]

No show de Milton Keynes, no entanto, Reid se exaltou e, após uma briga tumultuada pouco antes de Freddie subir ao palco, ele cravou os dentes profundamente na mão esquerda de Freddie. Enfaixado às pressas, Freddie entrou no palco, e Reid se juntou a uma longa fila de amantes que haviam sido rejeitados, banidos na escuridão, para nunca mais serem vistos de novo, enquanto Freddie prendia a atenção de outros sessenta e cinco mil admiradores.

Após uma pequena pausa, que incluiu uma rara aparição no *Top of the Pops* fazendo playback de "Las Palabras de Amor" e a filmagem de dois videoclipes promocionais para "Back Chat" e "Calling All Girls", o Queen partiu para o Canadá, onde iria se preparar para a próxima turnê mundial, da qual a temporada norte-americana seria um período de definição para a banda. A turnê começou em Montreal, no dia 21 de julho, e de lá a banda viajou para Boston, onde, no dia 23 de julho, o prefeito Kevin White declarou o "Dia do Queen" e concedeu ao grupo as chaves da cidade. De Boston, a banda cruzou os Estados Unidos e, como sempre, em grande estilo, desta vez usando o jato particular de Elvis Presley, o *Lisa Marie*, como meio de transporte.

Para Freddie, foi uma emoção chegar tão perto de Elvis, alguém que ele admirava muito, e mais tarde, durante a turnê, a filha de Elvis, Lisa Marie, iria presenteá-lo com um dos cachecóis pessoais do rei. Foi algo que Freddie guardou para o resto da vida.

Alguns dias entre as apresentações foram reservados para que a banda relaxasse e recarregasse as baterias e, sempre que tinha a oportunidade, Freddie pegava um voo de volta para seu apartamento em Nova York. Mais uma vez, após banir Bill Reid, Freddie estava sozinho, e seus dias de folga em Nova York permitiram que ele continuasse sua predileção por vasculhar a cena gay em busca de sexo sem compromisso.

Quando o Queen fez dois shows com lotação esgotada no Madison Square Garden, em 27 e 28 de julho, Freddie passou cinco noites em Nova York, entre 26 e 31 de julho e, mais tarde, após o show em Cincinnati, em 7 de agosto, Freddie ficou mais cinco noites na Big Apple, partindo apenas no dia 13 de agosto.

Seis semanas depois, Freddie e o Queen estavam de volta a Nova York para gravar uma apresentação para o *Saturday Night Live*, no Rockefeller Plaza, com Chevy Chase. Nesse ínterim, eles completaram a turnê na América do Norte, em 15 de setembro, voaram de volta para o Reino Unido e depois voltaram para Nova York para tocar duas músicas ao vivo, "Under Pressure" e "Crazy Little Thing Called Love", no *Saturday Night Live*. Essa apresentação, embora ninguém soubesse na época, seria a última do Queen nos Estados Unidos.

Mas, na apresentação das duas músicas, Freddie claramente não era o mesmo. Vestindo jeans, uma camiseta branca com o desenho de um relâmpago vermelho e uma jaqueta de couro para "Under Pressure", e uma camiseta vermelha sem jaqueta para "Crazy Little Thing Called Love", enquanto tocava violão, Freddie parecia indisposto – pálido e abatido. Sua voz vinha em respirações curtas, e a filmagem mostrava que Roger teve que ajudar nos vocais. Por acaso, Freddie estava se recuperando de uma gripe muito pesada (descrita por ele como "a pior gripe de todos os tempos") e de herpes-zóster, além de dores de estômago. Ele também estava sofrendo de fortes dores de cabeça que o deixaram muito doente em meados de agosto, quando esteve em Nova York pela última vez. Durante essa visita, ele foi a um médico na Quinta Avenida, pois estava preocupado com uma lesão branca que havia aparecido na língua.

Enquanto esteve na cidade de Nova York, Freddie se envolveu ativamente em sexo casual e promíscuo. Havia uma densidade de homens infectados em Nova York, e o estilo de vida de Freddie em sua estadia na cidade o tornava um participante de alto risco. É altamente provável, portanto, que em algum momento do verão de 1982, enquanto o Queen estava na temporada norte-americana da *Hot Space* Tour, Freddie tenha sido exposto ao HIV e infectado. É possível (embora improvável, dado que dois anos se passaram) que a infecção tenha acontecido antes, quando Freddie teve um caso de uma noite só com John Murphy que, por sua vez, fizera sexo com Gaëtan Dugas, mas, dados os sintomas que Mercury apresentou antes e durante o show no *Saturday Night Live* em 25 de setembro, é provável que ele tenha contraído o HIV entre duas a seis semanas antes, quando passou cinco noites na cidade de Nova York. É certo que sua aparição no *Saturday Night Live* sugeriria os sintomas de alguém que fora infectado recentemente pelo HIV.

Nas primeiras semanas após contrair o HIV, 70% das pessoas terão sintomas semelhantes aos da gripe – febre, dor de cabeça, dor de estômago e dores musculares estão entre os sinais iniciais mais comuns de uma infecção por HIV, exatamente como Freddie estava antes da gravação do *Saturday Night Live*. Isso pode levar a infecções oportunistas ou mais desenfreadas do que o normal, e essas infecções podem acometer a pele. Duas a seis semanas após a infecção pelo HIV, muitos desenvolvem sintomas semelhantes aos da gripe, geralmente graves, que podem incluir febre, glândulas inchadas, dor de garganta, erupções cutâneas, infecções na boca, dores musculares e articulares, fadiga e dores de cabeça. Isso é chamado de Síndrome Retroviral Aguda (SRA) ou infecção primária pelo HIV, e é a resposta natural e imediata do corpo à infecção por esse vírus.

No começo da infecção inicial, grandes quantidades de vírus são produzidas no corpo. O vírus usa células CD4 para se replicar e as destrói no processo. Por causa disso, a contagem de CD4 pode cair rapidamente. Por fim, a resposta imunológica começará a trazer o nível do vírus no corpo de volta ao que se chama de ponto de ajuste viral, que é um nível relativamente estável de vírus no corpo. Nesse estágio, a contagem de CD4 começa a aumentar, mas pode não retornar aos níveis pré-infecção.

Claro, Freddie já se sentia mal em Nova York em meados de agosto, o que significa que também é possível que ele tenha se infectado com o HIV durante a visita de 26 a 31 de julho, embora esse período esteja dentro dos limites iniciais da infecção. E também havia a lesão branca na língua. É extremamente provável que se tratasse de leucoplasia pilosa, também conhecida como leucoplasia pilosa oral ou leucoplasia pilosa associada ao HIV. A doença se manifesta como uma mancha branca na lateral da língua com uma aparência corrugada ou, como o nome sugere, uma aparência pilosa. Ocorre em pessoas com HIV e é um dos primeiros sinais da infecção pelo vírus. Robert Lang lembrou que Freddie consultou um médico na Quinta Avenida, em Nova York, em meados de agosto, o que também torna muito provável que, em algum momento entre 26 de julho e 13 de agosto de 1982, Mercury tenha contraído o HIV na cidade de Nova York – mas de quem? A pergunta é uma incógnita.

Mas isso certamente não significa que Freddie sabia que estava infectado. Muitos dos sintomas da infecção precoce também podem ser atribuídos a diversas outras causas, mas há várias que agora sabemos que sugerem especificamente a infecção pelo HIV, em especial quando combinadas no mesmo período. Claro, nada disso era conhecido na época. Como tantos outros, Freddie simplesmente achava que estava mal naquele momento e continuou a viver de forma plena. Afinal, ele não estava exibindo sinais do sarcoma de Kaposi, então pode muito bem não ter passado pela cabeça dele a possibilidade de ter o "câncer gay".

Em 19 de outubro, o Queen iniciou uma curta turnê pelo Japão para encerrar a *Hot Space* Tour. Lá, a banda ainda era popular como sempre, mas o ano tinha sido preocupante. No Reino Unido, *Hot Space* não teve um bom desempenho, mas foi ainda pior nos Estados Unidos. Apenas um ano antes, o Queen era a maior banda do mundo por causa de "Another One Bites The Dust". Agora, doze meses depois, outras bandas britânicas, como The Human League e Soft Cell, com seus sucessos "Don't You Want Me" e "Tainted Love", estavam em alta no Top 100 da Billboard de fim de ano, enquanto o Queen estava longe de ser visto na lista.

The Police havia sido eleita a Melhor Banda Britânica no Brit Awards, novas bandas inglesas, como Duran Duran e Culture Club, estavam começando a dominar as paradas britânicas, e três semanas após o retorno do Queen do Japão, Michael Jackson lançou *Thriller*, um álbum avassalador. Estranhamente, Freddie se tornou amigo de Jackson em 1981 e escreveu uma música chamada "There Must Be More To Life Than This", para que os dois fizessem um dueto enquanto o Queen gravava *Hot Space*. O Queen até gravou uma faixa de apoio para a música, que nunca foi concluída. Enquanto *Hot Space* acabou vendendo cerca de quatro milhões de discos em todo o mundo, na época em que este livro foi escrito, *Thriller* havia vendido mais de sessenta e cinco milhões.

Após a turnê pelo Japão, os quatro integrantes do Queen estavam começando a se irritar um com o outro. Parecia que uma pausa seria boa para todos, e havia potencial para gravações solo: Roger Taylor foi em busca de coisas novas, e Freddie tinha suas próprias aspirações solo. É mais provável que houvesse algo mais em sua mente, e como poderia ser diferente com a notícia que emanava de Nova York e São Francisco revelando a doença que começava a dizimar a cena gay por lá? Seu estilo de vida, em especial a temporada em Nova York, significava que ele tinha todas as chances de já estar infectado. A cada encontro de uma noite só, a cada novo parceiro, a cada aventura casual, as chances de se infectar com o HIV aumentavam.

"Eu rezo para nunca pegar Aids", disse Mercury. "Muitos amigos têm a doença. Alguns morreram, outros não durarão muito mais. Estou com medo de ser o próximo. Imediatamente após cada vez que faço sexo, penso: 'E se foi com *esse*? E se o vírus agora estiver em meu corpo?'. Pulo para o chuveiro e me esfrego, embora eu saiba que isso é inútil".[20]

Mas a realidade era que, no final de 1982, Freddie *tinha* sido infectado com o HIV, provavelmente na cidade de Nova York, no início daquele verão, e seu destino estava selado. Ele ainda não tinha sinais do sarcoma de Kaposi, então provavelmente pensava – ou esperava – que não estivesse infectado, mas, mesmo assim, continuou a fazer tudo com todos em Munique e em Nova York e onde quer que estivesse em turnê. Ele se sentia bem – ficara doente, mas agora estava melhor, embora nem sempre 100%. Tinha constantes infecções leves, como de garganta e de ouvido, terçol... mas nada sério. O mundo ainda não estava *oficialmente* ciente da Aids, o sexo seguro não estava sendo promovido na dimensão necessária, e muitas pessoas apenas viviam o momento. Era uma época diferente, uma cena diferente e um mundo diferente.

E, apesar desse pano de fundo, Freddie se lançaria em trabalho solo, se jogaria em festas e parceiros e, no final daquele ano, acabaria se encontrando com o homem que ficaria com ele até o fim.

# - 30 -

No final de 1982, o Queen estava ficando cada vez mais descontente com o contrato com a gravadora Elektra, o selo que cuidava dos interesses da banda na Austrália, na Nova Zelândia, no Japão e, principalmente, nos Estados Unidos. Decepcionado com a maneira como eles lidaram com *Hot Space* – que, embora tenha sido um álbum Top 10 em todos os lugares, exceto na Austrália e nos Estados Unidos, foi visto como um fracasso –, Freddie estava irredutível quanto ao fato de que não gravaria mais discos para a Elektra. Coube então a Jim Beach negociar a saída do Queen desses contratos, o que ele acabou fazendo em outubro de 1983 a um custo de um milhão de dólares para a banda.[1] Beach então conseguiu que o Queen assinasse com a Capital nos Estados Unidos e, como parte das negociações, também garantiu um contrato solo para Freddie Mercury.

Havia muito tempo, um projeto solo estava nos planos de Freddie: "Sempre quis fazer um álbum solo", disse ele. "Eu só queria que fosse o momento e o lugar certos para poder realmente trabalhar de forma adequada nas músicas que gostaria de fazer antes de ficar muito velho".[2]

Sabendo que agora tinha um contrato de gravação solo, Freddie reservou algum tempo no estúdio em Montreux, pagando do próprio bolso, para começar a trabalhar no que viria a ser seu primeiro álbum solo, *Mr. Bad Guy*. Foi durante as gravações dessas primeiras sessões que Freddie conheceu o produtor Giorgio Moroder. Nascido na Itália como Giovanni Giorgio, Moroder foi um produtor pioneiro que ganhou destaque na década de 1970 com os singles de sucesso "Love To Love You Baby" e "I Feel Love", que ele escreveu e produziu para Donna Summer.

Em 1983, Moroder estava trabalhando em uma trilha sonora para acompanhar uma versão restaurada do filme mudo *Metropolis*, de Fritz Lang, de 1927. O plano dele era colorir o filme, adicionar efeitos especiais, legendas explicativas e acompanhar todo o filme com uma trilha sonora de rock sintetizado para dar uma cara nova a uma relíquia do cinema mudo para a geração MTV. Um dos artistas que Moroder pensou ser adequado para gravar uma música para a trilha sonora foi Freddie Mercury e, emocionado com o convite, o cantor começou a trabalhar com Moroder em uma faixa intitulada "Love Kills".

Moroder não era o único colaborador de Freddie em 1983. Depois de uma pequena pausa para relaxar em seu apartamento em Nova York, Mercury voou para a mansão no estilo Tudor de Michael Jackson, em Encino, na Califórnia, para começar uma das relações de trabalho mais incomuns da história do pop. Ele e Jackson se conheciam e se respeitavam havia algum tempo. Na verdade, foi Michael quem sugeriu que "Another One Bites The Dust" fosse lançado como single. "Ele [Jackson] é nosso amigo há muito tempo", comentou Freddie. "Michael vinha assistir aos nossos shows o tempo todo, e foi assim que a amizade cresceu. Sempre estivemos interessados no estilo um do outro. Eu tocava regularmente para ele o novo álbum do Queen quando ainda estava na fase de edição, e ele tocava as músicas dele para mim. Vivíamos dizendo: 'Por que não fazemos algo juntos?'"[3]

Foi então que Freddie aceitou o convite e foi para a casa de Jackson na Califórnia. Depois de passar por um rígido esquema de segurança, Michael levou Freddie e Peter Freestone para fazer um tour pela casa, que tinha o estúdio de gravação onde Jackson deu o pontapé inicial para *Off The Wall* e *Thriller*. Ao entrar no estúdio, Freddie encontrou um complexo de gravação completo com equipamentos de última geração e dezenas de instrumentos. Lá, ele e Jackson começaram a trabalhar em três canções diferentes: "Victory", "State of Shock" e a própria composição de Freddie, "There Must Be

More To Life Than This". Eles teriam apenas algumas horas juntos e, sem contar com músicos, Freddie tocou piano enquanto Michael fez uso de tudo o que estivesse ao redor para acrescentar uma batida.

Ao deixar a casa de Michael por volta das seis da tarde, Freddie parecia feliz com o andamento da colaboração, e os dois artistas se despediram com a promessa de entrarem em contato em um futuro próximo. Na jornada de volta para o hotel, Freddie não resistiu em tecer um comentário sobre a casa de Jackson e disse a Peter: "Todo aquele dinheiro e nenhum gosto, querido. Que desperdício".[4]

Mas os planos para Freddie e Jackson se reunirem nunca se concretizaram. As razões para isso nunca foram confirmadas, embora Freddie dissesse mais tarde: "Tínhamos três faixas no forno, mas infelizmente elas nunca foram concluídas. Eram músicas ótimas, mas o problema era o tempo – já que estávamos muito ocupados naquele período. Nunca parecíamos estar no mesmo país por tempo suficiente para finalizar tudo".[5] No entanto, duas outras explicações possíveis surgiram. O jornalista David Wigg, um amigo próximo de Mercury, sugere que a desavença entre os dois foi devido à insistência de Jackson em trazer seu chimpanzé de estimação, Bubbles, para o estúdio de gravação e pedir a opinião do macaco sobre como as gravações estavam indo. De acordo com Wigg, "Freddie ficou muito zangado porque Michael fez Bubbles se sentar entre eles e se virava para o chimpanzé entre as tomadas e perguntava: 'Você não acha que foi adorável?' ou 'Você acha que devemos fazer isso de novo?'. Depois de alguns dias nesse esquema, Freddie simplesmente explodiu. Ele ligou para seu empresário e disse: 'Me tira deste zoológico'."[6]

No entanto, a presença de Bubbles nunca é mencionada por Peter Freestone, que, de fato, estava lá. Uma razão mais sinistra (e plausível) para Freddie e Michael nunca mais gravarem é mencionada pelo *The Hollywood Reporter*, que escreveu: "Jackson também não ficou muito empolgado com o comportamento de Mercury durante a sessão de gravação. Mercury depois se desentendeu com Jackson porque o astro americano se opôs ao consumo exagerado de cocaína por parte de Freddie em sua sala de estar".[7]

Embora potencialmente verdadeiras, é mais provável que essas histórias tenham sido criadas ou aumentadas, para que boatos gerassem manchetes de jornais. O mais plausível é a combinação de comentários feitos por Brian May e Freddie Mercury depois. Brian disse: "Há um pouco de história aí. Mas eu sei que Fred saiu de tudo isso um pouco chateado porque algumas das coisas que ele fez com Michael foram assumidas pelos Jacksons, e ele saiu perdendo".[8] Já o próprio Freddie comentou: "Michael e eu nos afastamos um pouco depois do enorme sucesso de *Thriller*. Ele simplesmente se retraiu em seu próprio mundo. Costumávamos nos divertir muito indo aos clubes juntos, mas agora ele não vai mais sair de sua fortaleza, e é muito triste. Está tão preocupado que o decepcionem que ele é paranoico com absolutamente tudo. Tenho minhas preocupações, mas nunca vou deixar isso assumir o controle da minha vida desse jeito".[9]

Embora qualquer perspectiva de gravar mais com Jackson tivesse evaporado, Freddie decidiu ficar em Los Angeles por um tempo. Apesar do medo crescente de a doença se espalhar pela comunidade gay, ele ainda aproveitaria a oportunidade para se deliciar na cena gay local de Boystown, frequentando bares como o Spike, o Motherlode e o Eagle.

Foi no Spike, no Santa Monica Boulevard, que Freddie se apaixonou por um barman chamado Vince. Ele era um motoqueiro alto e atarracado e, de cara, os dois se deram bem.

"Eu estava em um clube jogando sinuca e tinha visto Freddie em um videoclipe e disse ao meu amigo: 'Nossa, aquele cara é muito gostoso' e, três semanas depois, estou na cama com ele", lembra Vince. "Eu simplesmente não conseguia acreditar. Eu era motoqueiro naquela época. Eu era másculo, e ficávamos sem camisa atrás do balcão do bar; estávamos com o peito nu e éramos tipo fortões. O Freddie me chamou a atenção, o cabelo escuro e os olhos lindos. Ficamos atraídos um pelo outro".[10]

Vince não foi muito influenciado pela fama de Freddie e se recusou a alterar o próprio estilo de vida para estar à disposição de uma estrela do rock. Pode ter sido essa atitude, tão diferente do comportamento indelicado e bajulador da maioria dos ex-casos de Freddie, que tornou o barman tão atraente. Parecia que Vince enxergava Freddie pelo que ele era como pessoa, não simplesmente porque era um astro da música famoso e rico.

"Todos nós gostávamos muito do Vince", diz Peter Freestone,[11] e no restante do tempo em que Freddie esteve nos Estados Unidos naquele ano, ele e Vince pareciam formar um ótimo casal. Mas Freddie tinha o hábito de encorajar seus namorados a desistirem da vida normal deles; portanto, ele os transportava para Londres ou os levava nas turnês, onde, como animais acuados, eram incapazes de lidar com um ambiente irreal ou com uma cultura na qual não tinham uma experiência prévia.

"Esse sempre foi o problema com esses romances ardentes e pesados que Freddie teve", sugere John Reid. "Eu vi muitos deles, esses relacionamentos apressados, que arrancavam as pessoas do ambiente delas, envolviam presentes como relógios e carros e depois acabavam em um próximo caso. Freddie procurava uma alma gêmea, um amante e um semelhante intelectual. Como você vai achar isso para o Freddie, tendo em vista todos os interesses dele? Os interesses de Freddie eram tão extensos fora do trabalho diário que fica a pergunta: 'Como ele iria encontrar alguém que fosse intelectualmente compatível com ele?'"[12]

Vince estava determinado a fazer com que isso não acontecesse com ele. "Estávamos sentados, e ele veio por trás, colocou as mãos no meu ombro e me convidou para viajar em turnê com ele", lembra Vince. "Eu não podia fazer isso. Não era isso o que eu queria. Aonde eu chegaria com isso? Nunca me tornei o sr. Mercury. Ou a sra. Mercury".[13]

Freddie não estava acostumado a ser rejeitado, e isso o magoou muito. Dentro da fraternidade Queen, Vince ficou conhecido como "aquele que fugiu".

Freddie voltou à Inglaterra para uma breve visita em agosto e começou a trabalhar no próximo álbum do Queen. Machucado com a rejeição de Vince, ele precisava escapar da Califórnia, e a viagem de volta à Inglaterra lhe permitiu a oportunidade de supervisionar a conclusão da reforma de sua luxuosa mansão em Kensington. Foi enquanto estava em Londres que Freddie foi incentivado, a mando de Peter Freestone, a acompanhá-lo até a Royal Opera House, em Covent Garden. Era a apresentação do ídolo de ópera de Freddie, Luciano Pavarotti, e acabou sendo uma noite que mudaria a vida de Mercury.

Dado o tom de ópera de algumas de suas composições, muitas pessoas supõem que Freddie seja um conhecedor do gênero musical, tendo um conhecimento detalhado da história, das nuances musicais e de suas técnicas. Na verdade, ele não sabia quase nada sobre ópera e menos ainda sobre cantores e astros de ópera. Peter Freestone considerou o momento oportuno para apresentá-lo ao vivo à voz de um tenor de renome internacional. Então, em maio de 1983, eles se sentaram para assistir a *Un Ballo In Maschera*, de Verdi, no coração de Covent Garden. À medida que a ópera progredia, Pavarotti correspondia a todas as expectativas que Freddie tinha dele, mas foi a aparição de uma soprano em uma cena posterior que realmente cativou Mercury. Ele ficou fascinado quando a voz dela cresceu por toda a Opera House, o que literalmente o cativou. Quando ela terminou de cantar, Freddie aplaudiu com entusiasmo e imediatamente quis saber quem era essa cantora deslumbrante. Era ninguém mais, ninguém menos que Montserrat Caballé. O caso de amor de Freddie com a grande soprano começara.

O futuro imediato viu Freddie voar de volta para a América do Norte para começar a gravação de um novo álbum de estúdio do Queen, em 1984, que se chamaria *The Works*. Mais uma vez, o coprodutor seria Mack, e as gravações nos EUA continuariam intermitentes até o final do ano. Na temporada de gravação na Califórnia, enquanto os outros membros do Queen compraram casas para as respectivas famílias, Freddie alugou uma casa de cinco quartos na 649 Stone Canyon Road, construída em 1935. Ele acreditava que Elizabeth Taylor tinha ficado lá, assim como o ator George Hamilton.

Foi nessa casa alugada que Freddie celebrou seu trigésimo sétimo aniversário com cem convidados: "A casa foi coberta com lírios asiáticos rosados, aquelas flores cor-de-rosa enormes, parecidas com trompetes, com pétalas internas listradas de vermelho, cujo pólen mancha permanentemente qualquer coisa ou pessoa que as toque. Mas a vantagem é que o aroma é divino. Nenhum entretenimento fora planejado. Foi uma comemoração básica, com comidas e bebidas e alegria. A comida que Joe [Fanelli] preparou incluía os pratos favoritos de Freddie. Camarão à *creole*, *Coronation chicken* (pasta de frango com *curry*) – aquele favorito do Império Britânico –, salada de batata, salada de arroz e uma grande variedade de frios. A festa foi um ponto alto bem-vindo no meio da rotina de gravações, e toda a banda e as respectivas esposas compareceram", lembra Peter Freestone.[14]

Por três meses, o Queen gravou esporadicamente material para *The Works* na Califórnia, e já havia surgido um candidato em destaque para o primeiro single a ser lançado do álbum. Escrito por Roger Taylor, o título da música, "Radio Ga Ga", foi inspirado em seu filho, Felix. Com o single escolhido ("Era comercial, muito forte e diferente, e muito atual", comentou Freddie),[15] a banda voltou ao Reino Unido no final de novembro para gravar o videoclipe. Para o visual futurista do clipe, o Queen usou um elenco com quinhentos figurantes para criar uma multidão em um comício, todos batendo palmas em uníssono durante o refrão da música. As palmas seriam copiadas pelos fãs do Queen ao redor do mundo sempre que a banda tocava "Radio Ga Ga", e se tornaria uma das imagens mais marcantes da apresentação no Live Aid, em 1985.

Após finalizar o videoclipe, e como os toques finais no álbum estavam programados para ocorrer em Munique em janeiro de 1984, o Queen conseguiu tirar a última semana de novembro e boa parte de dezembro de folga. Freddie dividia seu tempo entre o apartamento em Nova York e a cidade de Londres. Enquanto os retoques finais estavam sendo feitos no Garden Lodge em Kensington, ele ficaria no apartamento em Stafford Terrace. Seu desejo insaciável por sexo continuaria a conduzi-lo pelos clubes gays de qualquer cidade em que estivesse e, no final de 1983, ele se viu no Copacabana, um clube gay em um porão na Earl's Court Road, a menos de cem metros do Garden Lodge.

Foi lá que Freddie pôs os olhos em Jim Hutton, um cabeleireiro irlandês que trabalhava no The Savoy Hotel e que, naquela noite em particular, saiu com o namorado, John Alexander. Mas isso não impediu Freddie, que se viu atraído logo de cara. Esperando o momento certo, Freddie atacou quando o companheiro de Hutton foi ao banheiro. Vestido com jeans e um colete branco, Freddie se ofereceu para comprar uma bebida para Hutton, que educadamente recusou. Freddie então perguntou o que ele estava fazendo naquela noite. "Cai fora", respondeu Hutton. "É melhor você perguntar isso ao meu namorado".[16]

Freddie recuou, desacostumado a ser rejeitado, e voltou para seus amigos. Hutton parecia não ter ideia de quem era o homem com quem tinha acabado de conversar, mas quando contou ao namorado o que acontecera e apontou para ele, disseram que era Freddie Mercury.

Nos meses seguintes, Jim Hutton encontraria Freddie Mercury várias vezes e, em dois anos, eles se tornariam amantes. Mas antes disso haveria muita água para rolar.

Haveria também muitos outros amantes, dois dos quais deixariam sua marca permanente em Freddie, em Munique, nos anos seguintes.

# - 31 -

Em abril de 1983, o mesmo ano em que a Apple lançou o Macintosh, Michael Jackson fez o *moonwalk* pela primeira vez e Margaret Thatcher foi eleita primeira-ministra pela segunda vez, a *Newsweek* americana publicou sua primeira reportagem de capa sobre a Aids, com o título "EPIDEMIA: A doença misteriosa e mortal chamada Aids pode ser a ameaça à saúde pública do século".

Apresentando uma série de miniperfis de pessoas que contraíram Aids, o artigo começava assim: "Uma doença nova e mortal está se espalhando pelo país, destruindo corpos de vítimas, incubando-se em um sem-número de outras que ainda não apresentaram sintomas e desencadeando uma das investigações mais intensas da história da medicina". No início do ano, o CDC realizou uma reunião de cúpula na tentativa de encontrar meios de deter a disseminação da Aids. Mas esse encontro entre os principais médicos, cientistas e representantes da indústria farmacológica e da comunidade de distúrbios hemorrágicos não foi capaz de chegar a uma conclusão. Simplesmente ninguém tinha ideia alguma. Entre eles estava o dr. Donald Francis, que era epidemiologista do CDC e, durante o encontro, ficou frustrado e reagiu com raiva à falta de progresso, levantando-se e gritando: "Quantas pessoas têm de morrer antes de fazermos algo?". Mas mesmo ele não conseguia compreender quantos morreriam nos anos seguintes.

O sentimento inicial de medo que permeou a comunidade gay de Nova York por muitos meses agora estava se transformando em raiva. "Nós nos sentimos como uma comunidade privada dos direitos civis", disse o dramaturgo e cofundador da Gay Men's Health Crisis, Larry Kramer. "Parece que não conseguimos fazer com que o governo, os Institutos Nacionais de Saúde dos EUA, acelerem as pesquisas em andamento. Não podemos nem mesmo fazer contato com o prefeito de Nova York".[1] Kramer e a comunidade gay de Nova York e dos Estados Unidos inteiros tinham todos os motivos para se sentirem isolados e privados de seus direitos civis. Houve pouco apoio do governo Reagan, que limitou os fundos necessários para a pesquisa da Aids e inibiu os programas de saúde necessários. O dr. Donald Francis, um dos funcionários do CDC desesperados para encontrar uma cura ou tratamento para a Aids, não tinha ilusões sobre a negligência do governo Reagan na resposta à doença: "Não sei as razões por trás disso, mas eles não se convenciam, apesar de nossas tentativas intensas de ir até os altos escalões e convencê-los de que algo estava acontecendo, de que era necessário que o governo interviesse".[2]

Nos primeiros anos da Aids, o período em que mais se necessitava da pesquisa sobre o HIV, o governo Reagan fez questão de cortar gastos e, apesar da urgência necessária para investigar essa doença, considerada nova, mas que, na verdade, já estava bem estabelecida nos Estados Unidos devido ao seu período de incubação, o governo Reagan não forneceu uma resposta fiscal apropriada e, de fato, cortou gastos e limitou as doações à pesquisa sobre o HIV. Foi uma abordagem devastadora e trágica para uma doença que afetou aqueles que o governo Reagan estava bastante disposto a deixar à deriva: homossexuais, usuários de drogas e imigrantes.

Um republicano da Califórnia, Bill Dannemeyer, chegou a fazer um discurso na Câmara, onde leu descrições gráficas de atos sexuais realizados por homossexuais no Registro do Congresso e também pressionou para criar um registro governamental de pacientes com Aids, além de estabelecer quarentenas e protocolos de deportação.

"O resto do mundo costuma recorrer aos Estados Unidos, e especificamente ao CDC, para obter orientação sobre como lidar com epidemias. A falta de resposta americana foi um marco para o resto do mundo e, portanto, as ramificações para a falta de resposta dos EUA realmente ecoaram em todo o planeta", diz o dr. Don Francis.[3]

Larry Kramer descreveu os primeiros dias da doença como "viver em Londres durante a Blitz, quando ninguém sabia quando a próxima bomba iria explodir".[4] As palavras de Kramer foram escolhidas a dedo porque, em Londres, em 1983, apesar das primeiras tentativas de divulgar informações sobre a Aids e como evitá-la, o período mais intenso da incidência da transmissão do HIV entre homens homossexuais foi registrado no Reino Unido naquele ano, com a ocorrência de mais de seis mil transmissões, o maior número anual entre 1979 e 1999.[5]

O número crescente de vítimas da epidemia e a falta de pesquisas definitivas sobre a Aids estavam criando um ambiente de medo e mistério, não apenas entre a população homossexual, mas também entre os heterossexuais. Nos Estados Unidos, profissionais de saúde hesitavam em tocar em pacientes com Aids, as pessoas temiam pegar a doença andando de metrô ou jantando fora e, no estado de Nova York, em 1983, funerárias pararam de embalsamar vítimas da Aids por um período de dois meses, com receio de que a doença fosse transmitida aos funcionários ao tocarem em cadáveres. No Reino Unido, patologistas se recusaram a realizar autópsias, bombeiros proibiram a respiração boca a boca, e até mesmo tomar o vinho da comunhão era considerado arriscado demais.

Como sempre acontece nessas situações, são os afetados que têm de fazer mais primeiro e cuidar de si próprios. A comunidade gay de Nova York não foi exceção e, em maio de 1983, dois autores gays da cidade escreveram o panfleto "Como Fazer Sexo em uma Epidemia", que foi publicado em uma tiragem inicial de cinco mil cópias. Tudo começou com a letra da música de Burt Bacharach e Hal David, "I'll never fall in love again": "*What do you get when you kiss a guy?/ You get enough germs to catch pneumonia...*" (O que você ganha quando beija um cara?/ Você ganha germes suficientes para pegar pneumonia...).[6]

Desde o surgimento da doença, antes mesmo de ela ter o nome Aids, os equívocos públicos e uma falta geral de conscientização e educação significavam que todos os tipos de mitos rondavam a doença e, mesmo em 1983, muitos pensavam que a Aids poderia ser contraída ao beijar, ao se sentar em vasos sanitários e até mesmo ao viajar em transporte público. Também ainda era considerada uma doença gay e, no Reino Unido, assim como nos Estados Unidos, os grupos gays estavam se sentindo vulneráveis, sozinhos e com muito medo.

Tony Whitehead, um professor de Londres, membro da central telefônica Gay Switchboard e voluntário do Terrence Higgins Trust, lembra que, na época, seu trabalho de apoio era "em essência, uma política de sobrevivência crucial formulada por uma comunidade que acreditava estar sendo deixada para morrer lentamente".[7] Mas, em 1983, no Reino Unido, houve uma mudança na percepção da Aids, deixando de ser apenas uma doença gay quando dois hemofílicos tiveram o diagnóstico positivo. Nos Estados Unidos, dez hemofílicos já haviam sido infectados no ano anterior, cinco dos quais morreram, incluindo uma menina de sete anos, mas isso não impediu o ministro da Saúde do governo britânico, Kenneth Clarke, de declarar que "não há evidência conclusiva de que a Aids seja transmitida por hemoderivados". Dessa forma, nenhum controle foi posto em prática, nem qualquer proibição foi implementada sobre a importação de sangue dos EUA para a Grã-Bretanha e, em 1983, cerca de 60% do concentrado de coagulação do sangue, Fator VIII, do Reino Unido, vinha diretamente dos Estados Unidos. Não havia triagem. Se o governo americano estava sendo negligente ao não financiar pesquisas, o governo britânico foi igualmente culpado por não impedir a importação de sangue potencialmente infectado.

Em 9 de maio de 1983, o dr. Galbraith enviou um artigo intitulado "Action on Aids" (Ação sobre a Aids) ao dr. Ian Field, do Departamento de Saúde e Segurança Social do Reino Unido, dizendo: "Eu revisei a literatura e cheguei à conclusão de que todos os hemoderivados doados pelos EUA após 1978 devem ser retirados de uso até que o risco de transmissão por esses produtos seja esclarecido". O artigo foi levado em consideração em uma reunião do subcomitê biológico do Comitê de Segurança de Medicamentos em julho de 1983 e rejeitado. Só dois anos depois, a verdadeira estupidez da falta de ação foi exposta, quando o dr. Peter Jones, do Centro de Referência de Hemofilia de Newcastle, testou noventa e nove de seus pacientes com hemofilia A grave. Noventa e oito deles haviam recebido o Fator VIII da coagulação sanguínea comercial dos EUA, e o pesquisador descobriu que setenta e seis haviam testado positivo para o HIV.

Enquanto isso, nos Estados Unidos, apesar da aparente relação entre o sangue infectado e a transmissão do HIV, o governo Reagan se recusou a apresentar uma legislação para proibir o uso do Fator VIII comercial ou mesmo para fazer a triagem de doadores de sangue.

"Era uma época em que os usuários de drogas injetáveis já estavam transmitindo a doença. Já era bem sabido que estava no sangue das pontas de agulhas compartilhadas por usuários de drogas injetáveis; seria lógico, portanto, que fosse transmitido por meio de hemoderivados terapêuticos usados com hemofílicos ou de transfusões de sangue", diz o dr. Donald Francis, do CDC. "Para nós, como epidemiologistas, não foi um grande salto, e esperamos até termos alguns casos, pelo menos três ou quatro ou cinco, antes de realizarmos grandes reuniões. Mas, depois, muitos de nós se reuniram e pedimos aos responsáveis pela proteção dos destinatários desses materiais que fizessem algo a respeito, e isso foi outro desastre de saúde pública".[8]

Por meio de uma combinação de preguiça, motivação de lucro e inércia incrível, ninguém dentro das agências comerciais de sangue dos EUA queria reconhecer que havia um risco, apesar das evidências apresentadas por pessoas como o dr. Francis. Os lucros corriam risco, e eles não viram (ou se recusaram a ver) qualquer ligação conclusiva com a Aids. As organizações sem fins lucrativos não queriam mudar seus métodos para eliminar os doadores com risco de transmissão de HIV/Aids, e os bancos de sangue nos Estados Unidos eram simplesmente treinados a obedecer às regras e consideravam uma violação de privacidade perguntar aos doadores se eles eram gays. Consequentemente, o HIV continuou a se espalhar por toda a população hemofílica dos Estados Unidos e, por padrão, também do Reino Unido.

E embora se soubesse que a Aids afetava toda a sociedade, ainda era uma doença predominantemente associada à comunidade gay. "Apesar de parecer uma doença de homens gays, isso não era verdade, mas sim uma doença de transmissão sexual", disse o dr. Anthony S. Fauci, médico dos Institutos Nacionais de Saúde dos EUA. "E simplesmente aconteceu que, na época da evolução da permissividade da sexualidade entre a comunidade gay daquele tempo, depois de conseguirem conquistar a liberdade de se expressar sexualmente como queriam fazer em sociedade – infelizmente, isso aconteceu no momento em que um vírus foi introduzido. E a cultura da sauna foi um terreno perfeito para a disseminação de uma doença sexualmente transmissível".[9]

Em 1983, cada vez mais doente e frágil, Gaëtan Dugas deixou Nova York e voltou para Vancouver. Ele já havia desafiado todas as probabilidades sobrevivendo por tanto tempo. Dugas havia sido diagnosticado com sarcoma de Kaposi em junho de 1980, mas agora confidenciava a amigos que estava cansado de lutar contra a doença. Um amigo seu viajou de Toronto para visitá-lo e, durante uma discussão, Dugas finalmente reconheceu que deveria se abster de sexo. Mas, a essa altura, o estrago já estava feito.

Com o número de mortes aumentando rápido, ainda não havia nenhuma prova sólida do que estava causando esses sintomas letais. Certamente, não havia prova alguma de que era um vírus de qualquer tipo. Mas, na França, um médico chamado Willy Rozenbaum especulou que um retrovírus poderia ser responsável pela doença. Um retrovírus insere seu genoma naquele do hospedeiro e, dessa forma, o retrovírus passa a fazer parte das células do hospedeiro. Buscando ajuda para provar sua teoria, Rozenbaum recorreu a Luc Montagnier, um especialista em retrovírus, e por meio de um processo de eliminação no Institut Pasteur, em Paris, Montagnier e sua equipe confirmaram que a causa subjacente da Aids era um retrovírus. Eles o haviam encontrado em amostras de leucócitos do sangue extraídas dos linfonodos de Frederic Brugiere, um estilista francês que tinha Aids. A descoberta de Montagnier foi publicada na revista *Science* em 20 de maio de 1983, e a revelação pelo menos deu aos especialistas pistas iniciais sobre como lidar com isso – mas ainda havia mais de uma década pela frente.

Tarde demais para muitos. E tarde demais para Freddie Mercury.

Claro, em 1983, Freddie não sabia que estava infectado pelo HIV e que desenvolveria Aids.

"Eu aprendi muito sobre a propagação do HIV quando fiz uma viagem a Nova York em 1983", lembra Paul Gambaccini. "Eu voltei, é claro, completamente horrorizado e encontrei Freddie no The Star Bar in Heaven. Eu perguntei a ele: 'Você alterou seu comportamento em função da nova doença?', Porque, não sei se você lembra, ela ainda não tinha nome, e foi quando ele balançou os braços e disse: 'Querido, foda-se, eu estou fazendo tudo com todo mundo'. E naquele momento tive uma sensação de naufrágio".[10] Mas a atitude dele já o havia colocado no caminho da autodestruição. Os companheiros de banda, especialmente Brian May e Roger Taylor, já tinham externado suas preocupações com o estilo de vida imprudente de Freddie (provavelmente referindo-se ao aumento do uso de drogas). No entanto, Freddie não parou. Como ele disse em sua música: *"Don't stop me now, I'm having such a good time, I'm having a ball"* ("Não me pare agora, estou me divertindo muito, estou aproveitando muito").

"Eu me encontrei com Freddie pela primeira vez em 1983, no clube Heaven", lembra Marc Almond. "Eu estava bebendo no bar do andar de baixo quando um braço forte me agarrou por trás, e uma voz no meu ouvido sussurrou: 'Olá, Marcia', e fiquei cara a cara com Freddie. Ele estava com o cantor e ator Peter Straker. Fiquei surpreso de Freddie parecer tão baixinho, tendo em vista que eu também sou bastante baixo. Ele tinha aquele bigode e os dentes inconfundíveis. 'Pare de parecer tão séria, Marcia, é tudo por causa daquela música miserável que você faz e todo aquele preto horrível que você usa, querida. Anime-se, garota, venha dançar', disse ele, e com isso me apoiou no ombro dele e me levou para a pista de dança, onde dançamos. Funcionou, porque ele logo me fez rir. Freddie era um patife, cheio de vida, efervescente e travesso. Ele era responsável pelo bom momento que todos passaram".[11]

Mas, enquanto alguns continuavam se divertindo, em outras partes das comunidades gays de Nova York e Londres os homens estavam fechando as portas, isolando-se, ficando com um parceiro e rejeitando a cena hedonista de clubes e boates dos últimos dois anos. Como escreveu o dr. Joseph A. Sonnabend no prefácio de *How to Have Sex in an Epidemic* (Como fazer sexo em uma epidemia): "De certa forma, a tragédia da Aids está aproximando mais homens gays e muitos procuram relacionamentos mais duradouros e amorosos. Talvez a mensagem mais importante contida neste panfleto seja a premissa dos autores de que, quando o afeto é a base de uma relação sexual, existe a motivação para encontrar maneiras de proteger o outro da doença".

Freddie também, apesar de sua promiscuidade, indicou que estava desesperado para ter um relacionamento amoroso duradouro. Ele tinha o dinheiro, a fama, o sucesso, uma casa enorme, os singles em primeiro lugar nas paradas, mas havia uma coisa que não tinha: "Eu teria adorado ter vivido um relacionamento realmente lindo com alguém, um do tipo monogâmico e duradouro, mas não sinto que vou conseguir isso na minha vida agora, e não acho que minha vida possa de fato me proporcionar isso. Nunca pareceu funcionar. Isso é o que eu acho que minha vida vai ser, e tenho de aceitar esse fato", disse ele.[12]

Mas tudo isso mudaria e, apesar do contexto horrível da Aids, ele encontraria o homem que mudaria sua perspectiva em relação à vida.

Era a felicidade que Freddie buscou por tanto tempo. No entanto, isso o tocaria apenas de forma fugaz.

# - 32 -

No final de 1984, já tinham sido registrados 7.699 casos de Aids e 3.665 mortes devido à doença nos Estados Unidos. Na Europa, foram notificados 762 casos. Mas essa era apenas a ponta do iceberg, pois nos próximos doze meses esses números iriam dobrar.[1] As estatísticas estavam começando a se tornar extremamente assustadoras e tão avassaladoras que, por não terem ideia do que estava por vir, as autoridades em São Francisco ordenaram o fechamento das saunas gays, por conta da atividade sexual de alto risco praticada nesses locais. Antes do fim do ano, as saunas de Nova York e Los Angeles também seriam fechadas.

Mas se sabia que o vírus não afetava mais somente a comunidade gay – heterossexuais, hemofílicos e usuários de drogas injetáveis também eram acometidos pela Aids. Em 1984, o tempo médio de sobrevivência de um paciente diagnosticado com Aids era de 9,4 meses.[2] O cenário era desolador e, na falta de uma cura ou de um tratamento, o futuro era ainda mais. No Reino Unido, os casos de HIV aumentavam drasticamente. Um estudo do Laboratório de Referência em Vírus, em Londres, estimou que em julho de 1984 havia pelo menos dois mil e seiscentos homens homossexuais infectados com o vírus HIV na capital britânica.[3] Em 1984, a secretária de Saúde e Serviços Humanos dos Estados Unidos, Margaret Heckler, fez um anúncio histórico ao declarar com firmeza que uma vacina (atenção: não uma cura) estaria disponível em dois anos. Se existiu uma declaração em que a esperança se sobrepôs à ciência, então esse foi o caso. Para os virologistas, parecia que a epidemia ainda demoraria uma eternidade para acabar.

Enquanto isso, para aqueles que viviam com o HIV, o estigma associado ao vírus era quase tão debilitante quanto a doença em si. De repente, os serviços de emergência se recusaram a atender portadores de HIV. Quem tinha Aids e apresentava sintomas físicos da doença, como bochechas afundadas (perda de gordura facial) e as lesões roxas associadas ao sarcoma de Kaposi, ficava isolado e esquecido, pois amigos, vizinhos e até mesmo a família se distanciavam. Além disso, como o *Los Angeles Times* comentou: "O vírus trouxe à tona o horror da homofobia. De maneira insidiosa, isso invadiu inclusive a nossa ciência. Alguns pesquisadores evitaram estudar a doença por conta da associação com homens gays. Outros se viram obrigados a defender o fato de investigarem uma doença entendida por quem lhes criticava como uma opção de estilo de vida".[4]

Tanto nos Estados Unidos quanto no Reino Unido, os serviços de saúde estavam mal-informados e mal-equipados para lidar com a Aids. Os pacientes ficavam em áreas separadas nos hospitais e enfrentavam a experiência desumana da enfermagem de "barreira", na qual todos que tinham contato com eles precisavam usar touca, luvas, máscara, jaleco e avental. A psiquiatra suíço-americana Elisabeth Kübler-Ross afirmou: "Eles tiveram de suportar o pior tipo de discriminação. Muitos tiveram de sofrer isolados. Diante do enorme preconceito contra os pacientes de Aids e do medo que se tinha deles, as pessoas perdiam de vista o fato de que a maioria – senão quase todos – morria de forma prematura, quando a vida estava apenas começando para eles. As pessoas com Aids não somente precisam passar pelas 'etapas da morte', mas ainda deparam com questões com as quais o mundo nunca teve de lidar, não nessa dimensão, com números tão altos e em escala global. A Aids se tornou nosso maior problema sociopolítico, uma linha divisória de grupos religiosos, um campo de batalha para a ambição de pesquisadores da área médica e a maior demonstração da desumanidade do homem com seus semelhantes".[5]

"A primeira vez que percebi que era necessário levar muito a sério a Aids foi em uma situação bastante despropositada", lembra a cantora e compositora Annie Lennox. "O Eurythmics fazia uma turnê australiana, em 1984, e num dia de folga, que era um tanto raro, fizemos um passeio de barco pelo porto de Sydney, no qual relaxamos e bebemos champanhe. Alguém estava lendo o jornal e viu uma matéria que descrevia fatos preocupantes sobre uma ameaça sinistra à saúde pública chamada Aids. Eles ficaram tão chocados com o conteúdo daquela notícia que se sentiram compelidos a lê-la em voz alta para todos. Ninguém pensava que fazer sexo sem proteção poderia expor a pessoa a uma potencial sentença de morte".[6]

Ao longo da crise da Aids no Ocidente, durante muito tempo a maioria dos pacientes seria composta por homens homossexuais como Freddie Mercury, que era portador do vírus e viu amigos e conhecidos morrerem da doença. Nesse período, muitos pacientes com Aids permitiram que médicos e empresas farmacêuticas fizessem experimentos com eles e, no decorrer do processo, sofreram efeitos colaterais debilitantes e inimagináveis causados pelas drogas experimentais. Porém, estavam determinados a participar de qualquer coisa que prometesse uma cura ou que ao menos progredisse em direção a uma cura para outras pessoas. Mas, quando o agente central do HIV foi identificado, os médicos especialistas presumiram que a ciência inventaria em pouco tempo uma vacina para a doença. Contudo, logo ficou claro que a dimensão do problema era ainda maior do que se pensava.

"Tornou-se evidente que o HIV poderia infectar e só causar problemas alguns anos mais tarde", disse o dr. David Ho, do Centro de Pesquisa sobre Aids Aaraon Diamond. "E existe um período em que o indivíduo não apresenta sintomas, mas é HIV positivo e pode infectar outras pessoas".[7]

O que tornou o HIV ainda mais difícil de ser compreendido é que, após o estágio agudo da infecção pelo vírus, a doença entra em um estágio denominado "latência clínica". "Latência" significa um período em que um vírus está vivo ou se reproduzindo no hospedeiro sem causar sintomas. Durante esse estágio, as pessoas infectadas pelo HIV não apresentam alterações ou apenas têm sintomas leves relacionados ao vírus, mas o HIV continua a se reproduzir em níveis muito baixos e ainda permanece ativo. A consequência disso é que as pessoas com HIV ignoram os possíveis sintomas. Foi nesse estágio da infecção que Freddie Mercury entrara quase dois anos antes, logo após ser contaminado.

"Portanto, tínhamos uma avaliação distorcida sobre o que era essa doença", comenta o dr. Anthony Fauci, "porque pensávamos que quem era infectado pelo HIV ficava em estado terminal, e aí seria o fim, sem entendermos completamente a grande quantidade de pessoas que viviam com a doença incubada por anos e anos. Conforme descrevemos nos anos 1980, era como um iceberg. E o que estávamos vendo era a ponta desse iceberg".[8]

Ao redor do planeta, a Aids estava começando a invadir comunidades e países da mesma forma que invadiu o corpo humano. Um lembrete chamativo disso veio com a revelação de que, quando os primeiros casos de Aids foram diagnosticados nos EUA, provavelmente duzentos e cinquenta mil americanos já estavam infectados, sendo que a maioria deles não tinha qualquer sintoma e, portanto, estava livre para espalhar sem saber o vírus para mais pessoas. Parecia que nada interromperia a escalada da Aids.

"Foi simplesmente como uma avalanche", lembra Cleve Jones, fundador do The Names Project, em Atlanta. "Foi como se em uma semana nunca tivéssemos ouvido falar disso e, na semana seguinte, todos começassem a morrer. As pessoas estavam desaparecendo. Eu estava tomando café num local chamado Café Flore, olhei para cima e vi o que pensei ser um velho encostado no orelhão. E pensei: 'Nossa, olha ali aquele velho. Precisa de ajuda'. Aí ele caiu no chão. Nós nos aproximamos, mas estava morto. E não era um velho, tinha a minha idade [uns trinta e cinco anos]".[9]

A dra. Margaret Fischl, do Grupo de Ensaios Clínicos da Aids, também considerou um fardo terrível e deprimente ver tantas pessoas com a doença: "Após cerca de quinze mil pacientes mortos, parei de contar os números. Um dos pacientes que eu acompanhei por um longo período me perguntou: 'Devo simplesmente parar?' Eu respondi: 'Posso apenas lhe dar os mesmos remédios, mas você não vai melhorar muito mais do que isso'. Ele disse: 'Não, então eu quero parar'. E falou: 'Bem, acho que é hora de dizer adeus'. Nunca vou esquecer a expressão no rosto dele – ou seja, a da perda total da vida, sabe, que chegava ao fim muito cedo. Bom, essa expressão é algo que vou guardar comigo para sempre".[10]

Em 30 de março de 1984, Gaëtan Dugas morreu no Quebec, no Canadá. Ironicamente, a causa da morte foi insuficiência renal aguda, agravada, porém não causada, pela Aids. Dugas tinha trinta e um anos e sobrevivera a quatro crises de pneumonia por *Pneumocystis*. Recorrente em seus últimos meses de vida, essa doença o fez definhar e ter uma febre constante, o que o forçou a retornar para o Quebec, onde a família cuidou dele. Antes de voltar para casa, Dugas estava morando em Vancouver com um modelo e conseguiu convencê-lo a ir para o Quebec fazer uma visita. Quando ele chegou, no entanto, Dugas já havia morrido. Fazia quase quatro anos que Gaëtan consultara seu médico em Toronto para o exame de uma lesão roxa próxima à orelha. Muita coisa já foi publicada sobre Gaëtan Dugas, suas façanhas sexuais e sua suposta e polêmica recusa em obedecer às recomendações das autoridades de saúde pública no começo dos anos 1980. Uma parte do que foi escrito afirma que Dugas dormiu com mais de dois mil e quinhentos homens durante sua vida sexual descomedida e promíscua e, para muitos, ele foi o comissário de bordo gay da Air Canada, personagem central no mito do "Paciente Zero" – o homem que teria introduzido a Aids nos Estados Unidos. Contudo, a verdade é que nos documentos médicos ele era o Paciente "O" e quem o rotulou de Paciente Zero foi o autor Randy Shilts, no livro *O Prazer com Risco de Vida*. "Zero" soava bem mais dramático do que a letra O.

Mas Dugas não era o Paciente Zero, e foi isso que a mídia e Shilts optaram por não reconhecer. Gaëtan Dugas não concebeu, ele próprio, o vírus da Aids. Todas as coisas vêm de algum lugar, e ele pegou isso de alguém. Dugas *foi* infectado por uma pessoa, muito provavelmente durante um encontro sexual, mas não foi ele quem levou o HIV para a América do Norte, porque, na realidade, quando era criança, o vírus já havia chegado lá. No entanto, sem dúvida ele desempenhou um papel como transmissor na vida adulta, entre o final dos anos 1970 e início dos anos 1980.

Dugas foi proativo em relação aos exames de saúde após receber o diagnóstico, mas manteve uma visão firmemente obstinada sobre o modo de conduzir sua vida sexual, apesar das recomendações do seu médico. Randy Shilts explica a frustração de Dugas em relação à Aids com a seguinte citação: "'É claro que vou fazer sexo', [Dugas] disse ao médico dele. 'Ninguém me provou que é possível transmitir câncer'."[11] A decisão inicial de Dugas de continuar com as mesmas práticas sexuais indica sua afirmação dos direitos individuais sobre o próprio corpo. Essa sua convicção no começo ressalta de forma significativa as lacunas do sistema de saúde americano, porque seu estado de saúde era algo inédito. Além disso, Dugas não tinha um entendimento completo sobre a transmissão do HIV, e também podemos identificar isso como uma forte crítica ao sistema de saúde americano. Sua resposta inflexível revela que compreendeu de forma errada o processo de transmissão do HIV. Ao examinarmos a visão vacilante de Dugas sobre a doença, podemos demonstrar empatia pelos desafios que ele enfrentou na vida. O fato de se identificar como gay e ter uma personalidade extrovertida eram indiscutivelmente seus traços mais atraentes. Como escreveu Shilts: "Houve uma época em que Dugas representava o que todo homem queria da vida gay; quando morreu, ele era o que todo homem temia".[12]

Sabe-se que Freddie Mercury encontrou Gaëtan Dugas em duas situações. Uma foi em frente ao The Saint, e, como vimos, foi uma interação muito rápida. A segunda vez foi no clube Heaven, em Londres, onde passaram um tempo conversando. E foi só isso. Talvez tenham acontecido outras ocasiões, mas é bem pouco provável. No entanto, o que se sabe é que Freddie fez sexo casual uma vez com John Murphy, um dos incontáveis amantes de Dugas.

Até meados da década de 1980, o conhecimento sobre o HIV era bem menor em relação ao que temos hoje. Em 1984, não havia testes definitivos disponíveis para determinar se alguém tinha o vírus ou não. As pessoas simplesmente não sabiam que eram portadoras do HIV até ficarem doentes e apresentarem infecções oportunistas graves. Para os médicos, era quase impossível detectar o vírus nos pacientes, e os testes rudimentares só chegaram em 1985. Porém, mesmo eles não eram muito precisos.

Freddie sabia que tinha o HIV em 1984? Mais uma vez, ele provavelmente não sabia, ou pelo menos não tinha certeza, mas estava ciente de que fazia parte de um dos grupos de maior risco. Seria impossível ter ignorado o que acontecia ao seu redor – as pessoas que eram infectadas e morriam, gente que ele conhecia. Com base no fato de que Freddie ainda estava saudável e não mudara em nada seu comportamento nem antes nem no decorrer de 1984, é provável que não tivesse a menor ideia de que estava infectado. No que lhe dizia respeito, o que queria era não pensar na Aids. Era algo que afetava outras pessoas, e não ele.

Todos os sintomas leves do HIV não seriam nada incomuns para alguém como Freddie e seriam minimizados como consequências do excesso de bebida, do uso de drogas ou das pressões do trabalho. Mesmo uma doença recorrente poderia ser justificada e subestimada. Ainda assim, ele não poderia ter deixado de se questionar. Existem vários relatos sobre como Mercury lidou com o risco de contrair Aids. Há quem considere que foi por esse motivo que não ficou ansioso por uma nova turnê do Queen pelos Estados Unidos após 1982, mas nunca saberemos com certeza.

Em 21 de novembro de 1984, um artigo no jornal britânico *The Times* demonstrou que a Aids ainda era, em grande parte, sinônimo de homossexualidade e promiscuidade aos olhos do público: "A Aids horroriza não apenas por causa do prognóstico para suas vítimas. As origens da infecção e seus meios de propagação suscitam repugnância, moral e física, por homens homossexuais promíscuos – cuja conduta, tolerável em circunstâncias privadas, começou a ser anunciada com o advento da 'liberação gay' e inclusive foi glorificada como conduta pública aceitável, até mesmo como um emblema orgulhoso para homens públicos usarem".

Para Freddie Mercury, esse artigo deve ter sido profundamente perturbador em muitos aspectos – assim como o foi para tantos gays em busca de respostas e apoio. A homofobia reinava. Mas, quando o Queen e Freddie seguiram para Munique, ele continuava sem fazer nada para mudar os hábitos.

# - 33 -

Em 1984, a banda já se considerava em casa em Munique. Lá, eles deram os toques finais no novo álbum, *The Works*, no Musicland Studios, enquanto Freddie dedicava o tempo livre nesse estúdio para gravar "Love Kills", sua canção para *Metrópolis*, de Giorgio Moroder, além de aproveitar essas oportunidades para elaborar mais material solo.

Durante essas sessões, Freddie ficava hospedado no Arabellahaus Hotel, um monstruoso edifício retangular de concreto. Aliás, a aura sombria do local só aumentou quando ele soube que várias pessoas já tinham se suicidado no hotel, ao se atirarem do telhado. Não que Freddie parecesse deprimido naquele momento. Embora a sombra da Aids estivesse avançando mundo afora, ele continuou a se jogar na intensa e diversa vida sexual que existia em Munique na época. Mas não era apenas o sexo que o consumia: a essa altura, Freddie tinha aumentado as bebidas, os cigarros e as drogas e, apesar de gravar ao longo do dia, a cada noite saía para farras mais pesadas. Essa foi a primeira indicação real de que havia algo incomodando-o. Quem o via de fora tinha a impressão de que Freddie ativara o botão da autodestruição. Talvez por ter aceitado o inevitável, talvez por achar inconcebível ainda não ter contraído o HIV e imaginar que o tempo que lhe restava estaria contado. Sabia de muitas pessoas que haviam morrido na América do Norte e na Europa e, sem uma cura nem qualquer tipo de tratamento à vista, é possível que tenha presumido que *ele* poderia desenvolver a Aids a qualquer momento. Era totalmente imprudente, de um jeito que só poderia levá-lo à destruição. E parecia não se importar.

Foi em Munique que Freddie conheceu duas pessoas que teriam um impacto significativo na sua vida. A primeira foi Winnie Kirchberger, dono de um restaurante, um alemão grande e corpulento que usava um bigode eriçado. "Winnie era quase como um tanque", lembra um amigo de Freddie, Trevor Clarke.[1] Já Peter Straker afirma: "Winnie era legal, era muito alegre. Grande e alegre, e eles gostavam um do outro."[2]

Do mesmo modo que acontecera com Bill Reid, Freddie viveu com Winnie uma relação turbulenta e complicada. Nenhum dos dois foi fiel ao outro durante o relacionamento, e quem convivia com Freddie tinha a sensação constante de que o caso estava prestes a implodir a qualquer momento. Mas ainda assim a coisa se sustentava, talvez porque o casal tinha uma capacidade limitada de conversar. "Winnie não falava uma palavra de inglês", explicou Peter Freestone. "Freddie não falava uma palavra de alemão. Tem um limite do que dá para falar fazendo gestos. Winnie proporcionou a Freddie sexo do bom, já ele lhe deu as brigas. Eles tiveram grandes discussões. Ou seja, falar de Munique *é* falar das discussões deles".[3]

A segunda pessoa que Freddie conheceu em Munique foi uma atriz austríaca loura e peituda, Barbara Valentin. Nascida em Viena, era seis anos mais velha do que Freddie. Eles se conheceram em um bar gay de Munique, o New York. Valentin era uma figura bastante conhecida na Alemanha, sobretudo em Munique, onde tinha um número considerável de fãs gays por ter colaborado diversas vezes com o famoso diretor de cinema alemão Rainer Werner Fassbinder. Muitas vezes apelidada de "a Jayne Mansfield alemã", ela atuou em sete películas de Fassbinder, bem como em vários outros filmes de terror alemães de baixo orçamento. Em pouco tempo, ela e Freddie se tornaram inseparáveis. De acordo com o autor Rick Sky, "no primeiro encontro, Mercury acompanhou a atriz de seios avantajados até o banheiro feminino, onde conversaram sem serem perturbados pelos ruídos do bar ou pelo barulho da discoteca. Valentin se sentou no vaso sanitário, e Mercury ficou agachado ao lado dela, segurando um copo de sua vodca russa predileta. Lá eles conversaram sobre suas vidas como se fossem amigos de longa data.[4]

"Freddie e eu falávamos ao telefone quase todo dia, mesmo quando ele estava no exterior", diz Peter Straker, "mas do nada apareciam novos amigos, como quando ele foi para Munique e Barbara surgiu como a nova melhor amiga dele. Ele dizia: 'Ela é maravilhosa e divertida'. É verdade, mas sempre tinha uma briga com a Barbara, e muita gente na Inglaterra não gostava dela. Quer dizer, eu não tinha problema com ela, não tinha por que me preocupar com ela. Ele gostava dela porque era muito conhecida em Munique, era atriz e uma pessoa bem transgressora que o apresentou a muita gente e a várias coisas, e isso é ótimo quando chegamos numa cidade e conhecemos duas ou três pessoas inteligentes para nos abrir as portas".[5]

Freddie e Barbara logo embarcaram em um romance intenso e apaixonado. Desde o término com Mary Austin, em 1976, ele não tivera um relacionamento significativo com outra mulher. Barbara o cativou, embora Freddie brincasse sobre a natureza do encanto dela: "Barbara Valentin me fascinou porque tem uns peitos maravilhosos".[6] E Barbara comentava: "Eu o adorava. Nós nos demos muito bem logo de cara e ficamos grudados três dias inteiros. Ele ficou na minha casa, eu fui ao estúdio com ele, saímos juntos para ir aos clubes. Conversamos o tempo todo, e Freddie me disse: 'Meu Deus! Finalmente posso falar com alguém que entende meu verdadeiro eu e o que quero fazer da vida'. Era uma coisa que ele necessitava com urgência".[7]

Enquanto estava com Barbara em Munique, o cantor continuava a ter encontros sexuais com Winnie Kirchberger e, ocasionalmente, Freddie, Winnie e Barbara faziam sexo a três e, às vezes, buscavam outra pessoa para se juntar a eles.[8] Winnie tinha ciúme dos homens que se sentiam atraídos por Freddie, mas Barbara dizia que não sentia ciúme nenhum dos homens – e mulheres – que pareciam se atirar nele. "Nunca tive ciúme desses casos dele", declarou ela uma vez à revista alemã *Bunte*, "eu sempre era a pessoa que passava mais tempo com ele".[9]

Enquanto a relação entre Freddie e Barbara evoluía e o Queen seguia em frente com os últimos acertos do álbum *The Works*, aconteceu no Reino

Unido o lançamento do primeiro single do disco. Em pouco tempo, "Radio Ga Ga" se tornou um grande sucesso e chegou ao segundo lugar nas paradas. A canção inclusive alcançou a 16ª posição nos Estados Unidos, e essa seria a última vez que um single do Queen entraria no Top 20 da Billboard Hot 100 americana enquanto Freddie estava vivo. Foi um triunfo de Roger Taylor. Como conseguiu emplacar uma composição sua nas paradas, agora todos os integrantes do Queen haviam escrito uma faixa que entrou para o Top 10, uma conquista única na história das paradas pop britânicas.

Quando o álbum já estava pronto para ser lançado e havia previsões otimistas de vendas após o sucesso de "Radio Ga Ga", o Queen viajou para o Festival de San Remo, na Itália, onde iria apresentar a canção em *playback* na TV. Ao voltar a Munique após o festival de dois dias, Freddie prosseguiu com dois relacionamentos ao mesmo tempo: o repleto de desavenças com Winnie Kirchberger e o apaixonado com Barbara Valentin. Esse período foi uma espécie de montanha-russa de bebidas, drogas, sexo, discussões, brigas e noitadas em clubes, que se repetia em ciclos. Sempre que estivesse apto para tanto, Freddie ainda precisava conciliar o hedonismo em Munique com as gravações para seu álbum solo. Mas seria impossível cultivar a natureza desse estilo de vida sem nenhum incidente. Em algumas ocasiões, Peter Freestone foi chamado para cuidar de Freddie, que havia desmaiado e estava tendo episódios misteriosos de tremores graves. Não houve surpresa quando os médicos concluíram que as bebidas e as drogas em excesso eram a causa desses ataques repentinos, mas mesmo assim ele manteve o estilo de vida devasso em Munique, onde um de seus jogos favoritos aparentemente envolvia grupos de jovens que eram convidados para seu quarto e então solicitados a ficar nus e a desfilar na sua frente usando tão somente um chapéu feminino. Em seguida, Freddie escolhia entre eles uma companhia – ou companhias – para passar a noite.

No final de fevereiro de 1984, foi lançado o décimo primeiro álbum de estúdio do Queen, *The Works*. Foi um sucesso imediato no Reino Unido e ficou na segunda posição nas paradas britânicas. Ao longo da carreira do Queen, o lançamento de um novo álbum sempre gerou críticas heterogêneas, e *The Works* não foi exceção. A revista *Sounds* comentou: "Desta vez, o Queen apostou no que é (mais) seguro", além de sugerir que o álbum "não é muito mais do que um monte recauchutado de recortes dos maiores truques do Queen".[10] A revista *Rolling Stone*, que, ao longo dos anos, pegou mais pesado com o Queen do que a maioria dos críticos, escreveu que esse disco foi talvez o primeiro "a refutar a máxima de que as palavras Queen e 'escutável' são, de maneira inevitável, mutuamente excludentes".[11]

O que Freddie pensava sobre o álbum foi revelado em uma entrevista com Mary Turner: "Para ser honesto, é só um monte de músicas que quatro caras compuseram e que calharam de estar em um álbum. As pessoas precisam tentar criar um conceito disso, se há uma conexão entre elas ou se existe algum tipo de significado. Tem baladas de amor e tem canções felizes. Tem quase todo tipo de música que o Queen pode oferecer, então nós apenas as colocamos no disco e é por isso que o chamamos de *The Works*, porque é o trabalho, nós experimentamos todas as possibilidades para cada canção nele, e acho que *The Works* é um bom título para isso".[12]

Freddie passou boa parte de fevereiro e março de 1984 em Munique gravando mais material para seu álbum solo, enquanto curtia a vida com Winnie Kirchberger e, de forma mais entusiasmada, com Barbara Valentin. Ele e Barbara se lançaram em um relacionamento intenso, porém cheio de imprudência. Embora eles se amassem, sem dúvida, nenhum dos dois era totalmente fiel.

"Nós éramos amantes no sentido mais verdadeiro", afirmou Barbara Valentin para a autora Lesley-Ann Jones. "Nós transávamos com regularidade. Sim. Sim. Levou um tempo. Quando aconteceu, foi lindo e inocente. Eu estava completamente apaixonada por ele nessa época, e ele tinha me dito que me amava. Até falamos em nos casar. Claro, ele ainda arranjava dezenas de caras gays e os trazia noite após noite, mas eu não me importava. Parece loucura, não é? Mas nós vivíamos desse jeito, e eu não poderia impedi-lo, mesmo se quisesse".[13]

Freddie curtia a vida em Munique quando *The Works* foi lançado nos EUA. Para decepção da banda, o disco acabou tendo um resultado inferior ao de *Hot Space* e ficou somente na 23ª posição nas paradas da Billboard 200. Foi o álbum deles com a menor repercussão nos EUA desde *Queen II*, em 1974. Mas o pior ainda estava por vir nos Estados Unidos com o lançamento do próximo single, "I Want to Break Free". Composta por John Deacon, a canção foi um grande sucesso em muitos países e alcançou o terceiro lugar no Reino Unido, mas não sobreviveu nos EUA, principalmente por conta do videoclipe, que mostrava os quatro integrantes vestidos de mulher, em parte como uma homenagem à novela britânica *Coronation Street*. Freddie roubava a cena como uma dona de casa à la Bet Lynch, com um bigode para completar.

Freddie tinha planejado raspá-lo para a filmagem, mas o diretor conseguiu convencê-lo a mudar de ideia. "Eu disse: 'Não, isso é a única coisa que você não deve fazer, o engraçado é que você está de bigode e está vestido de mulher!' Até hoje, quando ele surge com aquele aspirador, eu dou gargalhada", diz David Mallett.[14]

"Eu morria de vontade de me montar", disse Freddie. "Todo mundo não morre? Foi só isso. Tenho certeza de que todos acharam que a ideia foi minha, mas na verdade nem foi. Foi do Roger, e quando vi os três *já* estavam de vestido".[15]

Porém, usar peruca e seios de enchimento era demais para os EUA. Enquanto o público britânico compreendia as referências de *cross-dressing* de *Coronation Street*, e os fãs na Europa e em todo o mundo se emocionaram e entenderam a canção como uma afirmação da luta contra a opressão, o público americano a rejeitou de forma veemente devido ao videoclipe. Como diz Brian Southall, da EMI: "É possível ser tremendamente artístico em Nova York ou Los Angeles, mas não tente fazer isso no Kansas.[16]

Ao mesmo tempo em que o público dos estados centrais americanos ficou indignado, por enfim ter tido algum tipo de confirmação de que Freddie poderia ser gay e ter entendido isso como uma forma de ele se assumir, a MTV passou a se recusar a exibir o clipe. "Acho que é um dos nossos melhores videoclipes até agora", declarou Freddie. "Aliás, ainda dou risada toda vez que o vejo e já o assisti várias vezes. Agradeço por termos feito isso. As pessoas ficaram bastante surpresas com o fato de podermos brincar, nos montar e ainda ser bons músicos. Nos Estados Unidos, não foi bem aceito porque lá ainda consideravam que fazíamos rock pesado – a coisa machista. Eles reagiram falando: 'O que os meus ídolos estão fazendo de vestido?' Há um grande risco envolvido na maioria das coisas que fazemos, e acho que nossos fãs mais leais saberão que podemos inventar todo tipo de coisa ridícula. Algumas vão funcionar, outras não, mas acho que o restante do grupo vai ter a mesma opinião do que a minha sobre isso... A de que não damos a mínima. Fazemos o que queremos fazer, e isso pode ser aceito ou não".[17]

Mas o videoclipe de "I Want to Break Free" não era o único motivo dos problemas do Queen em solo americano. O poder e a influência crescentes que Paul Prenter exercia sobre Freddie começavam a ter um efeito prejudicial no momento exato em que eles precisavam manter a melhor imagem possível por lá. "Tínhamos um cara que cuidava de Freddie, que se chamava Paul Prenter, e ele começou a se achar importante demais, na minha opinião", diz Brian May. "No decorrer de uma turnê, o cara falou para todas as estações de rádio irem se foder, e não apenas isso, mas que 'o Freddie disse pra vocês irem se foder, o Freddie disse que não se importa com vocês', e assim meio que perdemos de uma só vez a relação que tínhamos com a mídia".[18]

Com o furor ainda acontecendo nos EUA, Freddie voltou a Munique para desenvolver o álbum solo, mas também para se entregar (mais uma vez) às festas que a cidade lhe oferecia. Foi durante um estadia por lá que ele teve uma lesão grave nos ligamentos da perna, em um incidente na boate New York. Ele se recusou a explicar os detalhes de como aconteceu a contusão e se limitou a dizer: "Um filho da puta me deu um chute. Espero estar recuperado do joelho a tempo para a turnê, mas ele ainda está me dando muito problema. Talvez signifique que terei que evitar alguns dos movimentos mais elaborados e bonitos que faço no palco".[19]

Ele ficou três semanas engessado, e a lesão o afetou durante as filmagens do single seguinte do Queen, "It's a Hard Life". Escrita por Freddie, a canção caiu no gosto de Brian May e Roger Taylor e foi considerada por eles uma das melhores composições de Freddie. Barbara Valentin foi convencida a participar do clipe, que exibia trajes no estilo da ópera e a banda em um baile de máscaras. Apesar de a canção ser uma das favoritas de alguns integrantes da banda, o videoclipe definitivamente não era, pois Roger Taylor já o chamou de "o clipe mais idiota já realizado".[20]

"It's a Hard Life" foi outro sucesso do Queen no Top 10 britânico, mas só chegou na 72ª posição na Billboard Hot 100 americana, o pior resultado de um single da banda desde 1979. O single deu continuidade a uma trajetória desoladora do grupo, que não tinha emplacado um hit no Top 10 americano desde que "Another One Bites the Dust" alcançara a primeira posição, em 1980. Dadas as questões em torno do clipe de "I Want to Break Free", o modo como Paul Prenter restringiu a disponibilidade de Freddie para a mídia americana e a queda do desempenho deles nas paradas de álbuns e singles, parecia que as portas da carreira do Queen nos Estados Unidos estavam se fechando com rapidez. O resultado disso é que a turnê *The Works* em 1984 e 1985 não incluiu nenhum show na América do Norte.

Em 28 de agosto de 1984, o Queen deu início em Bruxelas à primeira etapa da nova turnê, que incluiu quatro apresentações no Estádio de Wembley, em Londres, programadas para ocorrer perto da festa de aniversário de trinta e oito anos de Freddie. Entretanto, ele teve poucos motivos para comemorar, já que o *The Sun* publicou uma série de matérias na qual um ex-funcionário de Freddie revelou que o cantor gastava mil libras por semana em vodca e cocaína[21] e que havia confessado que era gay. Freddie ignorou essas reportagens e continuou com a turnê. Só as comentou na primeira entrevista que deu após o episódio, ao conversar com a *Melody Maker* ainda naquele ano:

**Melody Maker**: Freddie, eu soube que ficou chateado com uma matéria que saiu no *The Sun* que afirmava que você tinha "confessado" ser homossexual.

**Freddie**: Fui totalmente mal-interpretado. Mas, desde o começo, a imprensa sempre escreveu o que bem quisesse sobre o Queen e conseguiu se safar. A mulher que escreveu essa matéria queria dar um grande furo sobre mim e não conseguiu nada. Eu disse: "O que você quer ouvir? Que vendo cocaína?". Mas, pelo amor de Deus, se eu quisesse fazer grandes confissões sobre a minha vida sexual, entre todos os jornais, eu escolheria fazer isso logo no *The Sun*? Não faria isso nem fodendo. Sou muito inteligente.

**Melody Maker**: Mas este é um bom momento para ser gay. É bom para os negócios, não é?

**Freddie**: Mas é errado eu ser gay agora, porque estou no ramo há doze anos. É bom ser gay ou algo transgressor para quem é novo. Mas, mesmo se eu tentasse isso, as pessoas começariam a bocejar: "Ah, nossa, lá está o Freddie Mercury dizendo que é gay porque virou moda ser gay".[22]

Freddie escapou da imprensa britânica e da curiosidade permanente sobre sua sexualidade à medida que o Queen continuava a turnê pela Europa. Porém, se viu no centro de mais uma polêmica em outubro de 1984, quando o grupo embarcou para a África do Sul para fazer uma sequência de shows no Sun City, em Bophuthatswana.

Sun City era um resort e um cassino de luxo situado na província do Noroeste, na África do Sul. Inaugurado em dezembro de 1979, o local, apelidado de "Cidade do Pecado" pelos brancos que viajavam para lá, aproveitava o fato de Bophuthatswana ter sido declarado um estado independente pelo governo sul-africano durante o *apartheid*, o que significava que poderia oferecer formas de entretenimento banidas em outras partes da África do Sul, como jogos de azar, golfe e shows de revista com mulheres de *topless*. Portanto, Sun City se tornou um símbolo da opulência que os brancos desfrutavam às custas dos negros nativos da África do Sul.

"O posicionamento da comunidade do rock, em sua maioria, era o de que ir à África do Sul significava apoiar o *apartheid*", afirma Paul Gambaccini.[23] No entanto, o Queen considerou apropriado desafiar os boicotes culturais, a atitude de seus colegas e o consenso quase mundial para tocar no Sun City. Eles tinham recebido garantias do empresário da banda, Jim Beach, de que não se apresentariam para um público segregado nem só de brancos e se defenderam afirmando que iriam doar parte dos *royalties* sul-africanos a uma escola para crianças negras surdas e cegas, localizada perto do Sun City. De todo modo, a decisão foi uma grande gafe.

"Eles costumavam falar: 'Estamos fazendo isso pelos nossos fãs, não somos políticos', mas a verdade é que não se importavam. Receberam milhões para se apresentar lá", diz o crítico de arte sul-africano Peter Feldman.[24] Jim Beach é igualmente direto: "A principal razão para o Queen ter ido até lá, sem dúvida, foi porque ofereceram um valor muito alto".[25]

Envolto nessa controvérsia, o Queen também curava as feridas quanto à recepção decepcionante de seu single mais recente. "Hammer to Fall" não conseguiu entrar no Top 10 britânico e teve dificuldade para figurar no Top 40 americano. Enquanto isso, Freddie finalmente lançou seu single solo, "Love Kills", que compôs e produziu em parceria com Giorgio Moroder. A canção superou o último lançamento do Queen e obteve a décima posição no Reino Unido.

Esse sucesso começou a gerar rumores de que o Queen estava a ponto de se separar. O sucesso nas paradas arrefecera, a turnê na África do Sul recebera críticas pesadas e as tensões dentro do grupo começavam a se intensificar. Além do mais, ao voltar ao Reino Unido, o Queen foi vetado pelo Sindicato dos Músicos Britânicos devido aos shows no Sun City. É bem provável que a banda tivesse pressa para deixar toda a polêmica sobre a África do Sul para trás quando aterrissou na Grã-Bretanha (Brian May chegou a ir ao Sindicato dos Músicos para fazer um apelo emocionado para acabarem com o boicote, mas não teve sucesso).

No entanto, mesmo *com* a questão dos shows na África do Sul, o Queen tinha saído das manchetes no Reino Unido. Em vez disso, o noticiário britânico foi tomado pela crise em curso na Etiópia, uma fome generalizada que foi a pior em um século e que, por causa da incapacidade ou falta de vontade do governo etíope de lidar com a situação, estava gerando repúdio e preocupação em todos os cantos. Havia quase oito milhões de pessoas afetadas pela fome, e as imagens eram veiculadas todos os dias nos canais de notícias britânicos e nas primeiras páginas dos jornais. Algo precisava ser feito.

Uma das pessoas que acompanharam as notícias foi o cantor irlandês da banda de pós-punk The Boomtown Rats, Bob Geldof, que decidiu ajudar e arrecadar todo o dinheiro que pudesse junto a seus contatos na indústria da música. Ele e Midge Ure, da banda Ultravox, começaram a criar um disco beneficente. Em 25 de novembro de 1984, quando já tinham finalizado a composição da canção "Do They Know It's Christmas?", grandes artistas da música pop britânica chegaram ao SARM Studios, em Notting Hill, para gravar o single. Contudo, foi notável a ausência do Queen: a banda não fora convidada para participar. Jamais saberemos se foi devido à viagem deles para a África do Sul, mas Freddie pareceu genuinamente magoado: "Eu adoraria ter participado do disco do Band Aid, mas só ouvi falar dele quando estava na Alemanha", afirmou mais tarde. "De qualquer maneira, não sei se iriam me incluir, porque já estou um pouco velho. Sou apenas uma puta velha que se levanta todas as manhãs, coça a cabeça e se pergunta com o que quer trepar".[26]

Um dia depois do Band Aid gravar "Do They Know It's Christmas?", o Queen lançou seu único single de Natal. Composto por Brian May e Roger Taylor, "Thank God It's Christmas" não tinha um clipe promocional, o que significava que a canção não poderia ser exibida na televisão, algo que dificultaria qualquer perspectiva de sucesso. Mas, em dezembro de 1984, ainda que o Queen tivesse feito o melhor videoclipe possível, a música não teria tido qualquer chance ante o rolo compressor da ação beneficente do Band Aid, que se tornou o single de venda mais rápida na história das paradas britânicas e, no fim do ano, já tinha vendido mais de três milhões de cópias.

Instalado no conforto de Munique, Freddie só podia olhar seu futuro e refletir sobre ele: o Queen tinha sido esnobado pelo Band Aid e ridicularizado pelos shows na África do Sul; fora isso, o desempenho da banda nas paradas começara a cair rapidamente, e parecia nítido que eles estavam fora de moda. Quanto ao contexto da época, conforme vinha ocorrendo nos últimos dois anos, a sombra carregada da Aids se aproximava ainda mais.

O final de 1984 testemunhou o Queen e Freddie em uma encruzilhada, e ninguém sabia se a banda iria acabar ou não. O futuro era extremamente incerto.

Sem dúvida, mesmo em seus sonhos mais desvairados, Freddie jamais poderia ter imaginado que dali a seis meses prenderia a atenção de um público de mais de um bilhão de pessoas. E, ao fazê-lo, restauraria o Queen na realeza do rock.

# - 34 -

No início de 1985, o Queen estava em uma encruzilhada. O grupo tinha sido vetado pelas Nações Unidas após se apresentar na África do Sul, e sua reputação na América do Norte parecia estar em frangalhos. Contudo, possivelmente eles ainda eram os principais figurões do rock na América do Sul e, no dia 6 de janeiro, viajaram para o Brasil para fazer dois shows como a atração número 1 da noite no gigantesco Rock in Rio.

Anunciado como o maior festival de rock do mundo, o Rock in Rio durou oito dias e foi realizado no Rio de Janeiro, que viu alguns dos principais artistas do mundo tocarem para um público de quase três milhões de pessoas ao longo do evento. AC/DC, Def Leppard, Iron Maiden, Yes e Rod Stewart foram confirmados, mas a atração principal do festival seria o Queen, que realizaria dois shows com uma semana de intervalo, para abrir e fechar o festival.

Freddie pegou um voo diferente do restante do Queen, partindo de Munique, com escala em Paris, acompanhado por uma comitiva que incluía Barbara Valentin, Mary Austin, Peter Freestone, Paul Prenter e um guarda-costas. Freddie era tão famoso na América do Sul que ele se viu, por necessidade e segurança, enfurnado na suíte presidencial do Copacabana Palace, com vista para a orla da praia, durante quase toda a estadia no Brasil.

O Queen fez a primeira apresentação em 12 de janeiro, quando entrou no palco às duas da manhã para encontrar o maior público para o qual eles tocariam. Durante o dia, tinha feito cerca de trinta graus, e a umidade chegava a 90% no momento em que a banda deu início ao show. Duzentas e cinquenta mil pessoas pagaram para assistir ao Queen naquela noite, mas algumas fontes sugerem que outras duzentas e vinte mil entraram sem ingresso, o que significa a possibilidade de a banda ter tocado para um público de até quatrocentas e setenta mil pessoas em um show.

Estava tudo correndo bem nesse primeiro dia até que Freddie apareceu no palco para cantar "I Want to Break Free", vestido, como no clipe, com roupas no estilo de Bet Lynch. O visual não agradou o público local, conforme explicou o *Record Mirror*: "Alguns brasileiros indignados decidiram que isso simplesmente não estava acontecendo e ficaram muito agressivos. Em vez de jogarem latas de cerveja no palco, conforme a tradição que o tempo consagrou, eles decidiram que pedrinhas e lascas de concreto eram bem mais eficazes".[1] A *People* se aprofundou sobre o tumulto: "O pop star Freddie Mercury, do transgressor grupo de rock britânico Queen, foi atingido por uma quantidade majestosa de objetos quando surgiu no palco no Rio de Janeiro vestido com roupas femininas e usando cílios postiços enormes e uma peruca preta".[2]

Na noite seguinte, Freddie deu uma passada em uma festa que a EMI organizara para eles no Copacabana Palace. Assim como outras estrelas do rock e os jornalistas especializados em música ali presentes, lindas brasileiras desfilaram em torno da piscina e pelo bar, jogando-se em Freddie, que manteve a compostura. Um dos jornalistas, Robin Smith, perguntou ao cantor sobre a reação da plateia a "I Want to Break Free": "É um público maravilhoso, e adoro quando eles demonstram emoção", respondeu Freddie. "Às vezes, ficam exaltados demais, mas posso usar o chicote e mostrar a eles quem está no controle. Não sei por que ficaram tão exaltados com o fato de eu me vestir de mulher. Tem muitos travestis por aqui. Parece que é natural para muitas pessoas. Basta sair e procurar em qualquer esquina que você os encontrará".[3] Mas talvez a explicação mais plausível para a reação da multidão à canção seja a de Maria Caetano, que trabalhou como intérprete no show: "A música é sagrada na América do Sul porque a consideramos uma mensagem política sobre os males da ditadura".[4]

Na semana de intervalo entre os shows, Mercury e sua comitiva explorariam a cena dos clubes gays cariocas, acompanhados por seguranças, mas a histeria geral que ocorria em qualquer aparição pública dele – inclusive as discretas – evidenciava que seria mais fácil levar a festa para Freddie em sua suíte no hotel. Bebida, drogas e sexo aliviaram o tédio, e "*taxi boys*" do Rio, garotos que se prostituíam, foram conduzidos à suíte do cantor, onde lhes foi oferecida cocaína para, em seguida, transarem com Freddie ou, por vezes, com Paul Prenter, seu assistente.

Prenter organizava tudo o que Freddie desejava, mas era mais comum que fosse em benefício próprio. Uma de suas tarefas era selecionar garotos de programa jovens – os "*taxi boys*" – que considerasse que faziam o tipo de Freddie. Poucos resistiram ao convite "para se juntar a Freddie Mercury em sua suíte no hotel", onde lhes eram oferecidos álcool e cocaína. Um dos "*taxi boys*" chamados para o quarto de Freddie foi um jovem louro de olhos azuis, Patricio. "Depois de se mudar de Buenos Aires para o Rio para tentar a carreira de ator, a miséria e o desespero levaram Patricio a cair na prostituição".[5]

Patricio revelou à autora Lesley-Ann Jones o que acontecia na suíte de Freddie: "Primeiro bebemos e depois cheiramos cocaína. Em seguida, tiramos a roupa e entramos no quarto de Freddie, onde ele nos cumprimentou, só de roupão. Durante todo o processo, Paul [Prenter] permaneceu totalmente vestido. Freddie começou a ter relações com cada um, na frente dos outros. Quando ele se cansou, Prenter pagou os garotos e pediu que fôssemos embora. Freddie foi passivo o tempo todo".[6]

Freddie, ao que tudo indicava, tornara-se viciado em sexo casual. Mas, segundo Patricio, "nem parecia que ele estava se divertindo. Estava só no automático".[7] Patricio teve vários encontros sexuais com Freddie durante a estadia do cantor no Brasil – mais tarde, viajou para Israel, onde se tornaria mais uma vítima da Aids.[8] O escritor Mark Blake descreve o comportamento de Freddie nessa época: "A impressão foi a de ter um encontro sem alma com uma estrela do rock endinheirada, que tinha se cansado de ter de tudo e mais um pouco disponível e só estava agindo de forma automática, apesar de Prenter ter sido escalado para ser 'o instigador'. Mais tarde, ele diria sobre Prenter: 'Paul liderava as coisas. Paul controlava as coisas. Freddie era muito forte quando se tratava da música dele, mas nem tanto na vida pessoal'."[9]

Uma semana depois, quando a banda fez o encerramento do festival, Freddie decidiu, talvez sabiamente, não se montar durante a performance de "I Want to Break Free" e, apesar da chuva forte e da voz dele não estar nas mesmas condições do show anterior, a apresentação aconteceu sem percalços.

Freddie Mercury nunca mais faria uma apresentação na América do Sul, onde sem dúvida deixou sua marca. Mas, como observou em uma entrevista, ele via a América do Sul pelo que o continente era: "É um mercado tremendo. Quem faz sucesso aqui ganha uma quantidade tremenda de dinheiro. Nós abrimos a América do Sul para o resto do mundo. Primeiro, viajamos para a América do Sul porque fomos convidados. Queriam quatro rapazes saudáveis para tocar uma boa música. Agora eu gostaria de comprar o continente inteiro e me nomear presidente".[10]

Ao encerrar a temporada no Rio, o Queen pegou um voo de volta para a Europa, onde cada integrante da banda tomaria um rumo diferente até que todos se reunissem para embarcar para a Nova Zelândia, no começo de abril de 1985, para o ápice da turnê de *The Works*, com shows na Nova Zelândia, Austrália e Japão.

Nesse meio-tempo, Freddie voltou a Munique para se divertir e fazer os acertos que faltavam no álbum solo, *Mr. Bad Guy*.

# PARTE TRÊS

# - 35 -

O ano é 1985. No Reino Unido, estava sendo planejado um dos maiores shows beneficentes de todos os tempos, após Boy George fazer uma apresentação de uma versão improvisada de "Do They Know It's Christmas?" em um encontro com outras estrelas pop, no final da turnê de 1984 do Culture Club, no Estádio de Wembley, em 22 de dezembro.

Chamando a responsabilidade para si, Bob Geldof declarou ao *Melody Maker*, em janeiro de 1985: "Se o George está organizando isso, pode dizer a ele para me ligar a qualquer hora que eu faço. É um desdobramento lógico do disco, mas a questão é que não é só falar sobre isso, temos de ir em frente e fazer!". Geldof acrescentou: "O show deve ser tão grande quanto for humanamente possível. Não adianta apenas cinco mil fãs aparecerem em Wembley, precisamos que haja uma conexão entre Wembley e o Madison Square Garden e que o show completo seja televisionado para todo o mundo. Seria ótimo o Duran [Duran] tocar três ou quatro números em Wembley, e depois passarmos para o Madison Square, onde [Bruce] Springsteen estaria tocando. Enquanto ele estivesse se apresentando, o palco em Wembley poderia ser preparado para o próximo artista britânico, como os Thompsons [Twins] ou qualquer outro. Dessa forma, muitos artistas poderiam participar, e os direitos de televisão, os ingressos e tudo mais poderiam representar uma arrecadação fenomenal de dinheiro. Não é uma ideia inviável e certamente vale a pena desenvolvê-la".[1]

Em março, Geldof já tinha conhecido Harvey Goldsmith, o maior promotor do Reino Unido, para conversar sobre sua proposta. "Bob disse que isso deveria ser o manifesto definitivo da indústria da música", disse Goldsmith. "Ele comentou que deveríamos ter um show na Inglaterra e outro nos Estados Unidos. A ideia era fazer uma conexão mundial entre canais de TV e realizar um programa para arrecadar fundos. Tínhamos acabado de falar sobre isso, e ele perguntou: 'É viável?'." Goldsmith fez uma pausa e acrescentou, usando um eufemismo tipicamente britânico: "E foi aí que o pesadelo começou".[2]

Enquanto Geldof e Goldsmith começaram a definir como seria o show beneficente, em março, Freddie retornou a Londres. Aliás, Freddie agora passava a maioria dos fins de semana em Londres, pois estava preferindo a cena gay da capital britânica à de Munique. Um de seus refúgios favoritos era o clube Heaven, onde chegava e já ia direto para o Cellar Bar, que era mais silencioso e reservado. Lá ele conversaria com Robert, também conhecido como Richie, o barman, de quem se aproximou ao longo dos anos. Gostava mais do bar do que do clube principal, a menos que estivesse com um grupo de amigos.

Foi no sábado, 23 de março, que Freddie, na companhia de Joe Fannelli e Peter Straker, foi ao Heaven para se sentar no seu canto habitual. Mais tarde naquela noite, ele se ofereceu para pagar uma bebida para alguém que reconheceu no bar. Era Jim Hutton, que conhecera dois anos antes e que estava recém-separado do namorado de longa data. Freddie ainda tinha um relacionamento com Winnie Kirchberger e com Barbara Valentin em Munique, mas nem por isso Jim deixou de receber uma das típicas investidas de Freddie, bem direta: "Qual é o tamanho do seu pau?". Jim chegou a afirmar que não sabia quem era Freddie Mercury, mas às quatro da manhã o acompanhou até o apartamento de Stafford Terrace.

"Por fim, Freddie e eu caímos na cama dele, bêbados demais para fazer qualquer coisa além de passar a mão um no outro, o que não deu em nada", lembrou Hutton. "Freddie ficou abraçado comigo de um jeito muito afetuoso. Nós dois batemos papo até que acabamos capotando de sono. Na manhã seguinte, ficamos deitados, um enroscado no outro, e retomamos a conversa do ponto onde tínhamos parado. Chegamos no assunto sobre como ganhávamos a vida, e contei a ele que era cabeleireiro. Ele falou: 'Eu sou cantor'. Aí se ofereceu para preparar uma xícara de chá para mim".[3]

Apesar de terem trocado os números de telefone, demoraria três meses para Freddie entrar em contato com Jim.

Nesse intervalo, ele gravou o videoclipe do próximo single solo, "I Was Born To Love You", no Limehouse Studios, em Londres. Caso alguém ainda tivesse dúvida, no clipe Freddie encarna um papel que era difícil para ele na vida real: o de heterossexual. Sem convencer muito, brinca de um jeito cômico com uma loura vestida de camisola, em volta de uma cama redonda, e depois começa a persegui-la por vários cômodos. Freddie ainda a abraça e dá um beijo sem muita paixão. Assim que o clipe foi concluído, ele pegou um voo com os demais integrantes do Queen para a Nova Zelândia, para começar a última etapa da turnê. Pouco antes do primeiro show em Auckland, "I Was Born to Love You" foi lançado como single e subiu para a 11ª posição no Reino Unido, além de ter entrado para o Top 10 na Alemanha e na África do Sul.

Algumas semanas depois, quando o Queen fazia o último show na Austrália, foi lançado o álbum solo de Freddie, *Mr. Bad Guy*, que alcançou o sexto lugar nas paradas britânicas. A *People Weekly* afirmou que o álbum parecia "uma releitura pouco inspirada do cabaré",[4] e a *Rolling Stone* publicou: "É improvável que *Mr. Bad Guy* atraia novos fãs para Freddie, mas quem gosta do Queen vai engolir isso".[5] Apesar dessas críticas, Freddie tinha orgulho do álbum: "Coloquei o coração e a alma em *Mr. Bad Guy* e acho que é um álbum muito natural. Tem algumas baladas bem emocionantes – coisas que têm a ver com tristeza e dor, mas, ao mesmo tempo, são irônicas e pouco sérias, porque a minha natureza é essa. Acho que as canções desse álbum refletem como está a minha vida, com uma seleção diversificada dos humores e todo um espectro do que era a minha vida".[6]

Enquanto seu álbum conquistava um resultado bastante respeitável nas paradas britânicas, Freddie estava do outro lado do mundo para o show do

Queen na Nova Zelândia. Em seguida, eles fariam oito shows na Austrália e cinco no Japão, mas, antes de deixarem a Nova Zelândia, as peças que fariam o Queen enfim se apresentar no Live Aid começaram a se encaixar. O "quinto" integrante do Queen na turnê *The Works* foi Spike Edney. Tecladista e guitarrista rítmico, Edney já tinha trabalhado com várias bandas, como Duran Duran, Dexys Midnight Runners e Rolling Stones, quando iniciou a parceria com o Queen em 1984, tocando guitarra, sintetizador e piano nas apresentações ao vivo do grupo.

Edney também era próximo dos Boomtown Rats, de Bob Geldof, e Geldof usou esse contato para chegar até o Queen. "Bob me pediu para perguntar à banda se eles topariam participar, o que tive a oportunidade de fazer quando estavam em turnê na Nova Zelândia", conta Edney. "A resposta deles foi: 'Por que ele mesmo não chama a gente?'. Expliquei que ele estava com medo de que o rejeitassem. Acho que não se convenceram muito, mas disseram que poderiam estar abertos para pensar. Eu falei para o Bob, e ele procurou oficialmente Jim Beach [empresário do Queen]".[7]

Bob Geldof conseguiu descobrir que Beach estava em um pequeno resort à beira-mar e telefonou para ele. Geldof se lembra com detalhes da conversa: "Olha, pelo amor de Deus", disse Geldof, "qual é o *problema* deles?". Jim respondeu: "Ah, você sabe, Freddie é muito sensível". Ao que ele respondeu: "Fala para aquela bicha velha que vai ser a maior coisa que já aconteceu – um evento mega, enorme".[8]

Geldof foi falar diretamente com Freddie. "Eu só precisava encontrar o ponto G de Freddie", recorda Geldof. "Roger Taylor respondeu que faria, mas achava que Fred diria não. Além de estarem exaustos, eles tinham muitos questionamentos sobre como seria o futuro da banda. Por fim, consegui falar com ele e lhe disse literalmente: 'Fred, por que você não faria? O palco todo foi quase que construído para você. Querido, o mundo'. Eu disse literalmente isso. Falei isso. Ele riu e respondeu: 'Ah, você tem razão, sr. Geldof'."[9]

Quando a turnê mundial tinha se encerrado e as negociações para o Live Aid estavam em andamento, Freddie partiu para Munique. Mas, antes disso, ele enfim ligou para Jim Hutton, com quem havia passado uma noite três meses antes, e o convidou para jantar em seu apartamento em Londres. Quando Hutton chegou a Stafford Terrace, munido de dois buquês de frésias de 1,99 libra, encontrou Freddie com um grupo de amigos, sob efeito de cocaína. Após o jantar, o grupo foi para o Heaven e, mais tarde, Freddie e Jim voltaram para o apartamento para embarcarem em um relacionamento que duraria até a morte de Freddie, seis anos depois.

Poucos dias após esse encontro, Hutton foi levado para se juntar a Freddie em Munique – o carro com motorista e o voo de primeira classe eram uma experiência nova para o cabeleireiro que ganhava setenta libras por semana. Mas logo ficou evidente para Hutton, na segunda viagem para Munique, que Freddie estava fazendo um jogo: "Não sei bem por que, mas tive a nítida impressão de que o Freddie tinha outro namorado em algum lugar da cidade. Me lembrei de quando tinha chegado, duas semanas antes, e entendi o motivo mais provável para o Freddie me querer lá tão desesperadamente. Eu era apenas parte de um jogo entre um casal. Ele queria me exibir para que o namorado dele me visse ou ouvisse falar de mim e ficasse com ciúmes. O Freddie conseguiu administrar tudo muito bem".[10]

E sem dúvida a estratégia funcionou. Quando Winnie Kirchenberger descobriu que Freddie estava de namorado novo e que ainda por cima se tratava de um sósia de Burt Reynolds, teve um acesso de raiva e até vendeu o carro que Freddie lhe dera de presente. Para Freddie, isso foi a gota d'água, e ele expulsou Winnie de sua vida.

Hutton passou o tempo em Munique no apartamento de Freddie bebendo chá e assistindo a filmes antigos em preto e branco, como *Quanto mais quente melhor* e *As mulheres*, que estavam entre os prediletos de Freddie. Eles também perambularam juntos pelos bares gays e transaram muito – "A vontade dele era incrível", afirmou Hutton.[11]

Os dois passaram o fim de semana seguinte em Londres. Hutton já havia sido apresentado a Mary Austin e, no domingo, após o café da manhã, Freddie anunciou que tinha algo que queria revelar a todos os presentes: Hutton, Mary Austin, o novo namorado dela, Jo Burt, e mais dois amigos.

Pediu que todos o seguissem e os levou para uma caminhada de vinte minutos sob o sol da primavera até uma propriedade em Logan Place, onde apresentou sua nova casa, Garden Lodge. A essa altura, a reforma total tinha sido concluída, e Freddie iria se mudar para lá em breve.

Como a propriedade estava pronta para receber a mudança, Freddie se concentrou nos shows do Live Aid, que estavam agendados para 13 de julho. Os ingressos para os shows em Londres e na Filadélfia estavam esgotados, e os direitos de transmissão também tinham sido negociados com facilidade no mundo inteiro. A estimativa era que o público poderia chegar a dois bilhões de espectadores. Era fundamental que o Queen acertasse.

Mas, antes disso, Freddie concordou em dar uma rara entrevista a Simon Bates, na BBC Radio 1. Após seis semanas de negociações com o escritório do Queen, marcou-se uma data, e tudo estava acertado, mas a entrevista foi cancelada de forma súbita quando o escritório do Queen disse à BBC que Freddie estava doente e não conseguiria cumprir o compromisso. Alguns dias depois, como ele parecia melhor, a entrevista finalmente aconteceu – mediante a ressalva de que deveria ocorrer no escritório do Queen e que qualquer pergunta sobre os pais dele estava vetada. Era dia 22 de junho.

Houve especulação por parte da BBC de que talvez Freddie não estivesse doente, mas, ao chegar ao escritório, o apresentador Simon Bates dissipou todas as dúvidas ao revelar aos ouvintes o que viu quando o cantor entrou: "Ele parece estar muito em forma e incrivelmente bem. Até abrir a boca e nos mostrar a língua, que está com uma placa grossa, provavelmente a visão menos saudável que já tive na vida, e de repente me dei conta de que ele tinha estado muito doente e que ainda não havia se recuperado por completo.[12] Então nos acomodamos, peguei o gravador, coloquei para funcionar, o que é um milagre, e lhe perguntei se esses episódios todos de doença tinham alguma coisa a ver com o fato de trabalhar muito e ser muito enérgico e, quem sabe – tomei cuidado com as palavras –, foi por ele ser fanático por ficar em forma, e aí teria exagerado".[13]

Freddie respondeu: "É assim que eu sou, eu acho. Mas acho que as coisas viram notícia quando dão errado, e isso é digno de nota, não é? Então, quero dizer, nos últimos seis meses ou algo assim, o comentário é que eu quebrei a perna, ou perdi a voz na África do Sul, ou aconteceu alguma coisa, e isso acaba tendo um preço. Bom, tenho trabalhado muito. Estou desenvolvendo meu projeto solo e também estava trabalhando com o Queen, então no fundo eu estava me dedicando a dois projetos muito puxados ao mesmo tempo. E isso de fato tem um preço".

Como vimos, Freddie já havia consultado um médico em Nova York em 1982, devido a uma lesão branca na língua, e agora, menos de três anos depois, apresentava outro sintoma associado ao HIV: candidíase bucal. Talvez ainda não tivesse percebido que esses eram alguns dos sintomas do HIV (de fato, se ele soubesse, por que arriscaria mostrar a língua para Simon Bates?), mas essas enfermidades menores apontavam para algo mais significativo e assustador. Entretanto, nessa fase, ele se recusou a fazer o teste de HIV e tampouco abriu mão das noites de sexo.

"Essa coisa de sexo seguro é muito válida, mas ainda podemos nos divertir", diria Freddie. "Não dá para esperar que as pessoas simplesmente parem de transar. Elas ficam assustadas, acham que têm Aids e se matam, aí se descobre que não tinham nada. Todo mundo deve ter cuidado, sem ficar paranoico".[14]

A entrevista com Simon Bates foi transmitida pela BBC Radio 1 no fim de junho e se estendeu por vários dias. Enquanto isso, o mundo pop estava absorvido nos shows do Live Aid, que aconteceriam em breve. Era a primeira vez que se organizava um evento dessa dimensão, e a verdadeira nata do rock e do pop estava programada para se apresentar – ou seja, possivelmente seria a maior seleção de egos já reunida. "Todo mundo vai tentar superar os demais, o que vai causar um pouco de atrito", disse Freddie. "Particularmente, me faz sentir orgulho de fazer parte disso".[15]

Foi montada uma seleção sensacional de artistas e, já que cada um teria no máximo vinte minutos no palco, o Queen teria de cortar seu show para conseguir deixar a sua marca. Só que a banda tomou quatro decisões inteligentes ao se preparar, que garantiram que roubasse a cena. Primeiro, o Queen sugeriu que não deveria nem abrir nem fechar o show. Em vez disso, eles foram astutos ao solicitar o horário das 18h às 19h. Era o horário nobre da TV britânica, o que assegurava uma grande audiência no momento em que as pessoas se sentavam para tomar chá, enquanto no caso do público americano, em um fuso horário de cinco horas a menos, garantia-se que as pessoas não estariam saturadas ainda durante a apresentação do Queen. Segundo, a banda preferiu tocar um *pot-pourri* com o máximo de sucessos que conseguisse encaixar em vinte minutos, em vez de tentar usar o show como vitrine para promover material novo. Em terceiro lugar, o Queen ensaiou durante três dias inteiros para o Live Aid e aprimorou seu número com precisão, quase que segundo a segundo, potencializando assim cada momento. E, por último, no dia do show, pouco antes da hora marcada para a entrada no palco, o engenheiro de som da banda, Trip Khalaf, ajustou furtivamente os limitadores de som para garantir que o Queen tocasse mais alto do que todos os outros artistas. Esse truque já era antigo, mas foi mais um elemento que fez a banda se destacar naquele dia.

Em 10 de julho, Freddie, Roger, John e Brian se reuniram com toda a equipe e os técnicos no Shaw Theatre, localizado na Euston Road, em Londres. Durante três dias, ensaiaram a ordem em que iriam tocar o medley com seis de seus maiores sucessos. No dia do Live Aid, tanto a afinação quanto o timing do Queen estavam perfeitos. Na véspera do show, Freddie descreveu o quanto o grupo estava ansioso pela apresentação, mas também revelou que tinha uma pitada de mágoa por não ter sido convidado para participar do single "Do They Know It's Christmas?". Ele contou ao programa *Breakfast Time*, da BBC: "É uma causa muito boa, e gostaríamos de ter participado primeiro do single do Band Aid, mas acho que estávamos em partes diferentes do globo, então a segunda festa é esta aqui e também o fato de que alguns dos maiores e mais famosos grupos do mundo inteiro estão participando, então por que nós não iríamos? Na verdade, particularmente, me faz sentir orgulho de fazer parte disso".[16]

Ao meio-dia de sábado, 13 de julho, o Live Aid, idealizado por Bob Geldof, teve início no Estádio de Wembley. "Eu estava me cagando", disse Geldof. "Se as bandas não aparecessem, dezessete horas dos Boomtown

Rats seria um pouco demais para qualquer um".[17] O Status Quo iniciou os trabalhos com "Rockin' All Over The World", enquanto Brian May e Roger Taylor ocuparam seus lugares no Royal Box (o camarote especial do estádio). Enquanto isso, no apartamento de Freddie, um grupo de amigos assistia ao Live Aid na TV em clima de festa quando, por volta das quatro da tarde, o cantor, que ainda iria se deslocar até Wembley, revelou que tinha uma surpresa para Jim Hutton.

Hutton tinha acabado de voltar do trabalho no The Savoy (no início daquela semana, cortara o cabelo de David Bowie) quando Freddie perguntou que horas ele iria se arrumar. Quando Jim quis saber para o que ele precisava se aprontar, Freddie berrou que iria levá-lo para o Live Aid, sem ter ideia de que o namorado nunca tinha ido a um show. Em minutos, Freddie e Jim abriram caminho no trânsito em uma frota de limusines pretas e chegaram em Wembley com cerca de uma hora de antecedência.

O Queen deveria subir no palco às 18h44min. Antes deles, era a vez do U2, às 17h20min, e do Dire Straits, às 18h, sendo que os Beach Boys e George Thorogood tocariam da Filadélfia nos intervalos.

O U2 foi a primeira banda que realmente fez o público do Live Aid parar e prestar atenção. A banda irlandesa ainda não tinha se tornado um nome conhecido, apesar do sucesso do seu single mais recente, "Pride (In The Name of Love)". O Live Aid foi uma performance que definiu a carreira do U2, sobretudo graças a um momento de interação pessoal ocorrido durante a canção "Bad", quando o vocalista principal, Bono, pareceu resgatar uma garota que estava sendo esmagada à frente da multidão. Ao ver o sofrimento da jovem Kal Khalique, Bono foi ficando cada vez mais nervoso e pediu aos seguranças que a ajudassem antes de pular do palco para socorrê-la. Ele a tirou da aglomeração e dançou com ela.

Por causa das confusões de Bono, "Bad" durou quatorze minutos e ocupou a maior parte do setlist do U2 e, por isso, o grupo não pôde tocar seu single de sucesso. Para a maioria do público presente no estádio e para os telespectadores sintonizados ao redor do mundo, a sensação era a de que, com essa performance, o U2 havia se destacado dos demais, e o comportamento esquisito de Bono tinha chance de ser o momento definidor do Live Aid. Mas ninguém contava com o Queen, que aguardava nos bastidores.

Às 18h44min, o Queen assumiu o palco.

Antes disso, porém, nos corredores atrás de Wembley, onde estrelas se esbarravam, egos colidiam e bebidas e drogas jorravam ("Se houvesse um exame de sangue tipo o do Lance Armstrong, poucos iriam passar", disse o relações-públicas Gary Farrow), Bono teve um encontro com Freddie Mercury, que enfim havia chegado ao estádio.

Ao se lembrar da ocasião, Bono afirmou: "Freddie me puxou pro lado e falou: 'Ah, Bono, é Bo-no ou Bon-o?' Eu disse a ele: 'É Bon-o'. Eu estava encostado na parede, ele se apoiou nela com a mão e falou comigo como se estivesse conversando com uma garota. Pensei: 'Nossa, esse cara é muito afetado'. Depois fui contar para uma pessoa, e ela disse: 'Você ficou surpreso? O nome deles é Queen!'. Mas eu me espantei mesmo. Não tinha me dado conta".[18]

Jim Hutton, o novo namorado de Freddie, observava tudo que acontecia nos bastidores com uma sensação de desnorteamento e admiração, posicionado bem no epicentro do maior show que o mundo já tinha visto, e ele caminhou com Freddie até a beira do palco conforme o Queen se preparava para entreter as massas.

Mas, na verdade, a participação do Queen estava incerta até o último momento. Freddie ainda não tinha se curado de uma infecção grave na garganta. Nos bastidores, um médico foi chamado para examiná-lo, e foi decidido que ele estava muito doente, a ponto de não poder se apresentar. Entretanto, nada iria parar Freddie. O mundo aguardava por ele e, dada a sina recente do Queen, esta oportunidade era imperdível.

"Ele não estava nada bem", lembra um membro da equipe da BBC no Live Aid, "mas ele certamente insistiu".[19]

O Queen pisou no palco como quem está no comando. Ao começarem com a abertura de "Bohemian Rhapsody", o que se seguiu foi uma erupção de vinte minutos em que o domínio da arte de tocar ao vivo cativou não apenas a multidão de setenta e duas mil pessoas em Wembley, mas também os dois bilhões que, estima-se, assistiram ao show ao redor do mundo.

"Eu me lembro de uma onda intensa de adrenalina quando subi no palco e do estrondo forte da multidão e depois de nós todos fazendo a nossa parte", recorda Brian May. "Freddie era nossa arma secreta. Ele foi capaz de atingir a todos naquele estádio sem muito esforço, e acho que realmente a noite foi dele".[20]

Conforme Nick DeRiso escreveu na *Classic Rock*, "Mercury estava por toda parte: ao piano para o começo de 'Bohemian Rhapsody', caminhando de um lado para o outro com seu pedestal de microfone serrado durante 'Radio Ga Ga', enquanto a multidão em Wembley batia palmas em uníssono, cantando com uma carga emotiva impressionante, conquistando os fãs e aquele momento. Foi uma virada tão magistral quanto surpreendente. Talvez outros tivessem se esquivado da situação ou até mesmo se encolhido, mas o Queen se mostrou à altura da ocasião".[21]

Em vinte minutos, o Queen mostrou a diversidade de seu catálogo e fez uma apresentação com paixão e bravura que deixou para trás tudo que tinha vindo antes deles.

"Com certeza, o Queen foi a melhor banda do dia", diz Bob Geldof. "Eles tocaram melhor, tiveram o melhor som, aproveitaram seu tempo ao máximo. Entenderam perfeitamente a ideia – a de que era um jukebox global. Foram lá e arrasaram com um sucesso atrás do outro. Era o palco perfeito para Freddie: o mundo inteiro. E ele pôde brincar no palco com 'We Are The Champions'. Mais perfeito, impossível, não?"[22]

Desde o momento em que Freddie correu para o palco, ele parecia em forma e cheio de energia. É provável que fosse soropositivo havia quase três anos e, como resultado disso, estava esbelto e pálido, mas sua aparência ainda era, de cima a baixo, a de um homem mais do que saudável em seus trinta e tantos anos. Inclusive o cabelo tingido, cuja raiz ficava visível no *close-up*, a maquiagem leve, o jeans simples e o colete não indicavam nada do que estava por vir. De fato, é possível que ele nunca mais tenha parecido tão bem. Não havia sinais exteriores do quadro de HIV, exceto, talvez, pelo momento em que levantou o braço na interpretação de "Radio Ga Ga". Alguns centímetros abaixo da braçadeira de couro, havia um hematoma arroxeado que poderia ser o sarcoma de Kaposi. Porém, é surpreendente que o sarcoma também possa surgir na pele em qualquer fase da infecção pelo HIV, mesmo antes do desenvolvimento da Aids.

"Sempre me espantou que ninguém ligasse os pontos no Live Aid", diz Paul Gambaccini. "Freddie se apresentou contrariando o conselho dos médicos porque, apesar do problema na garganta, sabia que aquele era o espetáculo da vida dele. Fez a melhor apresentação da vida, e o Queen foi a estrela do show, mas ninguém nunca disse: 'Espera aí... Por que ele está doente?'. Só que eu sempre pensei: 'Aposto que é uma dessas infecções oportunistas'."[23]

Estar nos bastidores deve ter sido uma experiência surreal para Jim Hutton, pois lhe possibilitou uma visão de perto do maior show de música da história. Ele conhecia Freddie havia pouco tempo e sabia pouco sobre o artista, mas testemunhara quando ele roubou o show diante de bilhões de espectadores e dezenas de milhares de pessoas em Wembley.

"Enfim eu tinha visto o verdadeiro Freddie em ação, levando setenta mil pessoas ao delírio", lembrou Hutton. "Ele deu tudo de si naquela apresentação – nada mais lhe importava. Quando saiu, correu para seu trailer, e eu fui atrás com as pernas tremendo, como um cachorrinho. As primeiras palavras dele foram: 'Graças a Deus que acabou!'. Joe arrancou as roupas molhadas dele e o vestiu. Com a adrenalina ainda transbordando, Freddie tomou uma boa dose de vodca para se acalmar. Aí seu rosto se iluminou. A expressão dizia: 'Sim, conseguimos!'"[24]

O Queen *tinha* conseguido. E, embora Freddie fosse voltar mais tarde ao palco com Brian May para uma versão acústica de "Is This The World We Created?", o que entrou para a memória foi o set estonteante da banda no início da noite, o qual revitalizou o futuro do Queen e deu ao grupo um fôlego renovado.

Após essa apresentação acústica, Freddie voltou com Jim para seu apartamento em Stafford Terrace, evitando as festas nos bastidores, que estavam no auge. Ele passou o resto da noite assistindo às apresentações dos artistas dos dois lados do Atlântico.

No entanto, nenhum deles conseguiu chegar perto do Queen.

Mais uma vez, a banda e Freddie estavam no topo do mundo. Em 2005, o show deles no Live Aid foi eleito a melhor apresentação ao vivo de rock de todos os tempos, em uma votação da BBC, à frente da de Jimi Hendrix em Woodstock e do show gratuito dos Rolling Stones no Hyde Park. Já foi descrito como "os vinte minutos que mudaram a música", e existia um entendimento tácito entre os músicos que se apresentaram no Live Aid de que o Queen de fato havia roubado a cena.

O Queen iniciara sua jornada para conquistar o mundo em 1973, com o lançamento do álbum de estreia homônimo. Foi essa participação no Live Aid que completou a missão.

# - 36 -

Em novembro de 1985, alguns meses após o sucesso do Live Aid e a histeria em torno da apresentação do Queen, a um pouco mais de seis mil quilômetros de Wembley, um grupo de amigos e voluntários se reuniu sob chuva torrencial em um terreno descoberto perto do Parque Stanley, em Vancouver, no Canadá. Eles se juntaram no início da manhã em memória de três amigos que tinham morrido de Aids no último ano e meio: Cedar Debley, Ray Scott e Gaëtan Dugas. Foi um momento de silêncio, melancolia e reflexão, e apenas o ruído abafado da rodovia próxima acompanhava a vigília calada.

Bob Tivey liderava o encontro. Ele foi o primeiro diretor-executivo da Aids Vancouver e teve a ideia de que três cerejeiras deveriam ser plantadas para lembrar cada um dos três primeiros homens a morrer de Aids no Canadá. Isso não foi muito antes de Dugas se tornar o assunto de manchetes sensacionalistas estampadas em jornais e revistas e alvo de condenação indignada em programas de entrevistas na América do Norte por ser o Paciente Zero – o Rato da Peste da Aids –, como ele foi descrito no best-seller melodramático *O prazer com risco de vida*, escrito pelo repórter Randy Shilts, do *San Francisco Chronicle*.

Não havia câmeras de televisão no momento da plantação naquele dia, nem repórteres ou defensores fervorosos da Bíblia. Ao cobrir as raízes no solo, Tivey esperava que, um dia, as pessoas admirassem as cerejeiras e se lembrassem com respeito de Gaëtan Dugas. Mas, se havia luz no horizonte para aqueles que se reuniram para se despedir de seus amigos naquele dia sombrio de novembro, foi que o mundo enfim acordou para a doença, devido à revelação que teve bastante repercussão de um dos principais homens de Hollywood apenas alguns meses antes.

Em 2 de outubro de 1985, o lendário ator Rock Hudson morreu de complicações relacionadas à Aids em sua casa, em Beverly Hills, apenas seis semanas antes de completar sessenta anos. Foi uma notícia que chocou o mundo. Hudson era a realeza de Hollywood, um protagonista incrivelmente bonito, que tinha respaldo para escolher contracenar com as atrizes principais mais glamorosas e lindas do mundo ao longo de sua vida. Ele era a personificação do homem americano, um amigo próximo do presidente Reagan, e era visto internacionalmente como tudo que uma estrela de cinema heterossexual deveria ser.

Hudson foi diagnosticado com HIV/Aids em 1984, mas manteve o segredo para todos, exceto amigos mais próximos. Tudo começou com uma pequena irritação no pescoço, que ele sempre coçava e cutucava. Quando foi a uma consulta médica, descobriu que não era um problema simples de pele, mas sim uma lesão que havia evoluído para sarcoma de Kaposi. O ator tinha um histórico de manter segredos – ele havia conseguido esconder sua homossexualidade em Hollywood por décadas, vivendo uma vida dupla sob o brilho do estrelato da indústria do cinema.

"Era um suicídio profissional revelar que você era gay", lembra o companheiro, Lee Garlington, que namorou com ele no início dos anos 1960. "Todos nós fingíamos ser heterossexuais".[1] Agora ele precisava guardar o maior segredo de todos.

No entanto, em 1985, começaram a circular boatos sobre Hudson quando ele se juntou a uma velha amiga, a estrela Doris Day, para divulgar uma nova série de televisão em que ela atuava. Day e Hudson se conheciam desde a década de 1950, quando formaram um par no filme de sucesso *Confidências à Meia-Noite*, em que Hudson finge ser gay para se aproximar de Day. Doris Day, então praticamente aposentada, passou a apresentar um programa de TV sobre animais de estimação para a Christian Broadcasting Network. Hudson deveria aparecer como o primeiro convidado da atriz e, em 15 de julho de 1985, uma coletiva de imprensa foi realizada para que Day e Hudson promovessem a série. Mas desde o início ficou claro que o galã de Hollywood não estava bem. Para começar, Hudson chegou atrasado e, quando finalmente apareceu, os espectadores ficaram chocados com sua aparência. O belo astro de cinema de antes agora parecia acabado e esquelético. Ele estava assustadoramente magro, movia-se com uma lentidão vacilante e parecia muito mais velho do que seus cinquenta e nove anos.

"Ele prometeu a ela [Doris] que estaria lá, então foi", lembra seu empresário Wallace Sheft.[2]

"Eu mal o reconheci", disse Doris Day, lembrando-se da chegada de Hudson no set naquele dia. "Ele estava muito doente. Mas eu simplesmente ignorei isso, fui abraçá-lo e disse: 'Estou feliz em ver você'."[3]

As colunas de fofocas começaram a exagerar com especulações sobre a aparência esquelética de Hudson, mas não havia boatos sobre o HIV ou a Aids. Como poderia haver? Era o Rock Hudson. Os repórteres simplesmente passaram a falar de uma doença "misteriosa" e foi isso. Menos de uma semana depois, em 21 de julho, Hudson desmaiou em um saguão do aeroporto em Paris. Ele voou disfarçado para a capital francesa em uma última tentativa desesperada de se tratar com o medicamento antiviral HPA-23 do médico militar francês pioneiro, dr. Dominique Dormant, no Hospital Militar de Percy. O HPA-23, naquela época, não estava disponível nos Estados Unidos.

Se ele tivesse desmaiado em Los Angeles, teria morrido com todos os seus segredos ainda intactos, e ninguém, exceto aqueles mais próximos a ele, compreenderia. Ele estava ciente do tempo limitado que lhe restava e já havia organizado um esquema elaborado para se submeter ao tratamento em seus últimos dias de uma maneira que lhe permitisse morrer sem o estigma da Aids. Hudson e seus amigos mais chegados, aqueles em quem ele podia confiar, planejaram um esquema em que o ator seria levado para um apartamento fora da cidade e longe dos holofotes, onde seria preparado um ambiente semelhante a um local de assistência a doentes terminais. Enfermeiros, após jurarem sigilo, cuidariam do ator e, quando ele falecesse, a causa da morte seria ataque cardíaco ou cirrose hepática. Não haveria menção à Aids, revelação alguma de que Hudson era gay, e nenhum de seus dados pessoais teria sido compartilhado.

Há boatos de que essa estratégia teria sido bem-sucedida para outras estrelas e, se for verdade, ninguém de fato descobriu. Hudson simplesmente teria morrido em decorrência do que a maioria das pessoas considera uma doença rotineira, e seu legado como o grande galã heterossexual teria permanecido. O ator passara trinta e cinco anos construindo com todo cuidado sua imagem e pensava na Aids como uma praga.

Sua rota de fuga foi bem planejada – com exceção de que ele não poderia ter previsto o desmaio em Paris. Foi o pior lugar para ele passar mal na época, e os funcionários do American Hospital em Neuilly-sur-Seine, nos subúrbios da cidade, para onde Hudson foi levado, ficaram furiosos. Eles reconheceram os sintomas do ator e se recusaram a aceitar casos de Aids, com a resposta oficial de que não tinham licença para tratar doenças infecciosas. O Hospital Militar de Percy também se recusou a admitir Hudson, já que não era cidadão francês e, portanto, sua única opção era permanecer no American Hospital. Mas, para isso, a equipe médica estipulou que ele deveria anunciar ao mundo que tinha Aids: se não o fizesse, *eles* revelariam. Foi um ultimato assustador e que terminaria mal para a estrela do cinema.

Sem outra escolha, sua porta-voz em Paris, Yanou Collart, ajudou a redigir um comunicado à imprensa, mas antes disso o dr. Dormont, com quem Hudson tinha consulta marcada em Paris, teve uma ideia que poderia levá-lo a ser transferido para o Hospital Militar de Percy. O médico achou que eles deveriam entrar em contato com o presidente Reagan, um amigo próximo de Hudson, e imediatamente Dale Olsen, o relações-públicas americano de Hudson, enviou um telegrama à Casa Branca. "Apenas um hospital no mundo pode oferecer tratamento médico necessário para salvar a vida de Rock Hudson ou pelo menos amenizar a doença", escreveu ele, sugerindo que "um pedido da Casa Branca ou de um alto funcionário americano faria com que o diretor do hospital mudasse de opinião".[4]

Mas a resposta que eles receberam da Casa Branca não foi a que queriam ou esperavam. Um telegrama enviado de volta com a resposta de um jovem funcionário da Casa Branca, Mark Weinberg, dizia: "Falei com a sra. Reagan sobre o telegrama. Ela considera que a Casa Branca não deveria se meter nesse assunto e concordou com minha sugestão de encaminharmos o remetente à embaixada dos Estados Unidos em Paris".[5]

Anos depois, Weinberg afirmou que "os Reagan estavam muito cientes de não abrir exceções para as pessoas apenas porque eram amigas da família ou celebridades ou algo do tipo. Eles não eram muito disso".[6] Mas Peter Staley, membro da Act Up e fundador do Treatment Action Group, rejeita o argumento de que os Reagan não queriam ser vistos dando tratamento preferencial a um amigo: "Parece estranho que a família presidencial tenha usado essa desculpa, já que muitas vezes fez favores para os amigos de Hollywood durante os anos em que ocupou a Casa Branca. Tenho certeza de que, se fosse Bob Hope naquele hospital com algum câncer raro e incurável, o Air Force One teria sido enviado para ajudar a salvá-lo. Não há como negar o fato de que eles abandonaram Rock Hudson. Assim que se soube que ele tinha aquela doença homossexual assustadora, ele se tornou tão indesejado e ignorado quanto o restante de nós".[7]

Coube ao então ministro da Defesa francês, Charles Hernu, acelerar a transferência de Hudson para o Hospital Militar de Percy, mas, uma vez lá, o diagnóstico do dr. Dormont não foi nada positivo. O médico disse a Hudson que a doença havia progredido tanto que nem mesmo o HPA-23 teria algum tipo de efeito. Não havia alternativa, a não ser reconhecer publicamente que o ator estava com Aids. Redigiu-se um comunicado à imprensa, e a única exigência do ator foi que dissessem que ele desmaiou no Paris Ritz Hotel, em vez do saguão do aeroporto – ele considerava a versão mais apropriada a uma estrela de cinema de Hollywood.

A relações-públicas afirma com veemência que a decisão de divulgar um comunicado à imprensa foi apenas de Hudson: "A coisa mais difícil que já tive de fazer na minha vida foi entrar no quarto dele e ler o comunicado à imprensa. Nunca vou esquecer a expressão em seu rosto. Como posso explicar? Pouquíssimas pessoas sabiam que Hudson era gay. Em seus olhos, ficava clara a percepção de que ele estava destruindo a própria imagem. Depois que li o comunicado, ele simplesmente disse: 'É isso, isso tem de ser feito'."[8]

Em 25 de julho de 1985, após o anúncio à imprensa, o mundo soube que Rock Hudson tinha Aids.

"Freddie Mercury ficou profundamente interessado em toda a revelação do Rock Hudson", disse Paul Prenter.

Sabendo que não havia esperança no tratamento oferecido em Paris, Hudson só queria retornar aos Estados Unidos para morrer com certa dignidade em meio aos relatos sensacionalistas de sua vida e de seus últimos dias, que recheavam colunas de fofoca em jornais de todo o mundo, tanto quanto fariam nos últimos dias de Freddie Mercury. Mas falar em voltar pra casa era mais fácil do que agir, já que as companhias aéreas se recusaram a transportá-lo, temendo que a doença fosse contagiosa. A única opção disponível para Hudson era fretar a própria aeronave para que ele e dez médicos cruzassem o Atlântico. "A companhia aérea queria duzentos e cinquenta mil dólares para fretar um 747 e levá-lo de volta para casa, uma quantia absurda", lembra Wallace Sheft, ex-empresário de Hudson. "Eles me ligaram da pista de decolagem. Queriam que eu garantisse que o dinheiro fosse transferido antes de o avião decolar".[9]

A quantia que Hudson pagou para levá-lo de volta para casa não passou despercebida pelo dr. Dormont: "É o equivalente a quatro anos da minha verba de pesquisa", disse ele.[10]

"Ele conviveu com a doença por muito tempo até ela ser diagnosticada", revelou a biógrafa Sara Davidson. "Talvez por três a cinco anos. Ele pode ter sido um dos primeiros casos. Quando soube que tinha a doença, perguntou-se: 'Por que eu? Não conheço ninguém que tenha Aids'. Pensou-se que talvez Marc Christian, seu último companheiro, fosse a fonte de contaminação, mas o teste dele deu negativo".[11]

Quando Hudson anunciou que estava doente, milhares de pessoas nos Estados Unidos, muitas na Europa e inúmeras na África já haviam morrido de doenças relacionadas à Aids, mas essas mortes passaram despercebidas. De repente, a revelação de Rock Hudson – e ele *era* a realeza do cinema – alertou as pessoas sobre "crianças com Aids que queriam ir à escola, trabalhadores com Aids que queriam exercer sua função e pesquisadores que queriam financiamento", sugeriu o autor Randy Shilts.[12]

O próprio Hudson viveu seus últimos dias ciente da diferença que seu anúncio fez, como lembra o dr. Michael Gottlieb, que o visitava regularmente em Beverly Hills, no fim da vida de Hudson: "Ele estava bem ciente da notoriedade. Tinha a sensação de que valia a pena. E expressou que estava feliz por ter ido a público. Talvez soubesse que estava fazendo algum bem, que sua revelação estava fazendo a diferença".[13]

Em 2 de outubro de 1985, apenas uma semana depois de ter estabelecido uma fundação para combater a Aids e doado US$ 250.000 do próprio bolso[14] para a causa, Rock Hudson morreu enquanto dormia em casa, em Beverly Hills, com seu corpo robusto de 1m93cm de altura reduzido a apenas quarenta e dois quilos. Ele foi declarado morto às nove horas, após ser encontrado por um funcionário. Três horas depois, seu corpo foi colocado em um caixão de papelão e cremado no Glenview Crematory, no subúrbio de Glendale. Para a ex-lenda de Hollywood, não haveria funeral.

Quando Hudson morreu, em outubro de 1985, não se sabe se Freddie tinha conhecimento ou não de que ele próprio tinha HIV, embora 1985 tenha sido o primeiro ano em que Mercury se preocupou com isso. Era altamente improvável que ele soubesse em 1984 que o único teste para HIV – o teste Elisa – encontrava-se nos primeiros estágios de desenvolvimento. Portanto, com base no fato de que Freddie ainda estava relativamente saudável e não tinha mudado seu comportamento até o final de 1984, é muito provável que ele não tivesse noção alguma de que estava infectado naquele ano.

No entanto, em 1985, o teste Elisa se tornou mais acessível e disponível para que médicos no Reino Unido e na Alemanha, bem como no resto da Europa Ocidental, testassem seus pacientes quanto à possibilidade de anticorpos para proteínas virais. A desvantagem desse teste, porém, é que ele apenas informava se alguém tinha sido exposto ao vírus – não se essa pessoa realmente tinha o vírus. E, embora o exame fosse o mais confiável até então, Freddie ainda estava saudável naquele momento, ou pelo menos não mostrava ter infecções oportunistas graves. No entanto, ele parecia exibir alguns dos sinais reveladores de infecção por HIV que os médicos, em meados da década de 1980, começaram a reconhecer como precursores em quem tinha o vírus, por mais que ainda não tivesse desenvolvido a Aids por completo. Alguns desses sintomas iniciais eram gânglios linfáticos inchados por todo o corpo, sudorese noturna e um mal-estar geral leve a moderado.

Freddie pode ter mencionado algo para o médico ao fazer um *check-up* – ou o médico pode ter solicitado o teste para HIV e outras doenças sexualmente transmissíveis, que eram exames de rotina para homens gays sexualmente ativos. Se o teste Elisa tivesse sido positivo para HIV em 1985, o médico de Freddie teria lhe contado, mas também teria lhe falado da grande possibilidade de que, embora ele tivesse sido exposto ao vírus, não havia nenhum sinal definitivo de que tinha sido infectado.

Na verdade, foi no final de 1985 que Freddie fez o primeiro teste de HIV. Os resultados, segundo ele, foram negativos. No entanto, na realidade, é provável que o resultado apenas mostrasse que ele havia desenvolvido os anticorpos, o que confirma a exposição, mas não dá certeza sobre o sucesso da infecção viral (isso pode ocorrer até um ano após a infecção, em especial quando se trata dos testes de primeira geração). Esse resultado permitiu que Freddie alegasse, sem ter certeza, que não tinha Aids. É quase certo que o médico tenha lhe dito que os resultados indicavam que ele era soropositivo para a doença, mas com a ressalva da alta possibilidade de ser um "falso positivo". Para alguém que poderia estar em negação, foi um resultado satisfatório.

Certamente, isso não impediu que Freddie festejasse. Em setembro, ele estava de volta a Munique para comemorar seu aniversário de trinta e nove anos. O cantor reservou uma noite no clube Henderson's e organizou uma festa sofisticada, com um baile drag em preto e branco, para trezentos convidados, muitos deles com passagem e hospedagem no Munich Hilton pagas do próprio bolso de Freddie. O evento custou a ele cinquenta mil libras[15] e, no dia seguinte, apesar de a festa ter terminado às seis da manhã, Freddie estava de volta ao Henderson's para filmar o videoclipe de seu novo single, "Living On My Own".

"'Living on My Own' tem muito a ver comigo", disse Freddie. "Tenho de dar a volta ao mundo morando em hotéis. Pode ter todo um bando de gente que cuida de você, mas, no final, todos vão embora. Mas não estou reclamando. Estou morando sozinho e me divertindo muito".

Na mesma entrevista, ele mencionou sua longa busca pelo amor e como se sentira usado no passado: "Quando se é uma celebridade, é difícil abordar alguém e dizer: 'Olha, por dentro, eu sou normal'. Então o que acontece é que pisam em mim porque, ao tentar ser normal com alguém, de repente saí do meu casulo e me tornei muito mais vulnerável do que a maioria. Como sou bem-sucedido e tenho muito dinheiro, muitas pessoas gananciosas me perseguem. Mas acabei aprendendo a lidar com isso. Estou cheio de cicatrizes e não quero mais nenhuma".[16]

Em outra entrevista em 1985, Freddie revela uma cicatriz mais profunda: "Você pode ter tudo no mundo e ainda ser o homem mais solitário de todos. E esse é o tipo mais amargo de solidão. O sucesso me trouxe idolatria mundial e milhões de libras, mas me impediu de ter a única coisa que todos nós precisamos – um relacionamento amoroso duradouro. É como as velhas histórias de Hollywood, em que todas aquelas atrizes maravilhosas simplesmente não conseguiam manter um relacionamento porque a carreira vinha primeiro. É assim que acontece comigo. Não consigo sossegar por um tempo e me dedicar a um caso de amor porque todo tipo de problema relacionado aos negócios se acumularia. A roda tem de continuar girando, e isso dificulta muito que alguém viva comigo e seja feliz. Sou motivado pelo meu trabalho e continuarei enquanto meu organismo me permitir – até que eu enlouqueça. Há uma voz dentro de mim dizendo: 'Desacelera, Freddie. Você vai acabar ficando esgotado'. Mas eu simplesmente não consigo parar".[17]

Os comentários de Freddie parecem vir de um homem resignado com seu destino e, ainda assim, são comentários estranhos, considerando que uma das coisas que tanto desejava – um relacionamento sólido – ele agora havia encontrado, graças à parceria com Jim Hutton. É possível que os boatos que começaram a circular sobre a saúde de Freddie estivessem começando a deixá-lo para baixo. John Deacon certamente estava ciente da predileção da Fleet Street por fofocas e do foco em Freddie Mercury: "Bem, eu ouvi que alguém perguntou, acho que foi o *The Sun* ou algo assim, porque a Aids está muito em evidência na imprensa no momento, então eles telefonam e querem saber: 'É verdade?'. E se você disser não, então acaba virando 'Fulano nega etc. etc.' Quer dizer, eles podem distorcer da maneira que quiserem".[18]

# - 37 -

As vendas decepcionantes de seu trabalho solo também poderiam ter algo a ver com o mal-estar de Freddie. O single "Made In Heaven" fracassou no Reino Unido, no início de 1985, alcançando o 57º lugar, e "Living On My Own" não foi muito além, chegando ao 50º lugar. Freddie foi convidado por Dave Clark para gravar uma música para seu novo musical de Londres, *Time*, e Roger e John dedicaram algum tempo a seus próprios projetos solo, mas, devido ao sucesso no Live Aid, era óbvio para todos no Queen que eles eram melhores juntos do que como artistas solo.

A performance no Live Aid significava que o Queen estava mais uma vez na boca do povo. Álbuns anteriores da banda haviam voltado para as paradas, e a carreira do grupo estava aparentemente revitalizada. Então, em setembro de 1985, todos os quatro integrantes do Queen, junto com o produtor Mack, estavam de novo em Munique, prontos para gravar. Na companhia de uma equipe produtora de documentários, que capturou Freddie bebendo vodca o tempo todo e fumando um cigarro atrás do outro, a canção inicial que o Queen gravou foi "One Vision", a primeira a ter toda a banda compartilhando o crédito de composição.

"One Vision" foi lançada como single em novembro de 1985 e a música se tornou um hit no Top 10 do Reino Unido, chegando ao sétimo lugar, embora tenha alcançado a 61ª posição nos Estados Unidos, onde a banda ainda era nitidamente impopular e fora de moda. Houve também uma reação negativa no Reino Unido em relação a "One Vision", pois alguns segmentos da imprensa britânica viram o single como uma tentativa explícita de a banda lucrar com o sucesso no Live Aid alguns meses antes.

Enquanto isso, Freddie foi para o mundialmente famoso Abbey Road Studios em Londres, onde gravou uma versão conceitual de "In My Defense", uma balada poderosa escrita por Dave Clark, para o próprio musical. Freddie também encontrou tempo para fazer uma aparição na passarela em novembro, atravessando o palco com a atriz Jane Seymour, que trajava um vestido de noiva assinado por Elizabeth e David Emanuel, no Royal Albert Hall, para apoiar a Fashion Week.

Durante todo esse período, ele viajou entre Londres e Munique com seu parceiro, Jim Hutton, que embarcava para a Alemanha para ficar com ele um fim de semana sim, outro não. Mas, se Jim esperava que o tempo que passariam juntos em Munique seria para relaxar, ele se decepcionou, pois Freddie mergulhou no projeto seguinte do Queen, e o companheiro se viu, na maioria das vezes, entregue à própria sorte: "No estúdio, Freddie só tinha uma coisa em mente – trabalho, trabalho e mais trabalho", lembra ele. "Eu o observava pelo vidro, mas era raro ele olhar na minha direção porque estava completamente absorto em seu trabalho. Ele fumava um cigarro atrás do outro, ou melhor, acendia Silk Cuts sem parar e, para aumentar o gás e a adrenalina, entornava vodca russa. Ele só bebia Stolichnaya".[1]

A banda também passava as noites no estúdio de gravação, depois todos iam a um restaurante juntos, e então Freddie e Jim escapuliam para um dos clubes no Triângulo das Bermudas. Mas, ou o apelo de Munique estava aparentemente se esvanecendo para Freddie, ou os possíveis riscos na cidade estavam começando a assustá-lo. Ele passou a ficar mais tempo em Londres, morando em sua luxuosa mansão recém-reformada, a Garden Lodge. Frequentar boates e clubes noturnos parecia ter menos apelo para Freddie, qualquer que fosse a cidade em que estivesse, e ele estava se distanciando cada vez mais da cena gay.

De volta ao Reino Unido, a gravadora de Freddie, a CBS, lançou outro single solo dele, "Love Me Like There's No Tomorrow". Embora os dois lançamentos anteriores tenham tido um desempenho ruim, essa música foi o maior fracasso de todos, arrastando-se nas paradas no 76º lugar. Talvez o resultado deplorável tenha ocorrido em um momento apropriado, visto que ele escreveu a canção para Barbara Valentin, sua amiga e amante que fazia parte de sua trupe em Munique. Agora, no final de 1985, Freddie estava ficando cansado e desconfiado de Munique e do estilo de vida que adotara lá por diversos anos. Ele já tinha desistido de ter relações sexuais com Barbara, e a distância entre os dois começou a aumentar. Algo tinha acontecido com Freddie para fazê-lo mudar de comportamento, mas ninguém poderia se meter nisso. Barbara alegou se lembrar de um incidente, quando ele se cortou, embora não se recordasse de uma data. Ela contou à autora Lesley-Ann Jones sobre o grito dele diante das mãos ensanguentadas, enquanto ela tentava ajudá-lo. Ele berrou: "NÃO! Não toque em mim! Não toque em mim!". Valentin continuou contando a Jones: "Foi então que me dei conta. Ele nunca me contou, mas depois disso eu sabia".[2]

A nova mentalidade de Freddie ficou evidente quando, no final de 1985, de forma abrupta e sem alarde, abandonou a cena dos clubes de Munique, bem como seu caso com Valentin, com quem ele ainda saía ocasionalmente. O cantor foi embora da cidade alemã, deixando para trás uma vida que ele havia cultivado e com a qual tinha se deleitado por vários anos, sem dar qualquer explicação para a decisão repentina, e isso foi um choque para Valentin.

"Num minuto éramos inseparáveis, fazendo literalmente tudo juntos. No instante seguinte, ele se foi. Simplesmente desapareceu da minha vida", lembrou ela.[3]

Freddie não costumava tomar decisões de forma leviana e, uma vez tomadas, raramente voltava atrás. Parece que algo monumental influenciou essa decisão.

"Talvez ele não estivesse bem, porque era muito reservado sobre seu estado de espírito", sugere Peter Straker.[4] Freddie já tinha discutido com Jim a possibilidade de se mudar de volta para Londres; portanto, abandonar Munique devia estar em sua mente havia várias semanas – possivelmente desde que fez um teste de HIV no outono de 1985. Provavelmente, era porque ele sabia que tinha toda a probabilidade de ser HIV positivo. Vários escritores sugeriram que o medo de Freddie de contrair o HIV na cena gay de Munique estava relacionado à decisão que ele tomara, mas talvez a questão fosse mais complexa do que isso. Para os amigos próximos de Londres, ele parecia diferente de alguma forma.

A mudança para Londres, inesperada e brusca como foi, mudou a vida de Freddie – um possível reconhecimento da loucura dos caminhos que escolhera e dos perigos aos quais ele se expôs e pelos quais agora estava pagando um preço. Ele tinha trinta e nove anos, era rico e famoso e mantinha um relacionamento estável pela primeira vez desde 1976 e Mary Austin. Além do mais, o Queen estava ressurgindo. A vida de fato nunca tinha sido melhor para Freddie Mercury. Mas ele foi duramente atingido pela notícia da morte de Rock Hudson e pela maneira como o legado da estrela do cinema foi destruído pelos tabloides e colunistas de fofoca.

"Toda a exposição de Rock Hudson e a morte do ator realmente o perturbaram. Se saísse algo no noticiário, ele assistia com atenção a tudo e depois ficava quieto", disse Peter Straker.[5]

O legado de Freddie teria o mesmo destino se fosse descoberto que ele tinha HIV? A banda seria lançada em um vácuo musical porque ele teria de se declarar gay e admitir que estava infectado com o HIV? Freddie só conseguia ruminar sozinho sobre essas consequências, e Munique não era o lugar para fazer isso. Sua reação foi se cercar de estabilidade e daqueles que ele amava, o que era compreensível, considerando a notícia que ele provavelmente acreditava ser o diagnóstico certo. Seus atos, idade, personalidade, fama e riqueza, tudo deve ter parecido sem sentido em face da morte.

Voltando a Londres e ao santuário da Garden Lodge com Jim, que já havia se mudado para lá, Freddie não só cortou relações com seus amigos em Munique, muitos dos quais morreriam de doenças relacionadas à Aids nos meses e anos seguintes, mas parou com os casos fugazes, o uso de cocaína e as idas a boates e clubes noturnos.

"Eu costumava viver para o sexo, mas agora mudei", disse Freddie. "Parei de sair, deixei de lado as noites de festa pesada. Quase virei freira.

É incrível, eu achava que sexo era muito importante para mim, mas agora percebo que fui na direção contrária. Antes eu era muito promíscuo, era excesso para todos os lados, mas agora estou totalmente diferente. Parei com tudo e não sinto falta desse tipo de vida. Está tudo bem".[6]

Mas *não estava* tudo bem. É claro que algo aconteceu no final de 1985 para que Freddie largasse Barbara Valentin, os garotos festeiros nas boates de Munique, as drogas, os encontros de uma noite só e se retirasse tão repentina e abruptamente rumo a Garden Lodge, em Londres. A explicação só pode ser a de que, após repetidos testes de HIV, o último deles – e até então o mais confiável –, realizado pelo seu médico em Munique, tivesse confirmado que o cantor era HIV positivo, uma realidade a qual ele não podia mais negar. Freddie sabia que a doença não só iria matá-lo, como também ameaçaria destruir sua banda e seu legado musical e artístico.

E, como as preocupações de Rock Hudson sobre seu *status* de galã do cinema, esse pode ter sido o maior medo de Freddie.

# - 38 -

Freddie passou o Natal de 1985 em sua mansão, a Garden Lodge, com Jim Hutton, que se mudou para lá com o cantor em novembro de 1985. Parte do acordo era que Jim contribuiria para o orçamento da manutenção da casa, apesar de ganhar apenas cem libras por semana no The Savoy e Freddie ser multimilionário. Não parecia um acordo justo, mas, entre eles, Freddie e Jim concordaram que Jim deveria fazer uma contribuição de cinquenta libras por semana para ajudar nas contas da casa, e Freddie cuidaria do resto.

"Era o equivalente a mais da metade do meu ganho semanal, embora Freddie nunca tenha tido conhecimento disso", disse Hutton. "Mas eu paguei de boa vontade; ajudou a manter nosso relacionamento em pé de igualdade, mas depois ele abandonou a ideia".[1]

O ano novo começou com o Queen e Freddie trabalhando em um projeto de filme. Dirigido por Russell Mulcahy, *Highlander – o guerreiro imortal* era um filme luxuoso de fantasia e aventura e com um orçamento robusto, estrelado por Christopher Lambert e Sean Connery. A banda foi convidada a assistir a vinte minutos de partes soltas do filme para decidir se era algo que poderia atraí-los, e os integrantes foram fisgados de cara. O Queen não criaria uma trilha sonora completa para o filme – que ficaria a cargo do compositor americano Michael Kamen –, mas contribuiria com nove canções. Freddie compôs apenas uma delas, a faixa intitulada "Princes of the Universe", que foi usada após a aparição do título do filme. O próximo álbum do Queen, *A Kind of Magic*, tornou-se a trilha sonora não oficial de *Highlander* e continha cinco das canções usadas no filme e outras quatro faixas escritas especificamente para o álbum, incluindo "Pain Is So Close To Pleasure" e "Friends Will Be Friends", ambas coescritas por Mercury e Deacon, assim como o single lançado anteriormente pela banda, "One Vision".

Na época do lançamento iminente de *A Kind of Magic*, o Queen estava junto havia quinze anos e respondeu a perguntas com relação ao que ainda tinha a oferecer. Em uma entrevista de 1985, John Deacon deu uma indicação sobre a disparidade da banda: "Nós não somos mais um grupo. Somos quatro indivíduos que trabalham juntos como Queen, mas nosso trabalho com o Queen agora está tomando cada vez menos o nosso tempo".[2]

Sempre havia boatos sobre o término do Queen, mas agora esses rumores pareciam ter algum fundamento por trás. Uma reunião – alguns diriam uma reunião de *crise* – foi realizada na Suíça, e lá os quatro integrantes da banda disseram que tentariam mais uma vez. O resultado foi *A Kind of Magic*, as músicas para *Highlander* e a turnê espetacular que estava por vir. Como Peter Freestone diria: "No fim das contas, Freddie sabia que poderia criar o que quisesse sozinho, mas sua vida, sua música, girava em torno do Queen".[3]

O álbum *A Kind of Magic* foi crucial para o Queen se manter como um grupo unido, mas Paul Prenter continuava sendo uma influência negativa. Freddie ouvia com frequência de Prenter que ele era maior do que o resto da banda e que ficaria melhor sozinho. "Ele [Prenter] se tornou um pesadelo e dividiu Freddie e a banda", lembra John Reid,[4] enquanto Peter Straker diz: "Paul era bastante difícil, e muitas pessoas ao redor de Freddie não eram muito fãs dele, mas tinham que aturá-lo. Eu simplesmente costumava ser cauteloso com ele, é a melhor coisa que posso dizer sobre Paul".[5]

Com a conclusão do novo álbum e da música para *Highlander*, Freddie voltou suas atenções para a gravação da faixa "Time" para o musical de Dave Clark, de mesmo nome. Clark estava ansioso para que Freddie assumisse um papel na produção teatral de *Time*, chegando até a convidá-lo para jantar uma noite com ele e lorde e lady Olivier. Lorde Olivier teve uma participação na produção de palco, aparecendo como um holograma em cada apresentação, e Freddie, um admirador de Olivier, aproveitou a oportunidade para jantar com o grande homem. Foi a única ocasião em que os dois se encontraram, e Freddie lembra como lorde Olivier disse a ele para "ferrar com os críticos" quando ficou sabendo como a imprensa especializada em música frequentemente ridicularizava o Queen e sua música.[6] Mas, mesmo assim, Freddie recusou a oferta de Dave Clark para um papel. "Para começar, meu querido, não levanto antes das três da tarde, então não posso fazer matinês. Por outro lado, quando faço um show, eu canto pra caramba por três horas e depois caio morto. Então seria impossível fazer oito shows por semana", disse ele.[7]

Enquanto isso, "A Kind of Magic" foi lançado como single e alcançou o terceiro lugar no Reino Unido. Também ficou no Top 10 na Europa. Menos de um mês depois, Freddie compareceu à noite de estreia exclusiva de *Time* para celebridades, no Dominion Theatre, em Londres. Ele levou seu parceiro, Jim Hutton, ao show e, embora o relacionamento deles parecesse estar indo bem, Freddie garantiu que Jim não estava sendo iludido, e que sua música vinha em primeiro lugar.

"Eu não sacrificaria minha carreira se um parceiro quisesse", disse o cantor. "É a minha carreira que me move. O que mais eu faria? Ficar à toa, engordar e estar lindamente apaixonado? Não, eu gostaria de continuar sendo tão bem-sucedido quanto sou, compor belas canções *e* estar apaixonado – não que isso tenha funcionado até agora. Minha vida privada sempre será errante. Vou continuar tentando".[8]

Certamente, Freddie não mostrou sinais de desaceleração durante a primavera de 1986. O single "Time", tocado e coproduzido por Mercury, foi lançado e alcançou o 32º lugar nas paradas. Ele foi ao estúdio com o cantor de rock americano Billy Squier para colaborar em duas canções: "Love is The Hero", na qual Freddie fez a voz de apoio e tocou piano, e "Lady With A Tenor Sax", coescrita por Mercury. Ainda dedicou algum tempo para compor uma canção, "Hold On", para o filme alemão *Zabou*, dirigido por Hajo Gies.

Em paralelo ao trabalho solo de Freddie, e dos outros membros da banda, o Queen estava se preparando para uma grande turnê pelo Reino Unido e pela Europa, a maior que eles realizariam e, como se viu depois, a última turnê com a formação original da banda. A turnê *Magic* estava agendada para começar em 7 de junho, em Estocolmo, e teria vinte e seis shows em toda a Europa até o encerramento, em 9 de agosto, no Knebworth Park, na Inglaterra. Os ingressos para todos os shows se esgotaram em questão de horas, confirmando o *status* do Queen como uma das maiores atrações ao vivo na música. E os fãs não ficariam desapontados: além de escolher os locais mais espaçosos, a banda contratou o maior palco e os melhores equipamentos de iluminação já montados. Seria o show para fechar todos os demais com chave de ouro.

Cinco dias antes do início da turnê, o Queen lançou seu décimo segundo álbum de estúdio, *A Kind of Magic*. O disco foi direto para o topo das paradas do Reino Unido e, com isso, tornou-se o primeiro álbum da banda com conteúdo inédito a ocupar a primeira posição na Grã-Bretanha desde *The Game*, em 1980, vendendo mais de seiscentas mil cópias. Enquanto os fãs receberam bem o álbum, a imprensa especializada em música não estava nada entusiasmada. Entre esses veículos estava a *Rolling Stone*, que comentou: "O álbum, que poderia ter sido o momento supremo do Queen, apresenta uma absoluta falta de imaginação *gauche*".[9]

As críticas negativas não prejudicaram as vendas de discos nem impediram as pessoas de comprar ingressos para os shows do Queen e, aparentemente, não pareciam incomodar Freddie Mercury em nada: "Não dou a mínima para os críticos, pra falar a verdade. O apoio da imprensa é importante apenas no início de uma carreira como músico de rock. Quando o sucesso chega, são os fãs que decidem se é para ser ou não ser. A imprensa pode escrever o que quiser".[10]

Enquanto o álbum subia nas paradas de sucesso em toda a Europa, Freddie e o Queen embarcaram na turnê *Magic*, que rodou o continente todo antes de chegar à Inglaterra em 9 de julho, quando o Queen tocou no St James' Park, em Newcastle, e doou todos os lucros do show para o Save

The Children. Nos dias 11 e 12 de julho, o grupo retornou ao Estádio de Wembley, cenário do triunfo do Live Aid, e fez duas apresentações com ingressos esgotados.

Mais uma vez, Freddie estava com dores na garganta, sujeito a constantes infecções. Ele sofria de problemas recorrentes com nódulos nas cordas vocais e, durante a turnê, sempre viajava com um inalador de vapor e chupava pastilhas antes de subir ao palco. Mas nada iria impedir esse retorno triunfante à casa do Queen. As apresentações misturaram clássicos do catálogo anterior com alguma coisa do material de *A Kind of Magic*, bem como um *medley* de rock'n'roll no meio do set. Para concluir o show, Freddie emergiu de fora do palco envolto em um manto de arminho e usando uma coroa digna de um rei enquanto a versão de Brian May de "God Save The Queen" tomava o estádio.

O primeiro show em Wembley foi seguido por uma festa turbulenta para a equipe de roadies, que teve o usual deboche do rock'n'roll, enquanto, após o segundo show no estádio, houve uma comemoração mais requintada para a banda no restaurante Roof Gardens, em Londres. Embora possa ter sido uma ocasião mais calma, ainda seguia a grande tradição das festas pós-show do Queen, com ascensoristas de elevador usando nada mais do que pintura corporal, e anões, garçonetes de *topless* e atendentes de banheiro só de tapa-sexo, enquanto davam conta de quinhentos convidados.

Freddie compareceu à festa, que custou mais de oitenta mil libras,[11] com Jim Hutton, mas, por causa da imprensa reunida lá, teve de aparecer acompanhado de Mary Austin e ser fotografado apenas com ela em seus braços. Mesmo agora, em 1986, a fachada tinha de permanecer – Freddie não podia arriscar a se assumir.

Mas, enquanto os convidados se deleitavam na festa, Freddie não agiu como sempre fazia. Na verdade, seu comportamento extraordinariamente reservado após o show durante a turnê começou a ser notado por outros membros de sua comitiva. Spike Edney, que tocou teclado no palco com o Queen durante a turnê, lembrou como Freddie se acalmou na estrada: "Fred estava muito mais tranquilo. Ele não tinha o apetite para frequentar boates e ficar acordado a noite toda, como costumava fazer. Além disso, estava realmente cuidando da voz. Muitas vezes, acabávamos voltando para a suíte dele, bebendo champanhe e fazendo palavras cruzadas ou jogando Trivial Pursuit. Eu me lembro de várias ocasiões em que ainda estava acordado às nove da manhã, só eu e Fred, terminando uma partida".[12]

Roger Taylor também notou uma diferença em Mercury. "Freddie está diferente este ano. O que você fez com ele?", perguntou Taylor a Jim Hutton. Ele continuou a descrever como o colega era um homem decididamente mudado, que tinha deixado de vagar à espreita pela cena gay nas cidades que visitava. Ainda assim, paradoxalmente, outros comentaram que ele mal conseguia ficar parado: vivia preocupado, inquieto, cruzando e descruzando as pernas. A impressão era a de que ele estava prestes a explodir. Parecia estar tomado por uma ansiedade que não estava relacionada a pensar no futuro, mas sim a querer controlá-lo.

Talvez a ausência de Paul Prenter tenha algo a ver com isso. Como grupo, o Queen se livrou dele em 1985 ("Ele começou a se achar importante demais, na minha opinião", disse Brian May),[13] mas, em seguida, Freddie, em um ato de generosidade típica, contratou Prenter para trabalhar diretamente com ele. Paul saiu e voltou – ao que parece, mais próximo de Freddie. No entanto, pouco antes da turnê *Magic*, um ano depois, algo mudou. Prenter aborreceu Freddie ao fazer uma festa improvisada no apartamento do cantor em Stafford Terrace. Freddie lhe dera as chaves de sua casa e também algum dinheiro para Prenter se manter, mas ele abusou dessa lealdade equivocada ao dar a festa sem o conhecimento de Mercury e destruir o local.

Furioso, Freddie o despediu na hora. Porém, Prenter também era volátil e ameaçou "fazer isso e aquilo", embora ninguém, incluindo Freddie, tivesse a menor ideia do que era "isso e aquilo" nessa intimidação. No entanto, eles descobririam exatamente o que Prenter queria dizer com aquelas ameaças alguns meses depois.

Após dois shows em Wembley, o Queen fez uma apresentação em Manchester e então viajou para a Alemanha e a Áustria antes de fazer um show histórico em Budapeste, em 27 de julho, que continua sendo a maior performance de uma banda de rock ocidental na então Europa comunista. Durante a parte acústica do show em Budapeste, Freddie e Brian May tentaram uma versão de uma canção tradicional húngara, e Mercury leu a letra da música nas anotações escritas na palma da mão. A multidão húngara, que esgotara os ingressos, adorou a apresentação. No entanto, fica claro nas filmagens do show que Freddie parece cansado. Ele é extremamente profissional e segue o roteiro, mas não faz muito mais do que isso. Ao deixar o palco após o encerramento do show, Freddie foi brevemente abordado por um repórter húngaro, que lhe perguntou se aquele show era o início de uma longa amizade com a Hungria. A resposta de Freddie foi curta, mas cheia de presságios: "Se eu estiver vivo, voltarei", diz ele.

Após uma apresentação na França, a banda seguiu para Barcelona para o primeiro de três shows na Espanha. Foi em Barcelona, no final de julho, que Freddie concedeu uma rara entrevista na televisão espanhola, na qual foi questionado sobre quais cantores mais admirava. Embora esperassem que respondesse com o nome de alguma lenda do soul, como Aretha Franklin, ele surpreendeu a todos ao dizer que quem mais admirava na época era a cantora de ópera espanhola Montserrat Caballé. Ele a ouviu pela primeira vez quando Peter Freestone o levou para assistir à apresentação de Luciano Pavarotti na Royal Opera House, em 1981, onde ela o surpreendeu com o poder e a beleza de sua voz. Intencionalmente ou não, na entrevista, Freddie escolheu o lugar certo para expressar sua paixão por Caballé, já que a estrela da ópera nasceu em Barcelona e se orgulhava de sua origem catalã.

Após a entrevista de Freddie para a televisão, o Queen subiu ao palco do Mini Estadi do Barcelona, no dia 1º de agosto e, alguns dias depois, Jim Beach procurou Freddie e disse que havia recebido um telefonema de Carlos Caballé, irmão e empresário de Montserrat, e também de Pino Sagliocco, promotor do Queen na Espanha. Montserrat Caballé, no final das contas, estava viajando em turnê na época, mas ficou sabendo dos comentários de Freddie, e surgiu a ideia de que, talvez, ele quisesse marcar um encontro para escrever uma canção para ela.

Era uma perspectiva assustadora e emocionante e, a princípio, Freddie relutou em aceitar o desafio. Mas, convencido por Jim Beach e Peter Freestone, acabou concordando em discutir o assunto mais a fundo, e foi combinado que se encontraria com Montserrat na Espanha, na primavera de 1987, para discutirem um possível projeto.

De Barcelona, a turnê do Queen passou por Madri e depois por Marbella, antes de voltar ao Reino Unido para o maior show da turnê, o *grand finale* e o último show que os integrantes da banda fariam juntos. Mais de cento e vinte mil fãs pagaram para assistir à apresentação do Queen no Knebworth Park, em 9 de agosto de 1986. Ao som de "One Vision", Knebworth viu o Queen entrar no palco no auge de sua força ao vivo, enquanto entretinha a multidão com um set de vinte e seis canções que incluía praticamente todos os sucessos, até finalizar com a reverência de Freddie, vestido em um majestoso manto de arminho e ostentando uma coroa, a qual ele ergueu para saudar o público. Se eles tinham alguma ideia de que este seria o último show, então o Queen certamente encerrou em grande estilo.

Talvez Freddie tenha sentido uma certa inevitabilidade durante aquela apresentação, que pode ter começado a se manifestar ao longo da turnê: a de que ele estava se aproximando do fim da estrada, sobretudo no que dizia respeito a turnês. Durante grande parte dessa turnê, ele esteve estranhamente reservado. E, embora tal comportamento tenha sido observado e comentado, ninguém na banda ou na comitiva do Queen suspeitou de nada, com certeza nada relacionado ao estado de saúde dele. Mas os sinais estavam lá. Depois de uma briga na Espanha com John Deacon, Mercury deixou escapar o seguinte comentário: "Não vou fazer isso para sempre. Esta é provavelmente a última vez".[14] Ao sair do palco após o show de Knebworth, Freddie murmurou algumas palavras proféticas para Brian May: "Freddie disse algo como: 'Ai, eu não posso mais fazer isso, meu corpo todo está destruído de dor!'. Mas ele normalmente dizia coisas assim no final de uma turnê, então eu não acho que levamos isso muito a sério de fato", lembra May.[15]

Fotografias de Freddie se apresentando em Knebworth parecem mostrar marcas na bochecha esquerda que, para algumas pessoas, sugerem o sarcoma de Kaposi facial. Uma inspeção mais de perto parece mostrar uma coleção de pequenos caroços elevados na bochecha, em vez de uma lesão – um possível sinal de herpes-zóster, outro sintoma comum em pessoas infectadas pelo HIV.

Após a apresentação, Freddie saiu correndo e não quis se envolver em nenhuma festa pós-show. Como a *Rolling Stone* comentou: "No final do show, Mercury deixou o local às pressas. Era evidente que ele estava com alguma preocupação. Freddie não iria mais querer ser visto pelo público que o amava".[16]

"Fizemos nossos últimos shows com Fred em 1986", lembra Roger Taylor, "embora na época eu jamais esperasse que fossem as nossas últimas apresentações – nenhum de nós, na verdade. Ninguém da banda poderia prever que ele ficaria doente e morreria tão cedo".[17]

Apenas Freddie sabia. Seu último show foi para uma plateia de cento e vinte mil fãs. Foi a maneira perfeita de fechar as cortinas para o reinado do Queen como o melhor show ao vivo dos últimos tempos. Talvez o melhor de todos.

# - 39 -

A ausência de shows da turnê *Magic* fora do Reino Unido e também do restante da Europa foi sentida. Sem dúvida, o Queen não estava no topo das paradas nos EUA, mas a banda ainda tinha adoradores fiéis por lá, mesmo que tivesse causado a ira dos estados centrais do país, por causa do clipe de "I Want To Break Free". Certamente, uma turnê nos estádios americanos serviria apenas para promover o último álbum, *A Kind of Magic*, que havia ficado em 46º lugar no Top 200 da Billboard, a posição mais baixa de um disco do Queen nos EUA desde 1974. E, como o Live Aid foi exibido ao vivo no Reino Unido e nos Estados Unidos, onde a banda conquistou um horário nobre na televisão americana, havia milhões de telespectadores do outro lado do Atlântico que assistiram ao Queen roubar a cena e que, talvez, quisessem vê-los ao vivo.

Mas por que tantas regiões foram deixadas de fora da programação da turnê, em especial a América do Norte? A popularidade cada vez menor nos Estados Unidos é uma resposta possível, ou quem sabe uma desculpa, mas muito mais provável é o efeito que a Aids estava tendo na indústria de seguros no ramo do entretenimento. Foi em meados da década de 1980 que as principais seguradoras americanas voltaram as atenções especificamente para o HIV. Em 1985, a Transamerica Occidental Life Insurance Company, sediada em Los Angeles, descobriu que havia pago mais de dois milhões e meio de dólares em benefícios por morte em cerca de vinte casos de Aids, e outras seguradoras, refletindo a preocupação de que a Aids custaria à indústria de seguros bilhões de dólares em benefícios por morte, começaram a rastrear candidatos a apólices para se livrar de prováveis vítimas do vírus mortal.

Perguntas específicas sobre a Aids se tornavam rotineiras na realização de exames físicos em 1986, sobretudo nos EUA, onde eram exigidos antes que as apólices fossem emitidas. No verão anterior, o grupo financeiro americano Lincoln National emitiu uma nota recomendando que "estilos de vida e hábitos dos candidatos a seguros de vida fossem considerados pelas quase setecentas seguradoras que atualmente resseguram [ou seja, assumem parte do risco segurado]". A nota aconselhava ainda que, "se o estilo de vida de um candidato se enquadra no perfil propenso à Aids, isso não deve constituir motivo para rejeição, mas deve suscitar novas investigações".[1]

"Nossos piores temores estão se materializando", disse Nancy Langer, porta-voz do Lambda Legal Defense and Education Fund, um grupo de direitos de homossexuais de Nova York. "Não é nenhuma surpresa que as seguradoras procurem minimizar a responsabilidade delas sobre clientes que contraem a doença".[2]

As seguradoras dedicadas ao setor de entretenimento adotaram um ponto de vista semelhante no que dizia respeito aos seguros de seus clientes. Dada a percepção sobre o estilo de vida que o pessoal da indústria do cinema e da música levava, com uma farta quantidade de bebida, drogas e sexo, a possibilidade de um grande talento ser infectado pelo HIV era uma enorme preocupação para as seguradoras no ramo do entretenimento. Elas simplesmente não podiam arcar com atores, cantores e intérpretes que deixassem de cumprir com os compromissos contratuais devido a doenças relacionadas à Aids. O custo da saída de uma estrela de cinema de uma grande produção ou do cancelamento de uma turnê de uma banda porque um dos integrantes estava doente em decorrência do HIV era potencialmente enorme, e a indústria de seguros decidiu resolver isso com urgência. E Mercury, por causa da sua sexualidade e do seu estilo de vida (embora, para todos os efeitos, a sexualidade dele ainda fosse um segredo), era um forte candidato.

Freddie afirmou que tinha feito um teste de HIV em 1985, embora seja provável que dois testes diferentes tenham sido realizados (o primeiro em Londres e o segundo em Munique), e alegou ter dado negativo, mas, em 1986, as seguradoras americanas, particularmente as que atendiam a indústria do entretenimento, insistiam em realizar os próprios testes de Aids antes de emitir apólices. No Reino Unido e na Europa, as medidas não eram tão rigorosas, e as seguradoras simplesmente deixavam tudo nas mãos dos clientes, que forneciam o próprio histórico médico, quando apropriado, e assinavam para confirmar que todas as informações fornecidas estavam corretas, até onde tinham conhecimento.

Freddie sabia que as seguradoras americanas teriam insistido em outro teste de HIV, o qual daria positivo. Por causa dos tabloides na Grã-Bretanha, ele já estava no radar delas. Se um teste de HIV desse positivo nos Estados Unidos (o que ele provavelmente sabia que ia acontecer), seria difícil esconder a notícia do público, a turnê do Queen teria de ser cancelada, e ele seria forçado a contar aos seus companheiros de banda, aos pais e ao mundo que tinha HIV, o que, por sua vez, era equivalente a se assumir. Era algo que Freddie não estava disposto a cogitar. Seria bem melhor nem pensar em fazer turnê nos EUA e no resto do mundo e também desistir das datas na Europa e no Reino Unido. Mas como ele explicou a relutância em realizar uma turnê americana ou em outros países para o resto do Queen?

"Ele apenas nos disse que não estava com vontade de fazer turnês, e foi só isso", lembra Brian May.[3]

No entanto, sair em turnê no Reino Unido e na Europa representava um alto risco para Freddie. Ele deve ter suspeitado que seria a última turnê que faria e, para um artista nato, é provável que quisesse um último canto do cisne, mas, se ele adoecesse ou perdesse a voz de repente, as consequências financeiras poderiam ser enormes, potencialmente desastrosas caso um teste posterior desse positivo para o HIV e o vírus fosse considerado a causa da doença.

Como era bem provável que ele já tinha tido um teste positivo em 1985, nunca houve qualquer chance de o Queen se apresentar na América do Norte em 1986 ou depois, ou em qualquer lugar que tivesse diretrizes rígidas de teste de HIV para cumprir os termos e as condições do seguro.

Freddie pode ter feito a própria apólice de seguro para os shows no Reino Unido e na Europa, uma que cobrisse a perda de voz devido a algum problema de saúde, mas dado o risco que ele representava para seus companheiros de banda e fãs nos Estados Unidos, tal apólice era inútil no país. Com um potencial de milhões de libras em jogo e sem seguro, é bem provável que Freddie simplesmente tenha dito às seguradoras com cobertura no Reino Unido e aos programas europeus que o teste de HIV deu negativo e tenha assinado os documentos. Ele só precisava se manter em forma e bem o suficiente para chegar até Knebworth e, em seguida, sair de cena diante da maior multidão de todas. Seria uma despedida perfeita se ele a *tivesse* planejado – e parece que o fez.

Após o show em Knebworth, Freddie estava determinado a ficar fora dos holofotes por um tempo. Ele não fez nenhum trabalho promocional quando o single seguinte do Queen, "Who Wants to Live Forever", foi lançado em setembro (e só alcançou o 24º lugar nas paradas britânicas) e não compareceu à cerimônia do British Video Awards de 1986, em que o grupo ganhou o prêmio de melhor gravação de show ao vivo por *Live in Rio*, e coube a Brian May e Roger Taylor recebê-lo. Em vez de aparecer em público, Freddie passou o resto de agosto e o início de setembro planejando seu aniversário de quarenta anos. Já totalmente instalado na Garden Lodge, o cantor decidiu realizar uma festa chamada "Mad Hat" para seus amigos mais próximos no domingo, 7 de setembro, mas primeiro, na sexta-feira, dia 5, quando de fato fazia aniversário, ele comemorou com Jim Hutton, que lhe presenteou com uma aliança de ouro. No entanto, embora usasse o anel pela casa, Freddie sempre o tirava em público.

Poucos dias depois, ele e Jim Hutton partiram para as melhores férias da vida deles, uma viagem longa ao Japão que custou mais de um milhão de libras.[4] Viajando de primeira classe durante todo o percurso, eles começaram em Tóquio, onde Freddie se deliciou com as compras bizarras. Quando deixaram a cidade, ele já havia gastado duzentos e cinquenta mil libras.[5] Os dois viajaram para a cidade antiga de Kyoto para visitar o Golden Palace e depois foram para Osaka, onde Freddie estava determinado a visitar uma loja de departamentos que tinha uma grande coleção de carpas ornamentais (ele estava transformando seu jardim na Garden Lodge em um jardim japonês completo com um lago para carpas). Na viagem pelo Japão, Freddie continuou fazendo compras: mais de meio milhão de libras[6] foi gasto em uma visita a uma loja especializada em peças de laca. Ao longo dos meses seguintes, todos esses itens seriam cuidadosamente despachados para a casa de Freddie em Londres, para ocupar um lugar de destaque na Garden Lodge, o que gerou despesas adicionais.

Apesar de o voo de volta ter atrasado e de a rota ter sido modificada via Alasca e Munique, as férias foram uma experiência incrível para Freddie e Jim, que se lembra de ter sido uma viagem muito romântica. Mas, quando Freddie desceu do avião em Heathrow, seu humor piorou ao descobrir que o *News of the World* publicara alguns dias antes uma matéria com o título "Astro do Queen Freddie em choque com a Aids". Hugh Whittow do *The Sun* estava em Heathrow quando o avião de Freddie pousou e tentou perguntar ao cantor sobre as alegações da afirmação do *The News of the World* de que Freddie, registrado sob seu nome verdadeiro, Farrokh Bulsara, fez um exame de sangue em uma clínica de Aids na Harley Street, em Londres, com um pseudônimo.

"Pareço estar morrendo?", Freddie retrucou. "Estou perfeitamente em forma e saudável, obrigado. Eu não sei o que as pessoas disseram. É tudo besteira. Claro que estou preocupado com a minha saúde, como todo mundo, certo? Passei momentos maravilhosos no Japão, mas agora tenho de aguentar essa baboseira. Isso me faz me sentir mal. Agora vá embora e me deixe em paz".[7]

Quando eles voltaram para casa, Jim não pôde deixar de reparar que as acusações tocaram em um ponto nevrálgico de Freddie, mas o cantor disse categoricamente que não tinha feito o teste. No entanto, Jim já estava preocupado com a saúde de seu namorado, pois "antes de nos conhecermos, ele tinha mais do que abusado da sua cota de desfrutar da vida intensa de uma estrela do rock de sucesso: muito sexo, drogas e rock'n'roll, com uma sequência de desconhecidos com os quais dormia apenas uma noite.[8]

Escondido atrás dos muros da Garden Lodge, Freddie praticamente não se aventurou a sair no restante do ano. Mas se ele pensava que, ao fazer isso, poderia resistir à tempestade, estava muito enganado. Em 11 de novembro de 1986, o cantor descobriu que John Murphy, o comissário de bordo com quem ele havia passado uma noite nos Estados Unidos alguns anos antes, morrera de uma doença relacionada à Aids, que logo foi seguida pela morte do amante de Murphy, James Wynethorpe, também em decorrência da Aids. Como se isso não bastasse, algumas semanas depois, Freddie recebeu um telefonema para informá-lo de que seu ex-namorado Tony Bastin, com quem teve um relacionamento de dois anos, também tinha falecido da doença, aos trinta e cinco anos.

Freddie deve ter ficado bastante arrasado e apavorado. Um por um, aqueles que ele amava e que não amava, mas com os quais fizera sexo, estavam morrendo em decorrência dessa doença assustadora. Ele não podia ignorar o fato de que o círculo de amigos a seu redor estava ficando cada vez menor e passou as últimas semanas de 1986 enfurnado e indefeso em sua mansão em Londres com Jim Hutton, que não tinha ciência da situação, cercado por seus amados gatos e incontáveis fotos emolduradas de pessoas importantes em sua vida.

Supostamente, Freddie fez mais dez testes de HIV em 1986, após o exame inicial em 1985, cujos resultados, com toda a probabilidade, foram positivos. Como os médicos eram obrigados a lhe dizer que a confiabilidade do teste não era de 100%, Freddie continuou a fazê-los desesperadamente, na esperança de que um deles desse negativo. Ele continuava apresentando sinais de exposição ao vírus, e esses testes indicavam isso, mas até agora nenhum exame havia confirmado totalmente, sem sombra de dúvida, que ele tinha o vírus. Qualquer resultado que mostrasse que não era HIV positivo seria o único que ele aceitaria. Freddie repetiu esses testes agarrado à vã esperança de que alguém lhe desse o resultado negativo pelo qual tanto ansiava. Mas cada um deles mostrava claramente que ele havia sido exposto ao vírus. E, a cada teste positivo, a probabilidade de um resultado negativo futuro se reduzia. Mais cedo ou mais tarde, teria de aceitar um desses testes como verdadeiro. Freddie sabia o que isso significava e sabia qual seria a consequência, mas, mesmo assim, não comentou com ninguém.

"Falávamos sobre a morte de outras pessoas, mas não sobre a nossa", lembra Peter Straker. "Ele nunca falou sobre essas coisas".[9]

A única coisa que Freddie não sabia era quanto tempo de vida provavelmente ainda teria. Em algum lugar e em algum momento do início dos anos 1980, ele cruzou uma espécie de linha invisível: havia sido exposto ao vírus e era HIV positivo. A certeza então era de que isso levaria à Aids. Freddie queria fazer tanta coisa, tinha tanta criatividade para expressar, mas ele pode muito bem ter começado a perceber que seus dias estavam contados, a menos que conseguisse encontrar um tratamento.

Mercury teve mais sorte do que a maioria. Seu respaldo financeiro dava a ele a possibilidade de procurar tratamentos em qualquer lugar do mundo, fossem eles já testados ou experimentais. E, de repente, havia uma ponta de esperança. Do outro lado do Atlântico, nos Estados Unidos, a droga AZT parecia estar tendo efeitos notáveis. A Wellcome anunciou em uma coletiva de imprensa, no final de 1986, que estava conduzindo testes que tinham sido tão bem-sucedidos que o ensaio de vinte e quatro semanas anteriormente planejado fora interrompido após dezesseis semanas por razões "éticas". Durante os testes, um grupo de pacientes já enfermos por causa da Aids ou ARC (complexo relacionado com a Aids) recebeu AZT ou um placebo. As taxas de mortalidade entre aqueles que tomaram AZT foram incrivelmente mais baixas do que aqueles que receberam o placebo: dezenove pessoas das cento e trinta e sete que tomaram o placebo morreram, mas houve apenas uma morte entre as cento e quarenta e cinco que usaram o AZT. Além disso, aqueles tratados com AZT também tiveram um número reduzido de infecções oportunistas e mostraram melhora no ganho de peso e na contagem de células T4. A Wellcome concordou, em resposta à pressão de alguns setores da comunidade gay, que, se o AZT fosse eficaz, as pessoas que estavam morrendo deveriam ser retiradas do placebo imediatamente.[10]

A incumbência de ser uma cobaia não significa estar isento de riscos. Os participantes dos ensaios medicamentosos chamam isso, de forma afetuosa, de "o tribunal das últimas esperanças". Uma descoberta parecia ter sido feita, e os resultados eram empolgantes, embora ninguém afirmasse que o AZT era a cura. Para dezenas de milhares de pacientes com Aids em todo o mundo, os tratamentos potenciais pareciam estar logo ali.

A Aids, aparentemente, poderia ser freada.

# - 40 -

Quando 1986 chegou ao fim, Freddie se refugiava atrás dos muros da Garden Lodge. Foi nessa época que o Queen lançou *Live Magic*, uma coletânea com quinze canções tocadas em shows da recente turnê pelo Reino Unido e pela Europa. Embora tenha alcançado a terceira posição nas paradas britânicas, o álbum foi bastante criticado pelos fãs devido à edição pesada, evidente em várias faixas, que inclusive excluiu a seção de ópera de "Bohemian Rhapsody". O disco chegou ao Top 10 somente no Reino Unido e nem sequer foi lançado nos Estados Unidos, onde a popularidade da banda parecia estar mais baixa do que nunca.[1]

O Queen decidiu fazer uma pausa em 1987 para descansar, revigorar-se e se concentrar em projetos solo. Isso permitiu que Freddie começasse o ano se dedicando às sessões de gravação que iniciara em novembro do ano anterior, no Townhouse Studios, no oeste de Londres. Em janeiro, ele passou a trabalhar em uma série de canções, incluindo uma versão *cover* de "The Great Pretender", sucesso dos Platters que liderou as paradas em 1956.

Freddie podia não estar trabalhando com Brian, John e Roger durante as sessões, mas tinha a seu lado outro colaborador: Mike Moran. Os dois se conheceram durante as gravações para o álbum *Time*, de Dave Clark, e viraram grandes amigos. Moran foi um dos músicos e compositores mais requisitados das décadas de 1970 e 1980 e compôs com Freddie, além de ter coproduzido a versão dele de "The Great Pretender".

"A canção tinha atraído Freddie pois ele gostava muito dela e, além disso, era a cara dele", diz Moran.[2]

"O que eu mais faço é fingir", afirmou Freddie. "É como representar um papel. Eu subo no palco e finjo ser um machão e tudo mais. Acho que 'The Great Pretender' é um ótimo título para o que faço porque eu *sou* o grande fingidor!"[3]

Após gravar a canção, Freddie se dedicou à filmagem do videoclipe, no Battersea Studios. O diretor era David Mallett, que já tinha trabalhado com o Queen em outros clipes, como "Radio Ga Ga" e o polêmico "I Want To Break Free". A primeira cena mostra Freddie surgindo de trás das cortinas de um jeito dramático, sem bigode nem barba, e de terno rosa. Em seguida, ele canta a música conforme desce uma escada gigante, e essa imagem é intercalada com a reencenação de momentos de clipes icônicos do Queen. Freddie também aparece todo montado como parte do trio no vocal de apoio, formado ainda por Roger Taylor e Peter Straker. No fim, ele está com o mesmo terno rosa David Chambers e termina de descer a escadaria, ladeada por cem recortes de papelão com sua fotografia em tamanho real.

A produção, que custou cem mil libras[4] e teve três dias de filmagem, revelou-se como um dos clipes mais populares de Freddie, e a canção se tornou seu maior sucesso solo em vida, alcançando a quarta posição na parada de singles do Reino Unido. "The Great Pretender" trazia comentários precisos sobre a vida de Freddie naquele momento. A escolha por essa canção não pode ter sido mera coincidência: ele sabia muito bem o que ficaria subentendido quando decidiu gravá-la e estava bastante ciente de que interpretara a letra de uma forma diferente do significado original. Ao fazer isso, a música escancarou suas circunstâncias de vida.

"Achei que dava para ir bem mais longe, apenas com a palavra 'pretender' (fingidor, impostor, aspirante)", disse ele, em 1987, ao jornalista David Wigg, de quem era amigo. Freddie afirmaria nessa entrevista que o clipe era, no fundo, "uma brincadeira" e que mostrava que as imagens retratadas por ele ao longo dos anos tinham sido "uma espécie de fingimento".

Mas ao se examinar o clipe junto com a letra ("Ah, sim, eu sou o grande fingidor/ Finjo que estou bem/ Minha necessidade é tanta que finjo demais/ Estou sozinho, mas ninguém percebe"), é difícil não concluir que Freddie está mais uma vez se expondo, de uma forma bem menos sutil do que em canções como "Bohemian Rhapsody", na qual a mensagem em que "se assume" é entremeada por camadas de uma complexa obra-prima da composição. Já em "The Great Pretender", ele se abre e diz a quem quiser ouvir que sua vida foi um grande engano. Mas não é só Freddie Mercury, o artista, que é "o grande fingidor"; é Freddie Mercury, o homem. Afinal, esse nem sequer é seu nome verdadeiro. E ele sempre relutou em falar de como foi criado em Zanzibar, quase como se essa etapa de sua vida não tivesse acontecido. Depois, há a questão do fingimento sobre sua sexualidade: a negação de que era gay, o tempo em que morou com Mary Austin e, em seguida, sua bissexualidade que floresceu no desejo de viver a cena gay de cidades do mundo inteiro. Esse fingimento não se dissipou com a vontade de ter um relacionamento amoroso: ainda assim, seu estilo de vida era tomado por casos de uma noite só, e a promiscuidade entrava em conflito com sua aspiração. Mesmo quando estabeleceu uma relação aparentemente estável com Jim Hutton, Freddie o traía e ainda exigia ser fotografado com Mary Austin nos eventos oficiais, apagando assim a existência de Jim para o público e as câmeras.

Por mais de uma década, Freddie manteve sua homossexualidade em sigilo e se esforçou para garantir que continuasse assim. Até 1986, esse possivelmente era o maior fingimento de todos, mas aí ele deparou com um segredo ainda maior: o de que tinha HIV (em uma entrevista em 2000, Mary Austin afirmou que Freddie viveu sete anos sabendo que era soropositivo, o que significa que os primeiros testes de HIV realizados em 1984 definitivamente deram positivo e que os comentários dele a respeito, de que o resultado tinha sido negativo, eram uma enganação e negação de sua parte).[5]

Em 1987, "The Great Pretender" foi a canção – a *única* – que resumiu Freddie Mercury. A grande ironia era que, assim como aconteceria em suas últimas semanas com a canção "These Are The Days Of Our Lives", composta por Roger Taylor, foi necessário que outra pessoa escrevesse uma música para Freddie conseguir falar de fato sobre seus demônios internos. Freddie Mercury jamais teria composto "The Great Pretender", mas era como se a canção tivesse sido escrita especialmente para ele.

Enquanto "The Great Pretender" estava no topo das paradas, Freddie passou boa parte de fevereiro e março no estúdio produzindo material novo com Mike Moran, e foram raras as vezes que se aventurou a sair em público. Após as alegações divulgadas pelo *The News of the World* de que ele fizera um teste de HIV usando o nome de nascimento, agora sua desconfiança em relação à imprensa britânica estava no auge. Com exceção da participação em um programa de TV alemão, no início de março, Freddie não se comprometeu com nenhuma campanha de divulgação para promover "The Great Pretender". Foi uma escolha dele.

Para ele, havia um compromisso musical bem mais urgente que exigia sua atenção. Em agosto de 1986, durante uma entrevista de TV realizada na Espanha, Freddie falou da sua admiração pela cantora de ópera espanhola Montserrat Caballé. Agora, em março de 1987, várias engrenagens da indústria musical haviam engatado até que fosse marcado um encontro entre Freddie e Caballé, para uma conversa sobre a possibilidade de trabalharem juntos.

"Voltei para casa tarde da noite", lembra Mike Moran, "aí, Fred me telefonou nas primeiras horas da manhã e disse: 'Você não vai adivinhar o que aconteceu. Cheguei em casa e tinha uma mensagem da Caballé, dizendo que ela quer me conhecer. Vamos para Barcelona na próxima semana, e você também vai'."[6]

Freddie estava extremamente nervoso ao ir encontrar a grande diva da ópera, no dia 24 de março, no Ritz Hotel, em Barcelona. Ele havia pegado um voo no dia anterior com Mike Moran, Peter Freestone e Jim Beach, e a sua ansiedade era tanta que, na manhã seguinte, sugeriu que fugissem de Barcelona sem vê-la. A estrela da ópera chegou atrasada, o que se sabia que era um hábito dela. Quando os dois foram apresentados, houve um silêncio gélido e constrangedor. No começo, Freddie ficou incrivelmente acanhado por se sentir intimidado por Caballé, mas uma taça de champanhe Louis Roederer Cristal ajudou a fazer a conversa fluir. Eles logo descobriram que tinham o mesmo senso de humor, o que deixou Freddie à vontade: "Eu não sabia como me comportar nem o que devia dizer a ela. Felizmente, ela me fez sentir muito à vontade desde o início, e percebi que nós dois temos o mesmo tipo de humor", recordou Freddie. "Foi ótimo. Ela brinca, fala palavrão e não se leva a sério demais. Isso realmente me encantou e surpreendeu, porque até então eu tinha a impressão de que todos os grandes cantores de ópera eram rígidos, indiferentes e bastante intimidadores".[7]

Em pouco tempo, Freddie se arriscou e instruiu Peter Freestone a tocar uma fita que levara para o encontro, com a canção "Exercises In Free Love", a qual compôs para ela, em parceria com Mike Moran. "Então Fred tocou a música dele, e ela prestou toda a atenção", lembra Moran. "No final, ficamos em silêncio um tempinho, e aí ela disse: 'Eu adorei e vou apresentar ao mundo em Covent Garden, daqui a três semanas'. Em seguida, deu um tapa no meu ombro e falou: 'E você vai tocar'."[8]

Caballé cumpriu a palavra e cantou "Exercises In Free Love" pela primeira vez para o público de Covent Garden. Mike Moran a acompanhou ao piano e Freddie esteve presente na plateia. "Fomos lá e fizemos o nosso trabalho, e depois Caballé e Carlos foram convidados para jantar na Garden Lodge", recorda Moran. "Carlos, o irmão dela, foi embora, mas ela não queria ir, estava se divertindo muito. Ao sair, Carlos disse: 'Escutem, ela tem de ir para o aeroporto às cinco ou seis da manhã, porque tem um voo para Buenos Aires. Por favor, não deixem que ela fique até tarde'."

"Teve uma hora depois do jantar que ela falou: 'Vamos cantar em volta do piano'. Então me sentei ao piano, e os dois estavam cantando juntos, só de brincadeira, para falar a verdade. Aí ela propôs: 'Vamos cantar algumas músicas suas, Freddie?'. Demos uma passada por algumas e depois cantamos músicas dos shows, e ela comentou: 'Isso é tão divertido, sem as restrições sufocantes que tenho na grande ópera ou em um recital vocal. Seria fabuloso se pudéssemos fazer algo juntos, então por que você não compõe algo para nós dois apresentarmos?'. Freddie respondeu: 'Com certeza podemos fazer isso', mas também lembrou: 'Olha, eu prometi ao seu irmão que não iria fazê-la ficar até tarde'. Ela se virou e disse: 'Está tentando se livrar de mim? Eu decido a hora de me sentir cansada e querer ir embora'. Então continuamos por mais um tempo e uma hora ela foi".[9]

"Foi uma grande noite, maravilhosa", lembra Peter Straker. "Ficamos lá até cerca de seis ou sete da manhã. Ela tomou umas!"[10]

Na manhã seguinte, após Caballé partir, Freddie e Mike Moran já começaram a pensar no projeto. Com isso, o cantor acabou engavetando os planos para mais um álbum solo, a fim de priorizar a possibilidade de fazer um disco com a superestrela da ópera. "Bom, nós nos reunimos um dia na Garden Lodge, e eu questionei: 'Vamos começar por onde?'. Sugeri ao Freddie: 'Vamos bolar um título', e ele disse: 'Nós nos conhecemos em Barcelona. Vamos chamar de *Barcelona*, assim sabemos do que estamos falando. Essa foi a primeira vez que nos encontramos'. Eu comentei: 'Essa frase não é ruim: 'Barcelona, essa foi a primeira vez que nos encontramos'. Vamos fazer uma história sobre como vocês se conheceram." Foi desse jeito que começamos o projeto, e demorou um pouco para refinar, porque o que as pessoas não percebem é que não havia um modelo para isso. Foi um trabalho original de verdade. Foi muito antes de a ópera ou a música clássica se popularizarem".[11]

Freddie e Mike passaram a maior parte dos meses de abril e maio no Townhouse Studios, produzindo material para o projeto com Caballé. No entanto, a agenda deles era ditada pelos compromissos da cantora, que, como a maioria das grandes estrelas da ópera, tinha apresentações marcadas com cinco anos de antecedência.

E Freddie não tinha cinco anos.

# - 41 -

Depois de conhecer Montserrat Caballé e começar a compor músicas para ela, em abril de 1987, Freddie recebeu a notícia terrível que tanto temia, mas também já esperava.

No início do mês, o médico de Freddie tinha feito uma biópsia em uma lesão no ombro do cantor, que então já havia se submetido a doze testes de HIV. Embora, muito provavelmente, os resultados tenham sido positivos, é possível que fossem exames de sangue de diferentes tipos e, portanto, os médicos de Freddie eram obrigados a informar, com certo otimismo, que nenhum deles era 100% confiável. Foi a esse resquício de dúvida e esperança que Mercury se agarrou. Mas a biópsia confirmou o que ele já devia saber desde o princípio. Os resultados comprovaram que a lesão no ombro de Freddie era sarcoma de Kaposi, que em geral ocorre três anos após a infecção inicial, mas é mais comum que leve de cinco a sete anos para se desenvolver – isso nos remete a 1982, o ano em que é provável que ele tenha se infectado, quase certamente durante o verão, quando esteve em Nova York.

Freddie devia saber que o diagnóstico de Aids era inevitável. Já fazia algum tempo que os médicos haviam notado um inchaço em seus gânglios linfáticos, o que veio acompanhado de uma perda de peso de mais de 10%. Ele também se queixava de fadiga e suores noturnos frequentes e sofria de úlceras bucais e infecções na garganta. Tudo apontava para a Aids, mas foi necessária essa biópsia para confirmar o diagnóstico. Por fim, seu clínico geral, o dr. Gordon Atkinson, explicou que a infecção por HIV havia progredido e levado à Aids.

Quando o dr. Atkinson informou a Freddie que ele tinha Aids, ele também perguntou quando o cantor soube que era soropositivo. Freddie não respondeu, mas imediatamente procurou uma segunda opinião. Esse médico pediu um exame de sangue e outra biópsia excisional do sarcoma de Kaposi. E confirmou o mesmo diagnóstico: Freddie desenvolvera Aids, o estágio final da infecção pelo HIV, que ocorre após o sistema imunológico ficar comprometido a ponto de se tornar incapaz de combater outras infecções. Antes de deixar o consultório, Freddie quis saber quanto tempo lhe restava. O médico respondeu que não havia como ter certeza, mas que talvez tivesse três anos ou um pouco mais.

Após a notícia estarrecedora, Mercury procurou dois especialistas experientes. O dr. Richard C.D. Staughton, um dermatologista do Lister Hospital, localizado na Chelsea Bridge Road, que também cuidava da rainha Elizabeth II, começou a tratar o sarcoma de Kaposi de Freddie, o qual se espalhou em pouco tempo e causou lesões cutâneas pelo rosto e pelo corpo do cantor. Primeiro, o tratamento foi realizado por meio de injeções locais de quimioterapia, radiação ou remoção por incisão e extração. Consequentemente, esses procedimentos iriam, nos próximos anos, mudar de forma sutil o contorno de seu rosto. O outro profissional que cuidou de Freddie foi o dr. Brian Gazzard, um dos médicos especializados em Aids mais proeminentes da Grã-Bretanha. Gazzard foi conhecer o cantor na mansão, ainda sem saber a identidade da estrela, e, ao chegar na propriedade, falou baixinho para ele: "Não sei o que você faz, mas obviamente é muito bem-sucedido".[1]

Devido a todo o sigilo que envolvia seu caso, Mercury tinha consultas médicas fora do horário de atendimento. Terry Giddings, motorista e guarda-costas de Freddie, garantia a segurança durante essas idas discretas ao hospital. Ele afirma: "Eu costumava levar Fred até lá às seis horas da manhã ou bem tarde da noite. É claro, Fred não queria que o vissem durante o tratamento, então fui lá com antecedência para definir a rota e qual entrada usar. Quando chegássemos, eu estacionaria o carro nos fundos. Fred estaria com um chapéu grande e de casaco, e entraríamos pela entrada de serviço".[2]

Peter Straker, que ia com regularidade à Garden Lodge, lembra as ocasiões inusitadas em que Freddie deixava a mansão muito cedo: "Quando eu estava hospedado na casa dele, algumas vezes ele se levantou de manhã cedo e saiu. Da janela, eu observava lá embaixo e o via saindo de carro com Terry. Então ele estava indo receber alguma coisa de sangue e ficava lá por horas, aí voltava à tarde e ia dormir. Tudo tinha um ar de segredo nessa época, com todas aquelas idas ao hospital".[3]

No Chelsea & Westminster Hospital, Freddie receberia tratamentos para desacelerar o avanço da doença. Embora soubesse que não salvariam sua vida, os dados estatísticos demonstravam que tinham o potencial de retardar sua morte. Um pesquisador da Aids declarou: "Se observarmos os dados dos ensaios clínicos com essas drogas, eles certamente forneceram evidências de benefícios, mas as evidências e os benefícios foram temporários. A resposta ao tratamento seria mensurada naquela época sobretudo pela análise das alterações na contagem de CD4, um indicador da função do sistema imunológico. A escala começa do zero, que é a contagem mais baixa possível (na prática, um colapso total do sistema imunológico), e vai até mais de quatrocentos e cinquenta, considerado o valor de referência. Quando um paciente começava a tomar um desses medicamentos novos, em geral ocorria um aumento de cinquenta a sessenta células, que poderia durar de doze a dezoito meses".[4]

Freddie não conseguiu suportar sozinho as pressões sociais, físicas e emocionais impostas pela Aids e, portanto, mais tarde recorreria aos amigos mais próximos em busca de apoio – pessoas como Jim Hutton, Peter Freestone, Mary Austin e Joe Fanelli. Foram eles que providenciaram os cuidados médicos e de enfermagem, que lhe ofereceram compaixão para aliviar a pressão psicológica por estar em estado terminal, que o inspiraram a criar e gravar músicas e garantiram refúgio e sossego protegido do ímpeto dos *paparazzi*.

Até então, ninguém havia sido curado da Aids, e as estatísticas eram preocupantes. A expectativa de vida em 1986 era de apenas treze meses a partir do desenvolvimento da Aids. Muitos não chegavam tão longe. Pessoas como Freddie, que tinha um físico forte, acesso a remédios e uma ótima dieta – ou seja, estava bem nutrido – tinham mais chances de sobreviver um ano e meio. Os muito afortunados conseguiam viver mais de um ano depois disso. Sobreviver três anos seria uma vitória. Ele não era jovem, tampouco velho. Contudo, ter Aids era um estigma. Foram a força interior e a determinação, sempre presentes em Freddie, que lhe renderam um tempo a mais. Sua atitude foi afirmar a si mesmo que iria superar a doença. Ao longo da vida, sempre tinha interpretado um papel: o cantor, o artista, a estrela. Então por que não interpretar outro papel agora?

Só que a verdade era que não dava mais para Freddie esconder seu estado de saúde. Pelo menos não das pessoas próximas. O sarcoma de Kaposi estava agora visível em seu rosto. Ele estava angustiado para contar a Jim, não só por ser seu companheiro: o casal havia feito sexo sem proteção desde o início do relacionamento, e era impossível ignorar o fato de que Freddie o havia exposto ao vírus. Mas Jim tinha pegado um voo para a Irlanda para passar a Páscoa com a mãe.

Jim não havia contado à família que era gay, muito menos comentado sobre o relacionamento com Freddie Mercury. Embora suspeitasse que eles soubessem da sua orientação sexual, nunca houvera uma conversa sobre o assunto. A mãe morava em uma área rural da Irlanda, em uma casa sem telefone. Como naquela época ainda não existia telefone celular, para ligar ou receber uma ligação de Freddie, Jim precisava caminhar seis quilômetros até a cabine telefônica mais próxima.

Na véspera de embarcar de volta para Londres, ele andou até a cabine e, assim que Freddie atendeu, sentiu que havia algo errado: “Os médicos acabaram de tirar um caroço grande de mim”. Jim ficou preocupado, mas o cantor não quis dar mais detalhes e disse que iria lhe contar tudo que precisava saber quando o namorado chegasse em casa.[5] No dia seguinte, quando Jim retornou à Garden Lodge, encontrou Freddie de cama. Ele deitou ao seu lado, e ficaram abraçados. Nesse momento, Freddie lhe mostrou a marca no ombro, onde as biópsias tinham sido realizadas e, em seguida, contou que os médicos tinham feito um exame e confirmado o diagnóstico de Aids.

Jim se recusou a aceitar a notícia e sugeriu que Freddie buscasse uma segunda opinião, sem saber que o cantor já *tinha* feito isso e que, nos últimos anos, recebera resultado positivo para doze testes de HIV. Freddie falou que entenderia se Jim quisesse ir embora e se mudar da Garden Lodge, mas ele não quis saber de nada disso: "Mas eu te amo", afirmou, de forma a tranquilizar Freddie. "Não vou te abandonar – nem agora, nem nunca. Não vamos mais falar disso".[6]

Jim se negou a realizar um teste de HIV, embora Freddie achasse que ele deveria fazer, pelo medo de comprovar que também era soropositivo e, com isso, fazer o namorado se sentir culpado por saber que provavelmente lhe transmitira o vírus. Não era disso que o relacionamento deles necessitava àquela altura, e essa acabou sendo a última vez que os dois mencionaram de forma direta o fato de Freddie ter Aids. O casal só cedeu em um ponto: a partir daquele momento, passaram a fazer sexo seguro.

Além de Jim, Freddie só falou sobre a doença com Mary Austin, Peter Freestone e Joe Fanelli, na Garden Lodge, e com o empresário do Queen, Jim Beach, mas estipulou que, por ora, deveria ser mantida em sigilo para todo mundo, incluindo seus pais: "Ele nos protegeu ao jamais conversar sobre esses assuntos", revelou mais tarde a mãe, Jer Bulsara. "Hoje em dia é bem diferente, mas naquela época teria sido muito difícil para ele nos contar, e nós respeitamos os sentimentos dele".[7]

Peter Freestone recorda: "[Após ter contraído o HIV] em nenhum momento ele ficou falando comigo e se questionando onde pegou, em que país, em que cidade. Aquilo era um fato, estava acontecendo. Ele sabia que ia morrer, então por que iria perder tempo com arrependimentos?"[8]

Porém, seus companheiros de banda no Queen eram uma questão à parte. O grupo tinha acabado de ganhar o Ivor Novello Award de Contribuição de Destaque para a Música Britânica, mas Freddie tomou a decisão de comunicar o seu estado de saúde apenas a Jim Beach, sob a condição de que guardasse segredo. Brian May, Roger Taylor e John Deacon não foram informados. Ele sentiu que precisava contar a Beach: a banda tinha fechado contrato para vários álbuns, e quem iria prever a reação das gravadoras caso soubessem que os dias de Freddie estavam contados? Fora isso, havia o problema da opinião pública. Como as pessoas receberiam a notícia de que Freddie Mercury tinha Aids? A reação seria negativa? Freddie e o Queen se tornariam párias na indústria da música? Freddie tinha uma responsabilidade não apenas consigo mesmo, mas também com seus três colegas no Queen. Afinal, a banda era um negócio multimilionário do qual muitos funcionários e suas organizações dependiam. Se anunciasse que tinha Aids, o que, em 1987, por si só significava revelar sua homossexualidade, o dano poderia ser enorme – e não somente para Freddie. Na visão dele, a única maneira de seguir adiante era esconder a batalha contra a Aids e, com sorte, encontrar uma cura em algum lugar do mundo.

Nesse meio-tempo, ele mergulharia no trabalho, a começar pela composição de uma série de canções para o álbum previsto com Montserrat Caballé, e manteria para o mundo a imagem de alguém despreocupado. Apesar de ter se afastado um pouco da vida pública, os *paparazzi* de Londres sempre estiveram a postos para fotografá-lo, sobretudo após as alegações divulgadas pelo *The News of the World*. Era crucial que aqueles à sua volta não suspeitassem de nada. No que dependesse de Freddie, ele iria se refugiar em casa ou em um estúdio de gravação e, distante da atenção pública, aproveitaria ao máximo o tempo que lhe sobrava.

"As pessoas do seu círculo íntimo continuavam vendo Freddie", afirma Paul Gambaccini, "mas quem não era tão próximo, como eu, foi descartado conforme ele se concentrava nos mais fiéis. E acho que ele se sentia constrangido a ponto de não querer ser visto sem estar no seu melhor, a não ser que fosse alguém que precisasse ou quisesse muito encontrar".[9]

Mas se Freddie acreditou que conseguiria ficar afastado da vida pública, ele se enganou. Em 4 de maio de 1987, o *The Sun* publicou três páginas de uma matéria com o título: "Aids mata dois namorados de Freddie". Além de contar detalhes sobre as mortes de Tony Bastin e de John Murphy, a reportagem também incluía uma série de declarações sórdidas e escandalosas de Paul Prenter, que havia sido demitido por Freddie poucos meses antes. Uma delas era que Freddie tinha telefonado para Prenter na madrugada do dia 29 de abril, em pânico por ter Aids. Prenter também citou Jim Hutton e disse que ele era namorado de Freddie, além de descrever como o cantor tinha tomado uma quantidade excessiva de vodca e cheirado carreiras de cocaína com Rod Stewart e David Bowie. Revelou ainda que Freddie tinha dormido com centenas de homens, forneceu fotos de vários deles, as quais iriam ilustrar as páginas do tabloide, e inclusive expôs o motivo do desentendimento entre Freddie e Kenny Everett. (De acordo com Prenter, Everett acusara Freddie de abusar da hospitalidade do comediante – e a questão seria cocaína –, mas outras fontes sugerem que aconteceu o contrário. Everett e Freddie jamais fizeram as pazes e nunca mais se viram ou se falaram. Everett morreu em 1995 e, como Freddie, foi de uma doença relacionada à Aids.)

Freddie ficou furioso com a traição de Prenter e, a cada nova revelação, irritou-se ainda mais. Acontece que Prenter recebeu trinta e duas mil libras[10] para contar todos os podres do cantor. Ele chegou a ter a coragem de ligar para a Garden Lodge após as declarações, na esperança de convencer Freddie da sua justificativa: teria vendido a entrevista simplesmente porque a imprensa o estaria perseguindo. Mas Freddie não estava preparado para ouvir qualquer desculpa, e é quase certo que tampouco estava disposto a falar com um traidor como Prenter.

Se antes Freddie já estava recuando para dentro dos muros da Garden Lodge, agora passou a montar barreiras ao redor de si. Ele se perguntou em quem poderia realmente confiar, com quem poderia se abrir, e daquele momento em diante, até o fim da vida, quase não fez novos amigos.

# - 42 -

Apesar da proteção proporcionada pela fortaleza da Garden Lodge, Freddie decidiu que precisava dar uma escapada e partiu então para Ibiza, em maio de 1987, com Jim Hutton, Peter Freestone, Joe Fanelli e Terry Giddins, levando um suprimento de remédios. Como de costume, todos se hospedaram no Pike's Hotel e passaram os dias relaxando na piscina e jogando tênis (durante uma partida, apareceu uma ferida na planta do pé direito de Freddie que não cicatrizou pelo resto da sua vida e lhe causaria dores excruciantes – por conta disso, teve dificuldades para andar). Mesmo em Ibiza, o *The Sun* foi atrás de Freddie e conseguiu tirar uma foto dele jogando tênis. No entanto, o jornal não conseguiu fotografá-lo com Jim Hutton, o que era um dos seus objetivos. O proprietário do Pike's Hotel, Tony Pike, lembra-se bem dessa estadia do cantor e de sua comitiva: "Nessa época, começaram a circular boatos de que Freddie tinha Aids – mas não se pergunta a um amigo se ele está com uma doença terminal, então ninguém falou sobre o assunto. Simplesmente não houve essa conversa. De todo modo, as pessoas próximas a ele teriam negado de forma categórica".[1]

Mas Freddie não estava em Ibiza só para escapar da imprensa britânica: ele tinha um compromisso profissional na ilha. No final de maio, como parte do Ibiza 92 Festival, faria uma apresentação surpresa com Montserrat Caballé no Ku Club, em San Antonio, onde um público de seis mil pessoas assistiria à estreia – embora fosse em *playback* – do novo dueto deles, "Barcelona", o qual também seria filmado. "A canção 'Barcelona' descreve basicamente a admiração dele [de Freddie] por Montserrat, a qual via como a personificação não apenas da cidade natal dela, mas também do espírito de um povo", lembra Peter Freestone.[2]

Quando Freddie e Montserrat pisaram no palco, ninguém na plateia sabia muito bem o que esperar. Para Freddie, era como se estivesse em um sonho: "Pouco antes de subirmos ao palco, não pude deixar de me perguntar se tudo aquilo estava acontecendo comigo de verdade", afirmou. "E embora eu soubesse que estava me arriscando muito ao fazer uma coisa assim, senti uma emoção fantástica".[3]

Assim que começaram a cantar, a plateia inteira se calou e permaneceu em silêncio durante toda a apresentação. No fim, vieram aplausos espontâneos e entusiasmados. As pessoas ficaram de pé, acenaram e ovacionaram os artistas. Alguns espectadores até exclamaram que a canção deveria se tornar o novo hino nacional espanhol. A estreia de Freddie na ópera, ao lado de Montserrat Caballé, foi um sucesso estrondoso e, posteriormente, foi escolhida para ser o hino das Olimpíadas de 1992, em Barcelona.

Porém, sua aparição no Ku Club atraiu mais especulações de velhos amigos e colegas. Um dos grupos que se apresentou foi o Marillion, e o vocalista principal, Fish, contou à escritora Laura Jackson como ficou chocado ao fazer uma visita a Freddie: "Pensei em ir vê-lo e perguntar: 'Como você tá?', e ele estava tipo muito abatido. Tinha uns três ou quatro grandes amigos dele no camarim, e parecia que alguém tinha morrido, porra! Pensei que alguma coisa bem pesada estava rolando ali, da qual eu não fazia parte. Aí saí rápido de lá. Na época, as pessoas do entorno dele diziam coisas do tipo: 'ele tem um problema renal ou de fígado' – coisas assim. Mas, com alguma noção dos excessos de Freddie, não era tão difícil somar dois mais dois".[4]

Freddie estava tendo dificuldades para esconder os sinais do sarcoma de Kaposi que começavam a aparecer nas mãos e no rosto. Usava maquiagem sempre que possível, mas isso só fazia as manchas ficarem mais chamativas, por mais que as escondesse. Quem participou da festa pós-show no Ku Club foi um antigo caso de Freddie, Barbara Valentin, sua amiga de

Munique. Ela não o via fazia um tempo, mas logo reparou as marcas no rosto e nas mãos dele.

"Freddie e eu nunca falamos sobre ele ter HIV e Aids", contou, "mas ele sabia que eu sabia".[5] Ao perceber o que eram aquelas manchas, Barbara fez tudo o que pôde para garantir que as demais pessoas não as notassem e tirassem suas próprias conclusões: "Não falei nada, mas levei Freddie comigo para outra sala e usei minha maquiagem profissional pesada para melhorar a aparência dele".[6]

Quem também compareceu à festa foi o promotor espanhol Pino Sagliocco. Ele tinha ajudado a firmar a parceria entre Freddie e Caballé, mas o Freddie que viu naquela noite era um homem que já exibia sinais de uma doença: "Houve uma festa incrível depois, e todos se divertiram, mas acho que já sabíamos na ocasião que Freddie estava doente. Ele não contava nada a ninguém, mas assim que chegou vimos que estava com marcas estranhas no rosto. Falaram que era por causa do fígado – claro, de fato ele bebia demais –, mas daria tantas manchas assim?"[7]

Freddie voltou para Londres após a apresentação em Ibiza e passou o resto do verão de papo pro ar em casa, cuidando do jardim com Jim Hutton, que agora havia deixado o emprego no Savoy e tinha sido contratado oficialmente como "jardineiro" de Freddie, com um salário de seiscentas libras por mês. Durante o verão de 1987, Barbara Valentin fez uma visita a Freddie e Jim na Garden Lodge. Ela ficou assustada ao ver que ele estava com mais manchas do sarcoma de Kaposi, apesar do tratamento a laser a que se submetera para tentar diminuir o tamanho delas. Além disso, estava com um ferimento na perna direita que lhe causava dores, assim como o problema no pé, lesionado na partida de tênis em Ibiza.

Numa época em que ainda se sabia muito pouco sobre a Aids, era bastante frequente que determinados sintomas surgidos ao longo do tratamento, em especial diarreia, febre, perda de peso e anemia, fossem simplesmente atribuídos à doença, sem serem examinados a fundo. Na realidade, muitas vezes esses sintomas poderiam ser amenizados e se tornar mais suportáveis, pois, na maioria dos casos, eram causados por enfermidades simples, para as quais havia recursos. Freddie teve acesso a esse tipo de cuidado ao se cercar de médicos e especialistas que não atribuíam de imediato qualquer sintoma ou problema à Aids e, portanto, não descartavam a possibilidade de intervirem. Inclusive tentavam investigar mais e fazer o que estivesse ao alcance deles para abrandá-los, sem associá-los de modo automático à Aids. Essa terapia abrangente, que dava importância também a questões como nutrição e saúde mental, envolve várias áreas da saúde as quais são, como um todo, extremamente custosas, tanto em termos financeiros quanto de tempo a ser disponibilizado. Embora tivesse todas as condições de pagar para ter o melhor atendimento, Freddie precisava reservar horas para ir ao Chelsea & Westminster Hospital. E ele não tinha esse tempo. Além disso, havia a dura realidade de que, quanto mais tempo passasse no hospital, maior seria a chance de seu segredo ser descoberto. A imprensa já estava na cola do cantor, ávida por qualquer fofoca, e ele simplesmente não podia correr o risco de ser flagrado em tratamento no hospital. Por isso, restringiu o tempo que passava lá e só ia quando era absolutamente necessário.

Um dos primeiros remédios a lhe prescreverem seria o AZT. Era para ser o tratamento milagroso da Aids em 1987, quando, pela primeira vez, tornou-se disponível mediante receita. Aprovado pelo governo americano, o AZT era comercializado como Retrovir. Foi desenvolvido na Califórnia a partir de 1985 e considerado um grande avanço na batalha contra o HIV e a Aids. Após ter sido licenciado para uso em 1987, a demanda pela droga foi enorme. Conforme escreveu o jornalista Simon Garfield: "Naquela época, os pacientes com Aids estavam tão desesperados que iriam experimentar qualquer terapia clandestina ou falsificada, sendo que algumas delas tinham grande probabilidade de serem fatais. Com a chegada do AZT, os médicos, que tinham passado um longo tempo impotentes contra uma síndrome sobre a qual sabiam muito pouco, enfim podiam dar aos pacientes algo que havia sido aprovado nos rigorosos testes oficiais".[8]

O AZT não prometia ser uma cura para a Aids, mas seus fabricantes afirmavam que poderia manter as pessoas com HIV/Aids vivas por mais tempo; nesse intervalo – esperava-se –, uma cura ou uma vacina para a doença poderia ser descoberta. Só que o AZT não era isso tudo que se imaginava. Em 1984, quando o avanço da Aids sugeria que se tratava de uma pandemia mundial, as empresas farmacêuticas do mundo todo entraram numa corrida para desenvolver um remédio que combatesse a doença. Embora apenas três mil pacientes tivessem sido diagnosticados com Aids, as previsões indicavam que centenas de milhares de pessoas poderiam estar com a doença e que outras milhões corriam risco. Para qualquer farmacêutica, encontrar um tratamento ou um remédio preventivo para essa pandemia projetada geraria possíveis recompensas financeiras astronômicas.

Em junho de 1984, a Wellcome iniciou uma pesquisa árdua e testou em massa vários compostos antivirais. Os dados indicavam que um deles funcionava e inibia o vírus em células animais. Foi denominado como AZT. No entanto, os pesquisadores precisavam testá-lo em seres humanos, e tal procedimento poderia ser fatal. Além disso, o período normal de teste para um medicamento é de cerca de oito anos, mas depois de apenas vinte meses o AZT já estava no mercado. Sua trajetória foi acelerada, e junto vinham as esperanças de todos que tinham uma ligação com a Aids. Contudo, mais tarde se descobriu que as etapas de testes em humanos foram um desastre, apesar de a Wellcome ter declarado em uma coletiva de imprensa que tinham sido muito bem-sucedidas. Poucos meses após o lançamento do AZT, John Lauritsen, jornalista do *Native*, uma publicação gay de Nova York, descobriu documentos demonstrando que várias regras tinham sido violadas durante os testes do AZT em humanos. Ele escreveu: "O ensaio clínico deixou de ser cego após algumas semanas. Alguns pacientes afirmaram que, pelo gosto, sabiam o que estavam tomando; outros estavam tão dispostos a receber o AZT que compartilhavam o tratamento com outros pacientes para aumentar as chances de receberem o medicamento".[9]

Mas, em 1987, quando ainda não se sabia desse descumprimento das regras, o AZT foi anunciado como uma solução mágica. O cineasta Derek Jarman o tomou, o astro do basquete Magic Johnson o tomou, o dançarino Rudolf Nureyev o tomou, e, claro, Freddie Mercury não ficou de fora. Nenhum deles sabia que o AZT só funcionava por um curto período, talvez de no máximo um ano, e que depois faria mais mal do que bem.[10] No entanto, Freddie estava experimentando o estágio inicial da Aids, e a realidade sobre as falhas do ensaio clínico não era o que as pessoas que viviam com a síndrome queriam ouvir. Apesar das advertências dos médicos, ele estava ansioso para tentar qualquer coisa que pudesse ser benéfica.

Em 1986 e 1987, antes de o escândalo dos testes ser descoberto, a Wellcome desfrutou do papel bem-sucedido que parecia ter desempenhado no combate à Aids: se não pôde oferecer a cura da doença, pelo menos daria mais tempo aos pacientes. E a empresa obteria lucros financeiros extraordinários com o AZT. Em 1986, o mesmo ano da descoberta do AZT, parte da Fundação Wellcome foi lançada na Bolsa de Valores. Em poucos meses, o preço das ações saltou de 73,5 para 374,5 centavos após a notícia de que o AZT estaria amplamente disponível nos Estados Unidos. Dois anos depois, esse valor chegou a 724 centavos, quase o dobro, e o lucro da empresa com cada paciente atingiu cerca de dez mil dólares por ano. Em 1993, o lucro bruto da farmacêutica foi de quinhentos e cinco milhões de dólares.[11]

Os pacientes com Aids não estavam preocupados com o quanto a Wellcome faturava com a doença deles – eles só queriam o remédio. E Freddie não era exceção. Queria um tratamento, uma cura, uma vacina... Qualquer coisa que detivesse a Aids. Temia não apenas a doença em si, mas também a reação pública caso ela fosse descoberta. Afinal, como escreveu a escritora e ativista política Susan Sontag: "Não se trata de uma doença misteriosa que ataca ao acaso. Na verdade, contrair Aids é precisamente ser descoberto, na maioria dos casos até o momento, como membro de um determinado 'grupo de risco', uma comunidade de párias".[12]

Em setembro de 1987, Freddie estava de volta a Ibiza para comemorar seus quarenta e um anos com uma festa extravagante no Pike's Hotel. Freddie levou oitenta amigos, que pegaram um voo de Londres especialmente para a ocasião. Apesar de descobrir que o bolo de aniversário, encomendado com o tema "Gaudí", desmoronara no caminho, ele e seus convidados se divertiram muito, enquanto trezentos e cinquenta garrafas de Moët & Chandon eram consumidas. Foi nessa festa que John Deacon abordou Jim Hutton para indagar, de forma discreta, o que eram as marcas nas pernas de Freddie.

"Eu disse que não era nada de mais", lembrou Hutton. "'Ele é alérgico ao sol', respondi, 'são manchas de sol'. E ficou nisso. Fiz uma cara de que estava tudo bem e escondi o que sentia para que John não suspeitasse que havia um problema".[13]

Durante o verão de 1987, houve negociações para o Queen voltar ao estúdio no ano seguinte. Os demais integrantes da banda não tinham a menor noção da doença de Freddie, apesar dos comentários e perguntas de Deacon na festa em Ibiza. Por quanto tempo mais Freddie conseguiria manter o segredo sobre seu estado de saúde? E quando – se é que faria isso – ele contaria aos companheiros de banda?

"Freddie não sabia ser muito honesto sobre sua sexualidade e sua doença", afirmou Paul Gambaccini. "Teve uma vez que ele me falou: 'Um dia, daremos uma entrevista que vai chocar o mundo'. Interpretei isso como a entrevista em que ele se assumiria, mas nunca chegou a acontecer porque Boy George apareceu e Boy George era franco, então não teria sido um grande choque se Freddie tivesse dito: 'Ei, espera aí, eu também sou gay!'"[14]

Enquanto isso, ocorreu o lançamento de "Barcelona", em 27 de outubro, com o qual Freddie pôde ocupar a cabeça. "Quando terminamos 'Barcelona', ele comentou: 'Bom, isso é encantador, querido. Acho que devemos lançar", recorda Mike Moran. "Não vamos esquecer que ninguém fez nada parecido antes, e me lembro de dizer ao Fred: 'Tem certeza? É um projeto, de fato, mas você quer que seja lançado como single?' Freddie não tinha dúvida nenhuma. Ele estava orgulhoso, achava que valia a pena o público em geral ouvir a canção. Então tinha de ser lançada".[15]

Foi um hit improvável no Top 10 britânico e alcançou a oitava posição nas paradas. John Shepherd escreveu sobre o single na *Continuum Encyclopedia of Popular Music of the World* (Enciclopédia contínua da música popular mundial): "Quando Freddie Mercury e Montserrat Caballé cantam em dueto 'Barcelona', não se ouve apenas a dicotomia entre rock e música clássica, mas também até que ponto cada artista pode recorrer a elementos da sua própria tradição para se aproximar do outro".

Embora possa parecer que existe um contraste marcante entre a voz clássica de Caballé e a de roqueiro de Mercury, um estudo indicou que a voz dele, em particular a maneira como conseguia modular o vibrato, era significativamente mais rápida do que outros astros do rock e até mesmo do que cantores clássicos profissionais. "Freddie Mercury era um cantor incrivelmente habilidoso e versátil, capaz de percorrer uma ampla gama de expressões vocais artísticas",[16] diz o dr. Christian Herbst, que conduziu o estudo científico para determinar por que Freddie tinha uma voz descrita como "uma força da natureza com a velocidade de um furacão".[17] A pesquisa, divulgada na revista *Logopedics Phoniatrics Vocology*, descobriu que, ao falar, Freddie tinha uma frequência média de 117,3 hertz, a qual lhe proporcionava uma voz rica de barítono, mas quando cantava, seu alcance ia de 92,2 a 784 hertz, o que explica sua grande capacidade de atingir notas perfeitas, desde o baixo estrondoso do segundo fá sustenido até a altura do quinto sol, uma faixa que cobre três oitavas completas.[18] Aliás, a voz de Freddie tinha tanta qualidade que Caballé chegou a lhe propor um verdadeiro dueto de música clássica. "A voz dele era de barítono. Uma vez, sugeri: 'Vamos fazer um pequeno dueto de barítono e soprano', e ele disse: 'Não, não, meus fãs só me conhecem como cantor de rock e não vão reconhecer minha voz se eu cantar como barítono'", afirmou Caballé.[19]

Embora não estivesse disposto a considerar o dueto, para Freddie não existia reduzir a quantidade de trabalho. Às vezes, diminuía o ritmo (o Natal e o Ano-Novo de 1987 foram mais calmos do que de costume), mas sabia que o tempo era essencial e estava determinado a trabalhar o máximo possível antes de ser forçado a parar. Os remédios todos lhe dariam mais tempo, mas não muito. Seu médico lhe dissera que teria no máximo três anos – isso com sorte.

Mas parece que Freddie também aceitou a própria mortalidade, como revela uma entrevista para David Wigg, em 1987. Quando Wigg fez a seguinte pergunta: "Você se preocupa em acabar como um velho rico e solitário quando tiver setenta anos?". E a resposta de Freddie foi esta: "Não, porque te digo que estarei morto bem antes disso. Eu não chego até lá, amor. Vou morrer e partir antes, querido. Porra, vou começar uma vida nova em outro lugar, querido".[20]

Mas, antes de isso acontecer, Freddie ainda tinha muito o que fazer. Como a doença dera uma pequena trégua devido ao AZT, tudo começaria com um novo álbum do Queen, em 1988.

# - 43 -

*Aids sem fim*

Ao longo de 1987, o governo britânico, enfim mobilizado pela perspectiva de dezenas de milhares de cidadãos infectados pelo HIV, lançou uma das campanhas de saúde pública mais impressionantes já vistas na Grã-Bretanha do pós-guerra. Narrados com uma voz assustadora pelo ator John Hurt, os anúncios na televisão e no cinema eram explícitos e ameaçadores, caracterizados pela imagem sobrepujante de uma lápide com uma palavra inscrita: Aids. Além disso, folhetos foram enviados a quase todas as residências britânicas.

A campanha "Don't Die of Ignorance" (Não morra por ignorância) tinha o objetivo de fazer com que os britânicos não tivessem dúvidas sobre os perigos do sexo sem proteção. O primeiro anúncio na TV britânica dos preservativos Durex foi transmitido nesse mesmo ano e, pela primeira vez, as camisinhas começaram a ser vendidas em locais públicos. Pareceu ter funcionado: de 1988 a 1992, o uso de preservativo no Reino Unido aumentou de 23% para 32%, e a proporção de pessoas que relataram sempre usar preservativo com um parceiro ocasional mais que dobrou, de 22%, em 1989, para 52%, em 1992. Enquanto isso, do outro lado do Atlântico, dados das farmácias americanas mostraram que a venda de camisinhas cresceu de duzentos e quarenta milhões de unidades, em 1986, para duzentos e noventa e nove milhões, em 1988.[1] Entretanto, um programa da ONU de 2009 concluiu que um dos países que não conseguira promover uma campanha nacional na década de 1980 para alertar sobre os perigos do sexo sem proteção, a França, tinha um número duas vezes maior de pessoas vivendo com Aids do que o Reino Unido.

Tudo indicava que, em 1988, boa parte do mundo acordava para a Aids.

Enquanto isso, Freddie Mercury ia ao seu clínico geral, o dr. Gordon Atkinson, para fazer *check-ups* regulares e continuava a consultar com diversos especialistas, embora mantivesse esses detalhes em segredo e relutasse em falar sobre o assunto mesmo com Jim Hutton. Acontece que, graças ao *status* e às conexões dele, o cantor teve acesso antes do que a maioria das pessoas comuns aos remédios mais avançados, em particular, o AZT. Nenhuma outra opção parecia ser tão promissora para o caso dele quanto essa – na verdade, talvez fosse a *única* –, que oferecia uma possibilidade de esperança e, ao mesmo tempo, dissipava mentalmente o desespero. O principal benefício do AZT, conforme esperado por Freddie e por todos que o consumiam, era mantê-los vivos por tempo suficiente para uma cura ser descoberta.

Conforme recomendado, Freddie começou a tomar duzentos miligramas de AZT cinco vezes ao dia, ou seja, mais ou menos a cada quatro horas. Mas depois ficou claro que essa dose era muito alta para ele, como aconteceu com muitos pacientes que tomaram AZT, sendo que alguns deles morreram em consequência do excesso do medicamento. Por isso, a dose diária de Freddie foi reduzida de mil miligramas por dia para trezentos a quinhentos miligramas diários. Essa quantidade se provou igualmente eficaz, e os benefícios começaram a superar os efeitos colaterais. O AZT deu a Freddie uma esperança genuína, como o fez com a maioria daqueles que o tomaram, ao oferecer um efeito concreto por um período de seis a nove meses. Só anos depois, quando muitos dos pacientes que confiaram no medicamento tinham morrido, é que a verdade sobre o AZT veio à tona.

Com essa primeira melhora, Freddie se sentiu bem o suficiente para voltar ao estúdio com o restante do Queen. As negociações para produzir um novo álbum ocorreram no final de 1987, após os quatro companheiros de banda terem tirado o ano de folga. O Queen se instalou no Townhouse Studios para iniciar os trabalhos do 13º álbum de estúdio, que se chamaria *The Miracle*.

Até o fim de fevereiro, a banda gravou vinte e duas canções, segundo informou Roger Taylor em uma entrevista, na qual acrescentou que seria "tranquilamente, o melhor álbum do Queen dos últimos dez anos. Ele retoma um estilo antigo. Quer dizer, é quase como se tivesse ecos do Led Zeppelin e tudo o que tem ali. É ótimo e foi feito todo ao vivo no estúdio, o que é excelente. Isso dá mais brilho e energia, na minha opinião".[2]

A banda também tomou uma decisão importante durante a gravação do disco. Pela primeira vez, eles decidiram assinar coletivamente a composição de todas as faixas. "Quando resolvemos fazer esse álbum, tomamos uma decisão que deveríamos ter tido quinze anos atrás", conta Brian May. "A gente decidiu compor como o Queen e dar o crédito de tudo aos quatro, para que ninguém deixasse uma música de lado. Isso também ajuda na hora de escolher os singles, porque é difícil ser imparcial sobre uma canção cuja autoria é totalmente sua".[3]

Após os meses de janeiro e fevereiro terem sido bastante produtivos, o Queen parou as gravações em março, o que permitiu que Roger fizesse uma turnê com seu projeto paralelo, The Cross, e que Freddie desenvolvesse mais material para o álbum com Montserrat Caballé, em parceria com Mike Moran no Townhouse Studios. Contudo, as demandas das sessões frequentes de gravação e composição e as consultas com médicos e especialistas, assim como os efeitos colaterais exaustivos dos diversos tratamentos, significavam que muitas vezes ele precisava diminuir o ritmo.

"Era bem óbvio que Fred estava doente", lembra Mike Moran. "Ficou cada vez mais evidente que as coisas não andavam bem e, quando algo assim acontece – muitos amigos meus já tinham passado por isso –, a tendência é entrar em negação e falar para si mesmo: 'Bom, vai ficar tudo bem com ele'. Pra ser sincero, todos nós agimos desse jeito. Ele dizia: 'Estou indo ao médico hoje', e eu nunca perguntava para que era ou do que se tratava, mas ele passou de tudo, é sério, para tentar superar isso. Mas às vezes dizia: 'Não estou me sentindo muito bem, vamos encerrar o dia por hoje'. Só que nunca contou que era por causa da doença".[4]

O restante do Queen também estava no escuro. Por quanto tempo mais Freddie conseguiria esconder seu estado de saúde? As pessoas à sua volta estavam começando a se perguntar sobre as características da doença dele, incluindo o ex-gerente John Reid. "Recebi uma carta de Paul Prenter, deve ter sido por volta de 1988", lembra Reid, "mas era uma carta de despedida, então quando me dei conta de que ele tinha Aids, comecei a pensar no Freddie e no fato de que ele estava cada vez mais recluso".[5]

Freddie já estava começando a sentir os efeitos colaterais do AZT mais desagradáveis, como náuseas, vômitos, insônia e dores de cabeça, e logo não conseguiu suportar mais os mal-estares que o remédio lhe causava. Nos meses seguintes, teve a sensação de que seu sistema imunológico estava piorando, em vez de se fortalecer. Chegou à conclusão de que nunca tinha conhecido uma droga tão tóxica quanto o AZT. Mesmo com a dose menor, o remédio o deixava doente. De março a junho, período em que trabalhou, ele continuou a tomá-lo e usava um bipe para garantir que se lembraria da dose a cada quatro horas, inclusive durante a noite. Então, houve um momento em 1988 em que Freddie interrompeu o tratamento, mas ficou com medo por não estar seguindo as ordens médicas e, pouco depois, retomou a rotina.

Tirando o tempo dedicado às gravações em estúdio, os efeitos colaterais debilitantes que sofria por conta do AZT fizeram com que passasse seus dias no santuário da Garden Lodge, onde ficava no jardim ou oferecia jantares tranquilos para um círculo cada vez menor de amigos, incapaz de dar as boas-vindas a qualquer novo conhecido pelo temor de ser traído da mesma forma que acontecera com Prenter. Mas, para os mais chegados, Freddie sempre garantia uma acolhida calorosa.

"Nossa amizade cresceu e ficamos muito próximos", recorda Mike Moran, "e as noites no Garden Lodge provavelmente não eram o que as pessoas imaginam. Era só uma rotina doméstica normal. Era um lugar muito agradável, com um ar caseiro, cheio de antiguidades de valor inestimável espalhadas por todos os cantos. Lembro quando minha filha tinha dois anos e costumava brincar por lá. Minha esposa ficava apavorada se ela derrubasse um vidro Gallio ou Lalique. Mas Fred costumava dizer: 'Ah, você não pode impedi-la de brincar, não tem importância'. A gente podia colocar os pés em cima da mesa e fazer o que quisesse na casa dele. Em geral, nessas noites com Freddie, fazíamos um lanche e depois víamos TV – não só Fred e eu, outras pessoas entravam e saíam de lá toda hora. Muitas vezes, jogávamos Scrabble e Trivial Pursuit, de um jeito bastante competitivo, devo dizer. E parece muito estranho, mas isso era uma rotina doméstica para Freddie. Coisas comuns que todo mundo faz em casa. E também ele era uma pessoa muito divertida, com um senso de humor fantástico. Sempre cantávamos juntos em volta do piano, umas sessões doidas turbinadas com bebida. Isso era outra coisa que ele adorava por causa da minha formação musical diversificada, e costumávamos fazer isso por horas e horas. Qualquer um que aparecesse por lá era submetido a essa cantoria ao piano, o que era maravilhoso, na verdade. Era bem divertido".[6]

O Queen voltou a gravar *The Miracle* em abril e maio de 1988, embora Freddie estivesse se dividindo entre esse projeto e seu álbum com Montserrat Caballé. Ele também fez sua última apresentação ao vivo no Reino Unido em 14 de abril, quando, para surpresa do público e dos artistas do elenco, apareceu somente naquela noite em *Time*, de Dave Clark, no Dominion Theatre, em Londres. O evento era uma apresentação beneficente para o Fundo Terrence Higgins, uma organização voltada para a Aids. Barbeado e de jeans, jaqueta de couro preta e camiseta branca, Freddie cantou quatro músicas no show: "Born To Rock'n'Roll", "In My Defense", "Time" e "It's In Every One Of Us", um dueto com Cliff Richard.

Foi um gesto ousado da parte de Freddie aparecer em um evento como esse, levando em conta as especulações sobre sua saúde, um assunto recorrente na imprensa britânica, até porque as doações seriam para uma instituição beneficente que lidava com a Aids. Ele devia saber que havia uma forte possibilidade de que todas as perguntas dirigidas a ele por críticos e jornalistas fossem centradas na sua saúde ou nos boatos de que poderia ter Aids. Para alguém que não confiava em nada na imprensa britânica e que se tornara bastante recluso, uma aparição pública como essa era perigosa. No final das contas, ele conseguiu evitar as entrevistas para a imprensa, e não houve problemas nem mais fofocas ou especulações no decorrer da noite.

Após uma viagem breve a Madri, em 22 de abril, para assistir a um concerto de gala em homenagem a Montserrat Caballé, Freddie foi mais uma vez a Ibiza para descansar e se revigorar. Na ânsia de evitar qualquer chance de intromissão por parte da imprensa, ele escolheu ficar na mansão de Roger Taylor, em vez de seu refúgio habitual no Pike's Hotel. A essa altura, estava ficando visivelmente mais fraco e passava os dias deitado à beira da piscina, seguro por saber que estava fora do alcance do olhar curioso dos *paparazzi*.

Em julho, Freddie regressou a Londres para gravar mais canções para *The Miracle* com o Queen e também para concluir o disco *Barcelona*, com Mike Moran e Montserrat Caballé. Ainda assim, não mencionou nada sobre sua doença para os companheiros de banda e simplesmente continuou dando o seu melhor nesses trabalhos. No entanto, devido ao ambiente apertado de um estúdio de gravação, qualquer coisa fora do comum, como uma característica diferente, chamava a atenção das pessoas. Assim, Brian May começou a suspeitar de que havia algo errado com Freddie. Ele tinha conhecimento de que a Aids estava devastando a comunidade gay e que seu efeito fora especialmente trágico na cena gay de Nova York. Sabia ainda que Freddie passara muito tempo na Big Apple, assim como, a essa altura, já estava ciente da bissexualidade dele. De todo modo, as suspeitas de que Freddie pudesse ter Aids não foram discutidas pelo grupo, embora, como May admite, não fosse difícil imaginar que era esse o problema quando Freddie anunciou que não queria mais fazer turnês para promover novos álbuns.

"Na verdade, durante muito tempo nós não sabíamos o que havia de errado", afirmou May alguns anos depois da morte de Mercury. "Nunca conversamos sobre isso, e era uma espécie de lei implícita que não falaríamos do assunto, porque Freddie não queria. Ele só falou para nós que não estava com vontade de fazer turnês, e não disse mais nada. Aos poucos, suponho que por volta do último ano, ficou óbvio qual era o problema, ou ao menos ficou razoavelmente óbvio. Certeza nós não tínhamos".[7]

# - 44 -

À medida que o verão de 1988 avançava, a aparência de Freddie começou a mudar de novo, por conta da medicação que estava tomando e da pequena cirurgia necessária para suas lesões. Ele também estava perdendo mais peso, passava mais tempo sentado ou dormindo e usava cada vez mais maquiagem para tentar esconder manchas no rosto ou nas mãos.

Junto com Jim Hutton, Freddie embarcou para Montreux para descansar. O cantor alugou uma casa à beira do lago chamada The Cygnets, que Roger Taylor apelidou de "Duckingham Palace", onde assistia a filmes antigos na televisão ou passeava ao redor do lago para respirar o ar fresco da montanha. Ele precisava estar revitalizado, pois em outubro faria um dueto com Montserrat Caballé em Barcelona, na ocasião em que a cidade receberia a bandeira olímpica.

Antes de pegar um voo para a Espanha, Freddie retornou brevemente a Londres e deu as boas-vindas a seus pais, Bomi e Jer, na Garden Lodge. Embora Freddie tentasse visitá-los toda quinta-feira na casa deles em Feltham, de onde sempre voltava com uma caixa de biscoitos de queijo feitos pela mãe, os pais iam com bem menos frequência à Garden Lodge.

"Ele se mantinha um tanto distante dos pais, na verdade", reflete Peter Straker.[1] Foi durante essa visita à Garden Lodge, no final do verão de 1988, que Jim Hutton foi apresentado a Bomi e Jer. Mas, como sempre ocorria com Freddie, havia uma pretensão de manter, por conta da visita, um plano elaborado em que Jim seria apresentado como o jardineiro de Freddie, sem referência ao relacionamento deles e, se fosse perguntado, Jim diria que dormia no Quarto Rosa. O plano funcionou e, mesmo que suspeitassem de algo, os pais de Freddie nunca comentaram sobre a natureza da amizade dele com Jim.

Ao longo dos meses seguintes, Jim pôde conhecer os pais de Freddie um pouco melhor, pois ele era o motorista do cantor nas visitas semanais à casa deles. Após entrar na residência em Feltham, a mesma em que a família morava desde a chegada ao Reino Unido, em 1964, ele ficou surpreso ao não encontrar uma fotografia sequer de Freddie e, quando viu o pai do cantor lamentando no jardim que as roseiras estavam morrendo, Jim sentiu que, talvez, os pais de Freddie estivessem cientes de que o filho também não duraria muito tempo.

No início de outubro de 1988, após um mês trabalhando no estúdio com o Queen em mais material para o álbum *The Miracle*, Freddie embarcou para Barcelona para se apresentar com Caballé. Os médicos dele desaconselharam a viagem. O dr. Gordon Atkinson disse: "Ele abordou a doença à sua maneira perfeccionista, discutindo os prós e os contras das várias formas de tratamento de maneira bastante objetiva com os diversos especialistas do Westminster Hospital. Nunca permitiu que sua condição física interferisse nos compromissos profissionais. Na época em que gravou o videoclipe de 'Barcelona' com Montserrat Caballé, sua hemoglobina caíra para 7,0 gramas [50% de uma leitura normal] e ainda assim ele foi em frente e fez a filmagem como o verdadeiro profissional que era".

Essa baixa contagem de hemoglobina indicava claramente que ele estava com anemia.[2] Mas Freddie não ia deixar a Aids vencê-lo – pelo menos, não ainda. Ele viajou para a capital catalã com a intenção de fazer o melhor show possível e, no dia 8 de outubro de 1988, Mercury fez sua última apresentação ao vivo cantando "How Can I Go On", "The Golden Boy" e "Barcelona", com Caballé, na Plaça de Carles Buïgas, no Parc de Montjuïc, em Barcelona, como parte das festividades do Comitê Olímpico.

De acordo com a programação, Freddie e Montserrat fechariam o show, mas, à medida que o momento da apresentação no palco se aproximava, ele foi ficando cada vez mais nervoso. "Nós ficamos distantes dele", lembra Tony Pike, "mas eu o avistei – e ele andava pra cima e pra baixo, de terno, perdido em pensamentos e balbuciando vários trechos das canções".[3]

Freddie estava mais uma vez com problemas de garganta. Isso não deveria ser uma grande preocupação, pois o plano era cantar em *playback*. No entanto, quando ele e Caballé subiram ao palco para apresentar a primeira música, o playback estava tocando na velocidade errada: a música estava muito lenta, então a apresentação teve que ser interrompida por um instante e a fita, rebobinada, para que então recomeçassem. Para a plateia e para a imprensa reunida, foi um sinal claro de que Freddie estava cantando em playback e, imediatamente, ao saberem que ele tinha uma infecção na garganta, começaram os boatos de que tinha Aids.

Em uma coletiva de imprensa após o show, Freddie tentou esclarecer a situação: "Eu não queria arriscar cantar ao vivo. É uma coisa muito difícil para mim porque são canções complexas, e simplesmente não tivemos tempo suficiente para ensaiar também. Pensamos que poderíamos fazer algo ao vivo, mas, meu Deus, eu digo a vocês que precisaria de *muitos* ensaios durante semanas e semanas. Estou acostumado a cantar com o Queen, só que me esconder atrás da força da banda é bem fácil. Mas aqui, cada nota conta, e é um tipo muito diferente de disciplina. É possível fazer isso em estúdio porque posso retomar de onde parei, mas fiquei pensando se eu conseguiria fazer ao vivo, porque é preciso fazer na hora e direto. Ela está acostumada com isso, mas eu, não. Nunca fiz nada com orquestras, e se minha voz não alcançasse o padrão desejado, eu a decepcionaria. Eu não queria correr nenhum tipo de risco".[4]

De todo modo, apesar das reclamações de que a apresentação seria toda em *playback* e de a decisão de fazê-lo não estar de forma alguma relacionada à sua doença, Freddie sofreu ao cantar no palco porque, por baixo do *smoking*, os efeitos da Aids estavam cada vez mais debilitantes. Ele tinha uma ferida na panturrilha direita e, claro, uma lesão permanente na planta do pé; nenhuma das duas se curaria adequadamente, fazendo-o mancar.

Montserrat Caballé se lembra de cantar com Freddie naquela noite e de como sentiu que ele estava ciente de que aquela seria provavelmente sua última apresentação: "Enquanto ele cantava, notei que os olhos brilhavam de lágrimas. Eu dei a mão a ele. Ele a agarrou e beijou. Ficou claro que, de repente, estava ciente de seu próprio destino. Eram lágrimas de despedida. Foi a despedida dele, pelo menos do palco", afirmou.[5]

Caballé era uma das poucas pessoas que já tinham conhecimento da gravidade da doença de Freddie. A revelação ocorreu durante uma das sessões finais de gravação, quando, fora do personagem, Freddie se esquivou do abraço costumeiro de boas-vindas de Caballé para evitar um beijo, como ela lembrou em uma entrevista de 2012: "Eu disse: 'Desculpe, Freddie, não quero incomodar você'. Ele respondeu: 'Não, não, eu tenho de te contar. Sou HIV positivo'. Fiquei me perguntando: 'O que isso significa?'. Eu conhecia muitas pessoas com HIV, e elas estavam bem, então não achei que fosse um problema. Ele então acrescentou: 'Bem, no meu caso, desenvolvi Aids e não quero que você pegue nada'. Na época, ninguém sabia como a doença era transmitida, e havia uma possibilidade de que pudesse ser por contato.[6] Eu comentei: 'Mas você é tão forte, assim como a sua voz'. Para mim, foi muito difícil absorver tudo, embora nada perto do quanto ele deve ter sentido. Fiquei muito feliz por Freddie confiar em mim. Significava que de fato valorizava nossa amizade".[7]

Dois dias após a apresentação final, Freddie e Caballé participaram do lançamento do álbum, *Barcelona*, na Royal Opera House, em Covent Garden. O álbum alcançou a 25ª posição nas paradas do Reino Unido e, apesar de uma recepção morna pela imprensa especializada em música, continuou sendo um destaque na carreira musical de Freddie: "Não pensei que fosse capaz de escrever peças operísticas que serviriam a uma prima-dona renomada no mundo todo", revelou ele. "Eu realmente não sabia que era capaz de fazer coisas assim. Pensei: 'O que mais me resta fazer?'"[8]

Após concluir o trabalho de *Barcelona*, Freddie decidiu fazer uma viagem a Munique. Ele levou Peter Freestone e Peter Straker, mas ficou cada vez mais impaciente porque todos pareciam estar se divertindo, de um jeito que ele era incapaz de participar devido à fadiga e aos sintomas de gripe por causa do grave comprometimento do sistema imunológico. Jim Hutton pegou um voo para encontrá-lo na Alemanha, mas, mesmo assim, Freddie se sentiu tão mal que não se juntou ao resto do grupo nas visitas aos bares e clubes do Triângulo das Bermudas, parte da cidade em que ele se jogara em festas alguns anos antes.

Ao retornar a Londres, Freddie refugiou-se na Garden Lodge mais uma vez e retomou seu tratamento com AZT, mas logo deparou com o mesmo problema de muitos pacientes com Aids: o medicamento funcionava por um curto período, de quatro meses a um ano, no máximo, mas depois não tinha eficácia alguma, exceto o surgimento de efeitos colaterais físicos. Contudo, como funcionava toda vez que os pacientes retomavam o tratamento, Freddie não agiu de forma diferente.

No final de 1988, depois de um ano de uso não contínuo de AZT, descobriu-se que a contagem de T4 de Mercury havia diminuído significativamente e, portanto, foi sugerido que ele abandonasse o AZT em definitivo. Mas o AZT não era o único medicamento em uso: ele precisava tomar supressores para toxoplasmose e PPC, junto com hidrocortisona e fludrocortisona, o que manteria seus níveis de energia elevados. Freddie acabou abandonando completamente o AZT para tentar algumas novas drogas experimentais, qualquer coisa que lhe desse esperança. Se ele tivesse vivido mais, teria descoberto que o AZT de fato não funcionava depois de um período inicial e que todo o seu sofrimento, e o de dezenas de milhares de outras pessoas, poderia ter sido evitado.

O próximo medicamento que Freddie experimentou e que ofereceu esperança foi a DDI, que, quando combinada com pelo menos outras duas drogas anti-HIV, diminuía os níveis do vírus. Ele foi tratado com DDI quando o dr. Brian Gazzard teve acesso à droga para usá-la em um pequeno grupo de pacientes no Chelsea & Westminster Hospital (até 1989, o AZT era o único medicamento licenciado usado no tratamento de HIV/Aids). Os ensaios indicaram que a DDI tomada isoladamente ocasionou um maior aumento na contagem de células CD4 do que em pacientes que não tinham recebido tratamento para o HIV, e a droga acabou sendo aprovada em outubro de 1991. Mas, para Freddie, era um medicamento ainda em fase de estudo, e ele o usou com o mesmo fio de esperança das tentativas anteriores.

No entanto, finalmente tomou a decisão de contar aos integrantes do Queen sobre a doença e dedicar o resto de sua vida a gravar com os três colegas de banda o máximo de músicas que o tempo e a energia permitissem.

O nome de nascimento de Freddie Mercury é Farrokh Bulsara. Com apenas um ano de idade, o pequeno Farrokh teve seu primeiro gostinho pela fama quando ganhou o concurso de fotos local como o "Bebê mais bonito" do ano.

A infância de Freddie foi confortável, já que seus pais tinham um padrão de vida alto, permitindo-lhes ter uma babá, Sabine, que cuidou de Freddie por três anos.

Aniversário de quatro anos de Freddie. Freddie raramente falava sobre a infância na ilha ou sobre sua educação na Índia. "Ele não queria ser visto como indiano", diz o amigo próximo Peter Straker. "Ele costumava dizer que era persa. Ele gostava da ideia de ser persa, o que eu considero muito mais exótico."

© SRA. BULSARA, COMO PUBLICADO EM *FREDDIE MERCURY: THE GREAT PRETENDER*, MERCURY SONGS LIMITED, GOODMAN, 2012

A primeira banda de Freddie, os Hectics, foi formada na St. Peter's School, na Índia, no início dos anos 1960, e ele tocava piano. No centro da foto, Freddie parece constrangido com os dentes e inconfundivelmente indiano.

A banda Ibex era uma pedra bruta de Liverpool, que começou a sair com o Smile, e Freddie era o principal "frequentador" dos shows do Smile. Depois de ver o Ibex em uma apresentação improvisada, Freddie sugeriu a um dos membros da banda: "O que vocês precisam é de um cantor."

© MARK AND COLLEEN HAYWARD/REDFERNSGETT

No verão de 1970, seis anos depois de chegar ao Reino Unido, Freddie Bulsara se tornou Freddie Mercury. De acordo com um amigo próximo, David Evans, "Farrokh Bulsara era um nome que ele havia enterrado".

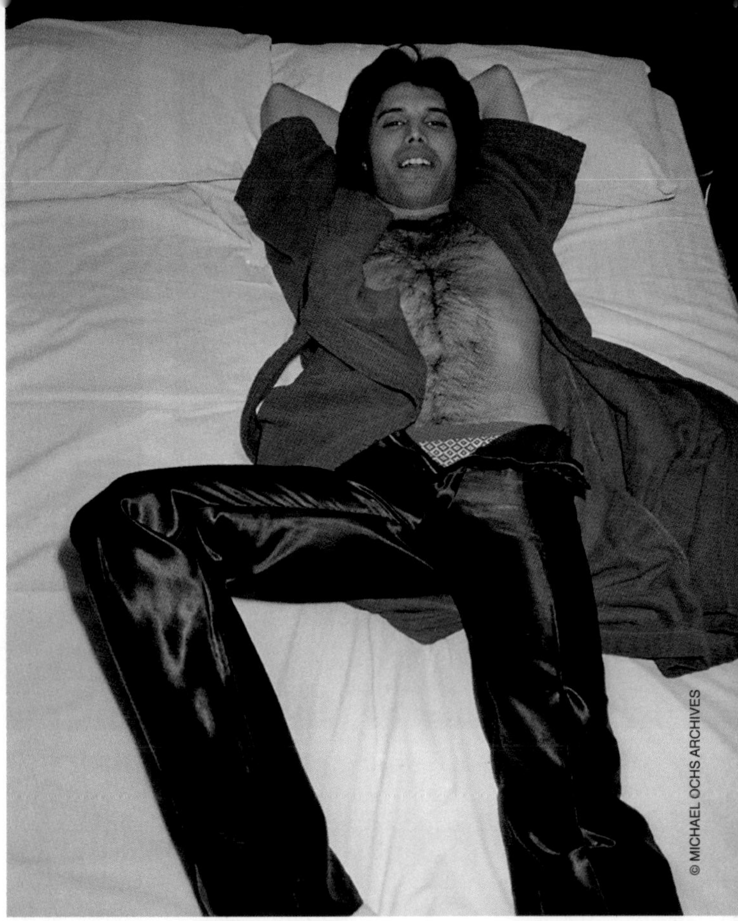



John Deacon se juntou ao Queen em fevereiro de 1971, e a formação permaneceu a mesma até a morte de Freddie. "Nós sempre discutimos. Brigamos praticamente no primeiro dia... Todos nós temos nossas características individuais, mas provavelmente é isso que nos mantêm juntos."

© BARRIE WENTZELL

© GEORGE WILKES/HULTON ARCHIVE

"Brinco com essa coisa do bissexual", disse Freddie. "É só uma questão de para onde meu estado de espírito vai me levar. Quando as pessoas me perguntam se sou gay, digo que cabe a elas descobrir."

Freddie imprimiu sua marca na banda desde o início. Ele compôs canções, desenhou um emblema real para criar a imagem da banda e mudou o nome de Smile para Queen. Ele também se tornaria a primeira estrela pop indiana da Grã-Bretanha.

Em abril de 1975, o Queen fez a primeira turnê pelo Japão. Foi o início de um longo caso de amor que Freddie teria com o país, colecionando avidamente objetos de arte japoneses, atraído por sua constante busca pela perfeição.

© KOH HASEBE/SHINKO MU

ICHAEL OCHS ARCHIVES

© MICHAEL OCHS ARCHIVES

"Gosto que as pessoas saiam dos nossos shows se sentindo totalmente entretidas, tendo se divertido", disse Freddie.

Com exceção de uma música, Freddie compôs todos os singles do Top 10 do Queen durante os anos 1970, incluindo o primeiro single número 1 da banda, "Bohemian Rhapsody".

© CHRIS WALTER/WIREIMAGE

O sucesso das composições de Freddie logo proporcionou a ele a fama e a fortuna com que sonhou. "Sempre soube que seria uma estrela, e agora o resto do mundo parece concordar comigo."

Gaëtan Dugas, o comissário de bordo rotulado como Paciente Zero e acusado de desencadear a epidemia de Aids nos Estados Unidos.

© WENDY ALLIS

Freddie descreveu Mary Austin como o amor da sua vida. Ele diria mais tarde: "Se eu for primeiro, vou deixar tudo para ela. Ninguém mais fica com um centavo – exceto meus gatos. Eu a amarei até o meu último suspiro. Provavelmente envelheceremos juntos."

© WENDY ALLISON

A estrela de West End, Peter Straker, se tornou o amigo mais próximo de Freddie. "Ele aparecia e assistia aos espetáculos, e nós voltávamos para Londres juntos e nos dávamos formidavelmente bem, na verdade."

Freddie costumava oferecer jantares luxuosos e extravagantes aos amigos mais próximos na Garden Lodge, sua mansão em Kensington. Ele se cercou de pessoas em quem podia confiar por completo.

© TERRENCE SPENCER, CAMERA PRESS LONDON

Peter Straker e Freddie na mesa de mixagem. "Passamos os melhores momentos juntos e, depois, os piores também. Ele era uma pessoa gentil, generosa e sensível, e eu o adorava. Conversávamos várias vezes por dia ao telefone, não importa onde ele estivesse no mundo."

© WENDY ALLISON

© RICHARD CREAMER/MICHAEL OCHS ARCHIVES

Freddie com John Reid, empresário de Elton John, que se tornaria empresário do Queen em 1975.

© BRIAN ROSE, FROM *METAMORPHOSIS, MEATPACKING DISTRICT 1985 + 2013*

O Mineshaft, em Nova York, já foi o mais famoso clube gay exclusivo para sócios da história. Ficava aberto de quarta à noite até segunda de manhã. Após o surto de Aids, o Mineshaft foi fechado pelas autoridades municipais.

Freddie não sabia tocar guitarra bem, o que ironicamente o ajudou a compor um dos maiores sucessos do Queen, "Crazy Little Thing Called Love". Ele levou dez minutos para escrever, porque "não conseguia lidar com muitos acordes e, por causa dessa limitação, escrevi uma boa música, acho".

© PETER HINCE

No verão de 1982, o Queen viajou para a América do Norte para promover seu novo álbum, *Hot Space*. Durante uma folga em Nova York, Freddie provavelmente contraiu o HIV.

A última turnê do Queen com Freddie foi em 1986. Mercury deixou escapar o seguinte comentário: "Não vou fazer isso para sempre. Esta é provavelmente a última vez."

Este encontro casual no Ivor Novello Awards, em 1987, seria a única vez que Annie Lennox encontraria Freddie Mercury. A morte do cantor quatro anos depois a afetaria profundamente: “Ele era tão cheio de vida... Isso me fez parar e pensar sobre o que é importante e o que cada um de nós pode fazer para combater essa doença terrível.”

© DAVE HOGAN

A América do Sul viu o Queen estabelecer e depois quebrar o próprio recorde mundial de maior público pagante em um show da banda. Em 1985, o grupo se apresentou para um público estimado em mais de 350 mil, mais do que o dobro de seu recorde anterior de 131 mil.

© RICHARD YOUNG

Freddie e David Bowie conversando nos bastidores do Live Aid, em 1985. A performance de Freddie ajudou o Queen a roubar a cena diante de um público internacional de um bilhão de pessoas e colocar a carreira da banda de volta nos trilhos.

"Quando eu saio do palco, levo horas para relaxar e me transformar de volta em meu verdadeiro eu."

O galã de Hollywood, Rock Hudson, manteve sua homossexualidade em segredo por décadas, temendo que se assumir fosse um suicídio profissional. Nos últimos meses de vida de Hudson, Freddie fez seu primeiro teste de HIV. Ele alegou que os resultados foram negativos.

MANHATTAN ★ ★ ★ ★ SPORTS FINAL

DAILY NEWS

35¢ NEW YORK'S PICTURE NEWSPAPER® Thursday, October 3, 1985

METS CLOSE IN

Gooden flips Cards in 5-2 squeaker

See Sports

ROCK HUDSON–PRINCE CHARMING OF FILMS

NOVEMBER 17, 1925
OCTOBER 2, 1985

DEAD OF AIDS

Film superstar Rock Hudson died of AIDS yesterday in Beverly Hills, Calif. He will be remembered by millions as the suave romantic superhero of the '50s and '60s as seen in 1965 studio portrait (above).

Stories begin on page 3; picture history in centerfold

© DAVE HOGAN/HULTON ARCHIVE

© DAVE HOGAN

© RICHARD YOUNG

Freddie com Jim Hutton depois de se apresentar no Live Aid, apesar das recomendações médicas. Ele provavelmente era HIV positivo havia três anos e agora sofria de uma infecção grave na garganta.

Freddie mencionara sua admiração pela diva da ópera espanhola, Montserrat Caballé, durante uma entrevista de rádio em 1986. Freddie e Mike Moran compuseram uma série de peças operísticas que integraram o projeto para a última apresentação ao vivo de Freddie, em outubro de 1988.

"Eu rezo para nunca pegar Aids. Muitos amigos têm a doença. Alguns morreram, outros não durarão muito mais. Estou com medo de ser o próximo."

Esta fotografia, do aclamado fotógrafo Richard Young, é um retrato íntimo de Freddie. A perda de gordura facial não está mais aparente, pois ele havia sido submetido a injeção de preenchimento facial, o que lhe deu mais confiança.

"Em dez anos, eu certamente não estarei usando as mesmas roupas e correndo pelo palco. Não sei o que farei, mas sei de uma coisa... Ainda estarei me divertindo."

A última aparição pública de Freddie, em fevereiro de 1990, no British Phonographic Awards, chocou os espectadores. As únicas palavras que ele disse foram: "Obrigado, boa noite", enquanto saía do palco pela última vez.

Uma festa para comemorar o vigésimo aniversário do Queen foi realizada no Groucho Club. Freddie se incomodou com a atenção que recebeu e rapidamente se cansou.

Após uma longa reunião com o empresário do Queen, Jim Beach, Freddie Mercury decidiu divulgar um comunicado confirmando que tinha Aids. Menos de vinte e quatro horas depois, o cantor estava morto.

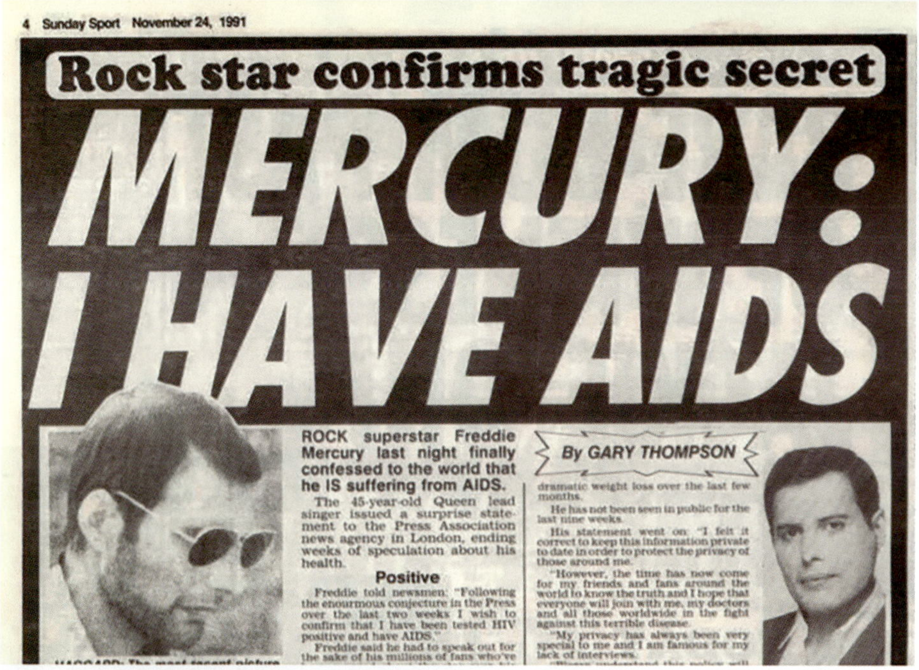

4 Sunday Sport November 24, 1991

Rock star confirms tragic secret

# MERCURY: I HAVE AIDS

**ROCK superstar Freddie Mercury last night finally confessed to the world that he IS suffering from AIDS.**

The 45-year-old Queen lead singer issued a surprise statement to the Press Association news agency in London, ending weeks of speculation about his health.

### Positive

Freddie told newsmen: "Following the enourmous conjecture in the Press over the last two weeks I wish to confirm that I have been tested HIV positive and have AIDS."

Freddie said he had to speak out for the sake of his millions of fans who've

By GARY THOMPSON

dramatic weight loss over the last few months.

He has not been seen in public for the last nine weeks.

His statement went on: "I felt it correct to keep this information private to date in order to protect the privacy of those around me.

"However, the time has now come for my friends and fans around the world to know the truth and I hope that everyone will join with me, my doctors and all those worldwide in the fight against this terrible disease.

"My privacy has always been very special to me and I am famous for my lack of interviews.

"Quando eu morrer, quero ser lembrado como um músico de algum valor e conteúdo. Não sei como eles vão se lembrar de mim... Fica a critério deles. Quando eu morrer, quem vai se importar? Eu não vou!"

Na primavera de 1991, Freddie posou para o namorado, Jim Hutton, em seu jardim. Esta é a última foto de Freddie, que morreria quase seis meses depois.

"Quero alcançar o maior número de pessoas possível e, quanto mais, melhor. Eu gostaria que o mundo inteiro ouvisse minha música e que todos me ouvissem e olhassem para mim quando estou tocando no palco."

# - 45 -

O ano de 1989 foi um ano sísmico na história mundial: os protestos na Praça da Paz Celestial, em Pequim, na China, o colapso do comunismo na Europa, a queda do Muro de Berlim e a sucessão de Ronald Reagan por George W. Bush.

Reagan havia enfrentado críticas ferrenhas pela maneira como aparentemente evitou a crise da Aids durante seu mandato, embora haja informações conflitantes quanto à validade dessas críticas. O autor Larry Kramer afirmou em 1992 que "Ronald Reagan teria reduzido o orçamento federal na área da saúde e até se recusou a pronunciar a palavra 'Aids' nos primeiros sete anos de seu mandato na Casa Branca", e continuou: "Ele pode ter feito coisas louváveis, mas também era um monstro e, na minha opinião, responsável por mais mortes do que Adolf Hitler. Ele é um dos principais responsáveis por permitir que a praga da Aids aumentasse de quarenta e um casos em 1981 para mais de setenta milhões hoje".[1]

De fato, a verdade é que Reagan se referiu à Aids pela primeira vez ao responder a uma pergunta em uma coletiva de imprensa, em 17 de setembro de 1985, e, em 5 de fevereiro de 1986, fez uma visita surpresa ao Departamento de Saúde e Serviços Humanos dos EUA, onde disse: "Uma das nossas maiores prioridades de saúde pública será continuar a procurar uma cura para a Aids". O governo Reagan também aumentou os pedidos de recursos financeiros para a Aids de oito milhões de dólares em 1982 para 26,5 milhões em 1983, quantia que o Congresso aumentou para quarenta e quatro milhões de dólares, valor que foi dobrando a cada ano durante o mandato de Reagan.[2] Mas, independentemente de o governo Reagan ter extrapolado o orçamento federal de saúde dos EUA, em 1989, o número de casos de Aids relatados no país havia chegado a mais de cem mil. Cinquenta mil casos foram registrados nos seis anos entre 1981 e 1987, e o número dobrou em um ano e meio, de dezembro de 1987 a julho de 1989. Destes, cinquenta e nove mil morreram de doenças relacionadas à Aids.[3] E esses foram apenas os casos oficialmente registrados. Estima-se que 1,5 milhão de pessoas foram infectadas com HIV nos Estados Unidos no final de 1988.[4] Em 1989, o Haiti finalmente interrompeu a distribuição de seus hemoderivados contaminados e, após dois anos de intenso protesto, 1989 também testemunhou a Wellcome reduzir o preço do AZT em 20%. Nesse mesmo ano, um relatório publicado pela Organização Mundial de Saúde afirmava que cento e quarenta e cinco países ao redor do mundo haviam reportado casos de Aids, e mais de quatrocentas mil pessoas sofriam da doença.[5]

No Reino Unido, o número anual de mortes relacionadas à Aids aumentou para 567 em 1989, em comparação a apenas 119 quatro anos antes.[6] A eficácia da campanha "Don't Die of Ignorance" (Não morra por ignorância) ainda seria verificada como resultado do período latente do vírus. Além disso, embora o aumento da prevalência do HIV entre os pacientes de clínicas especializadas em medicina geniturinária ou em DST em Londres, no início dos anos 1980, fosse comparável àquele observado em São Francisco, a subsequente mudança de comportamento provocada por essa campanha (em especial, o uso de preservativos e uma redução no número de parceiros, que era muito alto entre homens gays durante esse período) em um estágio epidêmico inicial no Reino Unido provavelmente impediu o rápido aumento contínuo relatado nos EUA. Isso significou que os casos de HIV/Aids no Reino Unido na década seguinte não estavam na mesma escala que o país americano.[7] No entanto, no Parlamento, os políticos continuaram a se levantar e a fazer discursos alarmantes, alertando para o efeito potencialmente dizimador da Aids, que resultaria em problemas para encontrar o número suficiente de trabalhadores, enfermeiras e soldados para o Reino Unido funcionar de forma adequada.[8]

Mas não foram apenas os políticos que não sabiam sobre HIV/Aids na Grã-Bretanha; a população em geral também tinha uma visão negativa em relação a qualquer pessoa com HIV ou Aids, e havia um grande estigma ligado à doença. Mitos em torno do HIV e da Aids ainda eram comuns na sociedade britânica, e as pessoas continuavam a pensar que a síndrome poderia ser contraída no vaso sanitário, em piscinas públicas e até mesmo após alguém tossir. Um dos mitos mais disseminados era o de que a Aids poderia ser transmitida com um simples aperto de mão, e foi apenas em 1989, quando Diana, a princesa de Gales, foi fotografada apertando a mão de Jonathan Grimshaw, que era HIV positivo havia cinco anos, na cerimônia de abertura do Landmark Aids Centre, no sudeste de Londres, que as atitudes começaram a mudar. Em um único gesto, Diana mostrou que se tratava de uma doença que requer compaixão e compreensão, não medo e ignorância. Foi também a primeira tentativa de um integrante importante da família real de tirar o estigma do HIV/Aids.

A família real já tinha flertado brevemente com a Aids, embora se recusasse a comentar as circunstâncias da morte de Stephen Barry, criado pessoal do príncipe Charles por doze anos, que morreu em Londres, em 1986, aos trinta e sete anos, de uma doença relacionada à Aids. "Ele era um criado, e isso é tudo o que podemos dizer", comentou um porta-voz do Palácio de Buckingham. "Recusamos todos os outros comentários sobre o assunto".[9] No entanto, houve relatos de que a natureza da doença de Barry *era* conhecida pela família real.[10]

Embora a notícia da morte de Stephen Barry, decorrente de uma doença relacionada à Aids, tenha ocupado pouco espaço dos jornais ao redor do mundo, em 1989, uma a uma, a Aids estava ceifando a vida de várias figuras importantes na sociedade, muitas das quais haviam tentado manter fora do domínio público o motivo da doença. Embora Rock Hudson tenha sido a primeira vítima da Aids de grande destaque, após sua morte, no decorrer dos anos, figuras conhecidas sucumbiram à Aids, como o escritor Bruce Chatwin, o músico Liberace, a supermodelo Gia Carangi e o estilista Bill Gibb, enquanto 1989 viu Michael Vyner, o diretor artístico da Royal Opera House, e o fotógrafo Robert Mapplethorpe morrerem de doenças relacionadas à Aids. "Parecia que uma névoa pairava no ar", diz John Reid, ex-empresário do Queen, "e as pessoas estavam morrendo muito rápido".[11] A cada morte – e o mundo das artes parecia particularmente vulnerável –, Freddie Mercury deve ter ficado ainda mais consciente de sua própria mortalidade. No entanto, ele estava determinado a fazer com que a vida continuasse do jeito mais normal possível, pelo maior tempo possível.

Com isso em mente, 4 de janeiro de 1989 foi o dia de aniversário de quarenta anos de Jim Hutton. Freddie garantiu que a ocasião fosse celebrada em grande estilo no Meridian, em Chelsea, onde os convidados beberam champanhe e viram um enorme bolo de aniversário, no formato da estufa da Garden Lodge, sendo trazido no final da noite. Janeiro também foi o mês de lançamento de outro dueto de Freddie Mercury e Montserrat Caballé do álbum *Barcelona*, mas "How Can I Go On" teve um desempenho ruim, ficando no 95º lugar nas paradas. Isso foi depois da apresentação decepcionante do single anterior de Mercury e Caballé, "The Golden Boy", que só atingiu a 86ª posição. Esses seriam os últimos lançamentos de single de Freddie como artista solo ou em dueto antes de sua morte.

Mas a carreira solo do cantor era simplesmente uma distração. A chance de ser seu próprio chefe, uma oportunidade de fazer o que quisesse longe dos companheiros de banda e o espaço para explorar ideias musicais que não cabiam no Queen, fosse o estilo disco europop de "I Was Born To Love You" ou o estilo operístico bombástico de "Barcelona". E Freddie estava convencido de que, no fim das contas, seu trabalho solo só trazia benefícios para o Queen: "Acho que meu trabalho solo provavelmente aproximou o Queen e melhorou nossas carreiras. Eu não tinha dúvidas de que o Queen voltaria ainda maior. Tenho válvula de escape muito boa dentro do grupo, então não me sinto sufocado de forma alguma e certamente não estou reclamando. Para mim, teria sido muito fácil me tornar um artista solo na época, porque a sorte estava lançada. As pessoas na mídia sempre perguntavam quando eu faria carreira solo. Mas eu estava muito feliz com o Queen e, portanto, não precisava dar uma inflada no meu ego, deixá-los de repente e seguir sozinho. É uma área muito tentadora para mim, mas por que estragar tudo? Sou leal à banda e odiaria decepcionar os integrantes. Isso, para mim, é um preço muito alto".[12]

No início de 1989, o Queen voltou ao estúdio para completar a gravação de *The Miracle*. Dadas as cobranças em cima de Freddie e suas limitações físicas, a hora de dar a notícia aos companheiros de banda estava se aproximando. Até lá, no entanto, ele tentou agir como se tudo estivesse normal, e os quatro integrantes do Queen trabalharam juntos com energia renovada após terem passado um ano separados.

Com o álbum saindo do forno em março, Freddie e a banda concederam uma rara entrevista em grupo para Mike Read, da BBC Radio 1. Freddie adotara um novo visual. Em um esforço constante para tentar disfarçar as manchas em seu rosto com maquiagem devido ao sarcoma de Kaposi, por sugestão do namorado, Jim Hutton, ele deixou crescer a barba para esconder as manchas, mas, apesar disso, os rumores em torno da saúde de Freddie continuaram a despertar especulações. A entrevista concedida a Read continha uma série de respostas diplomáticas para a pergunta sobre a partida da banda em turnê, e Freddie reconheceu que ele era o único dos quatro que não queria isso. "Não dou a mínima para o que eles pensam, na verdade, é só que não quero fazer isso e não acho que eu os esteja decepcionando nem nada", disse.

Em nenhum momento houve qualquer menção à saúde de Freddie ou aos boatos sobre a Aids, mas ele estava começando a parecer uma sombra de si mesmo. Com exceção das aparições em videoclipes, não participou do evento de lançamento do álbum, em 22 de maio, deixando a maior parte das ações de divulgação para Roger Taylor e Brian May. Durante toda a campanha promocional, foi apenas em Munique que Taylor foi questionado se havia alguma verdade sobre os rumores de que Freddie Mercury tinha Aids. Ele respondeu assim: "Freddie está saudável, como sempre. Não vamos fazer turnê porque não conseguimos concordar quanto ao processo. Todo o resto é apenas um boato ridículo".[13]

Freddie estava em uma encruzilhada. Ao revelar seu estado de saúde, ele não apenas enfrentaria críticas públicas fortes, além da própria doença, mas também colocaria em risco a indústria que o Queen havia se tornado. Os membros da banda, todas aquelas pessoas empregadas... Ele era responsável pelos outros, não apenas por si próprio, o que em si é uma sensação de insegurança inacreditável. Se não revelasse a mais ninguém, precisava contar pelo menos à banda.

Se Roger sabia ou não – e provavelmente tinha noção de que Freddie estava mal e da gravidade de sua doença –, a farsa não poderia continuar. "Freddie está saudável como sempre e canta melhor do que nunca no novo álbum", disse Taylor à imprensa, em 1989. "Fizemos uma festa na casa do Brian há alguns dias, e Freddie não deu exatamente a impressão de que estava no leito de morte", continuou ele.[14] Mas o escrutínio da imprensa estava se intensificando à medida que Roger, Brian e John se esquivavam constantemente de perguntas a respeito da saúde de Freddie, então, no final de maio de 1989, o cantor enfim decidiu contar aos companheiros de banda a verdade.

De acordo com Jim Hutton, os quatro membros do Queen estavam sentados no restaurante The Bavaria, em Montreux, quando Freddie admitiu para Brian, Roger e John o que havia de errado com ele. "Nós meio que sabíamos há bastante tempo, de forma muito, muito gradual, porque os sinais começaram a aparecer", lembrou Brian, "e chegou um dia em que ele apenas disse: 'Olha, vocês provavelmente descobriram o que está acontecendo comigo. Eu tenho essa coisa e, pelo que sei, não há cura, e só me resta um certo tempo. Quero ter essa conversa, quero que a vida continue exatamente como está, quero fazer discos, não quero que ninguém saiba, não quero que ninguém fale disso daqui em diante e pronto'. Foi o que ele disse".[15]

O relato de Jim Hutton difere da versão de Brian: "Alguém na mesa estava resfriado, e a conversa desviou para a maldição da doença", disse Hutton. "Foi então que Freddie, que ainda parecia bastante bem, levantou a parte direita da calça e colocou a perna sobre a mesa para que os outros vissem a ferida aberta e dolorida que minava na lateral de sua perna. 'Vocês acham que têm problemas', disse ele. 'Bem, olhem para isso.' Então, com a mesma rapidez com que mencionou o assunto, Freddie deixou-o de lado".[16]

Hutton não estava no jantar, então a descrição de May deve ser mais confiável, mas, independentemente de como foram informados, os três colegas de Freddie ficaram arrasados com a notícia e, de acordo com Brian, "todos foram embora e ficaram mal em algum lugar, e essa foi a única conversa direta que tivemos sobre isso".[17]

"Nós sabíamos que ele estava muito doente; foi de fato apenas uma confirmação do que tínhamos imaginado", disse Roger Taylor. "Mas ouvir o que ele disse realmente foi uma coisa apavorante. Por muito tempo, tentamos dizer a nós mesmos que se tratava de outra coisa".[18]

"Ele nunca pediu a compreensão de ninguém", lembrou May. "Freddie era uma pessoa muito forte e sempre gostou de estar no controle do próprio destino. Sabia que, se anunciasse a doença, a vida dele se tornaria um circo e ele seria impedido de cuidar do seu negócio, que era fazer música. Ele queria que fosse um negócio, como costumava ser, até o fim. Não houve drama, nem lágrimas nos olhos. Freddie era incrivelmente autocontido. Achamos que não deveríamos falar sobre isso com ninguém. Era muito difícil mentir de maneira descarada para nossos amigos. E, é claro, tínhamos de ficar parados e observar esse homem incrivelmente talentoso e forte, no auge de sua vida, definhando aos poucos. Havia uma sensação terrível de impotência".[19]

Existe uma escola de pensamento sugerida aos doentes terminais, em particular àqueles com Aids, que diz que é possível viver mais do que se previa ao falar o mínimo possível sobre a doença. Claro, mentir significa envolver outras pessoas. Freddie já havia contado o segredo às pessoas próximas a ele na Garden Lodge. Elas se tornaram parte da farsa. Mas as mentiras vinham de todos, que contavam desde histórias de sobrevivência e garantias de que ele sairia dessa à melhoria da aparência dele, em como ele parecia ter engordado. A mentira é incentivada para facilitar as coisas para quem tem Aids.

Brian, Roger e John fizeram o que Freddie lhes pediu: tornaram-se parte da mentira e tentaram garantir que a vida continuasse normalmente. O grupo foi surpreendido pela situação em que se encontrava e, quase imediatamente, os demais integrantes do Queen formaram um escudo protetor em torno de Freddie. Ele queria voltar para o estúdio o mais rápido possível e gravar o máximo de músicas que pudesse no tempo que lhe restava – não importava o quanto durasse. Seus companheiros de banda, cientes da realidade que Freddie enfrentava, estavam desesperados para fazer o que estivesse ao alcance deles.

"Achamos que *The Miracle* seria o último álbum", disse Brian. "Naquela época, não havia garantias de quanto tempo Freddie iria viver. Portanto, sabíamos que tínhamos de seguir em frente e fazer o que pudéssemos".[20] Com dez faixas, todas creditadas ao Queen, e não a compositores individuais, *The Miracle* foi lançado em 22 de maio de 1989 e foi direto para o primeiro lugar das paradas britânicas, embora, mantendo sua popularidade morna nos Estados Unidos, tivesse atingido apenas a 24ª posição por lá. E, como de praxe ao longo da carreira do grupo, as críticas foram definitivamente heterogêneas. O *The Times* escreveu que o álbum "aborda a questão do grau de mau gosto que é possível espremer em um álbum",[21] enquanto a *Rolling Stone* publicou: "Em algum lugar por aí, há um brincalhão cruel espalhando um boato de que *The Miracle* é o retorno oficial do Queen ao hard rock. Bem, cortem a cabeça desse brincalhão. A banda não tem se prendido a sintetizadores e baterias eletrônicas com frequência aguda desde *Hot Space*".[22]

Cinco singles do álbum foram lançados em 1989, e dois deles, "I Want It All" e "Breakthru", alcançaram o Top 10 no Reino Unido. Mas as posições nas paradas tinham pouca relevância para Freddie naquele momento e, a bem dizer, possivelmente para o restante do Queen. Era apenas corrida contra o tempo para fazer o máximo possível junto com Freddie. É provável que o cantor tenha pensado em gravar outro álbum solo – ele tinha material suficiente de projetos anteriores –, mas sua doença afastou rápido esses pensamentos da cabeça. Sua capacidade física e mental estava em tal estado que ele precisava de pessoas ao seu redor para fazer as coisas acontecerem, e um novo disco solo, mesmo que iniciado, nunca seria concluído.

Como deveria ser, Freddie Mercury começou com o Queen e terminaria com o Queen.

Mas nem tudo se resumia a trabalho para Freddie. Mercury passou parte do verão de 1989 na Garden Lodge cuidando do jardim e da coleção cada vez maior de carpas koi, mas mesmo lá ele foi caçado pela imprensa, que, de fora dos portões, perseguia cada movimento dele e especulava constantemente sobre sua saúde. E se eles não conseguissem um furo, inventavam uma história, como quando o *The Sunday Mirror* sugeriu que Freddie tinha feito um pacto com a ex-namorada, Mary Austin, para ser pai de um filho dela. Na verdade, Mary já estava grávida e tinha um relacionamento estável com o pai de seu filho, Piers Cameron, e Freddie estava mais do que feliz por ela. (Freddie seria o padrinho do menino, que nasceu em 1991, e afirmou: "Eu adoraria ter um filho, sim. Isso seria bom, mas nunca vai acontecer. Prefiro ter outro gato".)[23]

Esse assédio da imprensa resultou na fuga frequente de Freddie para Montreux, ao longo do ano. Não foi apenas um esforço para escapar da intrusão da imprensa, mas também era um local onde o Queen estava gravando o novo álbum em seu antigo reduto, o Mountain Studios. Eles começaram a trabalhar no que seria o 14º álbum de estúdio antes mesmo de *The Miracle* ser lançado, e o refúgio na Suíça proporcionava à banda um ambiente mais seguro e tranquilo para fazer música. Eles planejaram um cronograma no qual gravariam por três semanas e então tirariam duas semanas de folga para permitir que Freddie se recuperasse enquanto os outros membros, especificamente Brian e Roger, trabalhavam em outro material e outros projetos.

"Ele se aplicou de forma incrível nos últimos anos porque sentiu que devia à banda deixar algum tipo de legado, então dois álbuns foram gravados muito rapidamente", diz Mike Moran.[24] Isso ocorreu apesar de os médicos lhe dizerem para ir mais devagar, para ter um equilíbrio, para aceitar as eventualidades. Mas ele não queria ouvir as pessoas dizerem que deveria desacelerar: Freddie ainda não tinha chegado a esse ponto, não estava pronto para ceder.

A essa altura, também havia parado de fumar por ordem médica, e o ar puro da montanha provou ser um descanso bem-vindo do céu cinzento de

Londres e aliviou os problemas respiratórios associados à Aids, que já eram evidentes. Determinado a evitar o hedonismo e o estilo de vida agitado de Munique, Freddie passou a gostar tanto da paz e da tranquilidade que encontrou em Montreux que, no seu último ano de vida, compraria um apartamento de três quartos com vista para o lago Léman. Foi uma compra que, por mais breve que fosse sua estadia, proporcionaria a ele enorme conforto e consolo à medida que sua grande força e energia fossem se esvaecendo no início da nova década.

Freddie voltou à Garden Lodge para o Natal de 1989 e, mais uma vez, ofereceu uma festa no dia seguinte ao feriado para seu pequeno círculo de amigos mais chegados, mas as especulações continuaram na imprensa britânica em relação à sua doença à medida que a década se aproximava do fim. Quando Freddie apareceu em público por um breve momento no programa da Cilla Black na ITV, o *Cilla's Goodbye to the '80s*, não havia mais dúvidas de que ele estava gravemente doente. O programa mostrou a apresentadora Cilla Black se despedindo de forma afetuosa dos anos 1980 e a entrega de prêmios para aqueles que tiveram uma grande influência na sociedade, no esporte e na cultura ao longo da década. O Queen foi eleito a Melhor Banda da Década e apareceu rápido no palco para receber o prêmio das mãos de Jonathan Ross. Freddie subiu ao palco primeiro, seguido pelo resto da banda, mas, após um aceno apressado para o público, encolheu-se atrás do grupo, enquanto Brian May aceitou o prêmio e agradeceu a todos que votaram no Queen e apoiaram a banda ao longo da década.

Mas todos olhavam para Freddie e ficaram chocados com sua aparência esquelética.

Durante seu discurso, Brian disse: "Esperamos realizar mais alguns milagres para vocês em breve, em 1990 e além".

Foi um pensamento positivo. A menos que Freddie tivesse o próprio milagre, havia poucas chances de ele sobreviver até o final dos anos 1990. A provável infecção pelo HIV em julho de 1982 significava que já havia sobrevivido por mais de nove anos, o que era extraordinário naquela época.

Mas o tempo estava acabando.

# - 46 -

No final da década de 1980, o Reino Unido testemunhou 848 casos notificados de Aids, com 553 mortes. Mas um relatório britânico de 1990 sugeriu que entre 57 mil e 91 mil pessoas já poderiam estar infectadas com o HIV, e o número seria de cerca de 161 mil em 1994. O mesmo relatório estimou que as mortes decorrentes da Aids no Reino Unido atingiriam o pico de 17.400 casos anuais nos anos 2000, com quase 250 mil pessoas morrendo de doenças relacionadas à Aids em 2010. As projeções eram chocantes, assim como o estudo que indicava que o tempo médio de sobrevida daqueles com Aids já instalada era de um ano a partir da data do diagnóstico e, mais provavelmente, apenas dez ou onze meses.[1]

Freddie Mercury estava bastante ciente de seu pouco tempo de vida. O tempo estava quase acabando e, se os números do relatório estivessem corretos, ele já estava nos acréscimos. Diante disso, não é surpresa que o Queen tenha voltado ao estúdio de gravação em Montreux, em janeiro de 1990, aproveitando ao máximo cada hora disponível. Era o lugar perfeito de fuga para a banda e principalmente para Freddie, já que a imprensa começara a acampar vinte e quatro horas por dia do lado de fora de sua casa em Londres, ávida por qualquer tipo de fofoca e treinando suas lentes telefoto nas janelas da Garden Lodge para registrar uma foto de Freddie que confirmasse os boatos sobre seu estado de saúde.

Enquanto a banda estava em Montreux, o empresário Jim Beach começou a tentar encontrar uma nova gravadora para o Queen nos Estados

Unidos. A sensação era a de que um selo novo poderia ajudar a revitalizar o grupo por lá e explorar seu extenso catálogo, que era o principal atrativo de venda no outro lado do Atlântico naquela época. A Capitol, que no início de 1990 era o selo americano do Queen, ficou mais do que feliz por Beach comprar de volta os direitos; afinal de contas, a banda não estava vendendo bem nos Estados Unidos e, com a notícia de que o Queen estava repentinamente sem contrato, várias outras gravadoras ficaram interessadas, incluindo uma empresa totalmente nova.

A Hollywood Records havia sido fundada um ano antes por Michael Eisner, então CEO da The Walt Disney Company, com o foco sem ser no público infantil. Eisner rapidamente identificou o Queen como a banda perfeita para a nova gravadora. Ele não estava muito interessado no novo material naquele momento, mas foi o catálogo antigo que o atraiu. Em 1988, a revista *Billboard* publicou uma enquete dos CDs não lançados mais solicitados pelos consumidores, e no topo da lista estavam praticamente todos os álbuns dos anos 1970 do Queen. Isso levou Eisner a encabeçar uma licitação da Hollywood Records para assinar com o Queen nos Estados Unidos, uma oferta que, segundo rumores, girava em torno de dez milhões de libras (quase 22,5 milhões de libras em 2016). Em setembro de 1990, o acordo foi assinado, e o Queen voltou a marcar presença na América do Norte.

Enquanto isso, a banda continuou trabalhando no novo álbum na Suíça. Mas essas sessões esgotaram e exauriram Freddie e exigiram um esforço quase sobre-humano dele para reunir sua potência vocal, que já era uma marca registrada.

"Ele queria trabalhar", lembra Roger Taylor, "queria ocupar a mente e seus dias. Então passamos longos períodos isolados no exterior, apenas dando apoio a ele e formando um muro de proteção. De certa forma, foi de fato um ótimo momento, porque nos sentimos muito próximos – o mais próximos que já estivemos".[2] Enquanto a imprensa continuava a especular sobre o estado de saúde de Freddie, os outros três integrantes do Queen se recusavam a fazer revelações sobre a doença dele, a ponto de mentirem para amigos e familiares. Freddie insistiu que fosse assim e que a vida continuasse como era.

Brian, Roger e John respeitaram o desejo dele.

"Ainda não tínhamos falado uma palavra sequer com ninguém, nem mesmo com nossas famílias, o que é muito difícil. Quando seus amigos olham nos seus olhos e perguntam: 'O que há de errado?', e você fala: 'Nada', é muito difícil. Então foi uma grande tensão; por um tempo, fez um estrago mental terrível", diz May.[3]

Em 18 de fevereiro de 1990, o Queen deveria receber um prêmio por sua contribuição notável para a música britânica no British Phonographic Awards, realizado no Dominion Theatre, em Londres. Assim como ocorreu no programa de Cilla Black, receber o prêmio envolvia uma série de problemas: agora era visível que Freddie estava muito doente, então subir ao palco com os integrantes do Queen apenas chamaria a atenção para seu rápido declínio e confirmaria para a mídia e para os fãs do Queen seus sérios problemas de saúde. Mas, se ele não aparecesse, isso apenas alimentaria os rumores e aumentaria a especulação. No final, ele tomou a corajosa decisão de receber o prêmio pessoalmente, junto com Brian, Roger e John, e, quando subiu ao palco para acompanhar "Killer Queen", o terno pendurado em cima dele engolia o corpo esquelético, o cabelo estava mais ralo e tingido, e o rosto estava cavado, coberto de maquiagem espessa que escondia qualquer mancha na pele. Quem o via não tinha dúvidas de que Freddie Mercury estava extremamente doente.

Assistindo a Freddie no Brit Awards, talvez se possa ver, no curto espaço de tempo em que está no palco, uma criança traumatizada, como fora havia muito tempo, e que se recupera, como ele fez, alguém que tem um muro entre si e a dor e o desespero, entre si e a tristeza. Nessa aparição momentânea, vê-se a criança, o adolescente, depois o jovem e agora o homem de meia-idade com Aids. Era para ser a última aparição pública de Freddie e, pouco antes de sair do palco, ele se inclinou para o microfone e disse: "Obrigado, boa noite".

Após a premiação no Dominion Theatre, Freddie e o restante do Queen evitaram a festa realizada lá e, em vez disso, fizeram um curto trajeto até o Groucho Club, no coração do Soho. Fora decidido que 1990 era perto o suficiente do vigésimo aniversário do Queen, e uma festa para comemorar esse marco foi organizada no Groucho para quatrocentos convidados. Embora 1990 tenha *sido* o vigésimo aniversário do Queen – a banda fez os primeiros shows como Queen em julho de 1970 –, a formação de Freddie, Brian, Roger e John só passou a existir em 1971. No entanto, como parecia cada vez mais improvável que Freddie estaria vivo em 1991, pensou-se que o aniversário deveria ser comemorado o quanto antes.

O encontro no Groucho estava repleto de estrelas – Liza Minnelli, Rod Stewart e George Michael estavam entre os convidados – e um bolo para celebrar o evento foi criado em forma de um tabuleiro de Monopoly, sendo que as várias propriedades do tabuleiro foram substituídas pelos nomes dos sucessos do Queen. Com a festa a todo vapor dentro do clube, do lado de fora, um bando de repórteres e *paparazzi* se reuniu, farejando uma oportunidade de chegar até Freddie. O desejo da imprensa foi realizado quando ele finalmente surgiu e entrou em um carro que o levaria para casa, mas, nos poucos passos entre a porta do Groucho e a do carro, Freddie foi fotografado parecendo cansado, frágil, abatido e perdido em pensamentos. Era exatamente a foto que a imprensa procurava e, na manhã seguinte, apareceu nas primeiras páginas dos tabloides.

Um dos que estavam preocupados com a aparência de Freddie era o antigo tecladista do Queen, Spike Edney, mas, como todos os outros, ele deparou com um muro de silêncio: "O primeiro indício de que algo não estava certo foi que Freddie me pareceu um pouco mais magro, e liguei para John para ver o que estava acontecendo. Eu perguntei: 'Há algo de errado com o Freddie?', e ele não quis me dizer", lembra Edney.[4]

A última festa pública chegara ao fim.

Brian May acrescenta: "Escondemos tudo. Evitamos perguntas. Mentimos porque queríamos protegê-lo".

Quando as pessoas perguntavam a Roger Taylor sobre a saúde de Freddie, ele negava veementemente que houvesse algo de errado. Paul Gambaccini observou: "Todos tiveram de se defender do ataque. Naquela época, ficar doente era receber uma sentença de morte".[5]

Freddie e o Queen voaram de volta para Montreux em março de 1990 para escapar do intenso escrutínio que acompanhava o cantor no Reino Unido e para continuar a gravar o novo álbum da banda. Uma das músicas em que eles estavam trabalhando era a faixa "The Show Must Go On", e o próprio título, sem falar na letra, acrescentou pungência às sessões de gravação.

"Aquela faixa era estranha", lembra May. "Escrevi a maior parte da letra para Freddie cantar, e você pode imaginar como foi. Em algum momento, perguntei se ele se sentia bem em relação a isso, e ele disse: 'Sim, muito bem. Eu darei tudo de mim'. E deu. Ele cantou, e acho que foi um dos melhores vocais da vida dele nesse single, e a maioria das faixas desse álbum é incrível. Ele realmente estava ficando muito fraco àquela altura, mas ainda conseguia reunir forças para cantar".[6]

Embora Freddie ainda pudesse alcançar as notas altas, encontrava cada vez mais dificuldade para andar. Parte de sua rotina em Montreux era pedir a seu motorista, Terry Giddings, que o deixasse ao lado da beira do lago a caminho do estúdio de gravação. Freddie então caminhava lentamente para ver os cisnes que moravam lá – ele os chamava de "meus cisnes" – e passava algum tempo em contemplação, longe de qualquer pessoa. Ao longo das semanas que se seguiram, essas caminhadas tornaram-se mais lentas e curtas, à medida que a Aids continuava a destruir o corpo já frágil de Freddie.

Outro golpe que atingiu Freddie em seu retorno a Londres, no início do verão de 1990, foi a notícia de que seu chef pessoal e ex-amante, Joe Fanelli, também tinha sido diagnosticado com Aids já ativa. Freddie ficou arrasado, mas ansioso para cuidar de Joe, então comprou para ele uma casa em Chiswick, na qual Joe poderia viver os últimos meses de sua vida depois que o próprio Freddie morresse.

"Estávamos todos preocupados com o que a imprensa faria se descobrisse que Joe também estava doente", disse Jim Hutton. "Imaginamos as manchetes doentias e supomos que nossa casa seria apelidada de 'Aids Lodge'. Tudo isso nos deixou mais determinados do que nunca a nos unir e permanecer otimistas".[7]

Mas, apenas algumas semanas depois, Jim também foi submetido a um teste de HIV em segredo. "Particularmente, comecei a ficar muito preocupado com minha própria saúde. Achei que também poderia ser HIV positivo. Quanto mais eu pensava sobre isso de forma relutante, mais parecia provável", raciocinou ele.[8]

Poucos dias depois, Hutton descobriu os resultados; ele não tinha Aids já instalada como Freddie e Joe, mas era HIV positivo. Jim tomou a decisão de não contar a Freddie, pois achava que o cantor já tinha de lidar com bastante coisa, mas ficou decidido que eles não iriam mais compartilhar a mesma cama, então Jim se mudou para o Quarto Rosa. Isso afetou pouco o relacionamento dos dois, pois qualquer forma de relação sexual tinha cessado havia muito tempo. Em vez disso, eles apenas se deitavam juntos, se beijavam e se abraçavam.

"Essas sessões de carinho eram tão gratificantes à sua maneira como qualquer sexo que já tivemos", disse Hutton.[9]

Em julho de 1990, com a saúde de Freddie piorando, o Queen mudou a gravação do novo álbum para o Metropolis Studios, em Londres. Quatro faixas já estavam concluídas, mas havia alguma dúvida quanto ao fato de eles conseguirem concluir o álbum todo para ser lançado antes do Natal, como a EMI esperava.

Um rosto familiar no Metropolis Studios era o engenheiro Gary Langan, que havia trabalhado com o Queen em 1975, em três álbuns, além de "Bohemian Rhapsody". Langan tinha ouvido rumores sobre a saúde de Freddie, mas ainda estava chocado com a mudança em sua aparência. "A coisa toda teve seu preço", diz ele. "Nós nos encontramos no Metropolis e trocamos algumas palavras, mas ele estava tentando ser o mais reservado possível. Não foi uma cena muito boa de se ver".[10]

O coprodutor do álbum, David Richards, que trabalhava com o Queen desde os anos 1970, também estava ciente dos problemas de saúde de Freddie, mas, ao contrário de todos, exceto a banda, não tinha ideia do que exatamente estava errado: "Eu sabia que ele estava muito doente", lembra Richards.

"Surpreendentemente, a voz de Freddie foi ficando cada vez melhor. 'Minha voz ainda está aqui', Freddie costumava dizer, 'então vou continuar cantando até o fim'. Eu pessoalmente não sabia que ele tinha Aids: especulei que ele tinha câncer. Acho que os envolvidos deixaram de lado o fato de que a situação realmente era muito séria. Todos ainda tinham aquela ponta de esperança de que no final talvez acontecesse um milagre".[11]

A essa altura, Freddie tinha um pequeno cateter inserido no tórax, abaixo da clavícula esquerda, para facilitar a infusão dos medicamentos. Agora podiam ser administrados por via intravenosa, o que era mais simples para todos: não era visível e também permitia a Freddie manter a mobilidade, um requisito vital para um homem que queria fazer tanto em tão pouco tempo. E, na maioria das vezes, isso envolvia fazer música.

Uma das canções em que o Queen trabalhou de forma intensa durante o processo de gravação foi uma faixa chamada "Innuendo". A canção é uma composição complicada e, embora composta em parceria, carrega todas as marcas do estilo de escrita de Freddie, com orquestração sofisticada na seção de ponte em tempo em três quartos e uma seção do meio com um solo de guitarra flamenco, que foi executado no disco por Steve Howe, do Yes. Howe tinha ido ao estúdio para conversar com o Queen e acabou ouvindo "Innuendo" antes de ser convidado, espontaneamente, a tocar um pouco de guitarra: "De brincadeira, eles disseram que eu poderia fazer um pouco de Paco de Lucia com o instrumento", lembra Howe. "Consegui entender o que eles queriam, então improvisei, e eles adoraram. Fiquei muito orgulhoso de fazer parte daquela gravação".[12]

"Innuendo" acabou sendo a faixa de abertura do álbum, que teria o mesmo nome ("'Innuendo' é uma palavra que costumo usar no Scrabble. Para o Queen é um título perfeito", disse Freddie[13]). Mas, no verão de 1990, o álbum ainda estava longe de ser concluído.

Freddie estava ficando cada vez mais frágil. Quando encontrava forças, tentava entrar no estúdio para gravar, mas esses dias passaram a ser menos frequentes e, embora pudesse trabalhar, não era com muita lucidez. Ainda assim, raramente reclamava. Biópsias ósseas e intestinais foram feitas, junto com intermináveis exames de sangue – e um medicamento era administrado atrás do outro –, tudo que o deixava ainda mais doente. Os médicos interromperam temporariamente o interferon e o substituíram por esteroides, o que lhe deu energia por um curto período, mas então começou a ter problemas digestivos, febres de 38, 39 graus, náuseas o dia todo e algumas dores de cabeça novamente.

Como havia um bando de repórteres ávidos por notícias sitiando o lado de fora da Garden Lodge, Freddie só saía de casa para sessões de gravação ou para ir aos médicos e contava, geralmente, com um círculo de amigos reduzido, mas unido, que o visitava com frequência: pessoas como Mary Austin, Dave Clark, Peter Straker e, daquele verão em diante, Elton John. Ele também recebeu a irmã Kashmira e o marido dela, Roger Cooke, na Garden Lodge, em agosto, e foi durante essa visita que finalmente lhes contou que tinha Aids.

"Era 18 de agosto de 1990", lembra Cooke com precisão. "Estávamos sentados no quarto de Freddie, tomando café, quando ele disse de repente: 'O que você precisa entender, minha cara Kash, é que o que eu tenho é terminal. Vou morrer'. Vimos aquelas marcas nos tornozelos dele e sabíamos que ele estava doente. Depois disso, não falamos mais sobre isso".[14]

Embora tivesse contado para a irmã, Freddie insistiu que nada sobre sua doença fosse dito aos pais, Bomi e Jer. Como o resto do mundo, eles só descobririam quando Freddie divulgasse um comunicado à imprensa nas horas finais de sua vida.

"No início, não pude acreditar no que ele estava me dizendo", lembra Kashmira. "Basicamente, ultrapassava a minha capacidade de compreensão. Foi apenas mais tarde, nos meses em que ele se deteriorou, que tudo começou a degringolar. Mas, mesmo assim, continuei na esperança de que ele se recuperasse".[15]

Em setembro, Freddie comemorou seu aniversário de quarenta e quatro anos oferecendo um jantar para vinte de seus amigos mais próximos na Garden Lodge. Os amigos na última festa de celebração incluíam Mary Austin e o marido Piers Cameron, Jim Beach, Peter Straker, o dr. Gordon

Atkinson e Mike Moran e a esposa. Até Barbara Valentin viajou de Munique para a festa, que seria o último aniversário que Freddie celebraria com qualquer tipo de evento luxuoso. Típico de sua generosidade, ele deu a todos que compareceram ao jantar uma lembrança da Tiffany, mas, nos meses seguintes, começou a parar de ver algumas dessas pessoas mais próximas.

Ele rompeu a amizade com um dos motoristas, Graham Hamilton, cujo namorado revelou o relacionamento de Jim e Freddie a desconhecidos numa noite em um bar gay em Notting Hill. Ele também não viu Barbara Valentin depois daquela festa, pois, de forma paranoica, supunha que ela estivesse vazando informações sobre ele e, por fim, até Peter Straker, seu amigo de longa data, foi excluído. Mas talvez fosse porque Straker estivesse próximo o suficiente para chegar *perto demais* da verdade. Por um tempo, ele ficou se perguntando sobre os problemas de saúde pelos quais Freddie estava passando. Não sendo da equipe (e Peter era o único dos amigos de Freddie que não estava na folha de pagamento), Straker não tinha sido informado de que o cantor tinha Aids: "Tudo que soube por Freddie foi que ele tinha alguma coisa no sangue e pensei que poderia ter leucemia ou algo assim", diz Peter. "Freddie começou a ter essas manchas, e eu perguntei sobre isso, e ele disse que tinha um problema no sangue. Eu tinha ouvido falar da Aids, mas isso nunca me passou pela cabeça. Tive uma conversa com ele uma vez depois do almoço – eu costumava ir almoçar com ele aos domingos, o que era muito bom, porque nós apenas sentávamos e conversávamos – e lembro que ele me disse: 'Tenho uma bela garrafa de um ótimo vinho tinto para você' – costumávamos tomar nosso champanhe primeiro –, mas toda vez que ele tomava vinho tinto ou bebia, começava a se coçar, e percebi isso, e ele disse: 'Não posso beber hoje por causa dessa coisa de sangue que tenho', mas ele nunca explicou o que era."

"Eu fui um dia, por volta de 1990, almoçamos, e ele estava com diversas manchas, usava maquiagem, e nós subimos e estávamos sentados assistindo à televisão na cama dele, e perguntei: 'Você tem Aids?', e ele respondeu: 'Não, tenho algum problema de sangue'. Indaguei novamente: 'Você tem Aids?', e ele disse: 'Não, não tenho Aids'. E falei: 'Se houver algo de errado com você, estou sempre aqui para ajudá-lo', e nos separamos naquela noite. Foi a última vez que o vi".[16]

John Reid foi outro excluído da vida de Freddie. "Eu tentei ligar", lembra Reid, "e Joe [Fanelli] ou Phoebe [Peter Freestone] disse que me ligaria de volta, mas os dois estavam apenas unidos, protegendo-o".[17] David Evans, um amigo próximo de Mercury, atribuiu isso a uma condição chamada "raiva da Aids", "na qual aqueles que estão em estado terminal ficam terrivelmente bravos sem motivo. É uma raiva que vem acompanhada do fato de que essas pessoas estão vivas e que você vai morrer. Talvez Barbara e Straker tenham ficado à margem porque não conseguiram controlar a raiva de Freddie. O cantor eliminou muitas pessoas no fim da vida, especialmente aquelas que viveram com ele durante seus anos agitados e selvagens. Ele não conseguia lidar com quem só o adorava como aquela pessoa impetuosa, festeira e inconsequente. Sentiu muita dor no último ano de vida, mas ainda tinha de tentar continuar. Então reuniu a seu redor apenas as pessoas que sabia que dariam alento à alma dele, aquelas as quais ele poderia manter em consideração aos velhos tempos".[18]

Freddie ainda teve outra de uma série de discussões acaloradas com Jim Hutton, o que o levou a dizer a Hutton (por meio de um intermediário, Joe Fanelli) que ele deveria deixar a Garden Lodge. O rompimento foi tão sério que Jim fez um contrato de aluguel de seis meses em um apartamento em Hammersmith, e Freddie pegou de volta o carro Volvo que tinha lhe dado de presente. Mas, quando ele estava prestes a se mudar, Freddie lhe pediu que esquecesse toda a discussão e permanecesse na Garden Lodge. Foi o que Jim fez até o dia em que Freddie morreu.

Enquanto as sessões de gravação continuavam – sendo a programação da banda ditada pela doença de Freddie – a imprensa permanecia uma presença constante do lado de fora da Garden Lodge. Os outros membros do Queen também começaram a ser perseguidos. Quando Freddie não compareceu à festa de cinquenta anos de Cliff Richard, a imprensa pegou Brian May desprevenido, e ele revelou que Freddie estava sofrendo de estresse e exaustão e que os anos de festas e a vida difícil finalmente tinham vindo cobrar um preço. "É verdade que ele tem sido muito grosseiro recentemente", disse Brian. "Freddie está bem e definitivamente não tem Aids".[19] Mas, apesar das negativas de May, foi o bastante para manter os abutres interessados, à espreita, em busca da oportunidade perfeita. Essa oportunidade surgiu poucos dias depois, quando Freddie foi fotografado saindo da clínica do dr. Gordon Atkinson em Park Lane, parecendo frágil, muito magro e lutando para simplesmente andar de forma confortável. Na semana seguinte, o jornal *The Sun* publicou uma foto de página inteira de Freddie saindo da clínica, parecendo cadavérico. A manchete "A Face Triste de Freddie Mercury" especulava sobre sua doença, embora não mencionasse a Aids. Aquela foto de Mercury esquelético, vestindo um terno cinza e curvado como um velho, logo se espalhou pelos tabloides do país. O primeiro parágrafo da matéria, escrita pelo agora execrado jornalista e estrategista político Andy Coulson, dizia: "Esta é a foto que prova que o astro do rock Freddie Mercury está lutando contra uma doença grave".

A imagem chocou ainda mais os fãs de Freddie com a revelação da gravidade da sua doença e também irritou seus companheiros de banda, que tinham feito tanto para esconder o estado do amigo. "O que mais me incomodou", disse Roger Taylor, "foi uma foto de Freddie no *The Sun*. Ele tinha acabado de sair do médico, eu acho. Quero dizer, essa foto realmente granulada, de página inteira. 'Este homem está morrendo?' Eu pensei, seus idiotas de merda".[20]

"Vivendo a cultura das celebridades do século 21", diz o escritor Mark Blake, "é fácil esquecer o quanto ainda era incomum a imprensa perseguir uma estrela pop a tal ponto. O destaque do Queen após o Live Aid e a histeria e a desinformação em torno da Aids provaram ser uma combinação letal".[21]

Qualquer negação sobre a verdadeira natureza da doença de Freddie foi posta em xeque quando Paul Prenter apareceu mais uma vez nos Estados Unidos para declarar ao *The New York Globe* após a publicação da foto de Freddie saindo do consultório médico: "Freddie é apenas uma sombra. O corpo está frágil e curvado, e ele se arrasta como um velho. Ele costumava ser saltitante e vibrante, mas agora parece muito doente. Perdeu uma quantidade alarmante de peso, e as roupas apenas ficam penduradas nele. Não importa o que digam oficialmente, ele está sofrendo de algo muito pior do que uma gripe. Tenho muito medo de que seja Aids. Freddie levou uma vida muito selvagem".[22]

Dentro dos muros da Garden Lodge, os jornais eram verificados antes de Freddie lê-los e, nos estúdios em Metropolis, Brian, Roger e John mais uma vez o cercaram enquanto buscavam concluir o novo álbum da banda. "Havia muita alegria, por incrível que pareça", diz Brian May. "Freddie estava com dor, mas dentro do estúdio havia uma espécie de proteção em torno dele, e ele podia ser feliz e aproveitar o que mais gostava de fazer. Às vezes, durava apenas duas horas por dia, porque ele ficava muito cansado. Mas, durante esse tempo, cara, ele se doava muito. Quando não conseguia ficar de pé, costumava se apoiar em uma mesa e beber uma vodca: 'Vou cantar até sangrar.'"[23] Mas o cronograma de gravação, ditado e prejudicado em igual medida pela doença de Freddie, significava que o álbum não estaria pronto até 1991. A EMI, gravadora do Queen, ficou desapontada por perder o lucrativo período de vendas natalino, mas, do outro lado do Atlântico, a Hollywood Records assinou um acordo para explorar o catálogo do Queen. Mal sabiam eles, mas a decisão de contratar o Queen foi tragicamente astuta: em menos de um ano, Freddie estaria morto e, como acontecera com Elvis e John Lennon, ele entraria para a lista de artistas cuja morte impulsiona as vendas e renova o interesse por seu trabalho, enquanto aumenta significativamente o valor de seu patrimônio.

O Queen enfim conseguiu terminar em dezembro de 1990 o álbum *Innuendo*, cujo lançamento estava programado para fevereiro de 1991. Antes disso, a faixa-título seria lançada como single no ano-novo, mas exigiria um clipe, e o consenso era o de que Freddie, devido à doença, estava muito frágil para aparecer diante da câmera, então um elaborado videoclipe animado foi criado usando ilustrações e imagens de clipes anteriores do Queen, em uma tentativa vã de esconder o problema de saúde de Freddie.

A essa altura, porém, Freddie não precisava contar ao mundo o que havia de errado com ele.

Todos sabiam.

# PARTE QUATRO

# - 47 -

Em 26 de janeiro de 1991, o Queen se viu em uma posição desconhecida: a banda estava em primeiro lugar na parada de singles britânica, com "Innuendo", tendo a faixa vendido mais de cem mil cópias na primeira semana de lançamento. A última vez que eles tinham conseguido o primeiro lugar havia sido quase dez anos antes, com David Bowie e "Under Pressure". Mas foi a primeira vez que o Queen alcançou sozinho o topo das paradas de singles do Reino Unido desde "Bohemian Rhapsody", em dezembro de 1975. Como era uma banda predominantemente de singles, é uma estatística surpreendente que o Queen tenha alcançado o primeiro lugar tão raras vezes. Durante o mesmo período, o Abba atingiu o primeiro lugar oito vezes, Madonna teve sete singles no topo, The Police e Blondie tiveram cinco canções em primeiro lugar cada, e Rod Stewart, The Jam e até Shakin' Stevens alcançaram o topo quatro vezes cada um.

Além de ser número 1 no Reino Unido, o single "Innuendo" também foi um hit que apareceu no Top 10 em grande parte da Europa, e o álbum homônimo, lançado em fevereiro de 1991, liderou as paradas no Reino Unido, na Holanda, na Alemanha, na Itália e na Suíça. Mais uma vez, como em toda a carreira do Queen, as críticas ao álbum não chegaram a ser positivas. *A Rolling Stone* escreveu: "*Innuendo* é tão leve que você vai esquecê-lo assim que acabar",[1] enquanto o *The Times* comentou: "O que é surpreendente é que em vinte anos o Queen não perdeu o apetite por música da maior banalidade".[2]

O que Michael Eisner, chefe da Hollywood Records, o novo selo do Queen nos Estados Unidos, deve ter pensado ao ler essas críticas depois de gastar dez milhões de libras[3] para assinar com a banda fica no mundo das especulações. Desesperada para fazer do álbum um sucesso, a gravadora teve de liberar mais duzentos mil dólares para uma festa de lançamento opulenta a bordo do *Queen Mary*, em Longbeach, na Califórnia. Apenas Roger Taylor e Brian May compareceram ao lançamento, uma festa extravagante na qual foram oferecidas comida e bebida aos convidados e aos repórteres, além de um breve acesso aos dois membros do Queen. May foi questionado por um jornalista do *Los Angeles Times*, que começou perguntando sobre o álbum, mas não demorou muito para que a entrevista se voltasse para a saúde de Freddie.

"E aqueles rumores sobre Freddie não ser saudável – especificamente, que ele tem Aids?", perguntou o repórter a Brian, que respondeu: "Sim, sim, ouvi esses rumores e insinuações. Eu sei de onde vieram. Começaram na imprensa inglesa. Esses tabloides são cruéis. Algumas das pessoas que escrevem para eles são uma forma de vida inferior. Inventam coisas o tempo todo e desnecessariamente causam todos os tipos de problemas na vida das celebridades – apenas para vender alguns jornais. Além disso, todos nós já passamos por períodos em que abusamos de nós mesmos sem dó, da forma absurda que os roqueiros sempre fizeram. Talvez as consequências desse estilo de vida – o que ele faz com você – possam ajudar a dar início a boatos. Tudo o que direi é que Freddie é saudável e está em forma. Ouça-o cantando no álbum. Parece alguém que está doente ou morrendo?"[4]

Freddie não tinha viajado para a festa de lançamento na Califórnia por causa de "compromissos familiares", de acordo com a informação oficial, mas a fofoca persistia no Reino Unido, e sua casa continuava cercada por *paparazzi*. O fato de ele não ter aparecido no videoclipe do single número 1 da banda, "Innuendo", só alimentou as especulações, então Freddie decidiu que teria de aparecer no clipe seguinte, de "I'm Going Slightly Mad".

Filmado em meados de fevereiro no Limehouse Studios, em Londres, com set fechado e forte esquema de segurança, foi um caso curioso que custou quase duzentas mil libras.[5] A música em si era peculiar e bem-humorada, mas, ao mesmo tempo, curiosamente estranha, e o videoclipe, que visava representar a loucura de várias formas, causava desconforto ao espectador. Filmado quase inteiramente em preto e branco, o clipe mostra Freddie vestido com um terno mal-ajustado – com acolchoamento para esconder sua perda de peso – e usando luvas brancas. O rosto está rebocado de maquiagem branca para cobrir suas manchas. Tudo isso combinado a uma peruca extravagante penteada para cima e com uma franja para disfarçar sua crescente queda de cabelo, só serviu para acentuar o grau de sua fraqueza. Ao longo da filmagem, seu nível de energia aumentou um pouco por conta da medicação. Mas, apesar de todo esse acolchoamento extra e da apresentação sob enormes luzes de cinema, aqueles que trabalharam na filmagem lembraram como ele estava frio durante o processo. A equipe de produção foi informada de que Freddie tinha um problema muscular e que estava sofrendo de dores no joelho. Dessa forma, nenhum sussurro ou fofoca saiu dos estúdios de cinema.

O single foi lançado em 4 de março, mas só alcançou a 22ª posição no Reino Unido. Nessa época, no entanto, o Queen estava de volta ao estúdio de gravação trabalhando em um novo material. Eles haviam decidido não gravar em Londres por causa do intenso escrutínio da imprensa que Freddie enfrentava constantemente e então revisitaram o Mountain Studios, em Montreux, nas margens do lago Léman.

"Particularmente, no final de sua vida, ele foi perseguido de forma implacável pela imprensa. Freddie só queria paz e sossego, para poder prosseguir com o que fazia. Era muito conveniente em Montreux porque as pessoas se acostumaram a nos ver e ninguém fazia estardalhaço", lembra Brian May. "Freddie queria que sua vida fosse o mais normal possível. Obviamente, estava sentindo muita dor e desconforto. Para ele, o estúdio era um oásis, um lugar onde a vida era a mesma de sempre. Ele adorava fazer música, vivia para isso".[6]

A banda toda sabia que não restava muito tempo, e Freddie disse a eles para comporem o que pudessem e ele gravaria os vocais para o restante do grupo trabalhar em uma data posterior. "Quanto mais doente Freddie ficava, mais parecia que ele precisava gravar, arranjar algo para fazer, ter algum tipo de razão para se levantar, e ele fazia isso sempre que podia, então realmente foi um período de trabalho bastante intenso", diz Roger Taylor, enquanto Brian May se lembra: "Sabe, Freddie está ficando fraco por causa dessa doença horrível e acha difícil se levantar na maior parte do tempo, mas ele põe para dentro duas doses de vodca e se sustenta em pé sobre a mesa de mixagem, com o microfone, e vai em frente".[7]

Em pouco tempo, todos perceberam que poderiam ter material suficiente para outro álbum, embora a tensão estivesse começando a se manifestar na voz de Freddie. "Posso perceber que a voz está ficando mais fraca", diz Roger Taylor. "Eu acho que você pode realmente dizer que é uma voz doente, embora ele acerte as notas".[8]

A essa altura, Freddie havia concluído a compra de um apartamento de três quartos em Montreux, chamado La Tourelle, que fora encontrado por Jim Beach. Com a vista para o lago, era o lugar perfeito para Freddie descansar. Cada vez mais cansado, não apenas pelo processo de gravação, mas também pelo ato de viver em si, ele sabia que, quando não pudesse mais gravar, seria a hora de partir. E aquele momento parecia estar se aproximando a cada dia.

Freddie voltou a Londres brevemente em abril para visitar o Kobler Centre do Chelsea & Westminster Hospital (inaugurado por Diana, princesa de Gales, em setembro de 1988), e às vezes ele também visitava o antigo Westminster Hospital, na Horseferry Road. Havia um boato sobre uma droga ainda não experimentada, um inibidor chamado saquinavir, mas que ainda não estava disponível para nenhum paciente. Assim que estivesse, disseram a Freddie que lhe assegurariam o remédio. O primeiro teste em laboratório tinha apenas começado, mas, na verdade, vai saber, Freddie pode ter encarado os inibidores como apenas mais uma droga medíocre e tóxica.

No final do mês, no dia 29 de abril, o *The Sun* estampou uma foto exclusiva de Freddie na capa do jornal com o título: "A Face Trágica de Freddie Mercury". Fotografado pelos *paparazzi* enquanto se aventurava a dar uma volta rara com seu guarda-costas, a notícia começava assim: "O roqueiro doente Freddie Mercury dá um raro passeio em público – uma sombra trágica do superastro outrora festeiro que os fãs conheceram". Mais uma vez, a intrusão dos tabloides forçou Freddie a fugir quase imediatamente para Montreux, onde dedicou seu tempo gravando com Brian, Roger e John, ou planejando como decorar o apartamento na cidade. Um dos últimos grandes desejos de Freddie era passar o Natal daquele ano em Montreux e ele contratou um designer de interiores de prestígio na cidade para completar a reforma do apartamento de acordo com suas especificações, com as instruções do que *deveria* ser concluído até dezembro, quando iria viajar para celebrar o Natal com vista para o lago de Léman.

Freddie adorava se cercar de arte (ele havia retomado a pintura) e seu apartamento em Montreux seria adornado com vários objetos de arte, incluindo o último quadro que comprou. "A Type of Beauty", de Jacques Tissot, o artista nascido em Nantes, foi adquirido por Freddie na Christie's, em 1991, por cento e sessenta mil libras.[9] O quadro mostrava Kathleen Newton, uma bela jovem cujo caso de amor com Tissot, quase vinte anos mais velho que ela, escandalizou a Inglaterra vitoriana. Newton se mudou para a casa de Tissot em Londres, tornou-se uma pária da sociedade da capital, depois de se divorciar do marido e ter um filho ilegítimo. Ela e Newton viveram juntos por seis anos, desprezando abertamente os valores vitorianos, mas a saúde de Newton piorou quando ela contraiu tuberculose. Tissot capturou sua beleza decadente em várias obras. Nessa pintura, em particular, ela está perto do fim de sua vida, e sua fragilidade está aparente. Enquanto o pintava, Tissot foi consumido pela tristeza com a doença que corroía seu amor. Sentindo o fim do equilíbrio emocional do marido e ciente de que não havia cura para ela, Newton se suicidou com uma overdose de láudano em novembro de 1882, com apenas vinte e oito anos.

Em 13 de maio, quando Freddie e a banda estavam em Montreux, a EMI lançou "Headlong". A maior parte do videoclipe da faixa foi filmada em novembro de 1990, no Metropolis Studios, mostrando a banda em vários estágios de "gravação" e tocando para as câmeras na mesa de mixagem.

Uma sequência adicional com a banda "tocando" a música foi filmada em fevereiro de 1991. O single alcançou o 14º lugar nas paradas do Reino Unido algumas semanas depois, e nessa época Freddie havia gravado sua última apresentação vocal em estúdio.

Em algum momento entre 13 e 16 de maio, Freddie estava no Mountain Studios em Montreux, trabalhando com Brian May em uma música que ficou conhecida como "Mother Love". Brian, Roger e John estavam agora de prontidão na cidade suíça e prontos para entrar no estúdio a qualquer momento, sempre que Freddie estivesse bem o suficiente para cantar – "Todos nós sabíamos que não havia muito tempo", diz May.[10] Àquela altura, Freddie estava extremamente doente, não aguentava ficar de pé por muito tempo e só conseguia andar com uma bengala. Cada movimento exigia esforço, causando-lhe grande dor, e ele só aguentava ficar no estúdio por uma ou duas horas por vez.

"Não sei onde ele encontrava energia", diz May. "Provavelmente da vodca. Ele entrava no clima, fazia um pequeno aquecimento e dizia: 'Me dá minha dose'. Ele engolia de uma vez só, gelado. Stolichnaya, geralmente. Então ele dizia: 'Toca a fita'. Ele ainda tinha uma potência surpreendente nos pulmões àquela altura. Não sei de onde vinha".[11]

Brian e Freddie trabalharam juntos na música, escrevendo ideias sempre que os dois estavam no estúdio, ou individualmente, e depois levando-as para a sessão. Conforme a gravação de "Mother Love" progredia, Freddie se esforçou para ter o melhor desempenho vocal possível. "A música começa baixa e suave, mas Mercury optou por se esforçar e ir mais alto", lembra May. "Olhamos um para o outro e sabíamos que havia uma montanha para escalar. Foi quando a vodca realmente desceu. Ele disse: 'Vou alcançar essas notas'. E conseguiu. Foi uma performance maravilhosa. Chegamos ao penúltimo verso, e Freddie falou: 'Não estou me sentindo muito bem, acho que devo encerrar o dia agora. Vou terminar quando voltar, da próxima vez'. Mas, é claro, ele nunca mais voltou ao estúdio depois daquilo".[12]

Pouco depois, Freddie retornou para Londres. Ele tinha uma última apresentação para fazer. No final do mês, Freddie se juntou a Roger Taylor e John Deacon para filmar o videoclipe do próximo single, "These Are The Days Of Our Lives", uma música que Taylor havia composto sobre seus filhos e a vida em geral, mas agora, quando cantada por Freddie, a música ganhara um significado totalmente novo. Na época, Brian May estava fora do país em uma turnê de divulgação, então as imagens dele foram filmadas separadamente mais tarde e inseridas no clipe. A essa altura, Freddie estava incrivelmente frágil. Decidiu-se filmar o videoclipe em preto e branco, na tentativa de esconder a gravidade de sua doença, embora Jim Beach, sempre pragmático, já tivesse um clipe de animação em *standby* para o caso de Freddie estar muito doente para filmar. E ele de fato estava e sofria de imensa dor por causa da lesão no pé, com as extremidades endurecidas cravando na pele, tendo de permanecer quase estático durante todo o videoclipe.

"Ele parecia tão doente que dava medo", lembra Roger Taylor. "Achei que foi uma atitude muito corajosa. E por que não?"[13]

Usando seu colete favorito, decorado com imagens de seus gatos, Freddie parecia fraco e abatido, mas estava determinado a fazer uma apresentação final digna de comentários. Ele conseguiu isso com emoção crua; é óbvio que ele sabia que essa era a última aparição na frente das câmeras e, no final, se despede de seus fãs que o idolatravam no mundo todo, quando olha direto para a câmera com um sorriso e canta o verso final da música, antes dizendo "eu ainda amo vocês". Então, com um movimento da mão no estilo vaudevile, ele sai do enquadramento. Com aquele gesto e aquelas palavras, Freddie Mercury disse seu adeus público.

Enquanto isso, o *The Sun* intensificou a caçada por Mercury em Londres, enquanto previa sua morte sem piedade. O jornal publicou uma série de matérias em destaque que tentavam correlacionar sua suposta homossexualidade com a Aids mortal. O ex-motorista de Freddie, Terry Giddings, afirma: "Fred costumava adorar jardins e flores. Em uma ocasião, a pedido dele, eu discretamente o levei a um centro de jardinagem para ele dar uma saída. A essa altura, Fred parecia bastante doente. No dia seguinte, na capa do *The Sun*, estava uma foto minha e de Freddie, com a manchete: "Freddie Mercury e seu novo namorado".[14]

Para muitas pessoas, os anos 1980 foram uma época brutal, que continuou até o final da década e no início de 1990. Os escritores James Hogg e Robert Sellers descrevem a década dizendo: "Em 1982, o paradigma moral ao qual a imprensa geralmente aderia parecia não ser mais válido. Uma nova espécie de editor fora criada, o que mudaria a cara do jornalismo tabloide para sempre. Lucro a qualquer custo – incluindo o humano. Estilisticamente, as coisas também mudariam. A partir de agora seria ignomínia e ódio 'mascarados' como consideração ao 'Grande Público Britânico'. Celebridades gays (nem todas abertamente gays na época) seriam perseguidas enquanto os tabloides pudessem manter o público com medo do que eles batizaram de 'Praga Gay'. Os anos 1980 foram realmente o reinado de terror de Murdoch – a idade das trevas – e eles (os tabloides) estavam tentando expor, inventar ou seduzir todos os gays que conheciam".[15]

E no topo da lista de sucesso dos tabloides estava Freddie Mercury.

# - 48 -

Em agosto de 1991, Freddie voltou a piorar: ele estava morrendo. Os resultados promissores do último coquetel de remédios não foram duradouros – e agora chegara o fim da lista de medicamentos para a Aids. Foi no fim do mês que Freddie pensou em parar de tomá-los. Deve ter sentido que continuar vivendo quando tudo tinha acabado, e não havia mais nada a ser feito, não era uma opção para ele. O romancista Harold Brodkey descreveu esse estado como "a insuportável leveza do não ser".[1] Contudo, a ausência de vontade de viver não é suficiente para fazer alguém desejar a morte; tal é a teimosia da vida.

Uma fotografia de Freddie foi tirada por Jim Hutton no aniversário de quarenta e cinco anos do cantor, em 5 de setembro de 1991. Esse é o último registro. Ele está em pé no gramado da Garden Lodge, ao lado de um dos gatos que tanto amava. A imagem é emoldurada pela última floração do ano das azaleias laranja, do tipo Golden Lights. Esse momento privado foi fotografado sem a intenção de ser compartilhado. A expressão de Freddie não demonstra ansiedade nenhuma; nessa foto, o cantor não está buscando a aprovação do público. O cós alto da calça revela sua magreza, e o cinto está apoiado no osso do quadril. Essa fotografia nos proporciona algo milagroso no sentido de que os anos não dissipam os detalhes daquele dia; pelo contrário, apenas os retêm.

Freddie estava pesando pouco menos de sessenta e cinco quilos – cerca de quinze a menos desde a infecção pelo HIV. A essa altura, também falava mais devagar e se esforçava para conseguir andar e ficar de pé. Tinha dificuldades para dormir à noite e, portanto, sentia-se cansado o tempo todo, além de sofrer com infecções na boca e na pele.

Em 1991, a Aids ainda era uma doença pouco conhecida. A maioria das pessoas era solidária, sobretudo os amigos de Freddie, mas não tinha nenhuma experiência concreta e não fazia ideia de como tratar um paciente à beira da morte, em especial em decorrência da Aids. Para muitos, era uma situação inteiramente nova e desconfortável, e ninguém sabia muito bem como lidar com ela.

O mês de agosto trouxe a notícia de que Paul Prenter, que já fora amigo e aliado de confiança do cantor e virara seu maior traidor, havia morrido de Aids. Os dois não se falavam fazia alguns anos e, embora Freddie soubesse que Prenter desenvolvera a síndrome, descobrir que ele havia sucumbido tão rapidamente o chocou. De acordo com Jim Hutton, "a morte de Paul o incomodou por várias semanas e, como seria inevitável, lembrou-lhe de seu próprio destino".[2]

Em 5 de setembro, uma pequena reunião foi organizada na Garden Lodge para comemorar os quarenta e cinco anos de Freddie, com a presença de poucos amigos, como Dave Clark e Mike Moran. Desde que virara adulto, o cantor nunca tinha tido uma festa de aniversário tão tranquila. Quase ninguém esperava que chegasse nessa idade, já que sua saúde declinava de forma drástica. Ele mesmo deve ter imaginado que aquela seria a última festa. Quem sabe pela primeira vez na sua vida adulta, era um número específico: 45. É claro, ele não poderia saber com que velocidade se encaminhava para a morte. Ninguém tinha certeza, nem mesmo os médicos – o único dado confirmado quanto à Aids *era* a morte. A esperança de cura, a crença parcial nos tratamentos que poderiam prolongar a vida, tudo isso deixara de existir para ele.

"Ele entrou num estágio, sem dúvida naqueles últimos seis meses", lembra Mike Moran, "no qual se tornou um pouco mais recluso. Eu telefonava, e Peter [Freestone] dizia que ele não estava muito bem naquele dia ou algo do tipo. Esses períodos foram se tornando cada vez mais longos até chegar ao ponto em que eu já estava há dois meses sem vê-lo. Aí o telefone tocou um dia, e Peter me perguntou: 'Tudo bem para você no sábado, no aniversário do Freddie? Você vai poder vir, não vai?' Fiquei surpreso por saber que teria algum tipo de festa, e Peter comentou: 'Ah, não, com certeza ele quer dar uma festa'."

"As festas de aniversário do Fred sempre foram maravilhosas, e houve jantares absolutamente incríveis na Garden Lodge, com apenas boa comida e companhias adoráveis. Eram noites bem agradáveis e simpáticas, pontuadas com momentos de conversa e gargalhadas altas. Mas realmente achei que isso não aconteceria mais, e aí fomos convidados para uma última vez. Um grupo reduzido de pessoas, numa noite extraordinária. Para mim, foi um privilégio enorme ter estado lá nesse dia. Era a despedida de Fred, um momento triste, horrível. O jantar foi muito agradável, e conversamos, vimos alguns vídeos na TV, ouvimos um pouco de música e jogamos uns jogos. Depois Fred disse: 'Bom, estou exausto, vou dormir. Vocês todos podem ficar ou podem dar o fora'. Nessa hora, todo mundo deu o fora. Mas lembro que, na saída da Garden Lodge, eu estava no volante, minha mulher também estava no carro, e demos carona para o Dave Clark. Na hora em que entramos e nos sentamos, ninguém disse nada, até que Dave falou: 'É, puxa'. E comentei: 'Será que essa foi a última vez que vi Fred?'. E acabou que foi".[3]

Menos de duas semanas após o aniversário, Freddie preparou seu testamento e resolveu vários assuntos. "Comecei a conversar com Jim Beach", recorda John Reid, "e ele me contou o que iriam fazer depois da morte de Freddie, que já tinha lhe dito assim, usando o apelido que dera ao Jim: 'Sandy, querido, faça o que quiser com o catálogo, mas jamais me faça perder a graça'".[4]

Freddie passou o resto do mês de setembro recluso na mansão em Londres. A imprensa continuava do lado de fora, mas a informação que vinha da Garden Lodge era a mesma dos meses anteriores: a de que Freddie não tinha Aids. Seus pais ainda não sabiam, embora, anos depois, sua mãe, Jer, tenha declarado: "Ele não quis nos machucar, mas nós sempre soubemos".[5]

"Quando a morte bate à nossa porta, a questão é sermos nós a passar pelo problema. E não somos mais o herói da nossa própria história, nem sequer o narrador. É uma história de morte em meio à vida das outras pessoas – como uma pedra num jardim",[6] escreveu Harold Brodkey. Freddie não envelheceria porque isso que estava acontecendo com ele agora era a sua velhice. Pode-se imaginar que ele deve ter pensado em acabar com tudo, à medida que ficava mais frágil, e em se esconder quando tudo se tornou sufocante, mas por alguma razão continuava apaixonado pela vida. Isso acontece com indivíduos em estado terminal: a paixão pela vida permanece. O escritor Voltaire expressa esse sentimento com perfeição: "Eu quis me matar centenas de vezes, mas por alguma razão ainda sou apaixonado pela vida. Entre nossas propensões à melancolia, essa fraqueza ridícula talvez seja uma das mais tolas, pois existe tolice maior do que estar ávido por continuar carregando um fardo do qual outros se livrariam com prazer, do que odiar a própria existência e ainda assim se agarrar a ela, do que acariciar a serpente que nos devora até consumir nosso coração?"[7]

Em outubro, Freddie fretou um jato particular e viajou para Montreux com Jim Hutton e Joe Fanelli. Sua vista tinha começado a falhar (poucas semanas antes, ele tropeçara ao subir uma escada, durante um raro passeio com Peter Freestone), e praticamente não conseguia mais andar. Passava a maior parte dos dias vendo filmes encolhido no sofá; aliás, um em particular. O filme a que Freddie assistiu mais vezes se chama *Imitação da vida*. Produzido em 1959 e estrelado por Lana Turner, é um melodrama bem carregado sobre uma atriz em dificuldades, mãe de uma menina de seis anos, que contrata como empregada uma mulher negra, viúva e sem-teto, a qual também tem uma filha, de oito anos, que, por ter pele clara, rejeita-a e tenta se passar por branca. É uma novela artificial apresentada como drama requintado, colorida, incrementada e assumidamente antiquada. O estilo é exagerado, com muitas cores ousadas, uma trilha sonora arrebatadora, atuações exageradamente dramáticas e histórias sobre angústias emocionais, casos de amor que dão errado, amores não correspondidos e situações de risco de vida. Trata também de nossa tendência inata de afastar, sem perceber, quem mais amamos.

Da mesma forma que o melodrama atraía Freddie, a performance piegas da estrela Lana Turner e o roteiro muitas vezes pretensioso e exagerado atraía o senso extravagante dele. "É só uma alegria extravagante", disse Freddie sobre a película. Chamá-la de "extravagância" não chega a ser novidade, mas existe outra questão importante. O próprio título, *Imitação da vida*: os personagens principais imitam a vida uns dos outros. Todos eles têm uma crise de identidade pessoal; estão sempre, literalmente, olhando no espelho.

"O espelho é a imitação da vida", afirmou o diretor Douglas Sirk. "O interessante é que o espelho não mostra como somos, e sim o nosso oposto".[8]

Talvez Freddie se identificasse com essa imitação. No início dos anos 1970, ele imitou um heterossexual. Na década seguinte, tornou-se uma imitação da imitação de um heterossexual. E, à medida que acumulava mais sucesso, mais alienado ficava de si mesmo.

Quando não estava aconchegado no sofá em Montreux, Freddie se confinava no quarto, e Jim e Joe se revezavam para cuidar dele. As caminhadas à beira do lago se foram, assim como os passeios para ver seus cisnes – "meus cisnes" –, e também se foi a vontade de continuar lutando contra a doença. Durante essa viagem à Suíça, Jim finalmente contou a Freddie que também era HIV positivo.

"'Esses desgraçados', disse Freddie, talvez se referindo a quem quer que tenha transmitido o vírus para ele e também à pessoa que contaminou essa outra – e assim por diante, ao longo dessa cadeia interminável", escreveu Jim Hutton.[9]

Mas ambos eram apenas um ponto na imensidão de casos que chegaram à América do Norte vindos do Haiti, onde, por sua vez, ocorreram por meio de um trabalhador infectado que regressara da África Ocidental. E lá tudo começou com um chimpanzé e um caçador nas profundezas da selva congolesa. A longa jornada demorou oitenta anos para chegar até esse ponto e alcançar Freddie e Jim, sentados de frente para o lago Léman, contemplando o pouco tempo que lhes restava na companhia um do outro.

Quando Freddie estava na Suíça, a EMI lançou o single "The Show Must Go On", do Queen. Assim que a canção alcançou a 16ª posição nas paradas britânicas, não demorou muito para a imprensa e os fãs especularem sobre a letra e o significado oculto da música. Duas semanas depois, em 28 de outubro, o Queen lançou *Greatest Hits II*, um álbum com dezessete singles de sucesso, de "Under Pressure", de 1981, a "The Show Must Go On", lançado uma década depois. O disco foi direto para o primeiro lugar das paradas britânicas e manteve a posição durante cinco semanas. O álbum venderia mais de vinte e três milhões de cópias em todo o mundo, um pouco menos do que as vinte e cinco milhões de *Greatest Hits*, vendidas desde o lançamento em 1981. No fim do ano, o Queen teria outro single número 1, e tanto *Greatest Hits* quanto *Greatest Hits II* voltariam ao Top 20 das paradas britânicas.

Mas Freddie não viveria para ver isso.

Enquanto estava na Suíça, ele tomara uma decisão sobre a qual refletiu durante um tempo: abandonar os remédios que o mantinham vivo. Continuaria com os analgésicos, necessários para controlar a dor intensa, mas medicamentos como ganciclovir e Septrin ficariam para trás. Freddie sempre viveu a vida do jeito dele, com plenitude.

Após perder a capacidade de fazer música, qual seria sua motivação para viver?

"Acabar com tudo foi uma decisão do Freddie. Ele escolheu a hora de morrer", lembra Mary Austin, sua ex-namorada e uma das pessoas que permaneceram ao lado dele até o fim. "Ele sabia que não ia demorar para acontecer. Sua qualidade de vida mudara drasticamente e, a cada dia, sentia mais dores. Também estava perdendo a visão. Tinha convulsões leves, que deixavam seu corpo mais fraco. Era muito angustiante ver o estado dele se deteriorar daquele jeito. Um dia, ele decidiu dar um basta e parou com a medicação toda que o mantinha vivo. Para mim, o mais impressionante é que ele foi incrivelmente corajoso. Olhou para a cara da morte e disse: 'Está bem, agora vou aceitar – eu vou partir'."[10]

No domingo, dia 10 de novembro de 1991, após terem sido tomadas as providências na Suíça e na Inglaterra para permitir que passasse rápido pela alfândega, Freddie Mercury embarcou em um jato particular, deixou a Suíça pela última vez e retornou a Londres.

Seu desejo de ver o Natal em Montreux não pôde ser realizado.

Foi aqui que começamos a nossa história.

# - 49 -

*Então chegamos na beira da luz no fim do túnel.*

O dia estava ameno, porém cinzento, coberto por uma forte chuva, quando Freddie Mercury regressou ao Reino Unido no domingo, 10 de novembro de 1991, em um jato particular. Freddie sabia que tinha sido sua última viagem de volta para casa. Conforme atravessava Londres de carro, ele olhava através do vidro fumê para as ruas da capital. Devia estar passando por sua cabeça uma mistura de reminiscências e alívio. Naquele dia, quando o portão da Garden Lodge se fechou atrás dele pela derradeira vez, Freddie se desligou em definitivo dos fãs e da sociedade. Ficou preservado em um espaço que o mundo exterior não poderia atingir. Locomover-se pela casa e, de vez em quando, ir ao jardim era sua aparente liberdade.

Freddie resistira dois ou três anos a mais do que a média dos pacientes de Aids e, portanto, tornou-se um sobrevivente. Pode-se imaginar que contemplava o jardim e o muro, de pé em frente à janela do quarto – uma figura abatida olhando através do arame. Quando se deitava na cama, a morte estava ali perto. Ela estava presente o tempo todo no recinto, à espreita dos cantos mais escuros, e em momentos assim não é difícil voltar a ser criança e, mais uma vez, ficar com medo do escuro.

Talvez, como a maioria dos que esperaram pela morte, ele tenha encontrado uma sensação de destemor que lhe causou satisfação. Quem o cercou nesse momento diz que sim. E, no fim, tudo pelo que passou e todas as conquistas pareceram não ser nada; afinal, não é nessa hora que os velhos e os moribundos são possuídos por vozes e acontecimentos guardados em suas primeiras lembranças e voltam à infância? Quando estava morrendo, talvez Freddie tenha retornado à juventude em Zanzibar, onde Farrokh, aos seis anos de idade, pisava em um jardim verdejante, com um colar de flores pendurado no pescoço, e ia brincar sob os baobás e dar aos macacos da espécie cólobo-vermelho mangas que ainda não tinham amadurecido.

Mas agora, a milhares de quilômetros de distância, décadas depois, ele estava cercado por seus amados gatos, sua arte japonesa e os poucos amigos que continuavam ao seu lado. Freddie podia buscar refúgio na certeza de que tinha retomado o controle. Ele decidira quem veria ou não e não divulgara nenhuma informação para a imprensa, cujas equipes continuavam aguardando do outro lado do portão, em um número cada vez maior de repórteres, fotógrafos e câmeras, como abutres famintos sobrevoando em círculos um animal ferido, à espera do último suspiro, o olfato atento ao cheiro da decomposição.

A primeira semana que Freddie ficou sem os remédios não foi muito diferente de como vivera os últimos meses. Passava bastante tempo na cama, dormindo ou vendo televisão, enquanto Jim, Joe e Peter continuavam tocando os afazeres da casa, na tentativa de manter o máximo possível um ar de normalidade, diante do que estava acontecendo. Os três fizeram de tudo para assegurar o maior conforto para Freddie, embora na segunda semana ele tenha começado a piorar bem mais rápido do que a expectativa geral. Entre os remédios que abandonou, estava um para estimular o apetite. Sem ele, praticamente não comia, com exceção de uma porção ou outra de ovos mexidos, misturada com água ou chá Earl Grey. Como seu corpo estava recebendo poucos nutrientes, Freddie definhou ainda mais e ficou enfraquecido, chegando a um estágio perigoso.

Além de Jim, Joe e Peter, Mary Austin e Dave Clark iam à Garden Lodge quase diariamente, ansiosos por oferecer ajuda e apoio sempre que possível, e sempre havia alguém junto a Freddie, para lhe fazer companhia, cuidar dele e garantir que se sentisse confortável.

"Freddie jamais falou sobre o que iria acontecer com ele após a morte", lembra Peter Freestone. "Achava que essa era uma questão com a qual nos preocupamos ao longo da vida. Com a proximidade do inevitável, não adiantava muito pensar sobre isso. O que quer que fosse acontecer iria acontecer do mesmo jeito, e ele sabia que não teria muito tempo para se preocupar com isso".[1]

Quem também frequentou a Garden Lodge foi Elton John. "Freddie me disse que tinha Aids logo depois de ter sido diagnosticado, em 1987", afirmou Elton (que não teria razão para supor que Freddie fora diagnosticado anos antes). "Fiquei arrasado. Já tinha visto o que a doença fizera com vários amigos meus. Eu sabia exatamente o que ela faria com Freddie, e ele também. Ele sabia que a morte estava próxima, uma morte agonizante. Mas Freddie foi incrivelmente corajoso. Manteve as aparências, continuou a se apresentar com o Queen e a ser a pessoa engraçada, extravagante e profundamente generosa que sempre foi. Conforme a doença de Freddie se agravou a partir do final da década de 1980, tornou-se praticamente insuportável. Partiu meu coração ver essa luz tão intensa no mundo ser destruída pela Aids. No final, o corpo dele estava coberto por lesões do sarcoma de Kaposi. Ele estava quase cego. Estava fraco demais até para ficar de pé".[2]

Com o passar das semanas, os dias e as noites de Freddie foram se igualando: ficava sempre na cama, intercalando horas de sono com outras semiacordado. Mesmo com os analgésicos, lutava para tolerar a diamorfina. A imprensa fazia uma vigília permanente em frente à mansão, que chegava a juntar até sessenta ou setenta repórteres, certos de que havia algo acontecendo na Garden Lodge. Eles tentaram enviar recados para pedir que Freddie saísse por uns instantes, a fim de posar uma vez para as câmeras e dar uma declaração breve e, assim, encerrar todos os rumores. Porém, como não vinha nenhuma resposta da residência, os repórteres e fotógrafos ficaram mais descarados nas tentativas de obter qualquer tipo de informação: escalaram o muro para tirar fotos, vasculharam latas de lixo e interrogaram quem entrava ou saía da casa em busca de uma mínima revelação.

Na Garden Lodge, a luz de Freddie estava apagando. Peter Freestone tinha sido aconselhado pelos médicos a tranquilizá-lo repetidas vezes, dizendo que não havia problema em "desistir", pois, ao ouvir isso, ele morreria em paz, por saber que aqueles que deixava para trás aceitavam de coração.

"Eu estava deitado na cama com Freddie", conta Freestone, "e ele perguntou como estavam as coisas na casa, se estava tudo certo e arrumado. 'Me sinto tão cansado e fico me perguntando se algum dia verei essas coisas de novo. Tento visualizar o que está acontecendo. Estou muito isolado aqui em cima. De repente, essa casa está parecendo enorme'. Senti que aquela seria a única chance que eu teria de seguir o conselho dos médicos. 'Está tudo bem', falei. 'Exatamente do jeito que você gosta, como sempre. E nós também estamos bem. Estamos dando um jeito. Não se preocupe com a gente. Se achar que é hora de partir, estaremos com você o tempo todo. Não se preocupe com a gente. Não ache que está nos deixando. Está tudo bem'."[3]

Na segunda-feira, 18 de novembro, os médicos calcularam que Freddie viveria mais quinze a vinte dias. Naquela semana, Elton John foi visitá-lo antes de uma viagem a Paris, assim como os pais de Freddie, Bomi e Jer, e a irmã dele, Kashmira, junto com a família dela. Todos tomaram chá no quarto de Freddie, enquanto ele tentava tranquilizá-los e garantir que não havia motivo para se preocuparem. Na saída, disseram que queriam fazer uma nova visita ainda naquela semana, mas Freddie respondeu que não seria necessário. Ao irem embora, não sabiam que aquela seria a última vez que o veriam com vida.

Poucos dias depois, Brian May visitou Freddie: "Anita [Dobson, com quem se casou pela segunda vez] e eu fomos vê-lo, e ele estava na cama. Deixaram as cortinas abertas para que pudesse ver o jardim. Acho que comentei sobre coisas no jardim dele, tipo 'isso é bem interessante', e ele interrompeu e disse: 'Pessoal, não precisa puxar assunto, estou muito feliz por estarem aqui, sabe, mesmo que a gente não diga nada. Só de ter esse momento é muito bom'."[4]

Em 21 de novembro, Freddie apareceu pela última vez na janela do quarto, só para chamar Jim Hutton, que estava cuidando do jardim. Naquela noite, Jim ficou na cama com ele, mas Freddie, de acordo com o namorado, estava determinado a se aventurar no andar de baixo uma última vez, para ver os quadros pendurados nas paredes. Jim conta que arranjou um jeito de levar Freddie escada abaixo na sexta-feira de manhã, bem cedo, até a sala. Ele o ajudou a se sentar na cadeira e acendeu as luzes, uma por uma, para que Freddie pudesse admirar as obras de arte que colecionara.

"Acho que a última vez que posso afirmar que Freddie estava realmente feliz, a última vez que ainda estava lá, que irradiou aquele entusiasmo do Freddie Mercury, foi naquela sexta-feira de manhã", lembrou Jim.[5]

Nesse dia, 22 de novembro, Freddie pediu, de repente, que Peter Freestone ligasse para Jim Beach, o empresário do Queen, e pedisse que ele fosse à Garden Lodge. Beach chegou por volta das dez da manhã e foi direto para o quarto de Freddie. A essa altura, o cantor enxergava com muita dificuldade e mal conseguia mexer os músculos. Tinha desistido de todos os sólidos e estava sobrevivendo com uma quantidade mínima de líquidos. Embora seu nível de consciência estivesse flutuando, teve uma longa reunião de cinco horas e meia com Beach, que só teve uma pausa quando Joe Fanelli entrou no quarto para deixar um lanche.

Ninguém além de Freddie e Jim sabia o que estava acontecendo e sendo dito nessa reunião, mas quando Beach finalmente saiu de lá, o que ele disse surpreendeu Peter Freestone, Joe Fanelli e Jim Hutton. O empresário lhes contou que tinha decidido com Freddie divulgar um comunicado confirmando que o cantor tinha Aids.

"Jim Beach explicou as razões que justificavam esse anúncio e nos deu a chance de expor o nosso ponto de vista. Nenhum de nós sabia muito bem como reagir naquele momento. Depois de tantos anos em que tivemos de guardar esse grande segredo para nós mesmos, agora ele seria divulgado para o mundo", exclamou Peter Freestone.[6]

Laura Jackson escreveu: "Roger Taylor calcula que, como Mercury comentou diversas vezes que poderia 'soltar isso a qualquer momento', não queria que roubassem dele a oportunidade de fazer o pronunciamento'.[7] Porém, Jim Hutton sentiu que havia outras forças em jogo: "Sempre tive minhas dúvidas de que Freddie tenha soltado o comunicado por vontade própria. Ele praticamente não falou do assunto por tanto tempo que é estranho de repente querer confessar coisas como se precisasse se envergonhar de algo. Tenho certeza de que ele acreditava que seu próprio destino não deveria se tornar tema de debate público. Era um assunto só dele e de seus amigos mais próximos. E tenho certeza de que ele não queria arriscar a possibilidade de me expor publicamente, nem o Joe. Eu nem sabia que Freddie iria divulgar um comunicado. Acredito que ele tenha sido coagido a fazer a declaração. No entanto, após ser persuadido, sei que especificou ao Jim Beach que o divulgasse internacionalmente, para evitar que a imprensa marrom britânica tivesse o furo. Foi a maneira de Freddie de dizer aos que aguardavam ansiosos pela sua morte: 'Fodam-se vocês todos!'"[8]

Após debaterem, Jim, Peter e Joe decidiram aceitar a decisão, mesmo que não fosse a de Freddie, porque, de acordo com Peter Freestone, foram persuadidos de que poderia ser muito positivo Freddie admitir em vida que tinha Aids. Roxy Meade, assessor de imprensa do Queen, foi encarregado de divulgar o comunicado à imprensa, na noite de sexta-feira. A expectativa de Jim Beach era a de que, com isso, as matérias de domingo, em geral aprofundadas, reportassem a notícia com mais responsabilidade, em vez de deixá-la a critério dos tabloides que tanto perseguiram Freddie.

À meia-noite de sexta-feira, o comunicado oficial de Freddie Mercury foi divulgado à imprensa:

> *Após diversas conjecturas na imprensa nas últimas duas semanas, eu gostaria de confirmar que meu teste para HIV deu positivo e que tenho Aids. Achei que era correto manter essas informações privadas até o momento para proteger a privacidade das pessoas ao meu redor. No entanto, chegou a hora de meus amigos e fãs do mundo todo saberem a verdade, e espero que todos se unam aos meus médicos e aos que estão na luta global contra esta terrível doença. Minha privacidade sempre foi muito importante para mim e sou conhecido por dar poucas entrevistas. Por favor, entendam que essa política será mantida.*

"Lembro que pensei: 'Certo, se ele fez o pronunciamento, então está perto do fim", diz Paul Gambaccini, "porque ele não tinha feito isso antes e não faria isso se houvesse a possibilidade de continuar vivendo. Assim, meu luto começou antes de acontecer. Não acho que ele estava com pressa de revelar nenhum segredo. O que eles fizeram foi preparar todo mundo, fazer com que todos estivessem prontos".[9]

Peter Freestone diz que Freddie teve uma noite bastante tranquila após a divulgação do comunicado, "como se tivesse tirado um peso do ombro",[10] e que Joe e Jim se revezaram para cuidar de Freddie no sábado, sendo que Dave Clark e Mary Austin também ajudaram quando puderam.

Segundo Jim Hutton, Freddie teve uma noite agitada no sábado e, em um determinado momento da noite, quase engasgou com um pedaço de manga que ficou entalado na garganta. Às 6h de domingo, levaram-no ao banheiro, mas, quando Jim foi colocá-lo de volta na cama, ouviu um estalo preocupante, como se um osso de Freddie tivesse quebrado, e em seguida o cantor teve uma convulsão. Com a ajuda de Joe, Jim acalmou-o, e eles ligaram para o dr. Atkinson, que foi de imediato à Garden Lodge e deu a Freddie uma injeção de morfina, por volta das 7h da manhã. Atkinson ficaria o dia lá para monitorar seu paciente, o qual, segundo informou aos presentes, provavelmente não passaria da quinta-feira.

Dave Clark também foi à Garden Lodge assim que o chamaram e passou o resto do dia com Freddie. "Fizemos tudo que podíamos para deixar Freddie confortável", lembra ele. "O quarto dele tinha uma sala adjacente e dava para seu belo jardim. Ele estava grato por tudo e pelos amigos".[11]

São divergentes os relatos das pessoas que estavam com Freddie quando ele faleceu, no começo da noite de domingo. No livro *Freddie Mercury por Jim Hutton*, o namorado dele afirma: "Peter foi trocar a roupa de cama enquanto eu cuidava de Freddie. Quando eu ia vestir o Freddie com uma camiseta limpa e uma cueca samba-canção, pedi ao Dave para sair do quarto por um momento. Na hora em que eu estava colocando a cueca, percebi que ele tentou levantar a perna esquerda para facilitar. Foi a última coisa que fez. Olhei para ele, já sabendo que estava morto. Ainda estava de olhos abertos. Me lembro muito claramente da expressão no rosto dele e, à noite, quando vou dormir, ainda a vejo diante de mim. Ele parecia radiante".[12]

Já a lembrança de Peter Freestone é diferente. Ele conta que, às 5h30min de domingo, Joe o chamou, com um tom ansioso na voz (eles haviam tentado colocar Freddie de volta na cama e ouviram um "estalo"), querendo que Peter fosse ao quarto do cantor imediatamente. Ao entrar lá, Peter encontrou Freddie em coma, totalmente inconsciente da presença de qualquer pessoa ali. O dr. Atkinson chegou logo depois e disse a eles que não havia mais nada que a medicina pudesse oferecer e, então, deu a Freddie uma injeção de morfina.

Mais tarde, entre as 18h30min e as 18h45min do domingo, 24 de novembro, o dr. Atkinson, que permanecera na casa a maior parte da tarde, decidiu sair para comer alguma coisa, já que não havia mais nada que pudesse fazer naquele momento. Quando o médico deixou a mansão, parece que Dave Clark *era* a única pessoa com Freddie no quarto. Nos minutos seguintes, depois que Jim e Peter levaram o dr. Atkinson até o portão, Dave desceu e pediu que eles o ajudassem a levar Freddie ao banheiro, pois o cantor queria usá-lo mais uma vez. Quando entraram no quarto de Freddie, viram que ele tinha parado de respirar. Peter ligou para Joe na mesma hora, pedindo-lhe que chamasse de volta o dr. Atkinson, que acabara de sair. Na verdade, o carro do médico ainda ia entrar na Logan Mews, a pequena rua em frente à mansão, e, como Joe foi correndo e gritando atrás dele, acabou alertando a imprensa de que tinha algo acontecendo. Joe conseguiu alcançar o dr. Atkinson, que voltou depressa para a residência e foi direto para o quarto de Freddie. Mas não havia mais nada a ser feito.

Às 18h48min de domingo, 24 de novembro de 1991, Freddie Mercury foi declarado morto.

"O pior é que eu estava indo vê-lo", lembra Roger Taylor, "e estava a menos de trezentos metros de lá quando Peter Freestone me ligou para dizer: 'Não precisa vir, ele se foi'."[13]

"Ligamos para Mary [Austin] imediatamente", disse Dave Clark. "Ela morava ali na esquina. Foi inesperado, caso contrário ela estaria lá. Foi dela a terrível tarefa de telefonar para os pais e a irmã de Freddie para avisar que ele tinha falecido".[14]

Essa noite foi uma confusão de sentimentos para todos na Garden Lodge. Cada um teve a oportunidade de passar alguns momentos a sós com o corpo de Freddie antes da chegada dos agentes funerários. A única coisa que puderam fazer foi observar em silêncio, atônitos, o corpo de Freddie ser colocado em um saco preto e o zíper ser fechado.

"Para mim, aquele foi o momento definitivo", afirmou Peter Freestone. "Depois que vedaram o saco para cadáveres, simplesmente não tinha mais como ele sair de lá de dentro".[15]

Jim Hutton depositou um ursinho de pelúcia dentro do saco antes que fosse fechado. Mais cedo, como Jim lembrou, ele havia passado seus últimos momentos com Freddie ao lado do dr. Atkinson, quando ainda aguardavam os agentes funerários: "Fiz uma pequena oração. Aí olhei para ele e disse em voz alta: 'Seu desgraçado! Bom, pelo menos agora você está livre. A imprensa não pode mais te machucar'."[16]

# - 50 -

O corpo de Freddie Mercury foi removido da Garden Lodge em um caixão de carvalho, à meia-noite, em uma van sem identificação. A polícia local conseguiu impedir que a imprensa seguisse o veículo até a capela onde seria o velório, na Ladbroke Grove. Embora Jim Beach estivesse nos Estados Unidos – ele viajara após se encontrar com Freddie na sexta-feira –, um comunicado foi escrito às pressas e divulgado à imprensa:

> *Perdemos o maior e mais querido integrante da nossa família. Sentimos uma dor avassaladora por ele ter partido, tristeza por ter sido levado no auge da sua criatividade, mas, acima de tudo, muito orgulho pela forma corajosa com que viveu e morreu. Assim que tivermos condições, gostaríamos de celebrar sua vida do jeito que ele costumava fazer.*

Também foi revelado que Freddie tinha morrido de broncopneumonia em decorrência da Aids. Assim que o comunicado foi divulgado, começaram os tributos: o *Guardian* o chamou de "encarnação do *showman* do rock",[1] enquanto o *New York Times* afirmou que ele ajudara a forjar "uma mistura imensamente popular de hard rock, pop, heavy metal, cabaré, com uma pitada de ópera".[2] Na BBC, Paul Gambaccini elogiou Freddie ao declarar: "Ele criou um estilo que era sóbrio e ácido, foi uma grande personalidade"[3] e, numa entrevista à *Rolling Stone*, David Bowie disse: "Vi um show dele somente uma vez e, como dizem, era definitivamente um homem que conseguia colocar a plateia na palma da mão".[4]

Mas os tabloides não deixaram Freddie descansar após a morte. O *Evening Mail* descreveu seu "estilo de vida *kamikaze* com sexo, drogas e rock'n'roll",[5] enquanto o *The Star* publicou: "Seus muitos casos – homens e mulheres – poderiam depois ter contagiado outras vítimas desprevenidas. O maior medo é que Freddie estivesse emaranhado em uma teia letal de doenças envolvendo pelo menos quinhentas pessoas".[6] O *Mirror* até citou um suposto amigo dos pais de Freddie para destacar o seguinte: "Eles estão muito infelizes com sua homossexualidade. A religião zoroastrista não aceita que alguém seja gay. Fora isso, temos muito poucos devotos, e a religião só pode ser passada de pai para filho. É claro, um homem gay não vai ter filhos, e isso aborreceu profundamente a família Bulsara".[7]

"Embora eu tenha visto algumas fotos que deixavam evidente que ele estava muito doente, ainda assim fiquei bastante chocada quando soube que tinha falecido", lembra Annie Lennox. "Ele sempre foi uma personalidade tão grandiosa que não dava para conceber que morreria tão jovem. Viver com o estigma e o silêncio sobre a Aids deve ter sido algo que o isolou de um jeito inacreditável, e fiquei triste sobretudo pelo fato de ele ter sido meio que 'caçado' pela imprensa e pela mídia. A fama pode ser um jogo brutal, e teria sido muito bom se tivessem lhe dado mais privacidade, na minha opinião".[8]

Independentemente das informações nos jornais, os fãs de Freddie começaram a se aglomerar do lado de fora da Garden Lodge, em um estado de choque e pura descrença. Tirando as pessoas mais próximas, ninguém tivera uma real noção da gravidade da doença do cantor. Ele confirmara que tinha Aids, por meio do comunicado à imprensa, somente no dia 23 de novembro. Morreu pouco mais de vinte e quatro horas depois, e sua partida repentina, por mais que muitos já devessem temer o pior havia algum tempo, só exacerbou o sentimento de luto de seus admiradores. Inúmeros buquês de flores foram enviados do mundo inteiro. Foram tantos que o gramado da Garden Lodge ficou todo coberto; com aquela quantidade, daria para uma segunda vez.

O funeral de Freddie foi marcado para a quarta-feira, 27 de novembro, no Kensal Green Crematorium. Embora não tivesse seguido a fé zoroastrista da família, ele planejou o próprio funeral, com detalhes precisos, de acordo com a tradição parse e os desejos dos pais. A cerimônia foi iniciada às 8h30min da manhã, quando os sacerdotes parses, vestidos com um manto branco, entoaram preces. Freddie tinha duas cantoras prediletas, então foi ao som de uma delas, Aretha Franklin, com a canção "You Got A Friend", que o caixão com seu corpo foi trazido. A voz de sua outra cantora favorita, Montserrat Caballé, também marcou presença no serviço religioso, quando uma gravação dela cantando "D'Amor Sull'ali Rosee", do *Il Trovatore*, de Verdi, preencheu a capela conforme o caixão desaparecia da vista.

O escritor Rick Sky descreveu o funeral: "Assim como o próprio Mercury, a ocasião, que o cantor planejou durante semanas nos mínimos detalhes, foi uma mistura desnorteante de extravagância e segredo, a qual testemunhou a colisão de dois mundos bem diferentes – o mundo moderno do rock e o mundo antigo da religião zoroastrista, em que Mercury fora criado".[9]

Só compareceram à cerimônia privada os pais de Freddie, sua irmã Kashmira e a família dela e os amigos mais chegados, entre eles Elton John, e, naturalmente, os três companheiros do Queen e suas mulheres.

"Não fui ao funeral", conta Peter Straker. "Foi muito triste, e sinto saudade dele, mas também sou muito pragmático e pensei: 'Ah, bom, aí está você', é muito lamentável, mas foi isso".[10] Para ele, a perda de Freddie ocorreu em meio ao fato de ter ficado mais de um ano sem vê-lo, pois, ao que parece, fora cortado de seu círculo íntimo, apesar de ter sido seu melhor amigo por mais de quinze anos.

"Quando eu telefonava, nunca passavam a ligação para ele", afirma Peter. "Apenas diziam que estava ocupado, que estava fora, mas tinham recebido instruções dele, e Joe seguia ao pé da letra o que ele dizia. Aí, depois que Freddie morreu, todos foram me ver em um show no West End para pedir desculpas e falaram: 'A gente gostaria de ter passado a sua ligação'. Eu respondi: 'Porra, agora é tarde demais'. Mas é isso que essa coisa do poder faz com as pessoas – elas não levam em consideração quem conhece alguém há mais tempo. Na verdade, falei com o Jim Beach pouco antes de Freddie morrer e disse: 'Eu queria falar com o Freddie', e Jim me respondeu: 'Por que você não telefona para ele? Ele vive falando de você, diz que viu todas as críticas sobre você no país todo e que isso tudo é maravilhoso'. Aí comentei: 'Sabe, Jim, não posso ligar para ele agora porque daqui a pouco faço aniversário, em novembro. Pela lógica dele, vai achar que estou ligando porque é meu aniversário, então não dá'. E ele falou: 'Bem, você deveria', e claro, aí ele se foi".[11]

Após o funeral, uma pequena recepção foi realizada na Garden Lodge para celebrar Freddie, sua vida e sua música, repleta de champanhe, amor e risos (embora Brian, Roger e John tenham decidido ir almoçar juntos para relembrar e refletir entre eles). Mas, por baixo disso tudo, o descontentamento já estava se formando. Jim Hutton ficou furioso por ter sido barrado no primeiro carro do cortejo, ocupado por Mary Austin e Dave Clark. Jim entrou no veículo seguinte e se sentou ao lado de Joe Fanelli e Peter Freestone.

"Nós três ficamos decepcionados", disse Jim. "Fomos nós que estivemos com Freddie para o que desse e viesse durante a doença dele, e parecia que, assim que ele morreu, nos jogaram para escanteio".[12]

Mas Jim não foi o único a se irritar. Em Munique, Barbara Valentin estava pronta para viajar para lá, inclusive já tinha reservado a passagem aérea, quando recebeu um telefonema dizendo que não seria bem-vinda. Só havia lugar para uma "viúva" naquele dia, a ser ocupado por Mary Austin. E, logo após o funeral, Jim se aborreceu com uma entrevista dada por Dave Clark a um jornal, na qual declarou que estava sozinho com Freddie quando o cantor morreu.

No entanto, tudo isso perdeu a importância quando Jim, Joe e Peter descobriram que não teriam permissão para continuar morando na Garden Lodge. Como parte do testamento de Freddie, os três não deveriam ficar desassistidos: Jim receberia quinhentas mil libras[13] e a garantia de que poderia continuar morando, junto com Joe e Peter, na Garden Lodge por tempo indeterminado. Mas o alarme de que havia um problema já deveria ter soado. Alguns meses antes, ainda em Montreux, Jim conversou uma noite com Tony King, um amigo de Freddie que os acompanhou naquela viagem. Durante essa troca, Jim ficou um tanto alarmado ao ouvir que, embora o testamento de Freddie deixasse a Garden Lodge para Mary Austin e o cantor também insistisse que Jim, Joe e Peter continuassem morando lá, a impressão era a de que Mary não se dava bem com Jim.

"Segundo o que Tony contou naquela noite, Freddie respondeu: 'Bem, eles vão ter que resolver isso, não vão?'"[14] Jim acrescenta: "Não me surpreendeu saber que Mary não gostava de mim".[15] De acordo com o testamento, Mary herdaria a Garden Lodge e 50% do patrimônio do cantor. Contudo, Freddie não havia estipulado com clareza no documento que Jim, Joe e Peter deveriam ser autorizados a permanecer na Garden Lodge. Eles foram avisados com três meses de antecedência que deviam encontrar outro lugar para morar, pois Jim Beach lhes confirmou que, embora o desejo de Freddie fosse que continuassem a viver na mansão, não havia nenhuma garantia legal, já que não tinham sido incluídos no testamento: assim, precisavam sair de lá até 1º de março de 1992.

"Não tínhamos para onde ir", disse Peter Freestone, "e precisávamos de um tempo para digerir as coisas. A gente não iria demorar para ir embora. Mary agiu de um modo inexplicável".[16] Em uma entrevista concedida em 2000, Mary deu uma versão ligeiramente diferente dos acontecimentos: "Na verdade, me senti muito perdida. Os funcionários de Freddie eram como uma família para mim, mas depois da morte dele, a maioria foi embora porque ele tinha sido muito generoso com a equipe". Ela continuou: "Houve quem achasse que deveria ter ficado com a casa. Foi como se as pessoas tivessem ficado com inveja de mim por causa do que ele me deixou".[17]

Talvez um ponto que John Reid comentou conosco, os autores, possa esclarecer um pouco essa situação lamentável. "Não fui ao funeral", disse Reid. "Vi Mary umas duas vezes. Esbarro com ela de vez em quando. Ela me falou algo bem estranho quando tentei consolá-la por tudo que passou e viu: 'Bom, no final eu venci, não foi? No fim, ele estava comigo'. Fiquei um pouco assustado com isso".[18]

Parece que, apesar de todos os namorados que Freddie teve, Mary foi a pessoa que ele mais amou, aquela a quem entregou quase todo o seu legado. Os relatos de Jim e de Mary se contradizem no que diz respeito a como Freddie cuidou de cada um no testamento dele. Sem dúvida, Jim foi bem assistido ao herdar quinhentas mil libras. Talvez ele achasse que deveria ficar com a casa, mas, fora a música, a única figura constante na vida adulta de Freddie *foi* Mary Austin. Eles se conheceram havia mais de vinte anos, tinham namorado e sido melhores amigos. Ela esteve com Freddie para o que desse e viesse, e o amor deles era desmedido.

Freddie declarou: "A Mary é uma das minhas melhores amigas do mundo. A nossa amizade é pura, uma das melhores possíveis. É uma coisa instintiva. Construí um vínculo muito forte com a Mary. É com ela que eu me abro mais. Passamos por vários altos e baixos nesse tempo juntos, mas isso fortaleceu ainda mais o nosso relacionamento. Sei que muita gente tem dificuldade de entender nossa relação. As outras pessoas que entram na nossa vida precisam apenas aceitar isso. Nós nos amamos muito e cuidamos um do outro. Eu não quero mais ninguém".[19]

Fossem quais fossem o pensamento e a vontade de Jim, parecia que, para Freddie, havia apenas um herdeiro legítimo da Garden Lodge e da metade de seu patrimônio: Mary Austin.

E Mary foi ainda a pessoa responsável pelo local onde as cinzas de Freddie seriam depositadas. Freddie deu a ela essa incumbência e a fez prometer que nunca revelaria onde ficariam guardadas. "Fui muito negligente com elas", disse Mary, em uma entrevista em 2000. "Eu as deixei por um tempo na capela. Sabia que era uma responsabilidade minha, mas não tinha coragem de me separar de vez dele. Eu tinha que fazer aquilo sozinha, como ele pediu, e manter segredo".[20]

Ao longo dos anos, houve muita especulação sobre o local do descanso final de Freddie. Foram aventados lugares que iam desde a casa onde passou a infância, em Zanzibar, até as margens do lago Léman, onde passeou várias vezes no final da vida. Mas, em 1994, Jim Hutton sugeriu que as cinzas de Freddie tinham sido depositadas no jardim da Garden Lodge: "Virou uma espécie de enigma", afirmou, "mas tenho quase toda certeza de que o local em que está descansando é no pé da cerejeira-chorão, com vista para todo o terreno".[21]

A sombra de uma cerejeira-chorão seria um local adequado para o descanso final e completaria uma simetria que ninguém deve ter considerado: Gaëtan Dugas, identificado incorretamente como o Paciente Zero da Aids, foi enterrado sob uma cerejeira-chorão em Vancouver. No caso de Rock Hudson, a primeira grande celebridade a morrer de Aids, suas cinzas foram jogadas no mar, porém sua lápide é margeada por cerejeiras, no cemitério Forest Lawn, na Califórnia. E é bem possível que Freddie Mercury, o maior *showman* da história do rock e, até então, a pessoa de maior destaque a morrer de Aids na Grã-Bretanha, repouse sob uma cerejeira-chorão em Londres.

A flor dessa árvore é perfeita para evocar as lembranças de todos eles, assim como de todas as vítimas da Aids, pois sua natureza remete à fragilidade e à precariedade da vida, símbolos do despertar e do renascimento.

> *Elas florescem quando o ar da primavera desponta e embelezam até a paisagem mais cinzenta; dispersam-se com as primeiras rajadas de vento, mas enquanto permanecem, contemplá-las é roubar um vislumbre do paraíso.*[22]

# – 51 –

Tudo tem um começo.

Fizemos uma viagem no tempo até uma floresta tropical na África, mas não até 1908, quando o caçador se tornou o verdadeiro Paciente Zero, nem regressamos ainda mais anos, quando existiu o Chimpanzé Zero. Como aconteceu com os humanos, também os chimpanzés foram infectados. Não foi nesses macacos que o vírus começou a existir, e o que quer que tenham transmitido a nós chegou a eles de algum modo.

Uma nova pesquisa indicaria que o vírus do chimpanzé (denominado SIV) é um híbrido de dois vírus provenientes de diferentes espécies de macaco, o mangabei-de-penacho-vermelho e o macaco-de-nariz-branco. Um chimpanzé foi infectado simultaneamente por ambos os vírus desses macacos e deve ter funcionado como uma espécie de recipiente no qual eles se misturaram e trocaram genes. Em certas ocasiões, os chimpanzés comem macacos, e é provável que, em apenas uma delas, ocorrida na selva da África Ocidental e Central, um chimpanzé tenha saído vitorioso de uma luta até a morte com esses macacos, os quais derrotou e dilacerou, mas, no processo, também foi mordido, arranhado e ferido. O sangue dos animais se misturou a esses ferimentos, à medida que o confronto frenético e infernal chegava a um desfecho, quando o chimpanzé dominou as presas e devorou a carne delas. Em uma situação extremamente rara, partes de dois vírus se combinaram e se desenvolveram (uma proveniente do mangabei-de-penacho-vermelho e outra, do macaco-de-nariz-branco) assim que entraram na corrente sanguínea do chimpanzé desafortunado e o infectaram. E é bastante provável que isso tenha ocorrido somente uma vez, há centenas de anos, e não há milhares ou dezenas de milhares. Sabemos disso porque o vírus não é inofensivo para os chimpanzés como o é para os macacos (que possivelmente o carregaram por milhões de anos, o que deu tempo suficiente para que vírus e hospedeiro se ajustassem um ao outro). Esse vírus híbrido então se espalhou pelas espécies de chimpanzés e, mais tarde, ao ser transmitido aos humanos, tornou-se o HIV.

Diferentemente do que os primeiros cientistas acreditavam, agora se sabe que o SIV causa a Aids símia em chimpanzés, ocasionando problemas de saúde e a morte precoce. Somente com o tempo esses dados ficaram evidentes. Isso ocorreu quando um chimpanzé selvagem, que depois recebeu o nome de Vincent, foi morto por dois jovens chimpanzés machos no Parque Nacional Gombe Stream, na Tanzânia, em 2004. Seu cadáver foi descoberto e despertou o interesse do professor Michael L. Wilson, da Universidade de Minnesota, pois pela primeira vez foi encontrado o SIV no corpo de um chimpanzé selvagem disponível para um exame de necropsia.

"Tivemos de ter muito cuidado porque foi preciso lidar com ele como se fosse um paciente de Aids", disse o professor Wilson. "O organismo dele apresentava um nível muito alto do vírus. Já sabíamos disso por conta das fezes".[1]

A autópsia mostrou um quadro impressionante: o sistema imunológico de Vincent estava danificado de forma semelhante ao de humanos com Aids. Ele também tinha uma contagem abaixo do normal de linfócitos T, assim como chimpanzés selvagens analisados posteriormente a partir de amostras de carne de caça. Como as células T são vitais para a imunidade, uma contagem baixa é um indicador clássico da Aids em humanos.[2]

Desde a primeira transmissão do vírus do chimpanzé para o ser humano, mais de trinta milhões de pessoas morreram oficialmente de doenças relacionadas à Aids e, de acordo com um relatório publicado em 2014, cerca de 35,3 milhões de pessoas em todo o mundo vivem com o HIV.[3]

Muitos acreditam ainda hoje que o HIV surgiu nos Estados Unidos na década de 1980. Mas não foi isso que aconteceu. Os EUA *foram* o primeiro país a identificar o problema, que ainda não tinha sido nomeado, após alguns casos de doenças raras serem relatados entre homens gays em Nova York e São Francisco e, em 1981, *foram* o primeiro país a reconhecer a síndrome em caráter oficial. Em 1982, a doença finalmente recebeu um nome: Aids. Pesquisas mais avançadas levaram à visão aceita em geral de que a Aids se originou na África.

Entretanto, os EUA *foram* o primeiro país a conscientizar a população sobre a Aids e, sem dúvida, essa reação americana contribuiu para a Aids se estabelecer como uma das doenças mais politizadas, temidas e polêmicas da história da medicina moderna.

Uma reputação que permanece até hoje.

Mas foi a migração da doença para fora da África que mudou a forma como a Aids era e ainda é percebida. Como observa a escritora e ativista política americana Susan Sontag: "Se a Aids tivesse permanecido apenas uma doença africana, por mais que milhões de pessoas morressem, poucos fora da África se preocupariam com ela. Seria um desses acontecimentos 'naturais', como a fome, que periodicamente assolam países pobres e superpopulosos, diante dos quais quem vive nos países ricos se sente muito impotente. Por ser um acontecimento global, que também aflige os brancos e afeta o Ocidente, deixou de ser um desastre natural. É repleto de significado histórico. Parte da autodefinição da Europa e dos países neoeuropeus é que nele, no Primeiro Mundo, as grandes calamidades são transformadoras e fazem história, enquanto em países pobres, africanos ou asiáticos, elas fazem parte de um ciclo e, portanto, são uma espécie de aspecto da natureza. E talvez, até certo ponto, a Aids tenha se tornado tão divulgada porque, como já foi sugerido, nos países ricos a doença afligiu primeiro um grupo de pessoas composto só por homens, quase todos brancos, muitos deles educados, articulados e bem informados sobre como fazer *lobby* e se organizar para obter atenção pública e recursos dedicados à doença. E alguns eram famosos; dois deles, muito famosos. Assim, com tudo isso, a Aids ocupa grande parte da nossa consciência, por conta do que foi levada a representar. Parece o próprio modelo para todas as catástrofes as quais camadas privilegiadas da população pressentem que as aguardam".[4]

# - 52 -

No Natal de 1991, apenas algumas semanas após a morte de Freddie Mercury, o Queen estava de volta ao primeiro lugar nas paradas com "Bohemian Rhapsody". Lançado como um Lado A duplo com "These Are The Days Of Our Lives", o single foi direto para o topo das paradas e permaneceu lá por cinco semanas. Com esse feito, tornou-se o primeiro disco a alcançar o primeiro lugar em dois Natais. Vendeu mais 1,1 milhão de cópias, e no mesmo mês em que "Bohemian Rhapsody" chegou ao topo das paradas de singles, a banda tinha nada menos que dez álbuns nas paradas do Reino Unido. O renascimento do Queen começara e parecia que, principalmente na Grã-Bretanha, o país havia se apaixonado por Freddie Mercury novamente.

Até Kenny Everett, que tinha se desentendido com Freddie de maneira espetaculosa e não falava com ele havia anos, e que morreria de uma doença relacionada à Aids em 1995, ficou comovido com a morte do cantor. "Quando Freddie morreu, escrevi para Kenny", lembra Paul Gambaccini, "porque achei que isso o impactaria, e vou mostrar a carta a vocês. É 15 de janeiro, assinada por Ken. 'Muito obrigado por entrar em contato. Sim, foi bem triste e um choque, embora soubéssemos há cerca de cinco anos que isso iria acontecer. A primeira coisa que pensei quando soube da notícia foi 'caramba, eu o levei a tantos lugares, e ele vai embora'. Depois de alguns dias, percebi que toda vez que eu pensasse em Freddie, ele ainda estaria lá, então não doeu tanto. Era um patife adorável e uma companhia bem cara, sempre esbarrando em coisas de alto valor e exigindo champanhe, mas era uma pessoa brilhante e animada, além de ser o centro das atenções. Onde quer que ele esteja agora, tenho certeza de que está se divertindo. Obrigado novamente por sua carta, Paul. Foi muito gentil da sua parte. Se cuida. Ken'."[1]

Mas nem todo mundo estava contente. Em um artigo no *Daily Mirror*, logo após o funeral de Freddie, o crítico Joe Haines fez um sermão irado sobre o cantor: "Poderia ter sido corajoso anunciar que ele tinha Aids no momento em que recebeu o diagnóstico. Não foi corajoso esconder isso até suas últimas horas de vida. Não havia nada de extravagante em pegar Aids e provavelmente espalhar para outras pessoas. Nada de admirável em percorrer as ruas procurando meninos de aluguel para sodomizar e compartilhar drogas. Mercury morreu de uma doença cujas principais vítimas no mundo ocidental são homossexuais. Para o tipo dele, a Aids é uma forma de suicídio. A morte do cantor não ajudará na luta contra a Aids porque ele conferiu glamour a um estilo de vida que é a causa da doença. O dano que ele causou, em uma época em que governos em todo o mundo estão dedicando bilhões para prevenir a propagação da doença e do consumo de drogas, é incalculável".[2]

Foi um ataque cheio de ódio típico de Haines e, no cerne disso tudo, está a homofobia profundamente enraizada.

"Não existe um julgamento moral, e sim apenas um julgamento quantitativo", diz Paul Gambaccini. "Acho que devemos sempre enfatizar que pessoas como Freddie foram infectadas antes de se tomar conhecimento da existência do vírus. Portanto, essas pessoas não devem ser criticadas por não praticarem sexo seguro, porque o próprio conceito de sexo seguro não existia. Não havia sexo perigoso".[3]

Susan Sontag afirma: "Nos anos 1980, não era uma surpresa que muitas pessoas quisessem ver a Aids de maneira metafórica – como uma praga, um julgamento moral sobre a sociedade. Os fulminadores profissionais não resistiram à oportunidade retórica oferecida por uma doença sexualmente transmissível e letal. Passou a ser uma munição de intolerância a quem a descreveu como uma visitação dirigida especificamente a homossexuais e viciados em drogas. 'O julgamento de Deus'".[4]

Na verdade, a morte de Freddie faria mais para ajudar a combater a Aids do que a maioria dos governos do mundo juntos, começando com a doação de toda a renda arrecadada com o relançamento de "Bohemian Rhapsody" ao Terrence Higgins Trust – mais de um milhão de libras – e, nos anos seguintes, mais dezenas de milhões seriam doados por meio do Mercury Phoenix Trust. Mas a morte de Mercury valeu muito mais do que simplesmente dinheiro: proporcionou uma cobertura sem precedentes na mídia do mundo todo a respeito de uma doença sobre a qual ainda se sabia quase nada.

"Em termos de conscientização sobre a Aids, acho que foi bastante significativo", sugere Annie Lennox, "porque a morte de Freddie Mercury fez com que o assunto, de repente, recebesse a atenção das manchetes no mundo todo. As pessoas são fascinadas pela fama e o fato é que, infelizmente, a mídia dará mais atenção à questão do HIV e da Aids se estiver relacionada a uma celebridade famosa; caso contrário, é raro que atinja o *status* de manchete".[5]

Enquanto isso, Brian May, Roger Taylor e John Deacon voltaram suas atenções para dar o último adeus. Os três planejavam um concerto de tributo chamado "The Freddie Mercury Tribute: A Concert For Aids Awareness" (O tributo a Freddie Mercury: um concerto para a conscientização da Aids). O show traria algumas das maiores estrelas do mundo, todas apresentando clássicos do Queen para um público que, com sorte, esgotaria os ingressos. Foi um ponto crucial na história do Queen. Foi o momento em que eles deixaram de ser simplesmente um grupo e começaram a espalhar as sementes que tornariam o Queen uma marca e uma grande corporação lucrativa.

A data agendada para o show foi 20 de abril de 1992, e o local era o Estádio de Wembley – onde mais poderia ser? –, palco do grande triunfo de Freddie no Live Aid, em julho de 1985. No final das contas, foi um show que praticamente rivalizou com o Live Aid em termos de grandeza e espetáculo. Em apenas uma noite, os mundos do rock, pop e *showbiz* se uniram, já que artistas tão diversos como David Bowie, Liza

Minnelli e Axl Rose se juntaram a Brian, Roger e John no palco para relembrar Freddie e aumentar a consciência em relação à Aids.

"O empresário do Queen, Jim Beach, assumiu o controle de tudo", lembra o promotor Harvey Goldsmith. "Ele veio até mim com uma proposta para fazer um show no estádio de Wembley. Eles tinham uma lista de artistas que desejavam, então tivemos de ligar para ver quem estava disponível. Jim já havia escolhido alguns nomes. Liz Taylor era um deles. Ela estava envolvida em campanhas relacionadas à Aids por causa de sua amizade com Elton, então, quando o show de tributo foi lançado, ela já tinha interesse na causa".[6]

Todos os setenta e dois mil ingressos para o concerto se esgotaram em três horas, e os fãs, incluindo Jim Hutton, pagaram vinte e cinco libras por ingresso para um show sem saber quais seriam as atrações além dos três integrantes remanescentes do Queen.

"Foi um peso enorme sobre nós", lembra Brian, "porque não estávamos apenas nos apresentando, também éramos responsáveis por organizar todo mundo. Já era difícil escolher quem se apresentaria. Discutimos muito entre nós sobre os custos, mas o critério básico para os artistas selecionados foi a relevância deles para Freddie".[7]

Lentamente, mas com segurança, a lista das atrações foi finalizada: Roger Daltrey, Robert Plant, Joe Elliott, Seal, George Michael, Lisa Stansfield, Elton John, Annie Lennox e Ian Hunter estavam entre os empenhados em se apresentar.

Às 17h55min do dia 20 de abril de 1992, com o show sendo transmitido ao vivo na rádio e na televisão para setenta e seis países no mundo todo, com uma audiência estimada em um bilhão de pessoas, Brian, Roger e John subiram no amplo palco de Wembley e foram recebidos por um rugido ensurdecedor que, ao mesmo tempo, foi preenchido com admiração, calor e amor sincero pelo Queen e seu quarto integrante, que estava ausente.

"Boa noite, Wembley – e mundo", disse Brian à massa reunida. "Estamos aqui hoje para celebrar a vida, o trabalho e os sonhos do Freddie Mercury. Vamos proporcionar a ele a maior despedida da história!"

Nas horas seguintes, o mundo viu alguns dos melhores artistas internacionais apresentando clássicos do Queen: entre outros, Robert Plant cantou "Crazy Little Thing Called Love", Lisa Stansfield apareceu com bobes no cabelo para interpretar "I Want To Break Free", George Michael roubou o espetáculo com "Somebody To Love", e "Bohemian Rhapsody" foi tocada pela improvável dupla Elton John e Axl Rose. Até a atriz veterana de Hollywood Elizabeth Taylor apareceu no palco, dizendo que Freddie era "uma estrela do rock extraordinária que cruzou nossa paisagem cultural como um cometa disparado no céu".

"Isso foi incrível", lembra John Reid. "Eu me lembro de estar sentado no camarote com a minha mãe e apenas chorando. O público inteiro estava chorando".[8]

Um dos destaques do show foi a apresentação de "Under Pressure" com David Bowie e Annie Lennox. "Acho que 'Under Pressure' foi a música sugerida pela banda", lembra Lennox, "mas tenho certeza de que David [Bowie] deve ter contribuído para a escolha, já que, afinal, era uma composição dele e de Freddie. Não é a música mais fácil de aprender ou executar, mas fiz o meu melhor. Estava tão impressionada por cantar um dueto com o David que parecia que eu estava sonhando. Nossos ensaios foram muito tranquilos, e a banda soava tão poderosa e entrosada que parecia que estávamos dirigindo uma limusine clássica top de linha.

"A maior parte do *line-up* do show era composta por homens, então eu fiquei no meu camarim o dia inteiro, apenas esperando em silêncio antes de subir ao palco. Eu perguntei a David se ele tinha alguma ideia do que eu deveria vestir, para que pudéssemos combinar, e ele disse: 'Por que você não pede a Anthony Price para fazer um vestido pra você?' Foi o que fiz. Tive uma ideia muito clara de que tipo de vestido deveria ser: teatral, escuro e fúnebre. O vestido pronto era extraordinário, com aros por baixo, para que expandisse como uma tenda flutuante."

"Quando entrei no palco, Bowie pareceu genuinamente surpreso. Ele não tinha ideia de que seria tão forte. A apresentação foi elétrica e na medida certa. Foi um dos pontos altos da minha vida e espero sinceramente que ele tenha gostado da experiência tanto quanto eu! Mas, acima de tudo, para além da minha própria experiência, o mais significativo foi que o concerto proporcionou uma plataforma global sem precedentes para a questão do HIV e da Aids, que ultrapassou fronteiras e salvou vidas".[9]

De forma apropriada, foi Liza Minnelli quem encerrou o show com uma interpretação empolgante e teatral de "We Are The Champions", que o *The Times* revelou "capturar de forma mais convincente a essência do estilo único e muito querido de Mercury. Combinando uma presença imponente com um tom de despedida adequado, ela injetou o grau certo de burlesco em sua performance. Foi um final comovente e apropriado para um memorial sincero".[10] Ao terminar, Minnelli olhou para o céu e disse: "Obrigada, Freddie. Queríamos apenas que você soubesse que sempre pensaremos em você".

O show arrecadou doze milhões de libras para conscientização da Aids e, naquela noite, depois que as atrações deixaram o palco e que a multidão que lotou o estádio desapareceu, uma festa pós-show foi realizada na boate Browns. Como o concerto em si, foi uma situação estranha: uma celebração misturada a uma tristeza inegável. Na festa, Brian e Roger pareciam alheios, de acordo com Spike Edney, como se não conseguissem compreender a dimensão das coisas.[11] Nos dias seguintes, foram feitas perguntas sobre o sucesso do show, e o *The Times* comentou: "Embora fosse perfeitamente apropriado que os integrantes remanescentes do Queen, Brian May e Roger Taylor, fossem os anfitriões da noite, ambos parecem ter se formado na escola 'Hello London!' de respostas engenhosas no palco. A conversa girou principalmente em torno de 'grandes amigos nossos' e 'nos divertindo esta noite'. A animação era tudo. Os comentários dos velhos companheiros podem ter dado a impressão de que a ausência de Freddie naquela noite foi devido a uma indisposição momentânea. Sendo a Aids um tema complicado e deprimente, a maioria das atrações que entravam e saíam do palco de Wembley optou por não mencionar o assunto no show. Para as bandas de hard rock, que abriram o espetáculo, cantar sobre sexo seguro é, de qualquer forma, muito estranho; soa um pouco como exaltar as virtudes do *shandy*. O Guns N' Roses esbravejou sobre um lugar chamado Paradise City, onde não estava claro se as garotas carregavam preservativos nas bolsas; Def Leppard liderou um brado de guerra de Let's Get Rocked, que parecia animado e alheio ao fato de que algo tão desagradável como a Aids poderia afetar a necessidade urgente de um homem por sexo casual".[12]

O mesmo artigo questionou o que o próprio Freddie teria achado disso tudo. Certamente, nenhum de seus artistas favoritos foi representado; nem Aretha Franklin, nem Michael Jackson, nem Montserrat Caballé estavam presentes. Na verdade, a própria Caballé talvez tenha sido a omissão mais gritante. E seus amigos próximos, como Elaine Paige, Tony Hadley ou até mesmo o melhor amigo, Peter Straker, não fizeram aparições. Não havia referência à ópera, ao balé, às obras clássicas, e nenhuma música solo de Freddie foi ouvida. Talvez o show representasse mais Brian, Roger e John do que Freddie. Talvez fosse a maneira deles de lidar com a perda de Freddie, uma chance de lamentar publicamente e tirar isso da cabeça. Eles precisavam de um fechamento, e o show de tributo pode ter proporcionado isso a eles.

Quando o Queen deixou o palco depois de "We Are The Champions", Joe Elliott, do Def Leppard, estava saindo e deparou com Brian May. "Eu puxei a manga da camisa dele", lembra Joe, "e disse: 'Brian – vire e olhe para isto, porque você talvez nunca mais veja. Ele parou e ficou olhando por um tempo. E então disse: 'Obrigado, Joe'. E Brian me deu um grande abraço e depois deu o fora".[13]

O guitarrista do Black Sabbath, Tommy Iommi, que se apresentou durante o show, também se lembra do efeito imediato após sair do palco: "Logo depois que o show acabou, Brian, na privacidade, ficou muito mexido. Todos eles, na verdade. Foi muito, muito triste. John estava em frangalhos. Era uma situação de: 'Certo, é isso, acabou, fim'."[14]

# - 53 -

Com o fim do show de tributo a Freddie Mercury, muitos pensaram que os dias do Queen tinham acabado. Como disse o próprio Freddie: "Se alguém partisse, qualquer um dos quatro, seria o fim do Queen. Somos quatro partes iguais e entrelaçadas. E, simplesmente, os outros não poderiam funcionar da mesma forma sem cada um dos quatro".[1]

Mas a música do Queen se recusou a morrer com Freddie. Em 1992, a banda reviveu a sorte nos Estados Unidos de forma repentina e surpreendente, quando a comédia *Quanto mais idiota melhor* apresentou uma sequência na qual os dois personagens principais são vistos cantando as seções operísticas de "Bohemian Rhapsody" antes de fazer o bate-cabeça na parte de rock da música. "A cena alegre se tornou icônica por si só, um marco cultural que foi parodiado, copiado e celebrado praticamente desde o momento do lançamento do filme em 1992", escreveu a *Rolling Stone*,[2] e a comédia apresentou a música a uma geração totalmente nova, a geração MTV. Em poucas semanas, a canção estava mais uma vez tocando nas estações de rádio dos Estados Unidos, forçando seu relançamento como single nos Estados Unidos, onde subiu para o segundo lugar nas paradas da Billboard.

Enquanto tudo isso acontecia, nos bastidores, discutia-se sobre um possível "novo" álbum do Queen. "Nós pensamos 'ok, isso simplesmente vai ser esquecido' quando Freddie morreu, e seria o fim de tudo, mas não foi o que ocorreu", lembra Roger Taylor. "E o interesse continuou. Então nos vimos obrigados a continuar administrando a coisa toda, mesmo em termos empresariais, o que parece chato, mas que precisa ser feito, sabe. E é claro que sempre fomos amigos – não dá para ser amigo por tanto tempo e então simplesmente se separar”.[3]

Freddie deixou o material que gravara em Montreux durante suas últimas semanas de vida. O conteúdo surgiu depois que ele pediu a seus colegas de banda que escrevessem o máximo que pudessem, para que ele então gravasse em cima simples *click-tracks* de bateria, e os integrantes da banda trabalhassem depois que ele partisse. Em parceria com o produtor David Richards, Brian, Roger e John começaram a juntar o material que Freddie havia gravado e a retrabalhá-lo para transformar em canções completas do Queen.

“É difícil sob diversos aspectos”, disse Brian May na gravação do álbum, “mas está tomando forma aos poucos. Havia apenas uma certa quantidade de material em que Freddie gravou os vocais com que pudemos trabalhar, então existem limites bem reais”.[4]

Sem material suficiente para produzir um álbum, a banda explorou conteúdo inédito da carreira solo de Freddie e o reformulou radicalmente para conferir a ele uma identidade do Queen. “Algumas canções foram mantidas na forma original”, lembra o produtor David Richards. “Outras, como as duas canções do trabalho solo de Freddie, receberam um arranjo do Queen que as transformou de um produto solo em outro com a cara da banda. Esse tipo de trabalho leva muito tempo. A coisa toda foi uma experiência muito emocionante. O fato de Freddie querer este álbum finalizado nos deu força”.[5]

Em 6 de novembro de 1995, e quase quatro anos após a morte de Freddie, o 15º álbum de estúdio do Queen, *Made In Heaven*, foi lançado. Com treze faixas, incluindo a última performance vocal de Freddie, “Mother Love”, o disco alcançou o primeiro lugar no Reino Unido e em toda a Europa e vendeu mais de dez milhões de cópias em todo o mundo, acarretando principalmente – embora não de forma exclusiva – críticas positivas. O *The Sunday Times* comentou sobre o álbum: “Trata-se de um esforço superior e um epitáfio mais do que digno para o grande artista em si”,[6] enquanto a revista *Q* perguntou: “Em que tipo de função enfadonha os integrantes remanescentes da banda estão envolvidos agora por falta de coisa melhor para fazer?"[7] E o *The Times* escreveu: "Apesar do atraso, *Made In Heaven* se destaca muito bem como o capítulo final de uma espetacular odisseia pop".[8]

Mas a odisseia pop do Queen não tinha se encerrado.

Enquanto John Deacon saíra dos holofotes e se retirara para viver em seu mundo particular, Brian May e Roger Taylor mantiveram vivo o legado do Queen.

Próximo da virada do milênio, Brian e Roger se apresentaram em público em diversas ocasiões, tocando canções do Queen com uma variedade de cantores convidados e, em 1999, a EMI lançou o álbum *Greatest Hits III*, que apresentava canções da última parte da carreira da banda, sucessos solo e colaborações com outros artistas.

"Oito anos depois de *Greatest Hits II* – o mesmo período de tempo desde a morte de Freddie Mercury –, talvez a coisa mais notável sobre *Greatest Hits III* seja que quinze das dezesseis faixas foram, na verdade, sucessos", escreveu a *Classic Rock*, enquanto, ao mesmo tempo, a publicação afirma que "o álbum foi recheado de material de segunda linha".[9]

Em um ano, o Queen lançou *The Platinum Collection*, um box contendo *Greatest Hits I, II & III* e, apesar de os álbuns em sua forma original terem vendido milhões, os fãs se aglomeraram para comprar a coleção. A essa altura, o sucesso do Queen foi tamanho que eles foram o segundo artista que mais vendeu no Reino Unido, atrás apenas dos Beatles.

"We Will Rock You" foi outro número 1 para o Queen em 2000, quando o grupo gravou com *a boy band* Five, que forneceu os vocais para a música. Para o filme *Coração de Cavalheiro*, de 2001, Robbie Williams fez a performance vocal, deixando no ar se o Queen gravaria ou faria uma turnê novamente com outro vocalista. Ao ouvir a versão de Williams de "We Are The Champions" com o Queen, em uma rara entrevista, John Deacon disse *ao The Sun* que "é uma das melhores canções já escritas, mas acho que eles acabaram com ela. Não quero ser desagradável, mas vale dizer que Robbie Williams não é nenhum Freddie Mercury. Freddie nunca poderá ser substituído – e certamente não por ele".[10]

Parece que rolaram conversas sérias com o Queen – isto é, agora com Brian e Roger – quanto à realização de uma turnê pela América do Norte tendo Robbie Williams nos vocais, mas, por alguma razão, isso nunca se concretizou. No entanto, o Queen queria voltar suas energias para outro projeto.

Em 2002, *We Will Rock You* estreou no West End de Londres. Era um musical baseado nas canções do Queen, que foi escrito por Ben Elton. Apesar de ter sido fritado quase universalmente pelos críticos, o espetáculo permaneceu em cartaz por um recorde de doze anos em Londres, com ingressos esgotados e um público de mais de treze milhões de pessoas no mundo todo.

"O que Freddie acharia do musical?". Brian May ri alto. "Ah, ele ficaria muito emocionado com o fato de a música ainda estar viva dessa forma. Ele ficaria feliz que ela fosse passada para a próxima geração, como eu. Ficaria muito orgulhoso".[11]

Sem mais músicas de Mercury para explorar, as gravadoras tiveram de se contentar em repaginar o material solo: primeiro veio *Solo* em 2000 e depois *The Very Best of Freddie Mercury Solo*, em 2006, que ficou no Top 10, provando que o cantor não tinha sido esquecido.

O movimento de adoração ao Queen continuou a tomar conta da cultura popular – na verdade, o grupo poderia reivindicar ser a banda nacional da Grã-Bretanha, talvez.

Além do musical *We Will Rock You*, o Queen tinha o próprio jogo de computador com seu nome, um karaokê com a marca da banda, uma colaboração com a *Guitar Hero*, o lançamento de inúmeros DVDs de shows ao vivo, documentários ou perfis de bastidores. Além disso, as canções do grupo foram usadas em diversos programas de televisão e filmes em todo o mundo, de *Os Simpsons* a *Homem de Ferro 2.* E como se sua onipresença não bastasse, o Queen era a banda mais licenciada para fins publicitários,[12] com suas canções sendo usadas para vender de tudo, desde shows em navios de cruzeiro a anúncios de aspiradores de pó, cartões de crédito e celulares, carros Renault, Walmart, Pepsi, Visa, Volkswagen, Taco Bell, conhaque, ração para gatos, batatas fritas, cerveja, macarrão instantâneo em copo, goma de mascar, fraldas, sorvete e até mesmo Viagra (ironicamente, Viagra pode ter sido o único produto que Freddie teria aprovado).

A banda até encontrou tempo para lançar outro álbum do Queen em 2014, apresentando três faixas inéditas com Freddie cantando, incluindo seu dueto com Michael Jackson, "There Must Be More To Life Than This", junto a outras canções que ilustram a jornada musical da banda. "Havia um pouco mais de material finalizado que tínhamos deixado de fora por um tempo", disse Brian May em uma coletiva de imprensa para anunciar os planos para o álbum, "então temos algumas músicas nas quais estamos trabalhando agora. Freddie parece tão atual quanto antigamente".[13]

O álbum alcançou o Top 5 no Reino Unido, mostrando que, pelo menos na Grã-Bretanha, o desejo por qualquer coisa relacionada ao Queen e a Freddie Mercury ainda era forte. "*Queen Forever* é uma carta de intenção", descreveu a crítica do *Daily Mail*. "Um artista clássico não é mais apenas a soma de suas partes e obras. É uma indústria em si que se autoperpetua. Aqui o Queen proclama seu direito de viver para sempre – não apenas na memória popular, mas nas caixas registradoras e nas paradas de sucesso.

E aí é que está o problema: em 2015, o Queen era mais uma marca do que uma banda. O catálogo da banda estava sendo explorado impiedosamente, qualquer fragmento de gravação inédita era retirado e digitalmente aprimorado para lançamento para o mundo todo; gravações ao vivo, repaginadas; antigos sucessos, remixados, e álbuns, remasterizados. Enquanto John Deacon assumia uma vida reclusa, Brian May e Roger Taylor viajavam pelo mundo com diferentes cantores para manter viva a música do Queen. Isso claramente vai de encontro ao comentário de May em 1992, quando disse: "Meu sentimento pessoal é que nunca deveríamos sair por aí e tentar ser o Queen de novo. Não faz sentido sem o Freddie". Foi uma opinião que ele repetiu em uma entrevista de 1993: "Eu acho que havia uma espécie de acordo tácito de que o Queen não poderia existir sem qualquer um de nós, especialmente sem o Freddie, porque ele era uma parte importante da imagem da banda. Não foi apenas a perda de um cantor, mas sim a de um coração de verdade".[14]

"O Queen não seria o Queen se um de nós deixasse a banda, ou se fizéssemos as coisas de maneira diferente", disse Taylor, em 1984. "O senso de unidade nos manteve fortes. É a mesma banda hoje do que era quando começamos. Eu acho isso bom. Acho que é importante. Diz um velho ditado que 'o todo é maior do que a soma das partes'. Isso se aplica ao Queen".[15]

Mas, apesar das citações acima, eles não tinham intenção de parar após a morte de Freddie, e isso certamente gerou dividendos: a prestação de contas de 2014 mostrou que a Queen Productions Ltd. faturava 132 mil libras por dia, e os ganhos da banda mais do que dobraram, passando de vinte e dois milhões em 2013 para 48,5 milhões um ano depois. Freddie tinha participação igual aos outros integrantes na Queen Productions, e seu espólio teria recebido valor semelhante.[16] De fato, a riqueza pessoal de Mercury desde sua morte é muito maior do que a que ele desfrutou em vida. Estima-se que fez uma fortuna de cerca de vinte milhões de libras antes de morrer, em 1991, mas desde então os *royalties* de sua música, o musical do Queen e as turnês da banda renderam outros cinquenta milhões para o espólio e para instituições de caridade no mundo todo.

Em 1991, a morte de Freddie chamou a atenção para a crise da Aids no Reino Unido e no exterior, e talvez tenha ajudado a reduzir o preconceito mais do que qualquer folheto ou campanha publicitária, pois as pessoas perceberam que o HIV poderia afetar qualquer um, incluindo uma figura que idolatravam e respeitavam. Tudo isso foi conquistado porque a morte de Freddie Mercury trouxe a Aids para a sala da nossa casa.

E, ao fazer isso, ele se tornou uma lenda.

"Ele se torna uma estrela maior a cada ano que passa", diz Paul Gambaccini. "Foi só quando a poeira baixou depois, e as pessoas que compravam aqueles discos passaram a escrever as histórias, que ficou clara a importância do grupo. E a de Freddie também, como no caso da música "Grace Kelly", de Mika. Há milhões de Freddies no mundo, mas a canção só poderia estar se referindo a um Freddie – ao Freddie Mercury – e todos sabiam disso. Assim, o cantor se tornou o símbolo não apenas de talento, mas de extravagância e do excesso de trabalho e de poucas horas de sono para desempenhar um papel na história como o astro do rock mais famoso a morrer de Aids. Como não vai acontecer de novo por causa da medicação disponível, e agora que a sociedade se sente confortável o suficiente para falar sobre isso, pensamos: 'Caramba, esse cara era uma estrela cadente'."[17]

"Quando eu morrer, quero ser lembrado como um músico de algum valor e conteúdo", disse Freddie. "Não sei como vão se lembrar de mim. Não pensei sobre isso – morto e enterrado! Não, não pensei sobre isso. Realmente não penso: 'Meu Deus! Quando eu morrer, eles vão se lembrar de mim?' Fica a critério deles. Quando eu morrer, quem vai se importar? Eu não vou!"[18]

Danielle Ofri, professora associada da Escola de Medicina da Universidade de Nova York e autora de *What Patients Say; What Doctors Hear* (O que os pacientes dizem; o que os médicos ouvem), diz em um artigo escrito para o *New York Times*: "No mundo da medicina e da metáfora, o arco narrativo da Aids quase não tem precedentes. A transformação da desesperança em otimismo pragmático é – cientificamente falando – nada menos que milagrosa. Combinações potentes de medicamentos antivirais que tiraram os pacientes de seus leitos de morte e lhes devolveram a vida, testes de carga viral e genotipagem do HIV que ajudaram a adaptar os regimes de tratamento, triagem do suprimento de sangue, campanhas agressivas de saúde pública, prevenção da transmissão materno-fetal – dificilmente seríamos capazes de prever o ritmo de desenvolvimento. Após anos de decepções, a pesquisa de vacinas anti-HIV está aquecendo novamente, à medida que avanços na compreensão da imunologia do HIV identificaram quase duas dúzias de vacinas como possíveis candidatas. A aparente cura do HIV como resultado de um transplante de medula óssea em um homem conhecido como o "paciente de Berlim" estimulou a pesquisa em terapia genética. O progresso impressionante das últimas duas décadas nos deixa sem fôlego e, para ser sincera, com os olhos um pouco marejados. Para quase todas as outras categorias de doenças que afligem meus pacientes, os tratamentos são praticamente os mesmos de quando eu era residente. Sim, temos *stents* mais sofisticados para nossos pacientes cardíacos e quimioterapia mais direcionada para aqueles com câncer, mas os paradigmas gerais mudaram apenas gradualmente. O HIV tem sido um alvo mais fácil, em parte, porque é causado por um único agente infeccioso – em oposição aos diversos fatores que influenciam as doenças cardiovasculares ou o câncer. E então houve a avalanche de recursos e a galvanização do ativismo público que serviu para concentrar os esforços científicos de uma forma nunca vista antes. De forma alguma, não desejo menosprezar os avanços impressionantes em outros campos da medicina, mas nossas enfermarias de Oncologia e de Cardiologia ainda realizam um trabalho enérgico. Pacientes com Aids hospitalizados são uma raridade agora – é mais provável que a internação seja por causa de uma úlcera ou de um ataque cardíaco do que por uma doença relacionada ao HIV. A esmagadora maioria recebe cuidados médicos em regime de ambulatório, como todas as outras pessoas que vivem com uma doença em vez de morrer dela. A Aids se estabeleceu, ao lado da hipertensão e do diabetes, como uma dessas doenças crônicas com as quais os pacientes lidam ao longo da vida".[9]

"Ao longo de uma vida inteira."

Agora, há um conceito sobre o qual nunca se pensou naquela época.

A grande tristeza no caso de Freddie Mercury é que, se ele tivesse conseguido viver mais alguns anos, poderia ter acesso a tratamentos que teriam prolongado a vida dele. Mas não foi assim. Como era para ser, ele se tornou um dos milhões ao redor do mundo que morreram de Aids.

Quando este livro foi escrito, em 2016, estimava-se que existissem quarenta e três milhões de pessoas infectadas pelo HIV no mundo todo. No entanto, a maioria com o vírus nem sabe que o tem. Por isso, existem grandes imprecisões nas estatísticas e, a cada ano, milhões de pessoas continuam morrendo de problemas de saúde relacionados à Aids. Na

África, a doença é particularmente devastadora. O continente abriga mais de 70% da população infectada no mundo e deve ter visto 82% de todas as mortes por Aids em 2016.

No Ocidente, o mundo das artes, cultura e esporte foi particularmente afetado pela Aids. Brad Davis, Miles Davis, Leigh Bowery, Yves St Laurent, Andy Warhol, Arthur Ashe, Isaac Asimov, Fela Kuti, Anthony Perkins, Herb Ritts, Rudolph Nureyev, Esteban De Jesús, John Curry, Dan Hartman, Patrick Juvet, Denholm Elliott, Chuck Holmes, Eazy-E, Jerry Herman, Klaus Nomi, Gil Scott-Heron, Scott O'Hara, Mike Beuttler, Michael Bennett, Robert R., Sylvester, Tina Chow, Derek Jarman, Jean-Paul Aron, Jaime Gil de Biedma e Freddie Mercury, entre outros. Todos têm ligação com um momento inconsequente em que um chimpanzé mordeu nosso caçador na selva africana.

Há outra relação, aquela entre três homens que compartilhavam a mesma doença terrível e debilitante: Freddie Mercury, Gaëtan Dugas e Rock Hudson. Mercury e Hudson eram famosos; Gaëtan se tornaria infame. E seriam a luta e a morte deles que se tornariam uma bênção indireta, que acabariam levando a discussão sobre a doença para a primeira página das publicações e para o horário nobre e, finalmente, acarretariam dinheiro adicional para pesquisas e atenção para a guerra mortal sendo travada.

Embora a morte de Dugas tenha sido silenciosa [ele só foi imortalizado depois, pelo livro de Randy Shilts, *O prazer com risco de vida*, e sua história, divulgada pela mídia americana], o significado da morte de Mercury, assim como a de Hudson, não pode ser esquecido, e é, em muitos aspectos, tão importante quanto suas realizações em vida, que foram quase insuperáveis. Ele foi uma das pessoas mais reconhecidas no mundo ocidental, adorado e amado por milhões e, o mais importante, após sua morte, na luta contra o HIV e a Aids, por uma população indiferente na pior das hipóteses, ignorante na melhor delas, em relação à luta para vencer a doença. Mesmo os fãs do Queen confessaram que não faziam ideia de que Mercury era gay ou que ele tinha Aids (até logo antes do anúncio). Pode ser difícil de acreditar, mas a questão é que a maioria das pessoas não sabia. Como sua carreira durou vinte anos, é razoável presumir que ele foi HIV positivo durante quase metade dela. Então o que estávamos presenciando, em um tempo sem tratamento propriamente dito, era a morte lenta de um homem e artista. (Por mais que não seja palatável para a maioria dos fãs, é impossível escrever sobre Freddie sem a história sobre o HIV e a Aids. Foi, e seria ainda mais após sua morte, um aspecto definidor do que ele era.)

Em termos de vida, morte e legado de Freddie, a capa mais importante foi a do jornal *The Sun,* com a manchete: "Freddie está morto". Essa capa marcou uma mudança tangível de atitude tanto na mídia quanto em relação a ela. "A morte de Freddie e aquela capa acabaram com a opressão de Murdoch sobre a moral pública", afirma Paul Gambaccini. "O subordinado de Murdoch no *The Sun*, creio eu, Kelvin MacKenzie, queria fazer dossiê sobre Freddie ao longo de três dias, com base em revelações feitas pelo falecido Paul Prenter e, para o choque de Rupert Murdoch, as vendas da publicação caíram no primeiro dia. Freddie estampava a primeira página, Freddie era horrível, não importa o que dissessem; as pessoas não queriam saber, não acreditavam. Então eu soube que Murdoch mandou minimizar as duas últimas partes, e essa foi a primeira vez que a homofobia presente nos jornais de Murdoch foi abrandada. Foi um papel social muito útil para virar a maré contra a homofobia de quem considero ser o maior disseminador de ódio dos anos 1980".[20]

Mesmo depois da morte de Rock Hudson e vendo como o apoio público tinha se voltado à causa em nome do ator, Freddie ainda achava impossível aparecer como uma pessoa infectada com o vírus, assim como achava que era impossível sair do armário. Para todos eles, os armários eram celas das quais não podiam escapar de verdade. Mas vemos o passado sob a perspectiva de um presente diferente. Essas imagens públicas finais de um Freddie pálido e esquelético deixando a clínica Mayfair podem ter nos mostrado a gravidade da doença dele, mas, o mais importante, elas revelam uma verdade mais profunda sobre a Grã-Bretanha no final dos anos 1980 e seu aparente despreparo para uma crise que estava se formando havia tempos. O país foi governado (durante quase todos os piores anos da crise da Aids) por Margaret Thatcher, que, embora exaltasse as virtudes dos direitos humanos e do humanismo, permaneceu totalmente sem reação ao sofrimento daqueles ao seu redor e era indiferente aos direitos dos homossexuais. Ao lado do governo Reagan nos Estados Unidos, essa atitude acabou prejudicando a pesquisa, atrasando-a em pelo menos cinco anos e custando centenas de milhares de vidas ao longo do processo.

Desde o início da epidemia da Aids, ou seja, desde quando a conhecemos, por volta de 1980, até 87,6 milhões de pessoas foram infectadas com o HIV e 40,8 milhões morreram de doenças relacionadas à Aids.[21] No entanto, não existem estatísticas precisas de quantas pessoas desenvolveram e morreram de HIV e Aids antes da década de 1980 e, portanto, usando o múltiplo mais básico e sabendo que a doença começou no início do século 20, o número de mortes relacionadas à Aids pode ser de mais de duzentos milhões de pessoas em todo o mundo.

Nos anos desde a morte de Freddie Mercury, é fácil olhar para trás, para a brilhante carreira e vida secreta do *showman* mais divertido, talentoso e extravagante do entretenimento, e apenas se perder na música e se afogar em estádios lotados de nostalgia e esquecer esses números catastróficos. Mas também nos dá tempo suficiente para refletir sobre a pergunta que a *The Advocate* formulou em 1991, após a morte de Mercury: "Será que o cantor fará mais para combater a ignorância e o preconceito na morte do que conseguiu em vida?"

Após tantos anos, a resposta inequívoca a essa pergunta é "sim".

# EPÍLOGO

Vinte e cinco anos após sua morte, Freddie Mercury foi eleito o maior vocalista de todos os tempos. Ele foi imortalizado em selos postais britânicos e estátuas, e placas foram erguidas em sua homenagem. Seu magnetismo póstumo parece não mostrar sinais de desaceleração, atraindo fãs jovens demais para se lembrarem dele em sua pompa, enquanto sua música continua a ecoar pelo mundo. É uma continuação verdadeiramente notável da história do jovem tímido Freddie Bulsara, que chegou à Inglaterra com seus pais como refugiado de uma guerra civil, em 1964, foi para a faculdade de Artes e, em seguida, embarcou na carreira de cantor, compositor e intérprete, carreira esta que o faria dominar paradas de sucesso e palcos em todo o planeta.

Cerca de cinco décadas após a formação do Queen, a banda continua sendo um dos grupos mais populares da Terra, apesar do fato de estar há mais tempo sem Freddie do que com ele. Então, por que ainda há tanto interesse no Queen e em Freddie Mercury? O crítico de dança Mark Monahan escreveu a respeito do apelo duradouro do Queen: "Em uma era que testemunhou John Lennon enfrentar uma guerra, The Velvet Underground abraçar o vício em heroína, o Pink Floyd sondar os limites mais sombrios da psique humana, o Queen preferiu cantar sobre garotas de bunda grande e as delícias de passar o tempo andando de bicicleta. Em suma, eles raramente, ou nunca, tentavam 'dizer' alguma coisa, e a atitude da banda era tão *laissez-faire* em relação à política que, em 1984, o Queen desafiou o boicote cultural da ONU à África do Sul do regime do *apartheid* para fazer vários shows com lotação esgotada em Sun City. Se a última decisão foi, na melhor das hipóteses, equivocada, era a própria recusa da banda em levar as coisas muito a sério, no entanto, que atraía o público (enquanto muitas vezes confundia os sujeitos mais carrancudos da imprensa musical)".[1]

É claro que ajuda o fato de o Queen ter criado algumas das canções mais cativantes e de maior sucesso dos anos 1970 e 1980. Mas há mais no legado duradouro do Queen do que simplesmente ótimas músicas e isso, no final das contas, se resume a um homem: Freddie Mercury. Enquanto Brian May, Roger Taylor e John Deacon proporcionavam ao fundo a instrumentação sempre firme, Freddie se movimentava, posava, se exibia e se apresentava como ninguém fizera antes e desde então.

"Ele deve ser lembrado como um dos artistas icônicos do século 20", diz Mike Moran. "Um grande compositor e um grande ser humano. Ele é simplesmente único. Não sei qual deveria ser o epitáfio, mas, do meu ponto de vista, ele era apenas um original autêntico. Seu senso de humor, seu estilo de apresentação, suas composições, suas ambições, sua coragem – um original autêntico".[2]

Somente em seus últimos anos, em sua luta contra a Aids – uma luta que ele procurava nos assegurar que *não era* contra a doença, nem mesmo a luta *dele* – Freddie se tornou uma figura marcante nas colunas de fofoca e nos tabloides. Então, como ocorre normalmente, atingiu outro nível de consciência pública. E, após sua morte, parece que ele ressuscitou.

"A onda nacional de tristeza que saudou a morte de Mercury sugere, na minha opinião, o que é um dos maiores trunfos do Queen: a amabilidade da banda", menciona Mark Monahan. "Apesar de todo o seu excesso, Mercury era irremediavelmente atraente, sem deixar de mencionar que era uma figura carinhosa na intimidade, cuja sexualidade e vida amorosa não eram um assunto público – por mais que isso agora pareça inconcebível".[3] Freddie Mercury criou o visual do Queen; ele desenvolveu o emblema que adornava as capas dos álbuns e, por acaso, escreveu a maioria dos sucessos. Ninguém na história da composição do pop misturou rock com ópera, *music hall* com metal, estilo extravagante à la Noël Coward com influências vaudevilianas para criar um cânone de trabalho como Freddie Mercury. E, embora os outros integrantes tivessem músicas de sucesso, apenas Mercury poderia ter composto o melhor de todos eles – "Bohemian Rhapsody".

Certamente, a era em que Mercury surgiu o ajudou a criar seu legado. Sem internet, ele não podia destruir sua própria mística por meio das redes sociais. Raramente dava entrevistas, o que o ajudou a manter um ar de indiferença e, ao mesmo tempo, de mistério. Pode não ter sido coincidência que a banda tivesse um nome real, pois Freddie viveu uma vida tão secreta quanto a realeza. Ele era um homem que bajulava aqueles ao seu redor, e apenas alguns podiam chegar perto o suficiente para tocá-lo. Como Caroline Sullivan escreveu: "Mercury era um homem meticuloso e generoso, cuja vida privada estava totalmente fora do alcance para qualquer pessoa fora do círculo íntimo. Para alguém que vendeu cerca de cento e cinquenta milhões de álbuns, ele era incrivelmente difícil de entender a fundo".[4]

E o que fica evidente, de acordo com quem o conheceu, é o quanto ele era profundamente amado, não só pelos fãs, mas pelas poucas pessoas que mantinha ao seu redor, fossem funcionários ou amigos. No entanto, Freddie raramente falava com alguém, até mesmo com seus casos amorosos, sobre seus medos e inseguranças, seus sentimentos íntimos. Como ele disse tantas vezes: "Eu sou solitário" – o que, no caso dele, nada tem a ver com estar sozinho. Mas Freddie muitas vezes sentia que precisava ficar sozinho, como fizera na infância.

"Pode ser uma vida muito solitária", disse ele, "mas eu escolhi".[5]

Em vez de refúgio doméstico, Mercury buscou êxtase e inquietação na maior parte de sua vida, e obviamente essa escolha teve um custo. Mas não vamos complicar as coisas porque, no fundo, são simples. Ele sabia que, no final, se revelasse muito sobre si mesmo, o público poderia se decepcionar. Sua própria realidade absoluta era sua própria decepção. No palco, Freddie poderia aderir ao clichê. Poderia ser uma criação, diferente de si mesmo; foi um exibicionista dos anos 1970 que tinha uma voz extraordinária, gostava de se produzir e agir de maneira teatral e adorava o musical *Cabaret*. Um músico incrivelmente talentoso, que tinha a habilidade de compor canções pop infinitamente inteligentes; seu jeito comum foi a chave para o sucesso do Queen. Essa verdade única foi reconhecida por críticos que pouco se importavam com ele ou com a banda, assim como foi aplaudida pelo homem comum que comprou a ideia.

Mas a história de Freddie Mercury também é aquela do condicionamento humano para a sobrevivência e a alegria da vida: ele lutou até o fim amargo. E, embora não tenha sobrevivido, seu legado certamente conseguiu esse feito. "Se eu tivesse de fazer tudo de novo? Sim, por que não?", disse Freddie. "Posso fazer algumas coisas de forma diferente. Não tenho nenhum arrependimento".[6]

Peter Straker dá sua opinião: "Eu me lembro de Freddie como meu amigo e me recordo dele com uma grande capacidade para aproveitar a vida, como alguém que gostava quando outras pessoas se divertiam com ele, era um homem muito generoso em relação ao seu tempo, energia e dinheiro. Eu me lembro dele por algumas das músicas, que simplesmente acho que são tremendas, e por seu talento como um *showman*, que arrepiava minha nuca. Apenas me lembro dele como uma das grandes pessoas que conheci e sou grato por termos sido amigos".[7]

Freddie Mercury, cantor e compositor, tinha 1m75cm de altura, cabelos pretos e olhos castanho-escuros. Ele amava ópera e balé, Lana Turner era sua atriz favorita, e Aretha Franklin, apenas uma de suas muitas cantoras prediletas. Ele curtia beber champanhe ou vodca gelada, fumar Silk Cut roxo e gostava mais de comida indiana.

Ele morreu em 24 de novembro de 1991, aos quarenta e cinco anos.

# AGRADECIMENTOS

MARK: Nenhuma biografia existe isoladamente, então, em primeiro lugar, estendemos nossos agradecimentos a todos os outros biógrafos que escreveram tão meticulosamente sobre Freddie Mercury, como Lesley-Ann Jones, Laura Jackson e Mark Blake.

Agradecemos a todos cujas palavras, atos, pensamentos e expressões usamos para que pudéssemos, nem que fosse em uma pequena parcela, trazer algo de suas experiências para este livro. Devido à magnitude da obra de Freddie Mercury, este livro nunca procurou cobrir todos os aspectos históricos e feitos musicais que fizeram parte da longa carreira do cantor. Em vez disso, nossa investigação explora elementos que selecionamos dentro dessa extensa paisagem e, em particular, do próprio Freddie Mercury. Ao fazer isso, incorporamos uma série de pontos de vista divergentes defendidos por críticos da imprensa popular de tabloides, os integrantes do Queen, a família de Freddie e os especialistas médicos, a imprensa especializada em música, os membros da equipe, os fãs devotos, os amigos, os críticos, os ativistas gays e os homofóbicos.

Seguem agradecimentos estendidos às seguintes pessoas: em primeiro lugar, o notável Barry C. Promane, o brilhante escritor David Quammen pela inspiração, Liz Tray, Elisabeth Kübler-Ross, o gênio que é Susan Sontag, Georgia Kakalopoulou e, claro, Danielle Ofri, médica, PhD, doutora em Letras (*Honoris causa*), FACP, editora-chefe da Bellevue Literary Review. Danielle é médica no Hospital Bellevue da cidade de Nova York e autora de vários livros.*

Vidas perdidas e achadas, e perdidas mais uma vez.

Além disso, este livro deixou muitas coisas de fora, a fim de obter o máximo possível, e simplesmente porque se deve escolher um único fio condutor. Claro, esta não é uma história da crise da Aids, e nunca, na verdade, chega perto de compreender a ameaça da doença, ou todos aqueles que lutaram contra ela e perderam, mas às vezes venceram. Ainda, as fontes primárias que contribuíram para este livro foram obtidas por meio de extensas entrevistas com pessoas fortemente ligadas a Freddie Mercury. Este é o nosso agradecimento àqueles que tanto contribuíram para este livro. Ao amigo mais próximo de Freddie há mais tempo, Peter Straker, que contribuiu tão generosamente e com quem temos uma dívida eterna. E a John Reid, Paul Gambaccini, Mike Moran, Paul Loasby, Mike Hodges, Annie Lennox, Lee Everett-Alkin, Marc Almond, Lucian Toplician, Tris Penna, Mike Youle, Jean Diamond, Darren Walsh, Michelle Mahlke e Roland Mouret (por seu apoio ao longo de todo o processo).

À nossa extraordinária editora Emily Thomas, que é simplesmente brilhante e dedicada. A todos da Blink por apoiarem este livro, incluindo as adoráveis Perminder e Kelly.

À Ink, pela arte da capa.

* "O primeiro periódico literário a surgir em um ambiente médico, a Bellevue Literary Review proporciona uma lente criativa para a saúde, a cura, a doença e a enfermidade. É uma publicação sobre a humanidade e a experiência humana." O site da BLR é www.BLReview.org. As doações podem ser feitas aqui: http://blr.med.nyu.edu/support.

***What Patients Say, What Doctors Hear*** (O que os pacientes dizem, o que os médicos ouvem), de Danielle Ofri
O abismo entre o que os pacientes dizem e o que os médicos ouvem costuma ser grande, mas a dra. Danielle Ofri prova que não precisa ser desse jeito. Seu livro mais recente mostra como a reorientação das conversas entre médicos e pacientes pode levar a melhores resultados de saúde para todos. www.danielleofri.com

Finalmente, e mais importante, meu agradecimento pessoal ao meu coautor, Matt Richards, que tem um grande talento e uma alma genuinamente calorosa. Eu não poderia ter encontrado um coescritor mais perfeito, e ele é uma inspiração, uma alegria e um amigo de verdade. Sempre fico surpreso com sua capacidade de encontrar argumentos mais convincentes e inteligentes para minhas divagações e escrita.

A Robert Lang, Robert, Richie e Michael.

E para a memória de todos aqueles que morreram de Aids.

MATT: Eu só posso ecoar os comentários de Mark e agradecer sem reservas a todos aqueles que generosamente e de boa vontade dedicaram seu tempo para falar sobre suas memórias de Freddie Mercury. Agradecimentos especiais a Peter Straker, que, como diz Mark, tanto contribuiu para este material. Também gostaria de agradecer aos biógrafos, cineastas e jornalistas que escreveram, filmaram e fizeram relatos extensos sobre Freddie Mercury e o Queen ao longo das décadas, proporcionando, assim, um recurso inestimável, especialmente os biógrafos Mark Blake e Rupert White.

Agradeço também à nossa editora, Emily Thomas, por seu incentivo e comentários diligentes, e a todos da Blink envolvidos na produção deste livro.

Muito obrigado, também, a meu filho, Thomas, por todo o seu apoio contínuo, e a minha filha, Rhoda, por me proporcionar tanta felicidade durante o processo de escrita.

Como nos livros anteriores, há duas pessoas que merecem um agradecimento especial: em primeiro lugar, meu coautor Mark, que continua a me surpreender com seu entusiasmo, paixão, criatividade e amizade. Não há melhor parceiro de escrita, e tenho orgulho da minha ligação com ele, tanto como coautor quanto como amigo. Em segundo lugar, minha parceira, Lucy, que ao longo da redação deste livro ofereceu inspiração, apoio e estímulo contínuos, apesar de minha existência muitas vezes solitária como escritor e de minhas frequentes viagens para realizar pesquisas. Sua abnegação e devoção não podem ser apreciadas o suficiente, e, com certeza, todos os meus agradecimentos são insuficientes. Tudo o que posso dizer é que amo meu trabalho, mas vivo para a Lucy.

Obrigado também ao gênio que foi Freddie Mercury. Tive a sorte de ver o show do Queen em Wembley, em 1986. Assistir a Freddie no palco, naquela noite, com o público na palma da mão, vai ficar na minha memória para sempre.

Finalmente, como diz Mark, este livro é dedicado à memória de todos aqueles que conviveram com a Aids, ainda vivem com ela ou morreram em decorrência dela.

# BIBLIOGRAFIA


**Livros**

Auslander, Philip. *Performing Glam Rock: Gender and Theatricality in Popular Music* (Performando o glam rock: gênero e teatralidade na música popular). University of Michigan Press, 2006.

Baenninger, R. (Ed.). *Targets of Violence & Aggression* (Alvos de violência e agressão). North Holland, 1991.

Bayer, Ronald; Oppenheimer, Gerald M. *Aids Doctors: Voices from the Epidemic: An Oral History* (Médicos da Aids: vozes da epidemia – uma história oral). Oxford University Press, 2002.

Blake, Mark. *A verdadeira história do Queen: os bastidores de uma das maiores bandas de todos os tempos*. Tradução de Drago. São Paulo: Seoman, 2015.

Bret, David. *The Freddie Mercury Story: Living on the Edge* (A história de Freddie Mercury: vivendo no limite). Robson Books, 1999.

Brodkey, Harold. *This Wild Darkness: The Story of My Death* (Esta escuridão selvagem: a história da minha morte). Fourth Estate, 1996.

Brooks, Greg; Lupton, Simon. *Freddie Mercury: His Life In His Own Words* (Freddie Mercury: a vida em suas próprias palavras). Omnibus Press, 2009.

Daniels, V.G. (Ed.). *Aids: The Acquired Immune Deficiency Syndrome* (Aids: a síndrome da imunodeficiência adquirida). Springer, 1987.

Duffell, Nick. *The Making of Them: The British Attitude to Children and the Boarding School System* (A criação: o modo britânico de lidar com as crianças e o sistema escolar em regime de internato). Lone Arrow Press, 2000.

Dyer, Richard. *The Culture of Queers* (A cultura dos Queers). Routledge, 2001.

Evans, David; Minns, David. *This Was the Real Life: The Tale of Freddie Mercury* (Essa foi a vida real: a história de Freddie Mercury). Tusitala, 2001.

Fischer, Lucy (Ed.). *Imitation of Life: Douglas Sirk, Director* (Imitação da vida: Douglas Sirk, diretor). Rutgers University Press, 1991.

Freestone, Peter; Evans, David. *Freddie Mercury: memórias do homem que o conhecia melhor*. Madras, 2014.

Garber, Marjorie. *Vice-versa: bissexualidade e o erotismo na vida cotidiana*. Record, 1997.

Gunn, Jacky; Jenkins, Jim. *Queen – As It Began* (Queen – como foi o começo). Sidgwick & Jackson, 1992.

Hince, Peter. *Queen nos bastidores: minha vida com a maior banda de rock do século XX*. Tradução de Maria Elizabeth Hallack Neilson. Prumo, 2012.

Hodkinson, Mark. *Queen – The Early Years* (Queen: os primeiros anos). Music Sales Ltd, 2004.

Hogg, James; Sellers, Robert. *Hello, Darlings!: The Authorized Biography of Kenny Everett* (Hello, Darlings!: A biografia autorizada de Kenny Everett). Bantam Press, 2014.

Hudson, Rock; Davidson, Sara. *Rock Hudson: história de sua vida*. Guanabara, 1986.

Hutton, Jim. *Freddie Mercury por Jim Hutton*. Tradução de Elaine de Almeida Gomes. Lira, 2005.

Jackson, Laura. *Mercury: The King of Queen* (Mercury: o rei do Queen). Smith Gryphon, 1996.

Jackson, Laura. *Queen – The Definitive Biography* (Queen – a biografia definitiva). Piatkus, 2002.

John, Elton. *O amor é a cura: sobre vida, perdas e o fim da Aids*. Amarilys, 2012.

Jones, Dylan. *The Eighties: One Day, One Decade* (Os anos 1980: um dia, uma década). Windmill Books, 2014.

Jones, Lesley-Ann. *Freddie Mercury: a biografia definitiva*. Tradução de Fabiana Barúqui. Editora Best Seller, 2013.

Kübler-Ross, Elisabeth. *Aids: o desafio final*. Editora Best Seller, 1988.

Marten, Neville; Hudson, Jeffrey. *Freddie Mercury & Queen* (Freddie Mercury e o Queen). Castle Communications, 1995.

Pepin, Jacques. *The Origins of Aids* (As origens da Aids). Cambridge University Press, 2011.

Plant, Moira. *Risk-Takers: Alcohol, Drugs, Sex and Youth* (Ignorando os riscos: álcool, drogas, sexo e juventude). Routledge, 1992.

Pomane, Barry C. *Freddie Mercury & Queen: Technologies of Genre and the Poetics of Innovation*. University of Western Ontario, 2009.

Pope, Cynthia; White, Renee T.; Malow, Robert. *HIV/Aids: Global Frontiers in Prevention/ Intervention* (HIV/Aids: fronteiras globais na prevenção/intervenção). Routledge, 2008.

Quammen, David. *The Chimp and The River: How Aids Emerged from an African Forest* (O chimpanzé e o rio: como a Aids emergiu de uma floresta africana). W.W. Norton & Company, Inc., 2015.

Reilly, Benjamin. *Disaster and Human History: Case Studies in Nature, Society and Catastrophe* (Desastre e história humana: estudos de caso sobre natureza, sociedade e catástrofe). McFarland, 2009.

Rider, Stephen. *Queen: These Are the Days of Our Lives – The Essential Queen Biography* (Queen: estes são os dias de nossas vidas). Sanctuary Publishing Ltd., 1993.

Schmidt, Thomas E. *Straight & Narrow?: Compassion & Clarity in the Homosexuality Debate* (Hétero e limitado? Compaixão e clareza no debate sobre a homossexualidade). IVP, 1995.

Shilts, Randy. *O prazer com risco de vida*. Editora Record, 1987.

Siena, Kevin Patrick. *A Medical History of the Skin: Scratching the Surface-Studies for the Society for the Social History of Medicine* (Uma história da medicina da pele: coçando a superfície – Estudos para a sociedade e a História Social da Medicina). Routledge, 2013.

Simels, Steven. *Gender Chameleons: Androgyny in Rock 'n' Roll* (Camaleões do gênero: androginia no rock'n'roll). Arbor House, 1985.

Sky, Rick. *The Show Must Go On: The Life of Freddie Mercury* (O show tem de continuar: a vida de Freddie Mercury). HarperCollins, 1994.

St. Michael, Mick. *Queen: In Their Own Words* (Queen: em suas próprias palavras). Omnibus, 1992.

Sontag, Susan. *Doença como métafora/ Aids e suas metáforas*. Tradução de Paulo Henriques Britto e Rubens Figueiredo. Companhia das Letras, 2007. Citações de *Doença como métafora* copyright © Susan Sontag 1977, 1978 e citações de *Aids e suas metáforas* copyright © Susan Sontag 1988, 1989, usadas com permissão da The Wylie Agency (UK) Limited.

Swigonski, Mary E.; Mama, Robin; Ward, Kelly (Eds.). *From Hate Crimes to Human Rights: A Tribute to Matthew Shepard* (Dos crimes de ódio aos direitos humanos: um tributo a Matthew Shepard). Routledge, 2001.

White, Rupert. *Queen in Cornwall* (Queen na Cornualha). lulu.com, 2011.

Whiteley, Sheila; Rycenga, Jennifer. *Queering the Popular Pitch* (Ser *queer* no discurso popular). Routledge, 2006.

## Sites

www.aidsmap.com
www.bbc.co.uk
www.billboard.com
www.comunitaqueeniana.weebly.com
www.iZotope.com
www.msnbc.com
www.officialcharts.com
www.queenarchives.com
www.queenconcerts.com
www.queenonline.com
www.queenpedia.com
www.queenzone.com
www.realclearpolitics.com
www.rollingstone.com
www.rtbf.be
www.thebody.com
www.ultimatequeen.co.uk

## Programas de rádio e de TV

Entrevista para a Absolute Radio
Entrevista para a America Westwood One Radio
BBC Breakfast Time, BBC TV
Entrevistas para a BBC Radio 1
Classic Albums, BBC TV. Isis/Eagle Rock Entertainment/NRK, 2005
*Days of Our Lives*, BBC TV. Globe Productions, 2011
*Freddie's Loves*, Channel 5. North One Productions, 2004
*Freddie Mercury – The Untold Story* (Freddie Mercury – a história não contada) ZDF, Arte, DoRo Produktion, 2000
"Frontline: The Age of Aids". Prod: Renata Simone, PBS
*Greatest Video Hits 2*, EMI Music
Entrevistas para a KKLZ 96.3
"Queen Story", BBC Radio 1
Queen – The Magic Years
Entrevistas para Rock Power
Entrevistas para Team Rock
*The One Show*, BBC TV
"The Story of Bohemian Rhapsody", BBC TV. BBC Manchester, 2004.
Today, MBNS
Entrevistas para a University Radio Bath
"Video Killed The Radio Star", Sky Arts TV
Xtraonline

**Publicações (jornais, revistas e periódicos)**

*American Journal of Public Health*
*American Journal of Tropical Medicine*
*American Songwriter*
*Bass & Bassist Techniques*
*Birmingham Evening Mail*
*Boyz Magazine*
*Cambridge University Press*
*Capital Gay*
*Circus Magazine*
*Creeme Magazine*
*Disc*
*Discover Magazine*
*Discoveries Magazine*
*Gay City News*
*Guitar Player*
*Guitar World*
*Guitarist Magazine*
*Innerview*
*Journal of Analytical Psychology*
*Journal of the Institute Of Actuaries*
*Journal of Urban Health*
*Melody Maker*
*Modern Drummer*
*Mojo Magazine*
*Morbidity and Mortality Weekly Report*
*Music Star*
*National Geographic*
*New Scientist*
*Newcastle Chronicle*
*Newsweek*
*Newswire*
*NME*
*OK! Magazine*
*Outlook Magazine*
*Oxford Journals*
*People Magazine*
*People Weekly*
*Psychology Today*
*Q Magazine*
*Record Collector*
*Record Mirror*
*Rhythm Magazine*
*Rock Magazine*
*Rolling Stone Magazine*
*Science Journal*
*Sound On Sound*
*Sounds*
*Superpop*
*The Atlantic*
*The British Medical Journal*
*The Brunei Times*
*The Chicago Sun Times*
*The Daily Express*
*The Daily Mail*
*The Daily Mirror*
*The Daily Telegraph*
*The Guardian*
*The Hindustan Times*
*The Hit*
*The Hollywood Reporter*
*The Huffington Post*
*The Independent*
*The Los Angeles Times*
*The Mail On Sunday*
*The Miami Herald*
*The Minneapolis Post*
*The New York Magazine*
*The New York Post*
*The New York Times*
*The People*
*The Quietus*
*The Star*
*The Sun*
*The Sunday Times*
*The Times*
*The Vancouver Sun*
*The Washington Post*
*The Washington Times*
*The Yorkshire Post*
*Therapy Today*
*Time Out*
*Ultimate Classic Rock*
*Uncut*
*United Press International*
*US Department Of Health And Human Services*
*WHO Publications*

# NOTAS

**Capítulo 1**

1 Joseph-Désiré Mobutu mudou o nome da cidade de Leopoldville para Kinshasa, em 1966. Ele havia tomado o poder no Congo após dar o segundo golpe de Estado em 1965 e iniciado no país a política da "africanização" de nomes e lugares.
2 "Revealed: How the Aids Epidemic Began in an African Rainforest in 1908" (Revelado: como a epidemia da Aids começou em uma floresta tropical na África, em 1908), por Stephen Lynch, *The New York Post*, 24 de fevereiro de 2015.

**Capítulo 2**

1 *The Chimp and the River: How Aids Emerged from an African Forest* (O chimpanzé e o rio: como a Aids emergiu de uma floresta africana), por David Quammen. W.W. Norton & Company, Inc., 2015.
2 *The Origins of Aids* (As origens da Aids), por Jacques Pepin. Cambridge University Press, 2011.
3 *The Chimp and the River: How Aids Emerged from an African Forest* (O chimpanzé e o rio: como a Aids emergiu de uma floresta africana), por David Quammen. W.W. Norton & Company, Inc., 2015.
4 "Blood Transfusions in the Early Years of Aids in Sub-Saharan Africa", pelos doutores William H. Schneider e Ernest Drucker, *American Journal of Public Health*, junho de 2006.

**Capítulo 3**

1 *The Times*, 2 de setembro de 2006.
2 *Freddie Mercury – The Untold Story* (Freddie Mercury – a história não contada), ZDF, Arte, DoRo Produktion, 2000.
3 *Freddie Mercury: a biografia definitiva*, por Lesley-Ann Jones. Tradução de Fabiana Barúqui. Editora Best Seller, 2013.

4 *The One Show*, BBC, 16 de setembro de 2011.
5 *The Mail on Sunday*, 26 de novembro de 2000.
6 *The Times*, 2 de setembro de 2006.
7 *Daily Mail*, 11 de fevereiro de 2010.
8 Entrevista com Peter Straker concedida aos autores, janeiro de 2016.
9 Entrevista com Freddie Mercury concedida a *New Musical Express*, março de 1974.
10 *Melody Maker*, dezembro de 1974.
11 "Boarding School: The Trauma of the 'Privileged' Child, por Joy Schaverien", *Journal of Analytical Psychology*, 49, 2004, p. 683-705.
12 Entrevista com Freddie Mercury para a *New Musical Express*, março de 1974.
13 *The Hindustan Times*, 30 de agosto de 2008.
14 *Ibid.*
15 *The Show Must Go On: The Life of Freddie Mercury* (O show tem que continuar: a vida de Freddie Mercury), por Rick Sky. Citadel Press, 1997.
16 *Queen – As It Began: The Authorized Biography* (Queen – como foi o começo: a biografia autorizada), por Jacky Gunn e Jim Jenkins. Sidgwick & Jackson, 1992.
17 *Freddie Mercury – The Untold Story* (Freddie Mercury – a história não contada), ZDF, Arte, DoRo Produktion, 2000.
18 *Ibid.*
19 *The Show Must Go On: The Life of Freddie Mercury* (O show tem que continuar: a vida de Freddie Mercury), por Rick Sky. Citadel Press, 1997.
20 "Going Ga Ga" (Ficando Ga Ga), por Anvar Alikhan, *Outlook Magazine*, 14 de novembro de 2011.

**Capítulo 4**

1 BBC Online, 20 de novembro de 2009.
2 *Freddie Mercury – The Untold Story* (Freddie Mercury – a história não contada), ZDF, Arte, DoRo Produktion, 2000.
3 BBC Online, 20 de novembro de 2009.
4 *Freddie Mercury – The Untold Story* (Freddie Mercury – a história não contada), ZDF, Arte, DoRo Produktion, 2000.

**Capítulo 5**

1 "The Early Spread and Epidemic Ignition of HIV-1 in Human Populations", por dr. Nuno Faria, *Science Journal*, outubro de 2014.
2 "HIV's Spread Traced Back to 1920s Kinshasa" (A disseminação do HIV em Kinshasa na década de 1920), por Monte Morin, *Los Angeles Times*, 10 de outubro de 2014.
3 Obituário de Luckner Cambronne, *The Independent*, 5 de outubro de 2006.
4 "Exodus & Genesis: The Emergence of HIV-1 Group M Subtype B", Apresentação oral

de dr. Michael Worobey, 14th Conference on Retroviruses & Opportunistic Infections, Los Angeles, 2007.
5 "Boy's 1969 Death Suggests Aids Invaded US Several Times" (Morte de menino em 1969 sugere que a Aids entrou nos EUA diversas vezes), por Gina Kolata, *The New York Times*, 28 de outubro de 1987.
6 *The Chimp and the River: How Aids Emerged from an African Forest* (O chimpanzé e o rio: como a Aids emergiu de uma floresta africana), por David Quammen. W.W. Norton & Company, Inc., 2015.

**Capítulo 6**

1 *A verdadeira história do Queen*, por Mark Blake. Tradução de Drago. Seoman, 2015.
2 *Freddie Mercury – The Untold Story* (Freddie Mercury – a história não contada), ZDF, Arte, DoRo Produktion, 2000.
3 *Freddie Mercury: a biografia definitiva*, por Lesley-Ann Jones. Tradução de Fabiana Barúqui. Editora Best Seller, 2013.
4 "Colonial Roots of Queen's Mercurial Star Freddie" (As raízes coloniais da estrela de mercúrio do Queen), por Shekhar Bhatia, *Sunday Telegraph*, 16 de outubro de 2011.
5 *Freddie Mercury – The Untold Story* (Freddie Mercury – a história não contada), ZDF, Arte, DoRo Produktion, 2000.
6 *Queen – The Definitive Biography* (Queen – a biografia definitiva), por Laura Jackson Piatkus, 2002.
7 *Queen: These Are the Days of Our Lives – The Essential Queen Biography* (*Queen: estes são os dias de nossas vidas*), por Stephen Rider. Sanctuary Publishing Ltd., 1993.
8 *Freddie Mercury – The Untold Story* (Freddie Mercury – a história não contada), ZDF, Arte, DoRo Produktion, 2000.
9 *Queen in Cornwall* (Queen na Cornualha), por Rupert White. lulu.com, 2011.

**Capítulo 7**

1 Entrevista com Roger Taylor e Brian May, www.queenonline.com, 23 de março de 2011.
2 Revista *Mojo*, setembro de 1998.
3 *A verdadeira história do Queen*, por Mark Blake. Tradução de Drago. Seoman, 2015.
4 "Their Britannic Majesties Request!" (O pedido de Vossas Majestades britânicas), revista *Mojo*, agosto de 1999.
5 *The Sunday Times*, 27 de fevereiro de 2011.
6 *Queen – As It Began* (Queen – como foi o começo), por Jacky Gunn e Jim Jenkins. Hyperion, 1994.
7 *Mercury: The King of Queen* (Mercury: o rei do Queen), por Laura Jackson. Smith Gryphon, 1996.
8 *Queen – As It Began* (Queen – como foi o começo), por Jacky Gunn e Jim Jenkins. Hyperion, 1994.
9 "Queen Before Queen" (O Queen antes do Queen), por John Stuart e Andy Davis, *Record Collector*, março de 1996.
10 *Queen in Cornwall* (Queen na Cornualha), por Rupert White. lulu.com, 2011.

11 "Their Britannic Majesties Request" (O pedido de Vossas Majestades britânicas), revista *Mojo*, agosto de 1999.
12 *Freddie Mercury – The Untold Story* (Freddie Mercury – a história não contada), ZDF, Arte, DoRo Produktion, 2000.
13 *Ibid.*
14 "Queen Before Queen" (O Queen antes do Queen), por John Stuart e Andy Davis, *Record Collector*, março de 1996.
15 *Freddie Mercury – The Untold Story* (Freddie Mercury – a história não contada), ZDF, Arte, DoRo Produktion, 2000.
16 "For The Love of Freddie..." (Pelo amor de Freddie...), *The Yorkshire Post*, 24 de outubro de 2004.
17 *Ibid.*
18 *The Times*, 20 de agosto de 2004.
19 "For The Love of Freddie..." (Pelo amor de Freddie...), *The Yorkshire Post*, 24 de outubro de 2004.
20 *Ibid.*
21 *The Times*, 20 de agosto de 2004.
22 "Queen Before Queen" (O Queen antes do Queen), por John Stuart e Andy Davis, *Record Collector*, março de 1996.
23 *Ibid.*
24 *Ibid.*
25 *Ibid.*
26 *Freddie Mercury – The Untold Story* (Freddie Mercury – a história não contada), ZDF, Arte, DoRo Produktion, 2000.

**Capítulo 8**

1 *The Atlantic*, 26 de fevereiro de 2014.
2 *Boyz Magazine*, 18 de junho de 2009.
3 "Joel Grey and Michael York Recall Movie's Gay, Gender-bending Content" (Joel Grey e Michael York relembram filme com conteúdo gay e questionador dos gêneros), por Curtis Wong, *The Huffington Post*, 2 de junho de 2013.
4 "The Queen Tapes", por Don Rush, *Circus Magazine*, 17 de março de 1977.
5 *Gender Chameleons: Androgyny in Rock 'n' Roll* (Camaleões do gênero: androginia no rock'n'roll), por Steven Simels. Arbor House, 1985.
6 *Vice-versa: bissexualidade e o erotismo na vida cotidiana*, por Marjorie Garber. Record, 1997.
7 *Performing Glam Rock: Gender and Theatricality in Popular Music* (Performando o glam rock: gênero e teatralidade na música popular), por Philip Auslander. University of Michigan Press, 2006.
8 "Classic Queen" (Queen clássico), *Rock*, 143.
9 Entrevista com Marc Almond concedida aos autores, janeiro de 2016.
10 *Ibid.*

## Capítulo 9

1 "The Show Must Go On" (O show deve continuar), por Jonathan Wingate, *Record Collector*, 23 de janeiro de 2009.
2 *Ibid.*
3 *Queen in Cornwall* (Queen na Cornualha), por Rupert White. lulu.com, 2011.
4 "Freddie Is in My Thoughts Every Day" (Freddie está em meus pensamentos todos os dias), por Neil McCormick, *The Daily Telegraph*, 9 de março de 2011.
5 *Queen – The Definitive Biography* (Queen – a biografia definitiva), por Laura Jackson. Piatkus, 2002.
6 *Queen in Cornwall* (Queen na Cornualha), por Rupert White. lulu.com, 2011.
7 "The Queen Tapes" (As fitas do Queen), por Don Rush, *Circus Magazine*, 17 de março de 1977.
8 *Mercury: The King of Queen* (Mercury: o rei do Queen), por Laura Jackson. Smith Gryphon, 1996.
9 *The Freddie Mercury Story: Living on the Edge* (A história de Freddie Mercury: vivendo no limite), por David Bret. Robson Books, 1999.
10 *Queen in Cornwall* (Queen na Cornualha), por Rupert White. lulu.com, 2011.
11 *Ibid.*
12 *Ibid.*
13 *Ibid.*
14 *Sounds*, dezembro de 1974.
15 *Queen: These Are the Days of Our Lives: The Essential Queen Biography* (Queen – estes são os dias de nossas vidas), por Stephen Rider. Sanctuary Publishing Ltd., 1993.
16 *A verdadeira história do Queen*, por Mark Blake. Tradução de Drago. Seoman, 2015.
17 *The Freddie Mercury Story: Living on the Edge* (A história de Freddie Mercury: vivendo no limite), por David Bret. Robson Books, 1999.
18 *Queen in Cornwall* (Queen na Cornualha), por Rupert White. lulu.com, 2011.
19 *Ibid.*
20 *Ibid.*
21 *Queen – As It Began: The Authorized Biography* (Queen – como foi o começo: a biografia autorizada), por Jacky Gunn e Jim Jenkins. Sidgwick & Jackson, 1992.
22 *Queen in Cornwall* (Queen na Cornualha), por Rupert White. lulu.com, 2011.
23 *Freddie Mercury: His Life in His Own Words* (Freddie Mercury: a vida em suas próprias palavras), por Greg Brooks e Simon Lupton. Omnibus Press, 2009.
24 *Queen: The Early Years* (Queen: os primeiros anos), por Mark Hodkinson. Music Sales Ltd., 2004.

## Capítulo 10

1 *Freddie Mercury: His Life in His Own Words* (Freddie Mercury: a vida em suas próprias palavras), por Greg Brooks e Simon Lupton. Omnibus Press, 2009.
2 *A verdadeira história do Queen*, por Mark Blake. Tradução de Drago. Seoman, 2015.
3 *Freddie Mercury – The Untold Story* (Freddie Mercury – a história não contada), ZDF, Arte, DoRo Produktion, 2000.
4 *Ibid.*

5 *Daily Mail*, 31 de março de 2013.
6 Entrevista com Mary Austin concedida a David Wigg, MGN Ltd., 2000.
7 Revista *OK!*, 17 de março de 2000.
8 Entrevista com Mary Austin concedida a David Wigg, MGN Ltd., 2000.
9 *Mercury: The King of Queen* (Mercury: o rei do Queen), por Laura Jackson. Smith Gryphon, 1996.
10 Revista *OK!*, 17 de março de 2000.
11 *Freddie Mercury: His Life in His Own Words* (Freddie Mercury: a vida em suas próprias palavras), por Greg Brooks e Simon Lupton. Omnibus Press, 2009.
12 *Freddie Mercury – The Untold Story* (Freddie Mercury – a história não contada), ZDF, Arte, DoRo Produktion, 2000.
13 *Psychology Today*, 6 de julho de 2012.

**Capítulo 11**

1 Entrevista com Doug Bogie concedida à Comunità Queenia, 14 de setembro de 2015.
2 *Ibid.*
3 *Queen – The Definitive Biography* (Queen – a biografia definitiva), por Laura Jackson. Piatkus, 2002.
4 Entrevista com Doug Bogie concedida à Comunità Queenia, 14 de setembro de 2015.
5 *Queen – As It Began* (Queen – como foi o começo), por Jacky Gunn e Jim Jenkins. Hyperion, 1994.
6 Entrevista com Doug Bogie concedida à Comunità Queenia, 14 de setembro de 2015.
7 Entrevista com John Deacon, *Music Star*, 24 de agosto de 1974.
8 Entrevista com John Deacon, *Music Star*, 24 de agosto de 1974.
9 *Queen – As It Began* (Queen – como foi o começo), por Jacky Gunn e Jim Jenkins. Hyperion, 1994.
10 *Ibid.*
11 *A verdadeira história do Queen*, por Mark Blake. Tradução de Drago. Seoman, 2015.
12 *Queen – As It Began* (Queen – como foi o começo), por Jacky Gunn e Jim Jenkins. Hyperion, 1994.
13 *Freddie Mercury: His Life in His Own Words* (Freddie Mercury: a vida em suas próprias palavras), por Greg Brooks e Simon Lupton. Omnibus Press, 2009.
14 *Ibid.*

**Capítulo 12**

1 "The Ultimate Rarities" (As raridades definitivas), *Record Collector*, janeiro de 2000.
2 *Queen – The Definitive Biography* (Queen – a biografia definitiva), por Laura Jackson. Piatkus, 2002.
3 *Queen – As It Began: The Authorized Biography* (Queen – como foi o começo: a biografia autorizada), por Jacky Gunn e Jim Jenkins. Sidgwick & Jackson, 1992.
4 *Freddie Mercury: His Life in His Own Words* (Freddie Mercury: a vida em suas próprias palavras), por Greg Brooks e Simon Lupton. Omnibus Press, 2009.
5 *Ibid.*
6 *Queen in Cornwall* (Queen na Cornualha), por Rupert White. lulu.com, 2011.
7 *A verdadeira história do Queen*, por Mark Blake. Tradução de Drago. Seoman, 2015.

8 "Freddie Mercury Felt Like a God, Then He Started Behaving Like One" (Freddie Mercury se sentia como um Deus, depois começou a se comportar como tal), por Norman Sheffield, *Daily Mail*, 20 de julho de 2013.
9 *Freddie Mercury: His Life in His Own Words* (Freddie Mercury: a vida em suas próprias palavras), por Greg Brooks e Simon Lupton. Omnibus Press, 2009.
10 *Record Collector*, 23 de janeiro 2009.
11 *A verdadeira história do Queen*, por Mark Blake. Tradução de Drago. Seoman, 2015.
12 "Freddie Mercury Felt Like a God, Then He Started Behaving Like One" (Freddie Mercury se sentia como um Deus, depois começou a se comportar como tal), por Norman Sheffield, *Daily Mail*, 20 de julho de 2013.
13 *Queen – As It Began* (Queen – como foi o começo), por Jacky Gunn e Jim Jenkins. Hyperion, 1994.
14 "Their Britannic Majesties Request" (O pedido de Vossas Majestades britânicas), revista *Mojo*, agosto de 1999.
15 *Freddie Mercury: His Life in His Own Words* (Freddie Mercury: a vida em suas próprias palavras), por Greg Brooks e Simon Lupton. Omnibus Press, 2009.
16 *Ibid.*
17 "Their Britannic Majesties Request" (O pedido de Vossas Majestades britânicas), revista *Mojo*, agosto de 1999.

**Capítulo 13**

1 *Rolling Stone*, 6 de dezembro de 1973.
2 *A verdadeira história do Queen*, por Mark Blake. Tradução de Drago. Seoman, 2015.
3 *Queen – The Definitive Biography* (Queen – a biografia definitiva), por Laura Jackson Piatkus, 2002.
4 *Freddie Mercury: a biografia definitiva*, por Lesley-Ann Jones. Tradução de Fabiana Barúqui. Editora Best Seller, 2013.
5 "Standing up for Queen" (Apoio ao Queen), por Michael Benton, *Melody Maker*, 28 de julho de 1973.
6 "Queen II Revisited" (Queen II revisitado), por Daniel Ross, *The Quietus*, 2 de abril de 2014.
7 Revista *Disc*, 10 de novembro de 1973.
8 Entrevista com Marc Almond concedida aos autores, janeiro de 2016.
9 Entrevista com Paul Gambaccini concedida aos autores, janeiro de 2016.
10 Queen – entrevista à Radio 1, 24 de dezembro de 1977.
11 *Ibid.*

**Capítulo 14**

1 Revista *OK!*, 17 de março de 2000.
2 *Ibid.*
3 *Freddie's Loves* (documentário), Channel 5. North One Productions, 2004.

4 *Ibid.*
5 *The Show Must Go On: The Life of Freddie Mercury* (O show tem que continuar: a vida de Freddie Mercury), por Rick Sky. Citadel Press, 1997.
6 Entrevista com Peter Straker concedida aos autores, janeiro de 2016.
7 Revista *OK!*, 17 de março de 2000.
8 *Freddie Mercury: a biografia definitiva*, por Lesley-Ann Jones. Tradução de Fabiana Barúqui. Editora Best Seller, 2013.
9 Entrevista com Mary Austin concedida a David Wigg, MGN Ltd., 2000.
10 *Ibid.*
11 Revista *OK!*, 17 de março de 2000.
12 *Freddie Mercury – The Untold Story* (Freddie Mercury – a história não contada), ZDF, Arte, DoRo Produktion, 2000.
13 Entrevista com Mary Austin concedida a David Wigg, 15 de outubro de 2015.
14 *Freddie Mercury: His Life in His Own Words* (Freddie Mercury: a vida em suas próprias palavras), por Greg Brooks e Simon Lupton. Omnibus Press, 2009.

**Capítulo 15**

1 *Mercury: The King of Queen* (Mercury: o rei do Queen), por Laura Jackson. Smith Gryphon, 1996.
2 *Queen in Cornwall* (Queen na Cornualha), por Rupert White. lulu.com, 2011.
3 *Rolling Stone*, 20 de junho de 1974.
4 *Freddie Mercury: His Life in His Own Words* (Freddie Mercury: a vida em suas próprias palavras), por Greg Brooks e Simon Lupton. Omnibus Press, 2009.
5 "We're in the Premiership at Last" (Finalmente, estamos na liderança), Andrew Perry entrevista Ian Hunter, *The Daily Telegraph*, 5 de novembro de 2013.
6 *Melody Maker*, 21 de dezembro de 1974.
7 *NME*, 2 de novembro de 1974.
8 *Ibid.*
9 Entrevista com Mike Moran concedida aos autores, janeiro de 2016.
10 *NME*, 2 de novembro de 1974.
11 *Freddie's Loves*, Channel 5 (documentário). North One Productions, 2004.
12 *Mojo Collection: The Ultimate Music Companion* (Coleção Mojo: o companheiro musical definitivo), editado por Jim Irvin e Colin McLear, 2000.
13 *Rolling Stone*, 8 de maio de 1975.
14 *A verdadeira história do Queen*, por Mark Blake. Tradução de Drago. Seoman, 2015.
15 *Ibid.*
16 *Freddie Mercury Felt Like a God. Then He Started Behaving Like One* (Freddie Mercury se sentia como um Deus, depois começou a se comportar como tal), por Norman Sheffield, *Daily Mail*, 20 de julho de 2013.
17 "Sheer Heart Attack" (Mero ataque cardíaco), por Ron Ross, *Circus Magazine*, março de 1975.

## Capítulo 16

1 "The Changing Face of Gay Culture" (O lado mutante da cultura gay), por Philip Hensher, *The Independent*, 15 de janeiro de 2010.
2 *Ibid.*
3 Obituário de Donna Summer, *The Daily Telegraph*, 17 de maio de 2012.

## Capítulo 17

1 O equivalente a 94 mil libras na época em que este livro foi escrito.
2 *NME*, 2 de novembro de 1974.
3 *Circus Magazine*, abril de 1975.
4 *The Freddie Mercury Story: Living on the Edge* (A história de Freddie Mercury: vivendo no limite), por David Bret. Robson Books, 1999.
5 O equivalente a quase 950 mil libras na época em que este livro foi escrito.
6 *Queen: In Their Own Words* (Queen: em suas próprias palavras), por Mick St Michael. Omnibus Press, 1992.
7 Entrevista com John Reid concedida aos autores, janeiro de 2016.
8 *Freddie Mercury: His Life in His Own Words* (Freddie Mercury: a vida em suas próprias palavras), por Greg Brooks e Simon Lupton. Omnibus Press, 2009.
9 Entrevista com John Reid concedida aos autores, janeiro de 2016.
10 *Classic Albums*, BBC, 18 de dezembro de 2005.
11 O equivalente a quase 330 mil libras na época em que este livro foi escrito.
12 "The Queen Tapes" (As fitas do Queen), *Circus Magazine*, 17 de março de 1977.
13 *Classic Albums*, BBC, 18 de dezembro de 2005.
14 "Freddie Mercury Felt Like a God. Then He Started Behaving Like One" (Freddie Mercury se sentia como um Deus, depois começou a se comportar como tal), por Norman Sheffield, *Daily Mail*, 20 de julho de 2013.
15 "The Queen Tapes" (As fitas do Queen), *Circus Magazine*, 17 de março de 1977.
16 Entrevista com John Reid concedida aos autores, janeiro de 2016.
17 *Freddie Mercury: His Life in His Own Words* (Freddie Mercury: a vida em suas próprias palavras), por Greg Brooks e Simon Lupton. Omnibus Press, 2009.
18 "Queen Story" (A história do Queen), por Tom Browne, Radio 1, 24 de dezembro de 1977.
19 "The Story of Bohemian Rhapsody" (A história de Bohemian Rhapsody), BBC, 4 de dezembro de 2004.
20 "The Making of Queen's 'Bohemian Rhapsody'" (Como surgiu "Bohemian Rhapsody"), por Mark Cunningham, *Sound on Sound*, outubro de 1995.
21 *Freddie Mercury: His Life in His Own Words* (Freddie Mercury: a vida em suas próprias palavras), por Greg Brooks e Simon Lupton. Omnibus Press, 2009.
22 *The Story of Bohemian Rhapsody* (A história de Bohemian Rhapsody), BBC, 4 de dezembro de 2004.
23 "The Making of Queen's 'Bohemian Rhapsody'" (Como surgiu "Bohemian Rhapsody"), por Mark Cunningham, *Sound on Sound*, outubro de 1995.

24 *Ibid.*
25 *Ibid.*
26 "Britanic Majesties" (Majestades britânicas), revista *Mojo*, agosto de 1999.
27 *Ibid.*
28 Entrevista com John Deacon concedida à *Innerview*, 1977.
29 *Freddie Mercury: His Life in His Own Words* (Freddie Mercury: a vida em suas próprias palavras), por Greg Brooks e Simon Lupton. Omnibus Press, 2009.
30 Entrevista com John Reid concedida aos autores, janeiro de 2016.
31 *Ibid.*
32 The Making of Queen's 'Bohemian Rhapsody'" (Como surgiu "Bohemian Rhapsody"), por Mark Cunningham, *Sound on Sound*, outubro de 1995.
33 Entrevista com Paul Gambaccini concedida aos autores, janeiro de 2016.
34 *Hello, Darlings!: The Authorized Biography of Kenny Everett* (Hello, Darlings!: A biografia autorizada de Kenny Everett), por James Hogg e Robert Sellers. Bantam Press, 2014.
35 "The Making of Queen's 'Bohemian Rhapsody'" (Como surgiu "Bohemian Rhapsody"), por Mark Cunningham, *Sound on Sound*, outubro de 1995.
36 O equivalente a 5.646 libras na época em que este livro foi escrito.
37 *Freddie Mercury: His Life in His Own Words* (Freddie Mercury: a vida em suas próprias palavras), por Greg Brooks e Simon Lupton. Omnibus Press, 2009.
38 *Ibid.*
39 "Queen's Tragic Rhapsody" (A rapsódia trágica do Queen), por Mikal Gilmore, *Rolling Stone*, 7 de julho de 2014.
40 *Freddie's Loves*, Channel 5 (documentário). North One Productions, 2004.
41 *Queering the Popular Pitch* (Ser *queer* no discurso popular), por Sheila Whiteley e Jennifer Rycenga. Routledge, 2006.
42 *Freddie Mercury: a biografia definitiva*, por Lesley-Ann Jones. Tradução de Fabiana Barúqui. Editora Best Seller, 2013.
43 *Freddie's Loves*, Channel 5 (documentário). North One Productions, 2004.
44 *Queering the Popular Pitch* (Ser *queer* no discurso popular), por Sheila Whiteley e Jennifer Rycenga. Routledge, 2006.
45 What Is "Bohemian Rhapsody"? (O que é "Bohemian Rhapsody"?), BBC News, 15 de junho de 2015.
46 *Freddie Mercury: a biografia definitiva*, por Lesley-Ann Jones. Tradução de Fabiana Barúqui. Editora Best Seller, 2013.
47 Entrevista com John Reid concedida aos autores, janeiro de 2016.
48 *Rolling Stone*, 7 de abril de 2011.
49 *Rolling Stone*, 5 de setembro de 2012.
50 *Freddie's Loves*, Channel 5 (documentário). North One Productions, 2004.

**Capítulo 18**

1 "The Sea Has Neither Sense Nor Pity" (O mar não tem sentimento ou pena), por Rebecca Kreston, *Discover Magazine*, 22 de outubro de 2012.

2 O que passaria a ser conhecido como Aids começou oficialmente nos EUA, em 5 de junho de 1981, quando o CDC identificou um grupo de cinco homens homossexuais em Los Angeles que tinham *Pneumocystis carinii*. A partir de junho de 1982, a doença passou a ser chamada de Grid e, um mês depois, o termo Aids foi cunhado, em uma reunião entre líderes comunitários gays em Washington, burocratas do governo e o CDC, em 27 de julho de 1982, e usado pela primeira vez em setembro daquele ano.
3 "Aids Virus Travelled to Haiti Then USA" (O vírus da Aids viajou para o Haiti e depois para os EUA), por Amitabh Avasthi, *National Geographic*, 29 de outubro de 2007.
4 *O prazer com risco de vida*, por Randy Shilts. Editora Record, 1987.
5 *Ibid.*
6 O período próximo ao nascimento da criança, especialmente cinco meses antes e um mês depois do nascimento.
7 "25 Years of HIV in New York", *Journal of Urban Health*, New York Academy of Medicine, vol. 78, n. 4, dez. 2001.
8 Entrevista com Marc Almond concedida aos autores, janeiro de 2016.

**Capítulo 19**

1 *A verdadeira história do Queen*, por Mark Blake. Tradução de Drago. Seoman, 2015.
2 *Freddie Mercury: a biografia definitiva*, por Lesley-Ann Jones. Tradução de Fabiana Barúqui. Editora Best Seller, 2013.
3 Entrevista com John Reid concedida aos autores, janeiro de 2016.
4 *Ibid.*
5 *Freddie Mercury: His Life in His Own Words* (Freddie Mercury: a vida em suas próprias palavras), por Greg Brooks e Simon Lupton. Omnibus Press, 2009.
6 *Queen – The Definitive Biography* (Queen – a biografia definitiva), por Laura Jackson. Piatkus, 2002.
7 Entrevista com Annie Lennox concedida aos autores, janeiro de 2016.
8 Entrevista com John Reid concedida aos autores, janeiro de 2016.
9 *The Freddie Mercury Story: Living on the Edge* (A história de Freddie Mercury: vivendo no limite), por David Bret. Robson Books, 1999.
10 Entrevista com Paul Gambaccini concedida aos autores, janeiro de 2016.
11 Entrevista com Marc Almond concedida aos autores, janeiro de 2016.
12 "I Was Cursed by Freddie's Fortune" (Fui amaldiçoado pela fortuna de Freddie), por David Wigg, *Daily Mail*, 30 de março de 2013.
13 *Record Mirror*, 25 de setembro de 1976.
14 *The Washington Post*, 7 de fevereiro de 1977.
15 *Freddie Mercury: His Life in His Own Words* (Freddie Mercury: a vida em suas próprias palavras), por Greg Brooks e Simon Lupton. Omnibus Press, 2009.
16 *Ibid.*
17 *Ibid.*
18 *Ibid.*
19 *Rolling Stone*, 24 de fevereiro de 1977.

20 *NME*, 18 de dezembro de 1976.
21 *Freddie Mercury: His Life in His Own Words* (Freddie Mercury: a vida em suas próprias palavras), por Greg Brooks e Simon Lupton. Omnibus Press, 2009.

**Capítulo 20**

1 *Freddie Mercury: His Life in His Own Words* (Freddie Mercury: a vida em suas próprias palavras), por Greg Brooks e Simon Lupton. Omnibus Press, 2009.
2 *Mercury: The King of Queen* (Mercury: o rei do Queen), por Laura Jackson. Smith Gryphon, 1996.
3 *Circus Magazine*, 1977.
4 *A verdadeira história do Queen*, por Mark Blake. Tradução de Drago. Seoman, 2015.
5 "Stone Cold Crazy" (Maluco beleza), por Mick Wall, *Q Classic*, março de 2005.
6 *A verdadeira história do Queen*, por Mark Blake. Tradução de Drago. Seoman, 2015.
7 Entrevista com John Reid concedida aos autores, janeiro de 2016.
8 Entrevista com Peter Straker concedida aos autores, janeiro de 2016.
9 Entrevista com John Reid concedida aos autores, janeiro de 2016.
10 *A verdadeira história do Queen*, por Mark Blake. Tradução de Drago. Seoman, 2015.
11 *Freddie's Loves* (documentário), Channel 5. North One Productions, 2004.
12 *Ibid.*
13 *Ibid.*
14 *Ibid.*
15 *Freddie Mercury: This Was the Real Life* (Freddie Mercury: essa foi a vida real), por David Evans e David Minns. Tusitala, 2001.
16 *Ibid.*
17 O equivalente a 325 mil libras na época em que este livro foi escrito.
18 *NME*, 18 de junho de 1977.
19 *Ibid.*
20 *Ibid.*
21 Entrevista com Peter Straker concedida aos autores, janeiro de 2016.
22 *NME*, 18 de junho de 1977.
23 *American Songwriter*, 3 de fevereiro de 2014.
24 *NME*, 30 de setembro de 2011.
25 "Crowning of Queen" (A coroação do Queen), por Tim Lott, *Daily Mail*, maio de 1978.
26 *Freddie's Loves*, Channel 5 (documentário). North One Productions, 2004.
27 Entrevista com John Reid concedida aos autores, janeiro de 2016.
28 *Freddie's Loves*, Channel 5 (documentário). North One Productions, 2004.
29 *Ibid.*
30 O equivalente a 26 mil libras na época em que este livro foi escrito.
31 Entrevista com Paul Gambaccini concedida aos autores, janeiro de 2016.
32 *Freddie's Loves*, Channel 5 (documentário). North One Productions, 2004.

**Capítulo 21**

1 "Do Queen Deserve Rock's Crown?" (O Queen merece a coroa do rock?), por Rosy Horide, *Circus Magazine*, janeiro de 1978.
2 O equivalente a 560 mil libras na época em que este livro foi escrito.
3 "Crowning of Queen" (A coroação do Queen), por Tim Lott, *Daily Mail*, dezembro de 1978.
4 *Freddie Mercury: His Life in His Own Words* (Freddie Mercury: a vida em suas próprias palavras), por Greg Brooks e Simon Lupton. Omnibus Press, 2009.
5 Entrevista com Roger Taylor concedida a Matt Wardlaw, *Ultimate Classic Rock*, 21 de outubro de 2014.
6 "Late But Great" (Atrasado, mas ótimo), por Maurice Rotheroe, *Birmingham Evening Mail*, 8 de maio de 1978.
7 *Mercury: The King of Queen* (Mercury: o rei do Queen), por Laura Jackson. Smith Gryphon, 1996.
8 *A verdadeira história do Queen*, por Mark Blake. Tradução de Drago. Seoman, 2015.
9 *Ibid.*
10 *Queen – As It Began* (Queen – como foi o começo), por Jacky Gunn e Jim Jenkins. Hyperion, 1994.
11 *Freddie's Loves*, Channel 5 (documentário). North One Productions, 2004.
12 *The Freddie Mercury Story: Living on the Edge* (A história de Freddie Mercury: vivendo no limite), por David Bret. Robson Books, 1999.
13 *Ibid.*
14 "In Praise of Jazz" (Louvando o jazz), por Mark Mehler, *Circus Magazine*, 12 de dezembro de 1978.
15 *Rolling Stone*, 8 de fevereiro de 1979.
16 *Creeme*, março de 1979.
17 *Rolling Stone*, 8 de fevereiro de 1979.
18 "In Praise of Jazz" (Louvando o jazz), por Mark Mehler, *Circus Magazine*, 12 de dezembro de 1978.
19 O equivalente a quase 750 mil dólares na época em que este livro foi escrito.
20 "Queen: It Was All Like a Fantasy to See How Far We Could Go" (Queen: tudo era como se fosse uma fantasia para ver até onde podíamos chegar), por Jon Wilde e Nigel Williamson, *Uncut*, 6 de setembro de 2013.
21 *Ibid.*
22 *Queen – The Definitive Biography* (Queen – a biografia definitiva), por Laura Jackson. Piatkus, 2002.
23 *Freddie Mercury: An Intimate Biography* (Freddie Mercury: uma biografia íntima), por David Bret. lulu.com, 2014.
24 Revista *Mojo*, agosto de 1999.
25 *Freddie Mercury: a biografia definitiva*, por Lesley-Ann Jones. Tradução de Fabiana Barúqui. Editora Best Seller, 2013.
26 *Freddie Mercury: His Life in His Own Words* (Freddie Mercury: a vida em suas próprias palavras), por Greg Brooks e Simon Lupton. Omnibus Press, 2009.
27 "Queen: It Was All Like a Fantasy to See How Far We Could Go" (Queen: tudo era como se fosse uma fantasia para ver até onde podíamos chegar), por Jon Wilde e Nigel Williamson, *Uncut*, 6 de setembro de 2013.

**Capítulo 22**

1 *Daily Mirror*, 17 de setembro de 2015.
2 Entrevista com Brian May, Absolute Radio, 17 de agosto de 2011.
3 *Freddie Mercury: His Life in His Own Words* (Freddie Mercury: a vida em suas próprias palavras), por Greg Brooks e Simon Lupton. Omnibus Press, 2009.
4 *Rolling Stone*, 6 de setembro de 1979.
5 "Stories from a Pro" (Histórias de um profissional), entrevista com Reinhold Mack, iZotope.com.
6 "Queen's Tragic Rhapsody" (A rapsódia trágica do Queen), por Mikal Gilmore, *Rolling Stone*, 7 de julho de 2014.
7 *Freddie Mercury: His Life in His Own Words* (Freddie Mercury: a vida em suas próprias palavras), por Greg Brooks e Simon Lupton. Omnibus Press, 2009.
8 *Melody Maker*, 2 de maio de 1981.
9 *A verdadeira história do Queen*, por Mark Blake. Tradução de Drago. Seoman, 2015.
10 Entrevista com Brian May concedida a *Guitar Player*, janeiro de 1983.
11 *Freddie Mercury: His Life in His Own Words* (Freddie Mercury: a vida em suas próprias palavras), por Greg Brooks e Simon Lupton. Omnibus Press, 2009.
12 *Ibid.*
13 *Mercury: The King of Queen* (Mercury: o rei do Queen), por Laura Jackson. Smith Gryphon, 1996.
14 *Ibid.*
15 *Freddie Mercury: His Life in His Own Words* (Freddie Mercury: a vida em suas próprias palavras), por Greg Brooks e Simon Lupton. Omnibus Press, 2009.
16 *Mercury: The King of Queen* (Mercury: o rei do Queen), por Laura Jackson. Smith Gryphon, 1996.
17 *Freddie Mercury: His Life in His Own* Words (Freddie Mercury: a vida em suas próprias palavras), por Greg Brooks e Simon Lupton. Omnibus Press, 2009.
18 *Mercury: The King of Queen* (Mercury: o rei do Queen), por Laura Jackson. Smith Gryphon, 1996.
19 *Freddie Mercury: His Life in His Own Words* (Freddie Mercury: a vida em suas próprias palavras), por Greg Brooks e Simon Lupton. Omnibus Press, 2009.
20 *Superpop*, 8 de dezembro de 1979.
21 *Ibid.*
22 *Freddie Mercury: memórias do homem que o conhecia melhor*, por Peter Freestone, em colaboração com David Evans. Madras, 2014.

**Capítulo 23**

1 "Heroes, Heartbreak & Hope" (Heróis, corações partidos e esperança), por Denise Ryan, *The Vancouver Sun*, 6 de dezembro de 2013.
2 *O prazer com risco de vida*, por Randy Shilts. Editora Record, 1987.
3 Os nossos achados revelam uma série de eventos-chave que podem ter dado origem à epidemia do subtipo B, com um único vírus saindo do epicentro africano do grupo M de HIV-1 para o Caribe, em

1967 (1964-1970), e também um único vírus saindo do Caribe para desencadear uma epidemia em Nova York, em 1971 (1969-1973), e ainda outro único vírus saindo de lá em direção a São Francisco em 1975 (mas sem disseminação geográfica extensa nos EUA e em outros países logo em seguida).

**Capítulo 24**

1 *Freddie Mercury: His Life in His Own Words* (Freddie Mercury: a vida em suas próprias palavras), por Greg Brooks e Simon Lupton. Omnibus Press, 2009.
2 O equivalente a quase 2,3 milhões de libras na época em que este livro foi escrito.
3 *Freddie Mercury: His Life in His Own Words* (Freddie Mercury: a vida em suas próprias palavras), por Greg Brooks e Simon Lupton. Omnibus Press, 2009.
4 *Ibid.*
5 Entrevista com Mike Hodges concedida aos autores, janeiro de 2016.
6 *Ibid.*
7 *Ibid.*
8 Entrevista com Brian May concedida à revista *Mojo*, 1999.
9 *Freddie Mercury: a biografia definitiva*, por Lesley-Ann Jones. Tradução de Fabiana Barúqui. Editora Best Seller, 2013.
10 *Freddie Mercury: a biografia definitiva*, por Lesley-Ann Jones. Tradução de Fabiana Barúqui. Editora Best Seller, 2013.
11 *Therapy Today*, abril de 2011.
12 *Record Mirror*, 21 de junho de 1980.
13 *Rolling Stone*, 18 de setembro de 1980.
14 *Days of Our Lives*, BBC TV. Globe Productions, 2011.
15 *Bass & Bassist Techniques*, abril de 1996.
16 *Queen – Greatest Video Hits 1*, 2002.
17 *Freddie Mercury: memórias do homem que o conhecia melhor*, por Peter Freestone, em colaboração com David Evans. Madras, 2014.
18 *Ibid.*
19 *Ibid.*
20 Entrevista com Mike Hodges concedida aos autores, janeiro de 2016.
21 *Record Mirror*, 6 de dezembro de 1980.
22 *Record Mirror*, 13 de dezembro de 1980.
23 *The Guardian*, 15 de dezembro de 2011.
24 *Freddie Mercury: His Life in His Own Words* (Freddie Mercury: a vida em suas próprias palavras), por Greg Brooks e Simon Lupton. Omnibus Press, 2009.

**Capítulo 25**

1 *Freddie Mercury: His Life in His Own Words* (Freddie Mercury: a vida em suas próprias palavras), por Greg Brooks e Simon Lupton. Omnibus Press, 2009.

2 O equivalente a 2,7 milhões de libras na época em que este livro foi escrito.
3 *Freddie Mercury: His Life in His Own Words* (Freddie Mercury: a vida em suas próprias palavras), por Greg Brooks e Simon Lupton. Omnibus Press, 2009.
4 *Ibid.*
5 *The Freddie Mercury Story: Living on the Edge* (A história de Freddie Mercury: vivendo no limite), por David Bret. Robson Books, 1999.
6 *Queen – As It Began* (Queen – como foi o começo), por Jacky Gunn e Jim Jenkins. Hyperion, 1994.
7 Revista *Q* , julho de 2004.
8 *A verdadeira história do Queen*, por Mark Blake. Tradução de Drago. Seoman, 2015
9 *Freddie Mercury: His Life in His Own Words* (Freddie Mercury: a vida em suas próprias palavras), por Greg Brooks e Simon Lupton. Omnibus Press, 2009.
10 "Brian May Tells How David Bowie and Queen Wrote Legendary Track Under Pressure" (Brian May conta como David Bowie e o Queen escreveram a lendária faixa "Under Pressure"), por Brian May, *Daily Mirror*, 11 de janeiro de 2016.
11 Revista *Guitar World*, 18 de outubro de 2002.
12 Revista *Mojo*, outubro de 2008.
13 *The New Yorker*, 11 de janeiro de 2016.
14 *Ibid.*

**Capítulo 26**

1 *The New York Magazine*, 5 de junho de 2013.
2 O comprometimento cognitivo se dá quando uma pessoa tem dificuldade de lembrar, aprender coisas novas, concentrar-se ou tomar decisões que afetam a rotina diária.
3 *Aids Doctors: Voices From The Epidemic: An Oral History* (Médicos da Aids: vozes da epidemia – uma história oral), por Ronald Bayer e Gerald M. Oppenheimer. Oxford University Press, 2002.
4 *Ibid.*
5 *Ibid.*
6 Entrevista com o dr. Lawrence Mass, por MSNBC, 1º de dezembro de 2014.
7 *The New York Times*, 3 de julho de 1981.

**Capítulo 27**

1 Entrevista com Peter Straker concedida aos autores, janeiro de 2016.
2 *Freddie Mercury: a biografia definitiva*, por Lesley-Ann Jones. Tradução de Fabiana Barúqui. Editora Best Seller, 2013.
3 Entrevista com Robert Lang concedida aos autores.
4 *New Scientist*, 28 de março de 1985.
5 *The Miami Herald*, 8 de agosto de 2014.
6 *Ibid.*
7 "The Age of Aids" (A era da Aids), por *Frontline*, PBS, 30 de maio de 2006.

8 *The Show Must Go On: The Life of Freddie Mercury* (O show tem que continuar: a vida de Freddie Mercury), por Rick Sky. Citadel Press, 1997.
9 Entrevista com Robert Lang concedida aos autores.
10 O equivalente a 66 mil dólares na época em que este livro foi escrito.
11 *Freddie Mercury: a biografia definitiva*, por Lesley-Ann Jones. Tradução de Fabiana Barúqui. Editora Best Seller, 2013.
12 *Rolling Stone*, 10 de junho de 1982.
13 *The Show Must Go On: The Life of Freddie Mercury* (O show tem que continuar: a vida de Freddie Mercury), por Rick Sky. Citadel Press, 1997.
14 *Straight & Narrow?: Compassion & Clarity in the Homosexuality Debate* (Hétero e limitado? Compaixão e clareza no debate sobre a homossexualidade), por Thomas E. Schmidt. IVP Academic, 1995.

**Capítulo 28**

1 "Scourge of the Gays" (O flagelo dos gays), por Brian Deer, *Time Out*, 18 de dezembro de 1981.
2 "New Homosexual Disorder Worries Health Officials" (Nova doença homossexual preocupa autoridades de saúde), por Lawrence K. Altman, *The New York Times*, 11 de maio de 1982.
3 "Aids: The Early Years & CDC's Response", por James W. Curran MD e Harold W. Jaffe MD, Morbidity and Mortality Weekly Report, 7 de outubro de 2011.
4 *O prazer com risco de vida*, por Randy Shilts. Editora Record, 1987.
5 *A Medical History of the Skin: Scratching the Surface-Studies for the Society for the Social History of Medicine* (Uma história da medicina da pele: coçando a superfície – Estudos para a sociedade e a História Social da Medicina), por Kevin Patrick Siena. Routledge, 2013.
6 "Clue Found on Homosexuals' Precancer Syndrome" (Pistas encontradas na síndrome pré-câncer dos homossexuais), por Lawrence K. Altman, *The New York Times*, 18 de junho de 1982.
7 "1981-86: In The Beginning" (1981-1986: no começo), por Jeff Graham, Aids Survival Project, janeiro/fevereiro de 2006.
8 "Rodger McFarlane, Aids Gay Community Builder, Dead at 54" (Rodger McFarlane, ativista ligado a comunidades gays para combate à Aids, morre aos 54 anos), por Paul Schindler, *Gay City News*, 30 de maio de 2009.
9 *Targets of Violence & Aggression* (Alvos de violência e agressão), editado por R. Baenninger. North Holland, 1991.
10 "Older Gays & Lesbians: Surviving a Generation of Hate & Violence" (Gays idosos e lésbicas: sobrevivendo a uma geração de ódio e violência), por Deana F. Morrow, University of North Carolina, 2001.
11 "Rodger McFarlane, Who Led Aids-Related Groups, Dies at 54" (Rodger McFarlane, que liderou grupos de combate à Aids, morre aos 54), por Dennis Hevesi, *The New York Times*, 18 de maio de 2009.
12 "Aids: The Early Years & CDC's Response", por James W. Curran MD e Harold W. Jaffe MD, Morbidity and Mortality Weekly Report, 7 de outubro de 2011.
13 *Capital Gay*, 3 de setembro de 1982.

14 "Aids: The First 20 Years" (Aids: os primeiros 20 anos), por Simon Garfield, *The Guardian*, 3 de junho de 2001.
15 *Ibid.*
16 *Ibid.*
17 *O prazer com risco de vida*, por Randy Shilts. Editora Record, 1987.
18 *A Medical History of the Skin: Scratching the Surface (Studies for the Society for the Social History of Medicine)* (Uma história da medicina da pele: coçando a superfície – Estudos para a sociedade e a História Social da Medicina), por Kevin Patrick Siena. Routledge, 2013.
19 *Ibid.*
20 *O prazer com risco de vida*, por Randy Shilts. Editora Record, 1987.
21 "Hero or Criminal" (Herói ou criminoso), Xtraonline, 26 de abril de 2011.
22 *O prazer com risco de vida*, por Randy Shilts. Editora Record, 1987.
23 "The Age of Aids" (A era da Aids), por *Frontline*, PBS, 30 de maio de 2006.
24 *Ibid.*
25 *Ibid.*
26 "Aids in Europe" (A Aids na Europa), por Srdan Matic, Jeffrey V. Lazarus e Martin C. Donoghoe para a OMS, 2006.

**Capítulo 29**

1 *A verdadeira história do Queen*, por Mark Blake. Tradução de Drago. Seoman, 2015.
2 *Days of Our Lives*, BBC TV. Globe Productions, 2011.
3 *Ibid.*
4 Entrevista com John Reid concedida aos autores, janeiro de 2016.
5 Entrevista com Mike Hodges concedida aos autores, janeiro de 2016.
6 Entrevista com Paul Loasby concedida aos autores, janeiro de 2016.
7 *Ibid.*
8 *Ibid.*
9 *Rolling Stone*, 10 de junho de 1982.
10 Revista *Q* , julho de 2004.
11 Entrevista com Paul Loasby concedida aos autores, janeiro de 2016.
12 *A verdadeira história do Queen*, por Mark Blake. Tradução de Drago. Seoman, 2015.
13 Mojo "Queen Classic Edition", abril de 2005.
14 *Freddie Mercury: His Life in His Own Words* (Freddie Mercury: a vida em suas próprias palavras), por Greg Brooks e Simon Lupton. Omnibus Press, 2009.
15 "Freddie Mercury & Queen: Technologies of Genre and the Poetics of Innovation", por Barry C. Pomane.
16 Entrevista com Marc Almond concedida aos autores, janeiro de 2016.
17 "The Discursive Nature of Masculinity" (A natureza discursiva da masculinidade), por Richard Dyer, 1995.
18 Entrevista com Marc Almond concedida aos autores, janeiro de 2016.

19 *A verdadeira história do Queen*, por Mark Blake. Tradução de Drago. Seoman, 2015.
20 *Freddie Mercury: His Life in His Own Words* (Freddie Mercury: a vida em suas próprias palavras), por Greg Brooks e Simon Lupton. Omnibus Press, 2009.

**Capítulo 30**

1 O equivalente a 2,4 milhões de dólares na época em que este livro foi escrito.
2 *Freddie Mercury: His Life in His Own Words* (Freddie Mercury: a vida em suas próprias palavras), por Greg Brooks e Simon Lupton. Omnibus Press, 2009.
3 *Ibid.*
4 *Ibid.*
5 *Ibid.*
6 "Bubbles The Chimp Delayed Jacko and Freddie's Duet by Nearly 30 Years" (O chimpanzé Bubbles postergou o dueto entre Jacko e Freddie por 30 anos), por Angella Johnson, *The Mail on Sunday*, 8 de novembro de 2014.
7 "He Could Out-Party Me Says Elton John" (Ele conseguia farrear mais do que eu, diz Elton John), por Stuart Kemp, *The Hollywood Reporter*, 3 de julho de 2012.
8 *A verdadeira história do Queen*, por Mark Blake. Tradução de Drago. Seoman, 2015.
9 *Freddie Mercury: His Life in His Own Words* (Freddie Mercury: a vida em suas próprias palavras), por Greg Brooks e Simon Lupton. Omnibus Press, 2009.
10 *Freddie's Loves*, Channel 5 (documentário). North One Productions, 2004.
11 *Freddie Mercury: memórias do homem que o conhecia melhor*, por Peter Freestone, em colaboração com David Evans. Madras, 2014.
12 Entrevista com John Reid concedida aos autores, janeiro de 2016.
13 *Freddie's Loves*, Channel 5 (documentário). North One Productions, 2004.
14 *Freddie Mercury: memórias do homem que o conhecia melhor*, por Peter Freestone, em colaboração com David Evans. Madras, 2014.
15 *Freddie Mercury: His Life in His Own Words* (Freddie Mercury: a vida em suas próprias palavras), por Greg Brooks e Simon Lupton. Omnibus Press, 2009.
16 *Freddie Mercury por Jim Hutton*, escrito por Jim Hutton, em colaboração com Tim Wapshott. Tradução de Elaine de Almeida Gomes. Lira, 2005.

**Capítulo 31**

1 MBNS *Today*, fevereiro de 1983.
2 "The Age of Aids" (A era da Aids), por *Frontline*, PBS, maio de 2006.
3 *Ibid.*
4 *Newsweek*, 24 de abril de 2014.
5 "Assessing the Impact of National Anti-HIV Sexual Health Campaigns", por Nicoll, Hughes, Donnelly, Livingstone, De Angelis, Fenton, Evans, Gill, Catchpole, Sexually Transmitted Infections, *British Medical Journal*, 10 de abril de 2001.

6 "I'll Never Fall in Love Again" (Nunca mais vou me apaixonar), Burt Bacharach e Hal David, 1968.
7 "Aids: The First 20 Years" (Aids: os primeiros 20 anos), por Simon Garfield, *The Guardian*, 3 de junho de 2001.
8 "The Age of Aids" (A era da Aids), por *Frontline*, PBS, maio de 2006.
9 *Ibid.*
10 Entrevista com Paul Gambaccini concedida aos autores, janeiro de 2016.
11 Entrevista com Marc Almond concedida aos autores, janeiro de 2016.
12 *Freddie Mercury: His Life in His Own Words* (Freddie Mercury: a vida em suas próprias palavras), por Greg Brooks e Simon Lupton. Omnibus Press, 2009.

**Capítulo 32**

1 *Disaster and Human History: Case Studies in Nature, Society and Catastrophe* (Desastre e história humana: estudos de caso sobre natureza, sociedade e catástrofe), por Benjamin Reilly. McFarland, 2009.
2 "Survival & Treatment of Aids Patients 1984-1993", por Hillman, Beck, Mandalia, Satterthwaite, Rogers, Forster, Goh, Genitourin Medical, fevereiro de 1997 (US Library of Medicine).
3 *Aids: The Acquired Immune Deficient Syndrome* (Aids: a síndrome da imunodeficiência adquirida), por V. G. Daniels, 1985.
4 "Aids at 30" (A Aids aos 30), *The Los Angeles Times*, 21 de abril de 2014.
5 *Aids: o desafio final*, por Elisabeth Kübler-Ross. Best Seller, 1988.
6 Entrevista com Annie Lennox concedida aos autores, janeiro de 2016.
7 "The Age of Aids" (A era da Aids), por *Frontline*, PBS, maio de 2006.
8 *Ibid.*
9 *Ibid.*
10 *Ibid.*
11 *O prazer com risco de vida*, por Randy Shilts. Editora Record, 1987.
12 *Ibid.*

**Capítulo 33**

1 *Freddie's Loves*, Channel 5 (documentário). North One Productions, 2004.
2 Entrevista com Peter Straker concedida aos autores, janeiro de 2016.
3 *Freddie's Loves*, Channel 5 (documentário). North One Productions, 2004.
4 *The Show Must Go On: The Life of Freddie Mercury* (O show tem que continuar: a vida de Freddie Mercury), por Rick Sky. Citadel Press, 1997.
5 Entrevista com Peter Straker concedida aos autores, janeiro de 2016.
6 *The Show Must Go On: The Life of Freddie Mercury* (O show tem que continuar: a vida de Freddie Mercury), por Rick Sky. HarperCollins, 1994.
7 *Mercury: The King of Queen* (Mercury: o rei do Queen), por Laura Jackson. Smith Gryphon, 1996.

8 "Freddie's Secret Lover" (O amor secreto de Freddie), *Daily Mirror*, 1991.
9 *Ibid.*
10 *Sounds*, 25 de fevereiro de 1984.
11 *Rolling Stone*, 12 de abril de 1984.
12 Entrevista com Freddie Mercury concedida a Mary Turner para *America*, Westwood One, 1984.
13 *Freddie Mercury: a biografia definitiva*, por Lesley-Ann Jones. Tradução de Fabiana Barúqui. Editora Best Seller, 2013.
14 *Video Killed The Radio Star*, Sky Arts, 2011.
15 *Freddie Mercury: His Life in His Own Words* (Freddie Mercury: a vida em suas próprias palavras), por Greg Brooks e Simon Lupton. Omnibus Press, 2009.
16 *A verdadeira história do Queen*, por Mark Blake. Tradução de Drago. Seoman, 2015.
17 *Freddie Mercury: His Life in His Own Words* (Freddie Mercury: a vida em suas próprias palavras), por Greg Brooks e Simon Lupton. Omnibus Press, 2009.
18 "Queen 1971-2011", revista *Q*, 2011.
19 *Record Mirror*, 25 de agosto de 1984.
20 *Greatest Video Hits 2*, 2003.
21 O equivalente a 3 mil libras na época em que este livro foi escrito.
22 *Melody Maker*, 1984.
23 *Days of Our Lives*, BBC TV. Globe Productions, 2011.
24 "Recalling 'Sin' of Shows in Apartheid South Africa" (Relembrando o "pecado" de shows no *apartheid* na África do Sul), por Clare Byrne, *The Brunei Times*, 13 de janeiro de 2008.
25 *Days of Our Lives*, BBC TV. Globe Productions, 2011.
26 *Freddie Mercury: His Life in His Own Words* (Freddie Mercury: a vida em suas próprias palavras), por Greg Brooks e Simon Lupton. Omnibus Press, 2009.

**Capítulo 34**

1 "Blame It On Rio" (Ponha a culpa no Rio), por Robin Smith, *Record Mirror*, 26 de janeiro de 1985.
2 *People Weekly*, 11 de fevereiro de 1985.
3 "Blame It On Rio" (Ponha a culpa no Rio), por Robin Smith, *Record Mirror*, 26 de janeiro de 1985.
4 *The People*, 28 de janeiro de 1985.
5 *Freddie Mercury: a biografia definitiva*, por Lesley-Ann Jones. Tradução de Fabiana Barúqui. Editora Best Seller, 2013.
6 *Ibid.*
7 *Ibid.*
8 *Ibid.*
9 *A verdadeira história do Queen*, por Mark Blake. Tradução de Drago. Seoman, 2015.
10 "Blame It On Rio" (Ponha a culpa no Rio), por Robin Smith, *Record Mirror*, 26 de janeiro de 1985.

## Capítulo 35

1 *Melody Maker*, janeiro de 1985.
2 "The Day The World Rocked" (O dia em que o mundo se rendeu ao rock), por Michael Goldberg, *Rolling Stone*, 15 de agosto de 1985.
3 *Freddie Mercury por Jim Hutton*, escrito por Jim Hutton, em colaboração com Tim Wapshott. Tradução de Elaine de Almeida Gomes. Lira, 2005.
4 *People Weekly*, 24 de junho de 1985.
5 *Rolling Stone*, junho de 1985.
6 *Freddie Mercury: His Life in His Own Words* (Freddie Mercury: a vida em suas próprias palavras), por Greg Brooks e Simon Lupton. Omnibus Press, 2009.
7 *Freddie Mercury: a biografia definitiva*, por Lesley-Ann Jones. Tradução de Fabiana Barúqui. Editora Best Seller, 2013.
8 *Queen: Magic Years* (Queen: anos mágicos), por Rudi Dolezal e Hannes Rossacher, 1999.
9 *The Eighties: One Day, One Decade* (Os anos 1980: um dia, uma década), por Dylan Jones. Windmill Books, 2014.
10 *Freddie Mercury por Jim Hutton*, escrito por Jim Hutton, em colaboração com Tim Wapshott. Tradução de Elaine de Almeida Gomes. Lira, 2005.
11 *Ibid.*
12 Provavelmente, era candidíase bucal, que está associada ao HIV-positivo.
13 Entrevista de Simon Bates com Freddie Mercury, BBC Radio 1, junho de 1985.
14 *Freddie Mercury: His Life in His Own Words* (Freddie Mercury: a vida em suas próprias palavras), por Greg Brooks e Simon Lupton. Omnibus Press, 2009.
15 "Queen: Their Finest Moment at Live Aid" (Os melhores momentos do Queen no Live Aid", por Peter Stanford, *The Daily Telegraph*, 24 de setembro de 2011.
16 BBC *Breakfast Time*, 12 de julho de 1985.
17 "Live Aid: 30 Years On" (30 anos do Live Aid), *NME*, 10 de julho de 2015.
18 "Space Ships, Drugs Everywhere and Freddie Mercury Trying it on with Bono" (Naves espaciais, drogas para todos os lados e Freddie Mercury dando em cima de Bono), por Dylan Jones, *Daily Mail*, 25 de maio de 2013.
19 *A verdadeira história do Queen*, por Mark Blake. Tradução de Drago. Seoman, 2015.
20 "Live Aid: 30 Years On" (30 anos do Live Aid), *NME*, 10 de julho de 2015.
21 "Queen Steal the Show at Live Aid" (O Queen rouba a cena no Live Aid), por Nick DeRiso, *Classic Rock*, 13 de julho de 2015.
22 "Britanic Majesties" (Majestades britânicas), revista *Mojo*, 1999.
23 Entrevista com Paul Gambaccini concedida aos autores, janeiro de 2016.
24 *Freddie Mercury por Jim Hutton*, escrito por Jim Hutton, em colaboração com Tim Wapshott. Tradução de Elaine de Almeida Gomes. Lira, 2005.

## Capítulo 36

1 "New Secrets of Rock Hudson's Heartbreaking Battle with Aids" (Novos segredos da luta dolorosa de Rock Hudson contra a Aids), por Liz McNeil, *People Magazine*, 16 de abril de 2015.

2 "Doris Day on Saying Goodbye to Rock Hudson" (Doris Day sobre o adeus a Rock Hudson), por Liz McNeil, *People Magazine*, 18 de abril de 2015.
3 *Ibid.*
4 "Nancy Reagan Refused to Help Dying Rock Hudson Get Aids Treatment" (Nancy Reagan se recusou a ajudar Rock Hudson à beira da morte a receber tratamento contra a Aids), por Alexandra Topping, *The Guardian*, 3 de fevereiro de 2015.
5 *Ibid.*
6 *Ibid.*
7 *Ibid.*
8 "Rock Hudson Announced He Had Aids On July 25th 1985" (Rock Hudson anunciou que tinha Aids em 25 de julho de 1985), por Christopher Rudolph, *The Huffington Post*, 25 de julho de 2013.
9 "Airlines Refused to Fly Rock Hudson Home After His Aids Diagnosis Became Public" (As companhias aéreas se recusaram a levar Rock Hudson para casa após seu diagnóstico de Aids se tornar público), por Michael Bates, *Daily Mail*, 22 de abril de 2015.
10 "The Long Goodbye: Rock Hudson" (O longo adeus: Rock Hudson), por Scot Haller, *People Magazine*, 21 de outubro de 1985.
11 "Rock Hudson's Secrets" (Os segredos de Rock Hudson), por Roger Ebert, *The Chicago Sun-Times*, 20 de julho de 1986.
12 *O prazer com risco de vida*, por Randy Shilts. Editora Record, 1987.
13 "New Secrets of Rock Hudson's Heartbreaking Battle With Aids" (Novos segredos da luta dolorosa de Rock Hudson contra a Aids), por Liz McNeil, *People Magazine*, 16 de abril de 2015.
14 O equivalente a quase 560 mil dólares na época em que este livro foi escrito.
15 O equivalente a 145 mil libras na época em que este livro foi escrito.
16 "I Am the Champion" (Eu sou o campeão), por Nick Ferrari, *The Sun*, 19 de julho de 1985.
17 *Freddie Mercury: An Intimate Biography* (Freddie Mercury: uma biografia íntima), por David Bret. lulu.com, 2014.
18 Entrevista com John Deacon concedida a *The Hit*, 1985.

**Capítulo 37**

1 *Freddie Mercury por Jim Hutton*, escrito por Jim Hutton, em colaboração com Tim Wapshott. Tradução de Elaine de Almeida Gomes. Lira, 2005.
2 *Freddie Mercury: a biografia definitiva*, por Lesley-Ann Jones. Tradução de Fabiana Barúqui. Editora Best Seller, 2013.
3 *Ibid.*
4 Entrevista com Peter Straker concedida aos autores, janeiro de 2016.
5 *Ibid.*
6 *Freddie Mercury: His Life in His Own Words* (Freddie Mercury: a vida em suas próprias palavras), por Greg Brooks e Simon Lupton. Omnibus Press, 2009.

**Capítulo 38**

1 *Freddie Mercury por Jim Hutton*, escrito por Jim Hutton, em colaboração com Tim Wapshott. Tradução de Elaine de Almeida Gomes. Lira, 2005.
2 Entrevista com John Deacon, *The Hit*, 1985.
3 Peter Freestone Blog, 20 de setembro 2012, Freddiemercury.com.
4 Entrevista com John Reid concedida aos autores, janeiro de 2016.
5 Entrevista com Peter Straker concedida aos autores, janeiro de 2016.
6 *Mercury: The King of Queen* (Mercury: o rei do Queen), por Laura Jackson. Smith Gryphon, 1996.
7 *A verdadeira história do Queen*, por Mark Blake. Tradução de Drago. Seoman, 2015.
8 *Freddie Mercury: His Life in His Own Words* (Freddie Mercury: a vida em suas próprias palavras), por Greg Brooks e Simon Lupton. Omnibus Press, 2009.
9 *Rolling Stone*, 9 de outubro de 1986.
10 *Freddie Mercury: His Life in His Own Words* (Freddie Mercury: a vida em suas próprias palavras), por Greg Brooks e Simon Lupton. Omnibus Press, 2009.
11 O equivalente a quase 220 mil libras na época em que este livro foi escrito.
12 *Freddie Mercury: a biografia definitiva*, por Lesley-Ann Jones. Tradução de Fabiana Barúqui. Editora Best Seller, 2013.
13 "Queen 1971-2011" – Entrevista com Brian May e Roger Taylor, queenonline.com.
14 "Queen's Tragic Rhapsody" (A rapsódia trágica do Queen), por Mikal Gilmore, *Rolling Stone*, 7 de julho de 2014.
15 "Brian May Discusses Queen's Greatest Moment" (Brian May discute os maiores momentos do Queen), por Ben Mitchell, *Guitar World*, 19 de julho de 2015.
16 "Queen's Tragic Rhapsody" (A rapsódia trágica do Queen), por Mikal Gilmore, *Rolling Stone*, 7 de julho de 2014.
17 "My Favourite Photography by Roger Taylor" (Minha foto predileta por Roger Taylor), *The Daily Express*, 9 de novembro de 2014.

**Capítulo 39**

1 "Insurers Try to Screen Out Aids Cases" (Seguradoras tentam rastrear os casos de Aids), por Bruce Keppel, *The Los Angeles Times*, 11 de outubro de 1985.
2 "Insurer Study Screening for Aids" (Estudo de seguradora rastreia a Aids), por James Barron, *The New York Times*, 26 de setembro de 1985.
3 "Brian May & The Queen Story" (Brian May e a história do Queen), por Gal Benzler, *Discoveries Magazine*, setembro de 1993.
4 O equivalente a quase 2,75 milhões de libras na época em que este livro foi escrito.
5 O equivalente a quase 700 mil libras na época em que este livro foi escrito.
6 O equivalente a quase 1,37 milhões de libras na época em que este livro foi escrito.
7 "'Do I Look Like I'm Dying of Aids?' Fumes Freddie" (O enfurecido Freddie pergunta "Parece que estou morrendo de Aids?"), por Hugh Whittow, *The Sun*, 13 de outubro de 1986.

8 *Freddie Mercury por Jim Hutton*, escrito por Jim Hutton, em colaboração com Tim Wapshott. Tradução de Elaine de Almeida Gomes. Lira, 2005.
9 Entrevista com Peter Straker concedida aos autores, janeiro de 2016.
10 "The Rise & Fall of AZT" (A ascensão e a queda do AZT), por Simon Garfield, *The Independent*, 23 de outubro de 2011.

**Capítulo 40**

1 "150 Greatest Rock Lists Ever" (Os 150 melhores do rock), revista *Q* (edição especial), julho de 2004.
2 *Mercury: The King of Queen* (Mercury: o rei do Queen), por Laura Jackson. Smith Gryphon, 1996.
3 *Freddie Mercury: His Life in His Own Words* (Freddie Mercury: a vida em suas próprias palavras), por Greg Brooks e Simon Lupton. Omnibus Press, 2009.
4 O equivalente a 265 mil libras na época em que este livro foi escrito.
5 "Mary Austin Shares Her Memories of the Late Queen Singer Inside His Home" (Mary Austin compartilha as memórias do falecido cantor do Queen de dentro da casa dele), revista *OK!*, 17 de março de 2000.
6 Entrevista com Mike Moran concedida aos autores, janeiro de 2016.
7 *Freddie Mercury: His Life in His Own* Words (Freddie Mercury: a vida em suas próprias palavras), por Greg Brooks e Simon Lupton. Omnibus Press, 2009.
8 Entrevista com Mike Moran concedida aos autores, janeiro de 2016.
9 *Ibid.*
10 Entrevista com Peter Straker concedida aos autores, janeiro de 2016.
11 Entrevista com Mike Moran concedida aos autores, janeiro de 2016.

**Capítulo 41**

1 "Freddie Mercury & Queen: Technologies of Genre and the Poetics of Innovation", por Barry C. Pomane, University of Western Ontario, 2009.
2 *Ibid.*
3 Entrevista com Peter Straker concedida aos autores, janeiro de 2016.
4 "Freddie Mercury & Queen: Technologies of Genre and the Poetics of Innovation", por Barry C. Pomane, University of Western Ontario, 2009.
5 *Freddie Mercury por Jim Hutton*, escrito por Jim Hutton, em colaboração com Tim Wapshott. Tradução de Elaine de Almeida Gomes. Lira, 2005.
6 *Ibid.*
7 "Freddie Mercury's Mother on her 'Dear Boy'" (A mãe de Freddie Mercury fala sobre seu 'menino querido'), por Angela Levin, *The Daily Telegraph*, 8 de setembro de 2012.
8 "Freddie Mercury: The Great Enigma" (Freddie Mercury: o grande enigma), por Caroline Sullivan, *The Guardian*, 27 de setembro de 2012.
9 Entrevista com Paul Gambaccini concedida aos autores, janeiro de 2016.
10 O equivalente a quase 85 mil libras na época em que este livro foi escrito.

**Capítulo 42**

1 *Mercury: The King of Queen* (Mercury: o rei do Queen), por Laura Jackson. Smith Gryphon, 1996.
2 *Freddie Mercury: memórias do homem que o conhecia melhor*, por Peter Freestone, em colaboração com David Evans. Madras, 2014.
3 *Ibid.*
4 *Mercury: The King of Queen* (Mercury: o rei do Queen), por Laura Jackson. Smith Gryphon, 1996.
5 *Ibid.*
6 *Ibid.*
7 *Ibid.*
8 "The Rise & Fall of AZT" (A ascensão e a queda do AZT), por Simon Garfield, *The Independent*, 23 de outubro de 2011.
9 *Ibid.*
10 Um ensaio com AZT chamado Concorde Study, um programa anglo-franco, com 1.749 pacientes com Aids ao longo de três anos, sugeriu que "a intervenção precoce com AZT – para aqueles com HIV, mas sem terem desenvolvido qualquer sintoma de Aids – era uma perda de tempo" – "The Rise & Fall of AZT" (A ascensão e queda do AZT), por Simon Garfield, *The Independent*, 23 de outubro de 2011.
11 *Ibid.*
12 *Doença como métafora/ Aids e suas metáforas*, por Susan Sontag. Tradução de Paulo Henriques Britto e Rubens Figueiredo. Companhia das Letras, 2007. Citações de *Doença como métafora* copyright © Susan Sontag 1977, 1978 e citações de *Aids e suas metáforas* copyright © Susan Sontag 1988, 1989, usadas com permissão da The Wylie Agency (UK) Limited.
13 *Freddie Mercury por Jim Hutton*, escrito por Jim Hutton, em colaboração com Tim Wapshott. Tradução de Elaine de Almeida Gomes. Lira, 2005.
14 Entrevista com Paul Gambaccini concedida aos autores, janeiro de 2016.
15 Entrevista com Mike Moran concedida aos autores, janeiro de 2016.
16 *Science Focus*, 21 de abril de 2016.
17 "Freddie Mercury: The Great Enigma" (Freddie Mercury: o grande enigma) *The Guardian*, 27 de setembro de 2012.
18 *Logopedics Phoniatrics Vocology*, 15 de abril de 2016.
19 *Ibid.*
20 "The David Wigg Interviews" (Entrevista concedida a David Wigg), *Freddie Mercury Solo* CD, Ibiza, 1987.

**Capítulo 43**

1 "Using Condom Data to Assess the Impact of HIV/Aids Preventive Interventions", por J. Goodrich, K. Welling & D. McVey, *Oxford Journals*, v. 13, n. 2, 1998.
2 Entrevista com Roger Taylor, University Radio Bath, 2 de março de 1988.
3 "Brian May Talks about Queen's Miracle" (Brian May fala sobre o milagre do Queen), por Paul Elliott, *Team Rock*, 25 de maio de 2014.

4 Entrevista com Mike Moran concedida aos autores, janeiro de 2016.
5 Entrevista com Jim Reid concedida aos autores, janeiro de 2016.
6 Entrevista com Mike Moran concedida aos autores, janeiro de 2016.
7 "26 Years Ago: Queen Release 'The Miracle' During Some Trying Times" (26 anos atrás: lançamento de "The Miracle" do Queen durante tempos de desafio), por Nick DeRiso, *Ultimate Classic Rock*, 22 de maio de 2015.

**Capítulo 44**

1 Entrevista com Peter Straker concedida aos autores, janeiro de 2016.
2 *Freddie Mercury & Queen: Technologies of Genre and the Poetics of Innovation*, por Barry C. Pomane, University of Western Ontario, 2009.
3 *Mercury: The King of Queen* (Mercury: o rei do Queen), por Laura Jackson. Smith Gryphon, 1996.
4 *Freddie Mercury: His Life in His Own Words* (Freddie Mercury: a vida em suas próprias palavras), por Greg Brooks e Simon Lupton. Omnibus Press, 2009.
5 "For Me, It's the Bigger the Better, in Everything" (Para mim, quanto maior melhor em tudo), por David Wigg, *Daily Mail*, 12 de outubro de 2012.
6 A essa altura, já se sabia que o HIV só poderia se disseminar por meio de fluidos corporais.
7 "For Me, It's the Bigger the Better, in Everything" (Para mim, quanto maior melhor em tudo), por David Wigg, *Daily Mail*, 12 de outubro de 2012.
8 *Freddie Mercury: His Life in His Own Words* (Freddie Mercury: a vida em suas próprias palavras), por Greg Brooks e Simon Lupton. Omnibus Press, 2009.

**Capítulo 45**

1 "Ronald Reagan & Aids: Correcting The Record" (Ronald Reagan & Aids: corrigindo o registro), por Carl M. Cannon, Real Clear Politics, 1º de junho de 2014.
2 *Ibid.*
3 NCHS. Annual summary of births, marriages, divorces, and deaths: United States, 1988; Hyattsville, Maryland: US Department of Health and Human Services, Public Health Service, 1989; DHHS publication No. (PHS)89-1120 (relatório estatístico vital mensal; v. 37, n. 13).
4 Office of the Assistant Secretary for Health. Report of the Second Public Health Service Aids Prevention and Control Conference. Public Health Rep 1988; 103(suppl 1):3.
5 "HIV Seropositivity & Aids Prevention Control" (Soropositividade para o HIV e controle e prevenção da Aids). Relatório da OMS, 1989.
6 *Risk-Takers: Alcohol, Drugs, Sex and Youth* (Ignorando os riscos: álcool, drogas, sexo e juventude), por Moira Plant. Routledge, 1992.
7 *HIV In Gay & Bisexual Men in the UK: 25 Years of Public Health Surveillance* by S. Dougan, B.G. Evans, N. Macdonald, D.J. Goldberg, O.N. Gill, K.A. Fenton and J. Elford, Epidemiology & Infections, Cambridge University Press, fevereiro de 2008.
8 *HIV/Aids: Global Frontiers in Prevention/Intervention* (HIV/Aids: fronteiras globais na prevenção/intervenção), por Cythia Pope, Renee T. White and Robert Malow. Routledge, 2008.

9 *The New York Times*, 7 de outubro de 1986.
10 United Press International, 7 de outubro de 1986.
11 Entrevista com John Reid concedida aos autores, janeiro de 2016.
12 *Freddie Mercury: His Life in His Own Words* (Freddie Mercury: a vida em suas próprias palavras), por Greg Brooks e Simon Lupton. Omnibus Press, 2009.
13 *A verdadeira história do Queen*, por Mark Blake. Tradução de Drago. Seoman, 2015.
14 *Queen: In Their Own Words* (Queen: em suas próprias palavras), por Mick St. Michael. Omnibus Press, 1992.
15 *Days of Our Lives*, BBC TV. Globe Productions, 2011.
16 *Freddie Mercury por Jim Hutton*, escrito por Jim Hutton, em colaboração com Tim Wapshott. Tradução de Elaine de Almeida Gomes. Lira, 2005.
17 "Queen's Tragic Rhapsody" (A rapsódia trágica do Queen), por Mikal Gilmore, *Rolling Stone*, 7 de julho de 2014.
18 *The Washington Times*, 23 de maio de 1993.
19 *The Times*, 29 de setembro de 1992.
20 *A verdadeira história do Queen*, por Mark Blake. Tradução de Drago. Seoman, 2015.
21 *The Times*, 20 de maio de 1989.
22 *Rolling Stone*, 7 de setembro de 1989.
23 *Freddie Mercury: His Life in His Own Words* (Freddie Mercury: a vida em suas próprias palavras), por Greg Brooks e Simon Lupton. Omnibus Press, 2009.
24 Entrevista com Mike Moran concedida aos autores, janeiro de 2016.

**Capítulo 46**

1 "Projecting the Spread of Aids In The United Kingdom: A Sensitivity Analysis", por C.D. Daykin, P. N. S. Clark, S. Haberman, D. J. Le Grys, R. W. Michaelson, A. D. Wilkie, *Journal of the Institute of Actuaries*, v. 117, junho de 1990.
2 Entrevista com Roger Taylor, *Rhythm Magazine*, setembro de 2002.
3 Entrevista com Brian May concedida a *Rock Power*, 1992.
4 *Days of Our Lives*, BBC TV. Globe Productions, 2011.
5 Entrevista com Paul Gambaccini concedida aos autores, janeiro de 2016.
6 Entrevista com Brian May concedida a *Rock Power*, 1992.
7 *Freddie Mercury por Jim Hutton*, escrito por Jim Hutton, em colaboração com Tim Wapshott. Tradução de Elaine de Almeida Gomes. Lira, 2005.
8 *Ibid.*
9 *Ibid.*
10 *A verdadeira história do Queen*, por Mark Blake. Tradução de Drago. Seoman, 2015.
11 Entrevista com David Richards, *Rolling Stone*, dezembro de 1995.
12 "Yes! We're Ready for the Challenge: We Chat to Steve Howe" (Sim! Estamos preparados para o desafio: conversamos com Steve Howe), por Mick Burgess, *Newcastle Chronicle*, 25 de abril de 2014.

13 *Freddie Mercury: His Life in His Own Words* (Freddie Mercury: a vida em suas próprias palavras), por Greg Brooks e Simon Lupton. Omnibus Press, 2009.
14 "The Great Pretender" (O grande fingidor), *The Mail on Sunday*, 26 de novembro de 2000.
15 *Days of Our Lives*, BBC TV. Globe Productions, 2011.
16 Entrevista com Peter Straker concedida aos autores, janeiro de 2016.
17 Entrevista com John Reid concedida aos autores, janeiro de 2016.
18 *Freddie Mercury: An Intimate Biography* (Freddie Mercury: uma biografia íntima), por David Bret. lulu.com, 2014.
19 *Queen: In Their Own Words* (Queen: em suas próprias palavras), por Mick St. Michael. Omnibus Press, 1992.
20 *Days of Our Lives*, BBC TV. Globe Productions, 2011.
21 *A verdadeira história do Queen*, por Mark Blake. Tradução de Drago. Seoman, 2015.
22 *Freddie Mercury: An Intimate Biography* (Freddie Mercury: uma biografia íntima), por David Bret. lulu.com, 2014.
23 "Queen's Tragic Rhapsody" (A rapsódia trágica do Queen), por Mikal Gilmore, *Rolling Stone*, 7 de julho de 2014.

**Capítulo 47**

1 *Rolling Stone*, 7 de março de 1991.
2 *The Times*, 1º de fevereiro de 1991.
3 O equivalente a 20,5 milhões de libras na época em que este livro foi escrito.
4 "10 Questions: Brian May of Queen" (10 perguntas: Brian May do Queen), por Dennis Hunt, *The Los Angeles Times*, 24 de fevereiro de 1991.
5 O equivalente a 410 mil libras na época em que este livro foi escrito.
6 "Inside the Studio Where Freddie Mercury Sang His Last Song" (No estúdio onde Freddie Mercury cantou sua última canção), por Cole Moreton, *The Daily Telegraph*, 1º de dezembro de 2013.
7 *Days of Our Lives*, BBC TV. Globe Productions, 2011.
8 *Ibid.*
9 O equivalente a quase 330 mil libras na época em que este livro foi escrito.
10 "Inside the Studio Where Freddie Mercury Sang His Last Song" (No estúdio onde Freddie Mercury cantou sua última canção), por Cole Moreton, *The Daily Telegraph*, 1º de dezembro de 2013.
11 *Ibid.*
12 *Ibid.*
13 *Days Of Our Lives*, BBC TV. Globe Productions, 2011.
14 "Freddie Mercury & Queen: Technologies of Genre and the Poetics of Innovation", por Barry C. Pomane, University of Western Ontario, 2009.
15 *Hello, Darlings!: The Authorized Biography of Kenny Everett* (Hello, Darlings!: A biografia autorizada de Kenny Everett), por James Hogg e Robert Sellers. Bantam Press, 2014.

## Capítulo 48

1 *This Wild Darkness: The Story of My Death* (Esta escuridão selvagem: a história da minha morte), por Harold Brodkey. Holt Paperbacks, 1997.
2 *Freddie Mercury por Jim Hutton*, escrito por Jim Hutton, em colaboração com Tim Wapshott. Tradução de Elaine de Almeida Gomes. Lira, 2005.
3 Entrevista com Mike Moran concedida aos autores, janeiro de 2016.
4 Entrevista com John Reid concedida aos autores, janeiro de 2016.
5 "Queen's Tragic Rhapsody" (A rapsódia trágica do Queen), por Mikal Gilmore, *Rolling Stone*, 7 de julho de 2014.
6 *This Wild Darkness: The Story of My Death* (Esta escuridão selvagem: a história da minha morte), por Harold Brodkey. Fourth Estate, 1996.
7 Voltaire. *Cândido: ou, o Otimismo.*
8 *Three-Way Mirror: Imitation of Life* (O espelho de três vias: imitação da vida), por Lucy Fischer, 1991.
9 *Freddie Mercury por Jim Hutton*, escrito por Jim Hutton, em colaboração com Tim Wapshott. Tradução de Elaine de Almeida Gomes. Lira, 2005.
10 "Mary Austin Shares Her Memories of the Late Queen Singer Inside His Home" ("Ex-namorada de Mercury compartilha as memórias do cantor do Queen na casa dele), revista *OK!*, 17 de março de 2000.

## Capítulo 49

1 *Freddie Mercury: memórias do homem que o conhecia melhor*, por Peter Freestone, em colaboração com David Evans. Madras, 2014.
2 John, Elton. *O amor é a cura: sobre vida, perdas e o fim da Aids.* Amarilys, 2012.
3 *Freddie Mercury: memórias do homem que o conhecia melhor*, por Peter Freestone, em colaboração com David Evans. Madras, 2014.
4 *Days of Our Lives*, BBC TV. Globe Productions, 2011.
5 *Freddie Mercury por Jim Hutton*, escrito por Jim Hutton, em colaboração com Tim Wapshott. Tradução de Elaine de Almeida Gomes. Lira, 2005.
6 *Freddie Mercury: memórias do homem que o conhecia melhor*, por Peter Freestone, em colaboração com David Evans. Madras, 2014.
7 *Mercury: The King of Queen* (Mercury: o rei do Queen), por Laura Jackson. Smith Gryphon, 1996.
8 *Freddie Mercury por Jim Hutton*, escrito por Jim Hutton, em colaboração com Tim Wapshott. Tradução de Elaine de Almeida Gomes. Lira, 2005.
9 Entrevista com Paul Gambaccini concedida aos autores, janeiro de 2016.
10 *Freddie Mercury: memórias do homem que o conhecia melhor*, por Peter Freestone, em colaboração com David Evans. Madras, 2014.
11 "Freddie Chose to Die When His Life Stopped Being Fun" (Freddie escolheu morrer quando a vida dele deixou de ser divertida), por Spencer Bright, *Daily Mail*, 9 de setembro de 2011.
12 *Freddie Mercury por Jim Hutton*, escrito por Jim Hutton, em colaboração com Tim Wapshott. Tradução de Elaine de Almeida Gomes. Lira, 2005.

13 *Days of Our Lives*, BBC TV. Globe Productions, 2011.
14 "Freddie Chose to Die When His Life Stopped Being Fun" (Freddie escolheu morrer quando a vida dele deixou de ser divertida), por Spencer Bright, *Daily Mail*, 9 de setembro de 2011.
15 *Freddie Mercury: memórias do homem que o conhecia melhor*, por Peter Freestone, em colaboração com David Evans. Madras, 2014.
16 *Freddie Mercury por Jim Hutton*, escrito por Jim Hutton, em colaboração com Tim Wapshott. Tradução de Elaine de Almeida Gomes. Lira, 2005.

**Capítulo 50**

1 *The Guardian*, 25 de novembro de 1991.
2 *The New York Times*, 25 de novembro de 1991.
3 BBC News, 24 de novembro de 1991.
4 *Rolling Stone*, 9 de janeiro de 1992.
5 *The Evening Mail*, 25 de novembro de 1991.
6 *The Star*, 26 de novembro de 1991.
7 *The Mirror*, 25 de novembro de 1991.
8 Entrevista com Annie Lennox concedida aos autores, janeiro de 2016.
9 *The Show Must Go On: The Life of Freddie Mercury* (O show tem que continuar: a vida de Freddie Mercury), por Rick Sky. Citadel Press, 1997.
10 Entrevista com Peter Straker concedida aos autores, janeiro de 2016.
11 *Ibid.*
12 *Freddie Mercury por Jim Hutton*, escrito por Jim Hutton, em colaboração com Tim Wapshott. Tradução de Elaine de Almeida Gomes. Lira, 2005.
13 O equivalente a 1,025 milhão na época em que este livro foi escrito.
14 *Freddie Mercury por Jim Hutton*, escrito por Jim Hutton, em colaboração com Tim Wapshott. Tradução de Elaine de Almeida Gomes. Lira, 2005.
15 *Ibid.*
16 *Freddie Mercury: a biografia definitiva*, por Lesley-Ann Jones. Tradução de Fabiana Barúqui. Editora Best Seller, 2013.
17 "Mercury Left Me His Millions" (Mercury me deixou os milhões dele), por David Wigg, *Daily Mail*, 22 de janeiro de 2000.
18 Entrevista com Jim Reid concedida aos autores, janeiro de 2016.
19 *Freddie Mercury: His Life in His Own Words* (Freddie Mercury: a vida em suas próprias palavras), por Greg Brooks e Simon Lupton. Omnibus Press, 2009.
20 "Mercury Left Me His Millions" (Mercury me deixou os milhões dele), por David Wigg, *Daily Mail*, 22 de janeiro de 2000.
21 "Fans of Queen Frontman Claim to Have Found Clue to Singer's Final Resting Place" (Fãs do vocalista do Queen encontraram uma pista do local do descanso final do cantor), por Alice Philipson, *The Telegraph*, 25 de fevereiro de 2013.
22 Georgia Kakalopoulou.

**Capítulo 51**

1 "HIV Originated with Monkeys, Not Chimps, Study Finds" (HIV veio dos macacos, e não dos chimpanzés, descobre estudo), por Stefan Lovgren, *National Geographic*, 12 de junho de 2003.
2 "Chimps & HIV: The Story Behind the Study" (Os chimpanzés e o HIV: a história por trás do estudo), por Sharon Schmickle, *Minneapolis Post*, 28 de julho de 2009.
3 "Aids 2014: Stepping Up the Pace", Aids 2014 Communications Department.
4 *Doença como métafora/ Aids e suas metáforas*, por Susan Sontag. Tradução de Paulo Henriques Britto e Rubens Figueiredo. Companhia das Letras, 2007. Citações de *Doença como métafora* copyright © Susan Sontag 1977, 1978 e citações de *Aids e suas metáforas* copyright © Susan Sontag 1988, 1989, usadas com permissão da The Wylie Agency (UK) Limited.

**Capítulo 52**

1 Entrevista com Paul Gambaccini concedida aos autores, janeiro de 2016.
2 *Daily Mirror*, 28 de novembro de 1991.
3 Entrevista com Paul Gambaccini concedida aos autores, janeiro de 2016.
4 *Doença como métafora/ Aids e suas metáforas*, por Susan Sontag. Tradução de Paulo Henriques Britto e Rubens Figueiredo. Companhia das Letras, 2007. Citações de *Doença como métafora* copyright © Susan Sontag 1977, 1978 e citações de *Aids e suas metáforas* copyright © Susan Sontag 1988, 1989, usadas com permissão da The Wylie Agency (UK) Limited.
5 Entrevista com Annie Lennox concedida aos autores, Janeiro de 2016.
6 "The Freddie Mercury Tribute Concert" (O concerto do tributo a Freddie Mercury), por Johnny Black, *Classic Rock*, 13 de maio de 2014.
7 *Ibid.*
8 Entrevista com John Reid concedida aos autores, janeiro de 2016.
9 Entrevista com Annie Lennox concedida aos autores, janeiro de 2016.
10 *The Times*, 22 de abril de 1992.
11 *Freddie Mercury: a biografia definitiva*, por Lesley-Ann Jones. Tradução de Fabiana Barúqui. Editora Best Seller, 2013.
12 *The Times*, 26 de abril de 1992.
13 "The Freddie Mercury Tribute Concert" (O concerto do tributo a Freddie Mercury), por Johnny Black, *Classic Rock*, 13 de maio de 2014.
14 *Ibid.*

**Capítulo 53**

1 *Freddie Mercury: His Life in His Own Words* (Freddie Mercury: a vida em suas próprias palavras), por Greg Brooks e Simon Lupton. Omnibus Press, 2009.
2 "The Oral History of the 'Wayne's World' 'Bohemian Rhapsody' Scene" (A história contada da cena de "Bohemian Rhapsody" em *Quanto mais idiota melhor*), por David Peisner, *Rolling Stone*, 30 de novembro de 2015.
3 Entrevista com Roger Taylor, KKLZ 96.3, 16 de dezembro de 1997.

4 Entrevista com Brian May, *Guitarist Magazine*, 1 de outubro de 1994.
5 Entrevista com David Richards, *Rolling Stone (Alemanha)*, dezembro de 1995.
6 *The Sunday Times*, 26 de novembro de 1995.
7 Crítica de "Made in Heaven", revista *Q*, dezembro de 1995.
8 *The Times*, 4 de novembro de 1995.
9 *Classic Rock*, janeiro de 2000.
10 *A verdadeira história do Queen*, por Mark Blake. Tradução de Drago. Seoman, 2015.
11 "Queen Guitarist Brian May on Love and His New Musical" (Guitarrista do Queen Brian May sobre o amor e seu novo musical), por Nina Myskow, *Daily Mirror*, 16 de maio de 2002.
12 *The Independent*, 13 de julho de 2015.
13 "Queen Bring Back Freddie Mercury" (O Queen traz Freddie Mercury de volta), *PR Newswire*, 19 de setembro de 2014.
14 "Brian May & The Queen Story" (Brian May e a história do Queen), por Gail Benzler, *Discoveries Magazine*, setembro de 1993.
15 *Modern Drummer*, outubro de 1984.
16 *The Daily Record*, 5 de julho de 2015.
17 Entrevista com Paul Gambaccini concedida aos autores, janeiro de 2016.
18 *Freddie Mercury: His Life in His Own Words* (Freddie Mercury: a vida em suas próprias palavras), por Greg Brooks e Simon Lupton. Omnibus Press, 2009.
19 "Imagine a World Without Aids" (Imagine um mundo sem Aids), *The New York Times*, 27 de julho de 2012.
20 Entrevista com Paul Gambaccini concedida aos autores, janeiro de 2016.
21 Dados da ONU sobre a Aids, 2016.

## Epílogo

1 "Why We Still Can't Get Enough of Queen" (Por que ainda não cansamos do Queen), por Mark Monahan, *The Daily Telegraph*, 30 de outubro de 2015.
2 Entrevista com Mike Moran concedida aos autores, janeiro de 2016.
3 "Why We Still Can't Get Enough of Queen" (Por que ainda não cansamos do Queen), por Mark Monahan, *The Daily Telegraph*, 30 de outubro de 2015.
4 "Freddie Mercury: The Great Enigma" (Freddie Mercury: o grande enigma), por Caroline Sullivan, *The Guardian*, 27 de setembro de 2012.
5 "Queen's Tragic Rhapsody" (A rapsódia trágica do Queen), por Mikal Gilmore, *Rolling Stone*, 7 de julho de 2014.
6 *Freddie Mercury: His Life in His Own Words* (Freddie Mercury: a vida em suas próprias palavras), por Greg Brooks e Simon Lupton. Omnibus Press, 2009.
7 Entrevista com Peter Straker concedida aos autores, janeiro de 2016.

## *TODOS OS TÍTULOS DA COLEÇÃO* ***ROCK LEGENDS***

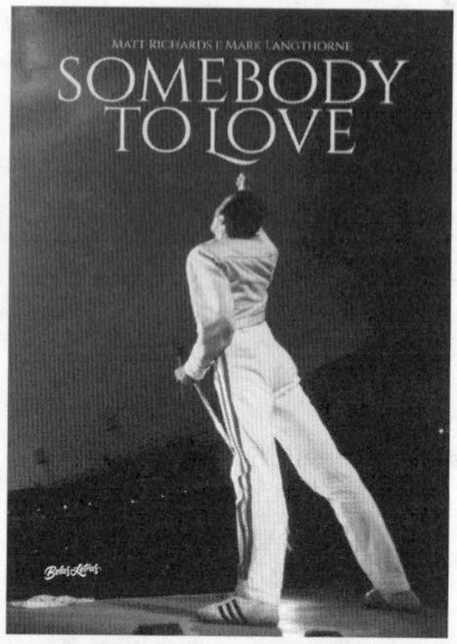


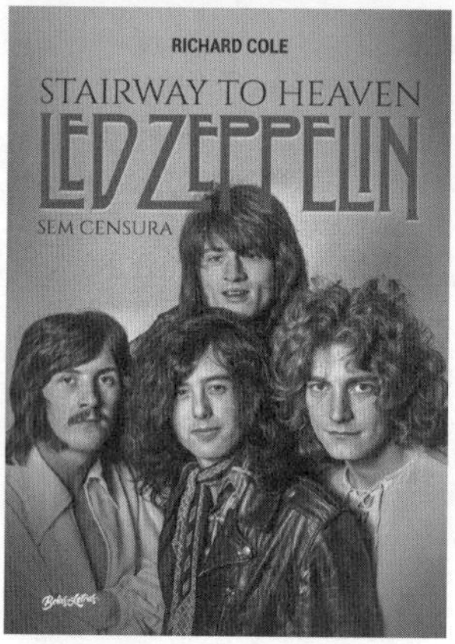

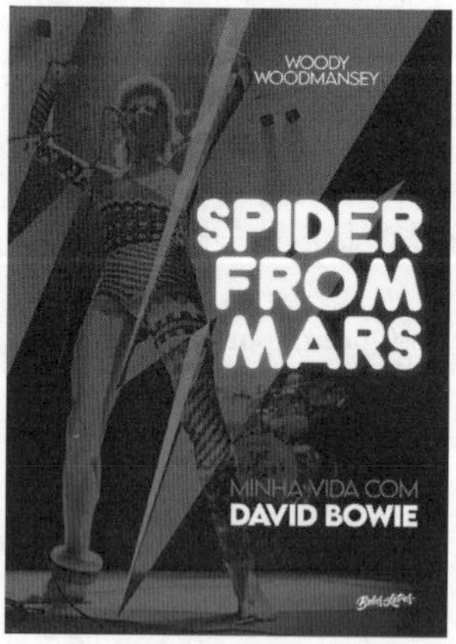

Este livro foi composto em Adobe Caslon e impresso em papel pólen soft 80g pela gráfica Copiart no inverno de 2022.